Gewidmet dem Andenken an
George Weidenfeld (1919–2016)
und
Anna Schwab (1887–1963)

Vorwort zur deutschen Ausgabe

Dass mein Buch nun auch auf Deutsch erscheint, macht mich überglücklich. Im Jahr 2019 wurde ich in Deutschland eingebürgert, mit doppelter Staatsbürgerschaft. Angefangen hatte alles mit meiner Verärgerung über die Brexit-Entscheidung in Großbritannien, schon bald jedoch stellte sich eine völlig andere Regung ein: ein Gefühl der Zugehörigkeit zu Deutschland. Dabei hatten doch Deutsche meiner Mutter nach ihrer Flucht 1937 die Staatsbürgerschaft entzogen und viele Mitglieder meiner Familie auf beiden Seiten ermordet. Aber meine Großeltern wurden alle in Deutschland geboren. Unsere Wurzeln reichen väterlicherseits in Frankfurt und Umgebung und mütterlicherseits in Heilbronn am Neckar und Umgebung Jahrhunderte zurück. Meine Mutter stammt aus einer Familie von Heilbronner Winzern und kleinen Weinhändlern, die keine besonders frommen Juden waren. Väterlicherseits waren die Familienoberhäupter in der eher strenggläubigen und traditionellen Welt des Frankfurter Judentums abwechselnd Bankiers und Rabbis: Eine Generation verdiente gutes Geld, die nächste Generation gab es wieder aus.

Sie alle begegneten natürlich Antisemitismus, besonders nachdem Wilhelm Marr und seine Anhänger in den 1870er Jahren ihre Ansichten verbreiteten. Meine Großeltern väterlicherseits siedelten allerdings nicht wegen antisemitischer Vorfälle nach London über, sondern wegen Streitigkeiten innerhalb der jüdischen Gemeinde von Frankfurt, denn sie stammten aus der sehr orthodoxen Austrittsgemeinde beziehungsweise der größeren Einheitsgemeinde, die völlig zerstritten waren. So kam mein Großvater nach London, um bei seinem Onkel in der Bank der Familie zu arbeiten. Mein Vater und seine Brüder wurden in London geboren und zu englischen Gentlemen erzogen, sprachen aber ein tadelloses Hochdeutsch, an das meine Mutter, die als Heilbronnerin schwäbelte, nicht heranreichte.

Meine Urgroßmutter väterlicherseits floh 1939 nach Amsterdam, wurde jedoch aus Westerbork deportiert und in Sobibor ermordet. Viele weitere Familienmitglieder auf beiden Seiten kamen zu Tode. Die meisten wurden umgebracht, einige begingen Selbstmord, andere verhungerten. Das ist erschütternd. Trotzdem hat in meinen Augen Deutschland sein Bestes getan – Ausnahmen wie der Historikerstreit der 1980er Jahre bestätigen die Regel –, sich mit seiner Vergangenheit auseinanderzusetzen, uns wieder willkommen zu heißen, sich der Schrecken von Rassismus und Antisemitismus bewusst zu sein und Abbitte und Wiedergutmachung zu leisten, wo immer es möglich ist. Deutschland hat sich nicht davor gedrückt, seine Verantwortung und Schuld anzuerkennen, anders als viele andere Länder, die in die Vernichtung der Juden durch den Nationalsozialismus verstrickt waren. Das weiß ich zu schätzen. Ich weiß es zu schätzen, dass in Deutschland Schulkinder über alte jüdische Friedhöfe geführt werden oder das Leben von Menschen erforschen, an die mit Stolpersteinen erinnert wird – eine hervorragende Initiative, die das Gedenken an jene, die einst in Deutschland lebten, arbeiteten und sich entfalteten, in das Pflaster der Straßen einbettet.

Da ich eine enge Beziehung zu Heilbronn pflege und mehrmals dort war, fühle ich mich mittlerweile als Teil dieses Landes. Ich fühle mich zugehörig, obwohl mein Deutsch nicht besonders gut ist. Deutsche Kleider passen mir, die deutsche Küche schmeckt mir. In einer Pension in Stuttgart lernte ich, den Kartoffelsalat nach Art meiner Großmutter zuzubereiten. Ich freue mich, Britin zu sein, und bin Großbritannien auf ewig dankbar, dass es meine Mutter und so viele andere verzweifelte jüdische Flüchtlinge aus Deutschland aufnahm. Ich bin sehr britisch und habe sogar einen Sitz im House of Lords, dem Oberhaus des britischen Parlaments. Jetzt bin ich auch aus vollem Herzen Deutsche, und man könnte sagen, ich fühle mich hier ebenfalls zu Hause. Allerdings gibt es dazu einen Warnhinweis, und der kommt in Gestalt dieses Buches.

Denn mein Buch befasst sich zwar zu einem erheblichen Teil mit aktuellen Ereignissen in Großbritannien, geht aber auch auf Deutschland, andere europäische Länder und die USA ein. Viele Jüdinnen und Juden sind entsetzt über die AfD in Deutschland und den hemdsärmeligen Antisemitismus in der Partei, auch wenn sie sich nicht als antisemitisch versteht. In Deutschland sind die Vorläufer des modernen

Antisemitismus allgegenwärtig, in der evangelischen Kirche mit Martin Luther, der ein glühender Antisemit war, mit der »Judensau« an der Stadtkirche zu Wittenberg oder mit der Erinnerung an die sogenannten Hep-Hep-Unruhen im Jahr 1819 zu Beginn der jüdischen Emanzipation. Hier entwickelte auch Wilhelm Marr seine rassistischen Theorien, ein Denken, das sich unter dem Deckmantel der Anthropologie bald überall ausbreitete. Und dieses Denken ist bis heute nicht verschwunden. Der Hass ist gegenwärtig. Lange nach dem Schrecken des Holocaust, für den der deutsche Staat die Verantwortung übernommen hat, musste der nordrhein-westfälische Ministerpräsident Armin Laschet erst noch klarstellen, dass Antisemitismus zwar in der äußersten Rechten und unter muslimischen Migranten in Deutschland gleichermaßen zunimmt, die größere Gefahr jedoch von Rechtsextremisten ausgeht. Und genau da hat sie auch ihren Ursprung. Der rechtspopulistischen AfD wird vorgeworfen, Hass gegen Flüchtlinge, Muslime und Juden zu schüren, und Alexander Gauland beschrieb den Holocaust als »Vogelschiss« in der deutschen Geschichte. Zahlen belegen, dass die allermeisten Gewalttaten gegen Juden in Deutschland von Rechtsextremen begangen werden. Militante Extremisten rufen mittlerweile offen zur Entweihung jüdischer Einrichtungen und zu Gewaltakten gegen Jüdinnen und Juden auf, berichtet die Linken-Bundestagsabgeordnete und Vizepräsidentin des Deutschen Bundestages Petra Pau, die auch feststellt, dass immer mehr Menschen den Holocaust leugnen und antisemitische Agitation betreiben.

Erst 2018 war die Stadt Chemnitz das Epizentrum heftiger Zusammenstöße, als migrantenfeindliche Proteste und Gegendemonstrationen eskalierten. Nach dem Mord an einem Deutsch-Kubaner und der Festnahme eines Irakers und eines Syrers marschierten Tausende durch die Straßen. Zwar richteten sich die Proteste überwiegend gegen Angela Merkel und ihre Reaktion auf die Migrantenkrise 2015, doch auch Außenminister Heiko Maas hielt es für notwendig, sich mit einem Verweis auf die deutsche Geschichte mit den Gegendemonstranten zu solidarisieren. Deutschland hat also immer noch Probleme, obwohl es der Jugend auf so eindrucksvolle und bewegende Weise nahebringt, was damals geschah. All die Anstrengungen können nicht verhindern, dass Rechtsextreme mit ihrem Hass und Antisemitismus unter jungen Leuten Zulauf finden.

Erst 2019, am höchsten jüdischen Feiertag Jom Kippur, versuchte ein Attentäter, der 28-jährige Stephan Balliet, in Halle (Saale) die Synagoge zu stürmen. Die Tür war verbarrikadiert, und es gelang ihm nicht – weder mit Schüssen noch mit Molotowcocktails und Handgranaten –, in die Synagoge zu gelangen, sodass dort niemand verletzt wurde. Dann aber richtete er seine Waffe vermutlich aus Frustration auf eine Passantin und tötete sie, bevor er zu einem nahe gelegenen Dönerladen fuhr, Sprengsätze hineinwarf und einen 20-jährigen Mann erschoss.

Die meisten Deutschen waren entsetzt. Bundespräsident Frank-Walter Steinmeier reiste am Tag darauf nach Halle, um die Opfer zu würdigen, und sagte: »Wir müssen jüdisches

Leben schützen.«[1] Und es wird viel getan, auf politischer und gesellschaftlicher Ebene. Dennoch breiten sich in der bislang selbstbewussten jüdischen Gemeinde in Deutschland echte Sorgen und Ängste immer mehr aus. Nur wenige Länder sind vor dem zunehmenden Antisemitismus gefeit, aber mit Blick auf die Geschichte des Landes ist dieser Stimmungsumschwung unter einigen Mitbürgerinnen und Mitbürgern in Deutschland sehr beunruhigend.

In Großbritannien ist Jeremy Corbyn, der als Vorsitzender der Labour Party die Ausbreitung von Antisemitismus in seiner Partei zuließ, unterdessen abgetreten. Sir Keir Starmer, der ihm folgte, stellte unter Beweis, dass er Antisemitismus nicht duldet, als er Rebecca Long-Bailey aus seinem Schattenkabinett entließ, nachdem sie einen antisemitischen Retweet nicht hatte löschen wollen. In der Twitter-Sphäre wimmelt es nur so von linken wie rechten antisemitischen Verschwörungstheorien, und die Denkweise, dass Meinungen wichtiger seien als Fakten, gewinnt an Boden. Die Labour Party wartet, da ich dies schreibe, auf den Bericht der britischen Equality and Human Rights Commission, die antisemitische Tendenzen in der Partei untersucht. Die Lage hat sich entspannt, doch es ist noch viel zu tun. Dasselbe gilt in Frankreich, Italien, den Vereinigten Staaten und anderen Ländern. Antisemitismus hat einen sehr leichten Schlaf. Nun ist er wieder erwacht und findet bei den verschiedensten Gruppierungen und Ideologien einen fruchtbaren Nährboden, sei es, dass unbegründete Kritik an Israel grassiert (und oftmals ist Kritik an der israelischen Regierung absolut gerechtfertigt) oder dass alte Ammenmärchen über reiche und arglistige Juden kolportiert und aus überkommenen Klischees, nach denen Juden die Medien und die Hebel der Macht »kontrollieren«, neue antisemitische Ressentiments gestrickt werden. Die uralten Verschwörungstheorien sind wieder en vogue, obwohl die *Protokolle der Weisen von Zion*, auf die sie zurückgehen, schon vor hundert Jahren als Fälschung entlarvt wurden.

Wir müssen also weiter wachsam sein, vor allem aber müssen wir verstehen, was Antisemitismus ist, wo er begann, wie er sich verändert und warum er eine Rolle spielt. Das zu erklären versuche ich in diesem Buch. Wenn ich auch nur einen Menschen dazu bewege, seine Meinung zu ändern, sei es in Deutschland oder in Großbritannien, bin ich schon zufrieden. Sind es mehrere, bin ich begeistert. Und wenn wir dieses Buch in zehn Jahren wegwerfen können, weil es nicht mehr gebraucht wird, werde ich völlig aus dem Häuschen sein.

Einführung

In meiner Kindheit, die ich im Londoner Norden verbrachte, war Antisemitismus kein Thema. Falls er doch einmal zur Sprache kam, dann eher als Scherz: Wenn mein Vater uns in unserem alten Ford Popular durch die Stadt fuhr, beschimpfte er die Ampeln, die eine nach der anderen rot wurden, gern als antisemitisch. Aber damit hatte es sich auch.

Die Großmutter meines Vaters, Caroline Ellern, die in Amsterdam Zuflucht vor dem Nationalsozialismus gesucht hatte, war von dort nach Westerbork und weiter nach Sobibor deportiert worden, wo sie 1943 ermordet wurde. Die meisten meiner Angehörigen mütterlicherseits waren ermordet worden. Trotzdem bezogen wir zehn oder fünfzehn Jahre später den Begriff Antisemitismus scherzhaft auf Ampeln. Falls sich im Großbritannien der 1950er und 1960er Jahre Juden von Antisemitismus bedroht fühlten, so bekamen wir das jedenfalls nicht mit. Die grauenhaften Bilder von den Konzentrations- und Vernichtungslagern, die unmittelbar nach dem Krieg in den Wochenschauen gezeigt worden waren, hatten Menschen mit antisemitischen Ansichten zum Umdenken oder wenigstens zum Schweigen gebracht.

Über den Holocaust wurde in meiner Kindheit kaum gesprochen. Ich wuchs mit Menschen auf, die mit deutschem Akzent sprachen, meine Mutter eingeschlossen (obwohl mir das erst viel später bewusst wurde, wenn ich ihre Nachrichten auf dem Anrufbeantworter abhörte). Neben meiner Mutter waren auch viele Cousinen und Cousins, Onkel, Tanten, Freundinnen und Freunde aus Hitler-Deutschland geflohen. Doch in England, in Großbritannien fühlten wir uns sicher. Wir waren stolz, Briten zu sein, stolz, Juden zu sein, und wir spürten keinerlei Bedrohung.

In der Schule, wo ein Drittel der Klasse jüdisch war, fingen die Lehrer an hohen jüdischen Feiertagen im Unterricht kein neues Thema an. Das hätte auch keinen Sinn gehabt, weil zu viele von uns fehlten. Für die gemeinsame Andacht, in der wir einmal in der Woche alle zusammen englische Kirchenlieder sangen – ich liebe sie noch heute –, suchten wir mit Bedacht Lieder aus, die für alle geeignet waren. Im Zweifel fragten die zuständigen Lehrerinnen unsere Eltern oder jüdische Kollegen um Rat. Man war sensibel, aufgeschlossen und tolerant: Uns bereitete unser Judentum nie Probleme.

Ich werde nie erfahren, inwieweit ich dieses Gefühl der Geborgenheit meinen Eltern zu verdanken hatte, die meine Cousinen und Cousins und mich vor den Geschehnissen der Vergangenheit abschirmten. Meine Mutter hatte keine Ausbildung machen können. Ende der 1950er und in den 1960er Jahren standen meine Eltern mit dem deutschen Staat in Verhandlungen über Wiedergutmachungszahlungen, ohne dass ich davon viel mitbekam. Meine Großeltern, die praktisch mit leeren Händen geflohen waren, bauten die Entschädigungsforderung für ihr Haus Anfang der 1960er Jahre zu einer fast schon zwanghaften Vollzeitbeschäftigung aus. Doch wir Kinder waren ahnungslos und geborgen. Wir konnten unser Judentum frei praktizieren, am Purimfest in der bunten Tracht auf die Straße gehen, zu Chanukka die Glitzerschuhe tragen. Wir zündeten die Chanukka-Kerzen an und stellten sie ins Fenster. Niemand hatte daran etwas auszusetzen.

Auch als mir viel später in meiner Studienzeit und danach Antisemitismus in eher kleinen Dosen begegnete – meist entsprang er reinem Unverstand –, als Rechtsextreme prominenten Juden beleidigende Postkarten schickten, empfanden wir das nicht als gravierend. Der Runnymede Trust, der sich für die Gleichstellung gesellschaftlicher Minderheiten einsetzt, beschloss 1994, als Probelauf für eine Studie zur damals viel schwerwiegender erscheinenden Islamophobie die Häufigkeit antisemitischer Vorfälle zu untersuchen. Wir, die Kommission, glaubten damals nicht, dass viel dabei herauskommen, das Ergebnis sonderlich beunruhigend ausfallen würde. Unser Bericht mit dem vorausschauenden Titel »A Very Light Sleeper« (Ein sehr leichter Schlaf) verzeichnete frühe Fälle von Holocaustleugnung und besagte beleidigende Briefe und Postkarten. Er schilderte einige recht unschöne Beispiele und bot Anlass zur Besorgnis, doch insgesamt war der Antisemitismus damals nicht so ernst zu nehmen wie das wachsende Phänomen der Islamophobie.[2]

Warum lohnt sich dann ein genauerer Blick? Die schlichte Antwort lautet: Weil sich die Lage verändert hat.

Dass Antisemitismus in Europa seit rund fünfzehn Jahren zunimmt und mancherorts mit Gewalt gegen Juden einhergeht, beunruhigt mich zutiefst. Auch antisemitische Verbalattacken häufen sich, und in manchen Kreisen sind mittlerweile Sprüche salonfähig, die früher als unerhört antisemitisch gegeißelt worden wären.

Im Jahr 2017 führten der Community Security Trust und das Institute for Jewish Policy Research in London eine gemeinsame Studie zum Antisemitismus im Vereinigten Königreich durch. Der Bericht bezifferte den sogenannten »harten Kern« von Antisemiten auf 5 Prozent der Bevölkerung, verwies jedoch auf einen Anteil von weiteren 25 Prozent, »die ein negatives Bild von Juden haben und ein oder zwei Ansichten vertreten, die Juden meist als antisemitisch einordnen würden. Dazu gehören traditionelle judenfeindliche Erzählmuster wie übermäßiger Einfluss, gespaltene Loyalität und unrechtmäßig erworbener Reichtum«.[3] Die extreme Rechte ist nach wie vor die Bevölkerungsgruppe, in der die antisemitische Haltung am stärksten ausgeprägt ist, doch die extreme Linke zog, bedingt durch ihre numerische Überlegenheit und ihren neuen Einfluss auf die britische Politik, in Sachen antijüdischer Gesinnung mit den Reaktionären in etwa gleich. Diese Zahlen sind alarmierend. Zwar haben die genannten Gruppierungen durchaus Einfluss, doch das beunruhigendste Ergebnis der Studie ist, dass Antisemitismus – oder Hinweise darauf in Bevölkerungsgruppen, in denen er früher keine Rolle spielte – in der britischen Gesellschaft inzwischen recht weit verbreitet ist.

Wie der im Bergwerk singende Kanarienvogel möchte ich auf die aktuellen antisemitischen Tendenzen aufmerksam machen, nicht weil gewalttätige Übergriffe im Spiel wären – in Großbritannien ist das überwiegend nicht der Fall –, sondern weil unflätige Beschimpfungen leicht in Gewalt übergehen: in Gewalt gegen Menschen und in Gewalt gegen Gebäude, die auf die Entweihung des Heiligen, des Sakrosankten abzielt und Angst schüren soll. Ein klassisches Beispiel ist, da ich dieses Buch schreibe, der entsetzliche Mordanschlag auf die Pittsburgher Etz-Chaim-Synagoge an einem Sabbat, begangen von einem Mann, der Juden für die Zuwanderung von Muslimen in die USA verantwortlich machte und brüllte: »Alle Juden müssen sterben.«

Ich schreibe dieses Buch auch aus einem zweiten Grund: Bei vielen Menschen herrscht echte Ratlosigkeit, was unter Antisemitismus eigentlich zu verstehen ist, und besonders, ob Kritik am Staat Israel für sich genommen antisemitisch ist. Dabei gibt es eine wenn auch nicht perfekte, so doch allgemein anerkannte internationale Definition, die in der Öffentlichkeit allerdings nicht sonderlich bekannt ist. Deshalb lohnt es sich darzustellen, was Antisemitismus ist und was nicht, zumal große Teile der jüdischen Gemeinde in Großbritannien unter dem wachsenden Antisemitismus und der unruhigen Stimmung leiden und den, wie sie es sehen, Vertrauensbruch des Staates gegenüber seiner jüdischen Bevölkerung mit Sorge betrachten. Immerhin hatte sich diese jüdische Gemeinde lange Zeit glücklich geschätzt, willkommen zu sein, kann sie doch, anders als die Juden in weiten Teilen

Kontinentaleuropas, stolz auf eine kontinuierliche, 350 Jahre währende Geschichte in diesem Lande zurückblicken.

Ich möchte darstellen, wie sich die Haltung zu Juden verändert hat. Das will ich tun, weil auch ich es verstehen will. Und verstehen will ich es, weil mich interessiert, wie sich diese Haltung nicht nur auf meine Generation auswirkt, sondern vor allem auf die nächste jüdische Generation und die übernächste. Welche Zukunft haben Jüdinnen und Juden in Großbritannien und in Europa, wenn verbale und körperliche Gewalt gegen Juden auf dem Vormarsch ist und gleichzeitig in ganz Europa rechtsextreme Nationalisten immer mehr Intoleranz, Antisemitismus und Islamophobie an den Tag legen? Und was bedeutet das, nicht nur für Juden, sondern für die Gesellschaft insgesamt?

Kapitel 1

Wo kommt Antisemitismus her?

Für eine differenzierte Darstellung dessen, was unter Antisemitismus zu verstehen ist und was nicht, gilt es zunächst zu erkunden, wo er eigentlich herkommt. Dafür müssen wir ziemlich weit in die Geschichte zurückgehen. Nicht umsonst bezeichnete Robert Wistrich den Antisemitismus als den »längsten Hass«.[1] Seine Wurzeln liegen unter anderem im religiösen Antijudaismus, in Stammeskriegen und in Ressentiments gegen Juden, die allen Widrigkeiten zum Trotz überlebten. Religiöser Hass verband sich mit der Auffassung, dass Juden keine vollwertigen Menschen sind, Neid mit der Ansicht, dass sich Juden ihren jeweiligen Erfolg nicht verdient haben können. Es hieß, sie seien Lügner, Wucherer, arglistige Betrüger. In der Geschichte finden wir die Ursprünge dieser Vorurteile.

Die Antike

Das ägyptische Alexandria war im 3. Jahrhundert v. u. Z. Heimat der weltweit größten jüdischen Diaspora. Dort entstand die Septuaginta, die griechische Übersetzung der Hebräischen Bibel. Wir wissen, dass der ägyptische Priester und Historiker Manetho damals beleidigend über die Juden herzog. Seine Anwürfe wurden nach ihm endlos wiederholt, auch in der römischen Epoche. Im Seleukidenreich, das sich von Anatolien bis in die Levante, nach Mesopotamien und in Teile des modernen Pakistans erstreckte, verkündete Antiochos IV. Epiphanes um 170 bis 167 v. u. Z. eines der frühesten Edikte gegen Juden und löste so einen Aufstand der Makkabäer in Judäa aus. Antiochos beendete damit die alte Sitte, die Juden Judäas ihre religiösen Traditionen pflegen zu lassen: Solange sie ihre Steuern zahlten, hatten sich ihre ausländischen Herrscher nicht eingemischt. Der mehrere Jahre andauernde Aufstand, der in den Makkabäerbüchern der Apokryphen geschildert wird, bot Stoff für Opern und Oratorien und ist auch der Ursprung des jüdischen Lichterfestes Chanukka im Winter.

In den jüdischen Überlieferungen, die sich um Chanukka ranken, ist Antiochos der größte Bösewicht und Feind, etwa in den Makkabäerbüchern und der »Megillat Antiochos«, die den Aufstand der Makkabäer als nationalen Widerstand gegen politische und kulturelle Unterdrückung von außen schildert. Die Rabbiner nannten Antiochos nur den »Niederträchtigen«. Ob Antiochos das Judentum als Kultur und Religion ausrotten wollte, ist nicht klar, doch sicher war er ein Judenfeind oder Antisemit der Antike.

Christlicher Antisemitismus: Die frühchristliche Kirche

Viel später, im 2. Jahrhundert, begannen die frühen Christen das Ansehen der Juden zu diskreditieren. Sie beklagten, die Juden hätten nicht den rechten Glauben, seien in Ungnade gefallen und weigerten sich starrsinnig, Jesus als Messias anzuerkennen. Obwohl Jesu Lehren stark vom jüdischen Denken beeinflusst waren, bestritt die frühchristliche Kirche, dass er das Judentum gelehrt hatte. Sie vertrat einen neuen Glauben, der die Juden hinter sich lassen und sich in die Länder der bekannten Welt ausbreiten sollte. Die Juden galten als Gescheiterte, die für Vernunft nicht zugänglich waren.

Anders als das Judentum lehrte die neue Religion, dass der Messias in Gestalt Jesu Christi gekommen sei und das neue Zeitalter unmittelbar bevorstehe. Die Grundsätze der neuen Religion durften nur Schüler der Apostel lehren. Jeder Apostel benannte einen Schüler, der ihm nachfolgen sollte, und die Angehörigen und Verfechter der apostolischen Sukzession bekämpften jede andere Gruppierung, die für sich in Anspruch nahm, das Neue Israel zu sein.

Apologeten rechtfertigten und verteidigten die Doktrin der frühchristlichen Kirche oft, indem sie Juden verunglimpften. Wenn das Christentum das Neue Israel werden sollte, galt es, die Sünden des Alten Israel, des gefallenen Israel, des falschen und verräterischen Israel offenzulegen.

Im Jahr 145 verfasste Justin der Märtyrer eine Apologie, in der er einen Dialog mit dem Juden Trypho führte. Mittels Bibelbelegen – auch im Judentum das traditionelle Mittel der

Beweisführung – wies Justin der Märtyrer nach, dass Gott die Juden ursprünglich gerade wegen ihres unspirituellen Wesens erwählt hatte.[2] Justin warf den Juden vor, sie hätten Jesus verschmäht und getötet und den Menschen die Erlösung vorenthalten. Die Zerstörung des Tempels sei die gerechte Strafe für ihre Niedertracht. Justins Schriften hatten großen Einfluss auf das frühchristliche Denken, viele Forscher sehen in ihnen den Ursprung des christlichen Antisemitismus.[3]

Doch Justin der Märtyrer war durchaus nicht allein. Die Kirchenväter bezichtigten Juden und Judentum der Ketzerei und erklärten, das Volk Israel sei *extra Deum*, »außerhalb Gottes«. Simon Petrus bezichtigte Christen, die keine religiösen Bilder anbeten wollten, einer »jüdischen Geisteshaltung«.[4] Anfang des 2. Jahrhunderts erklärte der einflussreiche Häretiker Marcion von Sinope, der jüdische Gott sei dem christlichen untergeordnet, und lehnte die jüdischen Schriften als Produkte einer unbedeutenden Gottheit ab.[5]

Nach dem Verständnis der meisten christlichen Autoritäten war das Judentum eine unvollständige und dem Christentum unterlegene Religion. Trotzdem verteidigten sie die jüdischen Schriften, die Hebräische Bibel also, als kanonisch. Origenes von Alexandria (ca. 185–ca. 254) kannte sich mit dem Judentum besser aus als jeder andere Kirchenvater, denn er hatte Hebräisch gelernt, kannte Rabbi Hillel den Jüngeren, beriet und besprach sich mit jüdischen Gelehrten und war von den allegorischen Interpretationen des Philon von Alexandria beeinflusst. Er hielt den Juden der Vergangenheit zugute, dass Gott sie wegen ihrer Verdienste erwählt hatte, warf aber seinen jüdischen Zeitgenossen vor, sie verstünden ihr eigenes Gesetz nicht. Christen seien das »wahre Israel«, und Juden trügen die Schuld am Tod Christi.[6]

Einer der wichtigsten Kirchenväter, Johannes Chrysostomos (344–407), erklärte gar: »Die Synagoge ist [...] ein Bordell; sie ist eine Räuberhöhle und ein Versteck für wilde Tiere.«[7] Und vergessen wir nicht den berühmtesten Kirchenvater, den heiligen Augustinus (ca. 354–430), der im zwölften Buch (12.14) seiner *Bekenntnisse* schrieb:

> Ich verabscheue ihre [der Schrift] Feinde in rechtem Ernst. O wenn du sie [die Juden] mit dem zweischneidigen Schwerte tötest, dass sie nicht mehr ihre Feinde wären! Denn ich wünsche, dass sie sich sterben, damit sie dir leben.[8]

Man findet auch die eine oder andere wohlwollende Bemerkung eines Kirchenvaters über die Juden, doch bis ins 10. und 11. Jahrhundert verhärteten und vereinheitlichten sich die abfälligen Lehren über die Juden und waren in der gesamten christlichen Welt bestens bekannt. Es entstand eine antijüdische Mixtur, zu der die starke Ausbreitung des Christentums in Nordeuropa ebenso beitrug wie die muslimischen Eroberungswellen, die den militärischen und geistlichen Eifer christlicher Kreuzzüge entfachten und von deren Sog auch die Juden Europas erfasst wurden. All das schuf die Voraussetzungen dafür, dass Juden in Europa fast überall, wo sie lebten, verfolgt wurden.

Im Mittelalter war das Judentum die einzige Minderheitenreligion, die sich auf dem mittlerweile vollständig christianisierten europäischen Kontinent erhalten hatte, nachdem Juden und Muslime aus Spanien vertrieben und heidnische Traditionen ausgelöscht worden waren. Zwar hieß von Zeit zu Zeit der eine oder andere Stadtstaat Juden auch willkommen, doch da im Mittelalter der Glaube die Selbstidentität prägte, waren sie weitgehend als Außenseiter isoliert.[9]

Christlicher Antisemitismus: Das Hochmittelalter

Im Matthäus-Evangelium heißt es, als Pilatus die Schuld an Jesu Tod von sich weist: »Da antwortete alles Volk und sprach: Sein Blut komme über uns und unsere Kinder!«[10] Besonders im Mittelalter verfestigte sich diese Interpretation: Das gesamte jüdische Volk sei schuld an Jesu Tod. Nicht nur die Juden, die bei der Kreuzigung zugegen waren, nein, alle Juden aller Zeiten hätten kollektiv die Sünde des Gottesmordes auf sich geladen.

Im mittelalterlichen Europa war vor allem die Osterwoche für Juden eine gefährliche Zeit, in der es oft zu Übergriffen kam. Einem Kirchenerlass folgend, mussten sie einen speziellen Hut oder ein Abzeichen tragen, damit sie auf Anhieb zu erkennen waren. Der gelbe Stern der Nationalsozialisten war durchaus keine neue Erfindung.

In 1900 Jahren christlich-jüdischer Geschichte zog in Europa und in aller Welt der Vorwurf des Gottesmordes Hass und bisweilen tödliche Gewalt gegen Juden nach sich.[11] Die Anschuldigung wurde erst 1965 endlich zurückgenommen, als die katholische Kirche unter Papst Paul VI. im Rahmen des Zweiten Vatikanischen Konzils die Erklärung *Nostra aetate* verabschiedete. Trotzdem herrscht in einigen christlichen Gruppierungen bis heute der Glaube, dass die Juden Christi Mörder sind.

Christlicher Antisemitismus: Ritualmordlegende und Judensau

Als 1144 der Junge William von Norwich mit Stichwunden tot im Wald aufgefunden wurde, beschuldigte man die Juden der Stadt. Es hieß, ein internationaler Judenrat wähle ein Land aus, in dem in der Osterwoche ein Kind getötet werden solle, um mit deren Blut ungesäuertes Brot für das Passahfest herzustellen, das meist mit Ostern zusammenfällt. Grundlage für diese haarsträubende Geschichte war eine frei erfundene jüdische Prophezeiung, nach der die Ermordung eines christlichen Kindes einmal im Jahr angeblich gewährleistet, dass die Juden ins Heilige Land zurückkehren können: die Ritualmordlegende. Die Wahl sei 1144 auf England gefallen, hieß es, und die Führung der jüdischen Gemeinde habe die Aufgabe an die Juden von Norwich delegiert.

Dass dies himmelschreiender Unsinn war, verhinderte nicht, dass in anderen Gemeinden und Städten ähnliche Anklagen erhoben wurden. Im Jahr 1189 ereignete sich ein Übergriff auf die jüdische Abordnung, die zur Krönung von

Richard Löwenherz gekommen war, und bald folgten Judenpogrome in London und York. Nach dem Tod eines weiteren Kindes, Hugh von Lincoln (1255), wurden Juden vor Gericht gestellt und hingerichtet. Einige Jahre später, im Jahr 1290, wurden sämtliche Juden aus England verbannt. Erst 1656 durften Juden wieder ins Land.

Zwischen dem 12. und Mitte des 19. Jahrhunderts geschah es in ganz Europa immer wieder, dass Christen einigen (oder allen) Juden magische Kräfte nachsagten, die, wie manche glaubten, einem Pakt mit dem Teufel zu verdanken waren. Die Vorstellung, dass Juden Hörner oder Schwänze hätten, war weit verbreitet. Auf dem alten Brückenturm in der Nähe des Frankfurter Ghettos, in dem wohl meine Vorfahren väterlicherseits lebten, prangte ein großes Wandbild mit der sogenannten »Judensau«, ein Motiv, das im Mittelalter entstand und häufig von antisemitischen Äußerungen begleitet wurde.

In Wittenberg befindet sich an der Fassade der Stadtkirche, an der der Reformator Martin Luther predigte, bis heute eine solche »Judensau« aus dem Jahr 1305. Die Skulptur zeigt einen Rabbi, der einer Sau unter den Schwanz schaut, während andere Juden aus ihren Zitzen trinken. Es ist eines der letzten erhaltenen Zeugnisse der »Judenhetze« in Deutschland. Luther beschrieb die Skulptur mit den Worten, der Rabbiner »bückt (sich) und guckt mit großem Fleiß der Sau unter den Bürzel in den Talmud hinein, als wolle er etwas Scharfes und Sonderliches lesen und ersehen«.[12]

Luther war als glühender Antisemit bekannt; er zeterte: »Was sollen wir Christen nun mit diesem verworfenen, verdammten Volk der Juden tun? Zu ertragen ist es uns nicht, seitdem sie bei uns sind und wir solch Lügen, Lästern und Fluchen von ihnen wissen, damit wir uns nicht aller ihrer Lügen, Flüche und Lästerungen teilhaftig machen.«[13] Ungeschminkt erklärte er in einem Pamphlet, was seiner Meinung nach mit den Juden geschehen solle: Man setze die Synagogen in Brand, riet er, »zerbreche und zerstöre« jüdische Häuser, nehme ihnen Gebetsbücher und Talmud weg, verbiete Rabbinern unter Androhung des Todes die Lehre und hebe ihre Reiseprivilegien auf, damit »ihr und wir alle der unleidlichen, teuflischen Lift der Juden entladen werden«.[14]

Und die Angriffe auf die Juden setzten sich fort. Im Jahr 1819, als in Teilen Deutschlands und Europas die Emanzipation der Juden bereits eingesetzt hatte, kam es zu den sogenannten »Hep-Hep-Unruhen«. (»Hep hep« leitet sich vermutlich vom Ruf der Hirten an ihre Schafherde ab, könnte aber auch für *Hierosolyma est perdita* stehen, »Jerusalem ist verloren«.) Die Juden wurden als »Emporkömmlinge« dargestellt, die sich der Wirtschaft, besonders des Finanzsektors, bemächtigen wollten. In der deutschen Presse waren antisemitische Veröffentlichungen an der Tagesordnung. Der Journalist und Autor Amos Elon schreibt über diese Epoche:

> Mancherorts versuchte man, ihnen wieder den mittelalterlichen Status aufzuzwingen. In Frankfurt erinnerte man sich der Judenstättigkeit von 1616. Nun durften pro Jahr wieder nur zwölf jüdische Ehen geschlossen werden. [...] Im Rheinland, das nun wieder unter preußischer

Herrschaft stand, verloren die Juden die Bürgerrechte, die ihnen unter den Franzosen verliehen worden waren, und sie durften bestimmte Berufe nicht mehr ausüben. Die wenigen, die vor dem Krieg in den Staatsdienst aufgenommen worden waren – unter ihnen Ludwig Börne –, wurden kurzerhand entlassen.[15]

Daneben kam es zu Gewaltakten, Plünderungen und Zerstörung jüdischen Eigentums. Die NS-Erfindung der »Kristallnacht« hatte hier einen Vorläufer.

In Deutschland und anderswo brachten extreme Antisemiten auch nach dem Zweiten Weltkrieg noch die Ritualmordlegende auf, und in den sozialen Medien unserer Tage kommt sie erstaunlich häufig vor.

Manche Mythen sind unverwüstlich und werden auch heute verbreitet, obwohl die meisten Kirchen entsetzt wären über den Vorwurf, dass sie Antisemitismus schürten oder auch nur tolerierten. Viele bekämpfen Antisemitismus mit allen ihnen zur Verfügung stehenden Mitteln, zeigen sich Juden gegenüber freundlich und großzügig und haben für spezielle Gottesdienste sogar die Liturgie geändert, damit auch Juden unbelastet daran teilnehmen können. Doch nicht alle haben damit Erfolg.

Denn in einigen Kirchen halten sich Reste des »religiösen« Antisemitismus, etwa, wenn noch immer dafür gebetet wird, dass die Juden konvertieren mögen, oder wenn behauptet wird, dass das Judentum ohne Christentum unvollständig sei. Viele Christen halten das Judentum für die

Religion des Alten Testaments (der Hebräischen Bibel), weil sie nichts über das Rabbinische Judentum wissen, dessen Entwicklung begann, als auch die christliche Kirche Gestalt annahm. In Großbritannien versuchen Organisationen wie der Council of Christians and Jews oder das Woolf Institute das gegenseitige Verständnis von Christen und Juden zu fördern, was ein hartes Stück Arbeit ist angesichts der Unwissenheit über das Judentum, seiner großen Ähnlichkeiten mit dem Christentum, aber auch der enormen Unterschiede zwischen beiden. Und aus Unwissenheit erwachsen leicht Vorurteile und sogar Verachtung.

Islamischer Antisemitismus bis zum Ende des 19. Jahrhunderts

In der Forschung herrscht darüber zwar keine Einigkeit, aber die meisten Islamforscher gehen davon aus, dass sich die Diskriminierung von Nichtmuslimen nicht spezifisch gegen Juden richtete, sondern gegen alle Nichtgläubigen. Bernard Lewis, ein hervorragender Kenner des Islam in Mittelalter und Moderne, geht sogar so weit, dass Muslime zwar Juden über weite Teile der islamischen Geschichte negative Stereotypen zugeschrieben haben mögen, jedoch – anders als der europäische Antisemitismus – nicht aus Angst, sondern um sie zu verspotten. Lewis zufolge assoziierten die Muslime Juden nicht mit dem »kosmischen Bösen«, und erst Ende des 19. Jahrhunderts entstanden im Islam antisemitische Bewegungen, die mit denen Europas vergleichbar sind.[16]

Auch unter Juden, die in muslimischen Ländern geboren wurden, herrscht große Uneinigkeit darüber, wie weit Antisemitismus historisch verbreitet war. So geriet Edwin Shuker, Vizepräsident des Board of Deputies of British Jews, der die Juden in Großbritannien vertritt, unter Beschuss, als er Anfang November 2018 erklärte, historisch betrachtet hätten arabische Juden und Muslime stets in Frieden miteinander gelebt, »diese Harmonie wurde erstmals in den 1940er Jahren gestört«.[17] Andere widersprachen ihm vehement und verwiesen auf antisemitische Vorfälle aus früheren Zeiten.[18]

In der Forschung wird oft darauf hingewiesen, dass der moderne islamische Antisemitismus durch die Übernahme christlicher Vorbilder in Europa entstand und dass er nun, verstärkt durch die Wut über die Existenz des Staates Israel, in der arabischen Welt eine einflussreiche Kraft ist. Doch das war nicht immer so. Zu Beginn ihrer gemeinsamen Geschichte war die Beziehung zwischen Juden und Muslimen nicht einmal so schlecht. Die frühesten Verse das Koran, so Bernard Lewis, zeugen von Sympathie für die Juden. Mohammed bewunderte sie als Vertreter eines Monotheismus und betrachtete sie als natürliche Anhänger des neuen Glaubens. Jüdische Traditionen dienten als Vorbild für die Entwicklung religiöser Praktiken im Islam, etwa das Mittagsgebet, das Freitagsgebet, das Fasten im Ramadan (das sich am jüdischen Jom-Kippur-Fest am zehnten Tag des Monats Tischri orientiert) und insbesondere der bis 623 praktizierte Brauch, in Richtung Jerusalem zu beten und nicht etwa in Richtung Mekka.[19]

Im Auftrag des Propheten Mohammed wurde 622 kurz nach seiner Ankunft in Medina (damals bekannt unter dem Namen Yathrib) die »Gemeindeordnung von Medina« erstellt, um die neun dort lebenden Stämme für das Verhalten ihrer jeweiligen Mitglieder gemeinsam in die Verantwortung zu nehmen. Acht jüdische Gruppen wurden, religiös getrennt von den Muslimen, als Teil der Gemeinde Yathrib anerkannt. Die Gemeindeordnung benannte Mohammed als verantwortlichen Mittler zwischen den Gruppen und untersagte, ohne seine Genehmigung Krieg zu führen. Sie bildete somit die Grundlage für einen multireligiösen islamischen Staat in Medina. Der Vertrag sicherte allen »Gläubigen und den Muslimen von Quraisch und Yathrib, und denen, die ihnen folgen«, Freiheit der Religion und Religionsausübung zu. Mohammed hielt am friedlichen Zusammenleben von Muslimen, Juden und Christen fest, die nach seinem Verständnis unter seinen Bedingungen die *umma* bildeten, die Gemeinschaft der Stadt: »Die Juden, die uns folgen, bekommen Hilfe und Beistand; es geschieht ihnen kein Unrecht und ihre Feinde werden nicht unterstützt.«[20]

Der Koran spricht die Juden vom christlichen Vorwurf des Gottesmordes frei,[21] zeichnet aber auch ein negatives Bild von ihnen: »Und sie wurden mit Schimpf und Elend geschlagen und zogen sich Allahs Zorn zu, weil sie Allahs Botschaft leugneten und die Propheten widerrechtlich töteten, weil sie rebellierten und Gesetzesbrecher waren.«[22] Doch insgesamt gesteht der Koran dem Judentum eigene Geltung zu: »Siehe, die da glauben, auch die Juden und die Christen und die Sabäer – wer immer an Allah glaubt und an den Jüngsten Tag und des Rechte tut, die haben ihren Lohn bei ihrem Herrn. Keine Furcht kommt über sie, und sie werden nicht traurig sein.«[23]

Im Lauf der Zeit änderte sich allerdings die Haltung zu Juden und Judentum. Es existieren verschiedene Versionen eines Hadith (spätere Aufzeichnungen der Aussprüche und Handlungen des Propheten Mohammed), der oft zitiert wird und auch in die Charta der sunnitisch-fundamentalistischen Hamas einging, die den Gazastreifen kontrolliert:

> Die Stunde (der Auferstehung) wird nicht kommen, bis die Muslime gegen die Juden kämpfen. Die Muslime werden sie töten, bis sich der Jude hinter Stein und Baum verbirgt, und Stein und Baum dann sagen: »Muslim, oh Diener Gottes! Da ist ein Jude hinter mir. Komm und töte ihn!« Außer der Gharqad-Baum, denn er ist ein Baum der Juden.[24]

Zum Gharqad-Baum gibt es verschiedene Interpretationen. Einer Deutung zufolge handelt es sich um einen echten Baum, den Israelis etwa in ihren Siedlungen im Westjordanland und im Gazastreifen pflanzen. Eine andere besagt, dass der Baum in der Natur nicht zu finden ist, sondern als Symbol auf all die Kräfte in der Welt verweist, die sich angeblich mit den Juden gegen die Muslime verschworen haben.[25]

Moderner muslimischer Antisemitismus

Im Islam geht unter dem wachsenden Einfluss islamistischer Gesinnung die Toleranz seit einigen Jahrzehnten zurück. Schon 1964 schrieb der islamische Denker und Vordenker der Muslimbrüder Sayyid Qutb in seinem Buch *Zeichen auf dem Weg*, die Absicht des »Welt-Judentums« sei es, »alle Grenzen, insbesondere die Grenzen, die durch den Glauben und die Religion auferlegt worden sind, zu eliminieren, so dass die Juden in den Körper der Politik der ganzen Welt eindringen und dann frei sein können, um ihre schlechten Absichten aufrechtzuerhalten.«[26] Was so auch aus den *Protokollen der Weisen von Zion* stammen könnte.

Wiederauflage der »Protokolle der Weisen von Zion«

Wer in den sozialen Medien nur einen kurzen Blick auf muslimische, ultralinke und ultrarechte Seiten wirft, muss verzweifeln angesichts dessen, was dort alles verbreitet wird. *IsraHell* für Israel ist ein gängiger Ausdruck, und besonders deprimierend ist die Fülle der Bezüge auf die *Protokolle der Weisen von Zion.*

Die Protokolle der Weisen von Zion ist ein antisemitischer Text, der erstmals 1903 in Russland erschien und vorgeblich einen jüdischen Plan für die Erlangung der Weltherrschaft beschreibt. Anfang des 20. Jahrhunderts wurde er, in zahlreiche Sprachen übersetzt, weltweit zum Bestseller. Der namhafte ultrarechte Antisemit Henry Ford finanzierte den Druck von 500 000 Exemplaren, die in den 1920er Jahren überall in den USA verbreitet wurden. Nach der Machtübernahme der Nationalsozialisten 1933 verordneten einige Lehrer den Text ihren Schulkindern als Pflichtlektüre. Die *Protokolle,* die der renommierte Historiker Norman Cohn als »Vollmacht zum Völkermord« bezeichnete,[27] wurden vom NS-Staat für seine judenfeindliche Propaganda genutzt, obwohl die *Times* in London sie bereits 1921 als Fälschung entlarvt hatte.

Erdacht wurden die *Protokolle* 1903 von Sergej Nilus, einem ultra-orthodoxen Christen und Mitglied der Geheimpolizei Zar Nikolaus' II. Steven Leonard Jacobs und Mark Weitzman untersuchen in ihrem Buch *Dismantling the Big Lie: The Protocols of the Elders of Zion* die verheerenden Auswirkungen der *Protokolle* und stellen fest, dass es »von allen judenfeindlichen Tiraden besonders die *Protokolle der Weisen von Zion* sind, die Antisemiten ermutigen und stärken. Andere antisemitische Werke mögen intellektuell besser fundiert sein, doch die konspirative Bildsprache der *Protokolle* hat die Fantasie befeuert und den Hass auf Juden und Judentum geschürt, vom Industriellen Henry Ford bis hin zu den jugendlichen Selbstmordattentätern der Hamas.«[28]

Heute tauchen die *Protokolle* sowohl im Rechtsextremismus und im Islamismus wieder gehäuft auf und werden im Internet auch von der linksextremen Szene in bösartigen Vorwürfen angeblicher jüdischer Verschwörungen immer wieder zitiert. Der Rückgriff auf die *Protokolle,* der dem gefälschten Werk Glaubwürdigkeit zugesteht, ist für sich schon antisemitisch.

Antisemitismus in der modernen muslimischen Welt

Erst mit dem Scheitern des arabischen Nationalismus Ende der 1970er Jahre nahm der islamische Antisemitismus tatsächlich an Fahrt auf. Die Hamas bezog sich in ihrer Gründungscharta auf die *Protokolle*, und der Führer der iranischen Revolution von 1979 Ajatollah Chomeini schrieb in seinem 1970 erschienenen Buch *Der islamische Staat*, dass »die Juden und ihre ausländischen Helfershelfer sich grundsätzlich gegen den Islam stellen. Sie wollen einen jüdischen Weltstaat errichten«.[29] Chomeinis Nachfolger Ajatollah Chamenei leugnet gern den Holocaust und spricht wie andere Männer in der iranischen Führung von der globalen Weltherrschaft »jüdischer« und »zionistischer« Kräfte, wobei diese beiden Begriffe synonym verwendet werden.

Im Libanon hat sich die Hisbollah, ein schiitischer Ableger der Iranischen Republik, ebenfalls der Holocaustleugnung verschrieben und hält daher unter anderem das *Tagebuch der Anne Frank* aus libanesischen Schulen fern. Hisbollah-Chef Hassan Nasrallah ist für seine antisemitischen Äußerungen und die Leugnung des Holocaust bekannt; berüchtigt ist seine Aussage, wenn sich alle Juden in Israel versammelten, müsse die Hisbollah sie wenigstens nicht mehr rund um die Welt verfolgen – mutmaßlich, um sie zu vernichten.[30]

Expliziter Antisemitismus ist heute im politischen Diskurs des Nahen Ostens an der Tagesordnung. Und vieles davon wird nach Europa reimportiert. Hier, wo der Judenhass seinen Anfang nahm, nistet er sich nun leider in einigen von

Armut und Unzufriedenheit geprägten muslimischen Einwanderergemeinden wieder ein.[31]

Für seinen TV-Dokumentarfilm *Blaming the Jews* traf sich der Journalist David Aaronovitch 2003 mit dem damaligen Hamas-Führer Abdel Asis Rantisi. Er fragte ihn, warum in Artikel 32 der Hamas-Charta auf die *Protokolle der Weisen von Zion* Bezug genommen werde und warum die Hamas in diesem Text behaupte, »die Zionisten« wollten ein Israel, das von Kairo bis Basra und über die ganze Welt reiche. Auf die Frage, warum er an einem Text festhalte, der anerkanntermaßen eine Fälschung sei, antwortete Rantisi: »Ich wollte es erst nicht glauben, aber dann sah ich, was in Palästina geschah, und ich verstand, dass es stimmte.« So lautete seine Antwort. So ähnlich lautete auch Hitlers Antwort. In *Mein Kampf* räumte der künftige Führer ein, viele hielten die *Protokolle* für eine Fälschung; er sei dennoch sicher, dass sie der Wahrheit entsprächen. »Die beste Kritik an ihnen jedoch bildet die Wirklichkeit«, schrieb er.[32]

Aaronovitch verweist auf die Vielzahl antisemitischer Äußerungen in Büchern und Fernsehsendungen der arabischen Länder. Seit sein Film 2003 herauskam, haben die sozialen Medien die Aufgabe übernommen, den Hass zu verbreiten. Er ist unzweifelhaft da. Doch besonders eigenartig ist, dass Aaronovitch zufolge Journalisten und Politiker in Teilen des Nahen Ostens in den »politischen Kloaken des alten Europas nach Argumenten« fischen. »Was um Himmels willen«, fragt er, »hat die Ritualmordlegende in einer Kolumne des ägyptischen Massenblattes *Al-Ahram*, in einem Buch des syrischen

Verteidigungsministers und in Fernsehandachten palästinensischer Moscheen zu suchen?«

Wie Aaronovitch aufzeigt, greift der moderne muslimische Antisemitismus alte christliche Erzählmuster politisch wieder auf. Im 19. Jahrhundert habe sich der religiöse Antisemitismus der christlichen Welt in einen »rassischen« Antisemitismus verwandelt – sofern, wie wir uns später noch ansehen werden, Juden überhaupt als »Rasse« bezeichnet werden können. In muslimischen Ländern fabrizieren einige Politiker und Journalisten daraus eine politische und rassistische Weltsicht – und das, obwohl sich Muslime und Juden in vielerlei Hinsicht sehr ähnlich sind.

Es gibt somit eine relativ moderne Form des Antisemitismus, die sich in einigen muslimischen Gruppierungen, weit häufiger aber in islamistischen Kreisen findet. In Organisationen wie der Hamas und der Hisbollah ist er besonders stark vertreten. Die Frage, inwieweit dieser Antisemitismus »politisch« oder »religiös« sei, stellt einen falschen Gegensatz her. Man könnte die israelische Politik und die Präsenz Israels im Nahen Osten ja auch ablehnen, ohne antisemitische Versatzstücke christlichen Ursprungs aus den *Protokollen der Weisen von Zion* und anderen entsetzlichen judenfeindlichen Texten heranzuziehen.

Auch ist dieses Phänomen nicht auf den Nahen Osten beschränkt. Ein typisches Beispiel ist der malaysische Premierminister Mahatir bin Mohamad. In einem Interview der Associated Press sagte er: »Es gibt eine Rasse, an der keine Kritik erlaubt ist. Wer antisemitisch ist, der ist schon fast kriminell […] Der Begriff antisemitisch wurde erfunden, um zu verhindern, dass man Juden für ihr Fehlverhalten kritisieren kann.«[33]

In seinem Blog schrieb Mahatir 2012, dass »Juden diese Welt über Stellvertreter regieren«. Und auf dem Gipfeltreffen der Organisation für Islamische Zusammenarbeit in Kuala Lumpur schien er 2003 auf die Vernichtung aller Juden zu drängen:

> Es muss einen Weg geben. Und wir finden nur einen Weg, wenn wir aufhören zu denken, unsere Schwächen und Stärken zu bewerten, zu planen, Strategien zu entwerfen und Gegenangriffe zu starten. […] In Wahrheit sind wir sehr stark. 1,3 Milliarden Menschen lassen sich nicht einfach auslöschen. Die Europäer haben 6 von 12 Millionen Juden umgebracht.[34]

Der malaysische Staatschef verbreitet nicht nur klassische antisemitische Versatzstücke, sondern lehnt auch die Existenz Israels rundweg ab. So entschied Malaysia, israelische Sportler von den Paralympischen Schwimmweltmeisterschaften 2019 auszuschließen, woraufhin dem Land die Ausrichtung der WM entzogen wurde.[35]

In einigen Teilen der muslimischen Welt hat somit eine neue Form des Antisemitismus Fuß gefasst. Ihre Verwurzelung in antisemitischen Erzählmustern des christlichen Mittelalters ist zutiefst beunruhigend. Es muss doch möglich sein, dass muslimische Politiker und andere die israelische Politik oder Regierung kritisieren, ohne in solche Schmähungen, in solch himmelschreienden Antisemitismus abzugleiten.

Doch alle Muslime in Bausch und Bogen als antisemitisch zu stigmatisieren, wäre weder zutreffend noch hilfreich, denn obwohl in einigen muslimischen Gruppierungen die antisemitische und antiisraelische Gesinnung zunimmt, lehnt ein maßgeblicher Teil der Muslime solche Vorurteile ab. In Großbritannien etwa ist in der Gruppe nichtreligiöser Muslime der Antisemitismus nicht stärker verbreitet als in der Bevölkerung insgesamt. Auch vertreten viele Muslime und muslimische Organisationen eine völlig andere Haltung, verwenden eine andere Sprache und zeigen sich im Falle antisemitischer Übergriffe ebenso solidarisch mit Juden wie diese umgekehrt mit Muslimen. Dennoch hat der britische Journalist und Autor Mehdi Hasan zu diesem Thema Trauriges zu berichten:

> Wenn ich morgen, was Gott verhüten möge, mit dem Auto den Tod eines unschuldigen Mannes verursachte, Minuten, nachdem ich auf meinem Handy diverse Texte abgesetzt hätte, würden mich den Rest meines Lebens Schuldgefühle plagen. Was ich sicher nicht tun würde, wäre, die Schuld für meine zwölfwöchige Haftstrafe öffentlich im Fernsehen den … Achtung, jetzt kommt's … Juden in die Schuhe zu schieben. Doch genau das hat Nazir Ahmed, der für Labour im House of Lords sitzt, getan. [Ahmed] ist kein moderner Goebbels. Aber genau da liegt das Problem. Es gibt Tausende von Lord Ahmeds,

sanftmütige und gut integrierte britische Muslime, die dennoch zutiefst antisemitische Ansichten hegen [...]. Der anhaltende israelisch-palästinensische Konflikt ist auch keine Hilfe. Aber hier geht es nicht nur um den Nahen Osten [...]. Es ist schiere Heuchelei, wenn Muslime in Großbritannien allenthalben über Islamophobie in der britischen Öffentlichkeit klagen und die Presse der Muslimhetze beschuldigen, gleichzeitig aber den ungezügelten Antisemitismus im eigenen Hinterhof geflissentlich übersehen. Wir können Islamophobie nicht glaubhaft bekämpfen, wenn wir gleichzeitig Judeophobie entschuldigen. [...] Wir sind nicht alle Antisemiten. Aber als Gesellschaft haben wir ein echtes »jüdisches Problem«.[36]

Moderner Antisemitismus in Europa: Das 19. Jahrhundert

Der moderne Antisemitismus, der als politische Kraft über den früheren religiösen Hass hinausging, gewann 1879 an Fahrt, als der deutsche Journalist Wilhelm Marr sein Pamphlet *Der Sieg des Judenthums über das Germanenthum: Vom nicht confessionellen Standpunkt aus betrachtet* veröffentlichte. Darin verwendete er die Begriffe »Semitismus« und »Judentum« synonym für die Juden als Kollektiv und für »das Jüdischsein«.

Marr heiratete dreimal; seine ersten beiden Frauen waren Jüdinnen, seine dritte Frau die Tochter eines christlich-jüdischen Ehepaars. Er dürfte also Juden gekannt und unter ihnen gelebt haben. Trotzdem war er ein fanatischer Antisemit. Als Mitglied der Hamburgischen Bürgerschaft hatte Marr den gewählten liberalen Bürgerschaftspräsidenten, den jüdischen Rechtsanwalt Isaac Wolffson, heftig angegriffen. Er und andere Juden, so Marr, hätten die demokratische Bewegung verraten und die jüdische Emanzipation – die Aufhebung rechtlicher Beschränkungen, denen Juden vom Mittelalter bis ins 19. Jahrhundert unterlegen hatten – missbraucht, um sich Zugang zur Hamburger Kaufmannschaft zu verschaffen. Nach massiven öffentlichen Protesten wurde Marr nicht wiedergewählt.

Marr vertrat die Ansicht, dass die Assimilation den Juden nicht half, »richtige« Deutsche zu werden. Vielmehr hätten sich Deutsche und Juden in einem langwierigen Konflikt verhakt, dessen Ursachen Marr in ethnischen Unterschieden sah. Die Juden gingen aus diesem Konflikt siegreich hervor, so Marr, denn dank der Emanzipation rissen sie sich das deutsche Finanzwesen und die Industrie unter den Nagel – eine Anschuldigung, die noch heute allzu oft in den sozialen Medien geäußert wird. Da der Konflikt aus den »Gegensätzen zwischen dem Judenthum und dem Germanenthum« hervorgehe, könne nicht einmal die vollständige Assimilation der jüdischen Bevölkerung oder gar ihre Bekehrung zum Christentum diesen Konflikt lösen, sondern nur der Sieg des einen und der letztliche Tod des anderen.[37] Wie vorausschauend.

Marr gründete die Antisemitenliga, die sich als erste deutsche Organisation dem Kampf gegen die angebliche Bedrohung Deutschlands und der deutschen Kultur durch die Juden und ihren Einfluss verschrieb und ihre Vertreibung aus dem Lande propagierte. Seine Ideen gewannen an Popularität, wurden veröffentlicht und verbreitet und von einflussreichen Politikern und Professoren übernommen.

Der preußisch-nationalistische Historiker Heinrich von Treitschke unterstützte als einer von wenigen bedeutenden Persönlichkeiten die antisemitischen Übergriffe, die sich ab 1879 häuften. Er war sich mit Marr in vielen Punkten einig. Wie Marr glaubte er, dass Juden grundsätzlich anders seien; er warf ihnen vor, sich nicht in die deutsche Kultur und Gesellschaft einfügen zu wollen, und bestritt, dass sie überhaupt von Nutzen seien. Seine Ansichten illustrieren, was Antisemitismus von anderen Formen des Rassismus absetzt, nämlich die Vorstellung, dass Juden an allem schuld sind und dass sie gleichzeitig fremd, nutzlos *und* zu mächtig sind. Das erinnert verdächtig an eine Verschwörungstheorie. Von Treitschke prägte auch den Satz »Die Juden sind unser Unglück«, der Jahrzehnte später von der NS-Propaganda aufgegriffen wurde.[38]

Ende des 19. Jahrhunderts kam der Begriff »Antisemitismus« auf. Zuerst dokumentiert ist das Wort »antisemitisch« 1880, als der österreichisch-jüdische Orientalist Moritz Steinschneider der Behauptung des französischen Philosophen Ernest Renan widersprach, »semitische Rassen« seien den »arischen Rassen« unterlegen.

Bis dahin hatte das Wort »semitisch« die entsprechende Sprachfamilie bezeichnet: Arabisch, Hebräisch, Akkadisch,

Assyrisch, Aramäisch und so weiter. Der Begriff Antisemitismus bezog sich dagegen von Anfang an nicht auf die Sprecher semitischer Sprachen, sondern ausschließlich auf Vorurteile gegen Juden, die damals, Ende des 19. Jahrhunderts, in der Mehrheit Hebräisch gebetet haben mögen, es aber sicherlich nicht sprachen.

Es ist ein merkwürdiger Begriff, wenn man bedenkt, dass es zwar semitische Sprachen gibt, aber keinen »Semitismus«. Er wurde mal mit, mal ohne Bindestrich geschrieben, wobei sich die Variante ohne Bindestrich durchgesetzt hat; sie macht immerhin deutlich, dass niemand »anti-semitisch« sein kann, weil es den dazugehörigen Semitismus gar nicht gibt.

Viele Gelehrte waren damals vom Missbrauch der Begriffe »Semit« und »semitisch« dermaßen entsetzt, dass sie einen neuen Begriff erfanden, »Judophobie«. Zugeschrieben wird die Wortschöpfung Leon (Jehuda Leib) Pinsker in seinem 1882 anonym veröffentlichten Pamphlet *Autoemancipation! Mahnruf an seine Stammesgenossen von einem russischen Juden.* Pinsker stellte Judophobie als irrationale Furcht dar, als einen ererbten Hass: »Resumiren wir das Gesagte, so ist der Jude für die Lebenden ein Todter, für die Eingeborenen ein Fremder, [...] für alle Classen ein verhasster Concurrent.«[39]

Trotz seiner und anderer Leute Bemühungen konnte sich das Wort Antisemitismus jedoch durchsetzen, und antisemitische Vorstellungen griffen weiter um sich.

Die jüdische »Rasse«

Ende des 19. und in der ersten Hälfte des 20. Jahrhunderts waren Rassentheorie und Eugenik groß in Mode. Anthropologen lehrten in ihrer relativ neuen Wissenschaft, »Rasse« sei ein ausschließlich biologisches Phänomen und präge das Verhalten und die Identität einer Person grundlegend. Dieser sogenannte »rassische Essentialismus« ging in die »Rassenkunde« oder »Rassentheorie« ein. Theoretiker wie Georges Vacher de Lapouge (1854–1936), Begründer der Sozialanthropologie, genossen Ansehen und Einfluss. Vacher de Lapouge veröffentlichte 1899 sein Buch *Der Arier und seine Bedeutung für die Gemeinschaft* (unter diesem Titel ist es 1939 auf Deutsch erschienen), in dem er auf der Grundlage von Schädelmaßen die Menschheit in hierarchisch gestufte Rassen einteilt. Aus den »kurzen Schädeln« der Juden schloss er, dass sie dafür bestimmt seien, von stärkeren Rassen beherrscht zu werden. Er sprach ihnen zwar Ähnlichkeiten mit den Ariern zu, doch genau das mache sie gefährlich: Die Juden seien die einzige Gruppe, welche die arische Aristokratie ersetzen könne.

Vacher de Lapouges Werk war später eine der wichtigsten Quellen für Antisemitismus und Rassenideologie des Nationalsozialismus. Er und andere hüllten mit ihren Arbeiten antijüdische Vorurteile in ein »wissenschaftliches« Gewand: Sie verbreiteten nicht einfach eine Meinung, sondern vermeintliche Fakten. Juden wurden stigmatisiert. Angeblich trete bei ihnen männliche Menstruation, pathologische Hysterie und Nymphomanie auf. Das klingt heute absurd, doch damals griffen diese Theorien dermaßen um sich, dass sie nach und nach sogar Juden überzeugten. Anerkannte jüdische Forscher wie Joseph Jacobs und Samuel Weißenberg machten sich die pseudowissenschaftlichen Theorien zu eigen und waren überzeugt, dass Juden eine eigene Rasse bildeten.[40]

Infolge der nationalsozialistischen »Rassenhygiene« fiel der rassische Essentialismus natürlich in Ungnade. Nach dem Zweiten Weltkrieg erklärten im Westen Anthropologen und Biologen »Rasse« als genetische und biologische Kategorie des Menschen für hinfällig. Obwohl einige wenige Anthropologen immer noch anhand distinktiver Merkmale kategorisieren, ist man sich in der Wissenschaft heute weitgehend einig, dass die Rasse beim Menschen keine taxonomische Bedeutung hat. Alle heute lebenden Menschen gehören derselben Art an, *Homo sapiens*. Also können Juden, unabhängig davon, wie wir uns sonst definieren, jedenfalls keine eigene Rasse bilden.

An dieser Stelle lohnt es sich, kurz darüber nachzudenken, was Juden denn sind, wenn schon keine Rasse.

Juden sind gewissermaßen ein »Volk«, wenn auch keine Nation im Sinne eines Staates. Juden können einer gemeinsamen Ethnie angehören oder auch nicht. So haben aschkenasische Juden mehr genetische Merkmale mit Menschen ihrer Gruppe gemein als mit sephardischen Juden und umgekehrt. Juden verbindet der jüdische Glaube, doch keinesfalls sind alle Juden gläubig oder üben ihre Religion aus. Und Juden kommen, unabhängig vom Glauben, häufig aus einer jüdischen oder teilweise jüdischen Familie. Juden können auch zum Judentum konvertiert sein und somit nicht die ererbten historischen Beziehungen derer haben, die aus einer jüdischen Familie stammen. Seit Ende des 19. Jahrhunderts definieren viele Antisemiten, der widerlegten »Rassentheorie« folgend, Juden nicht nach ihrer Religion, sondern danach, ob ihre Vorfahren Juden waren, auch wenn das die meisten Juden ablehnen. Danach wäre man sogar Jude, wenn die Urgroßeltern vor langer Zeit zum Christentum konvertierten. Im Judentum wiederum ist traditionell die jüdische Mutter ausschlaggebend, nicht der Vater. Das hat sich allerdings in Teilen der Judentums geändert, wo heute Kinder mit mindestens einem jüdischen Elternteil, egal, ob Mutter oder Vater, als jüdisch gelten.

Beinahe allen Juden gemein ist das Gefühl, einem Volk anzugehören. Das entsprechende hebräische Wort lautet *Am* – *Am Israel Chai,* »Das Volk Israel lebt«, wobei »Israel« eher eine Gruppe bezeichnet als den Staat. Ein enger Verwandter dieser Bezeichnung ist das arabische *umma* für »Volk« oder »Gemeinschaft« (*am* und *umma* haben beide Bedeutungen), mit dem die Muslime das Gemeinschaftsgefühl der Muslime beschreiben; im Einzelnen unterscheidet sich die Haltung zum »Volk« im Judentum und im Islam allerdings erheblich.

Wir dürfen uns also einem Volk zugehörig fühlen. Im Lauf der Geschichte waren es allerdings oft andere, die sich berufen fühlten, Juden und damit auch Antisemitismus zu definieren. Dafür hat es immer neue Ansätze gegeben, vom christlichen Antijudaismus des Mittelalters über die pseudowissenschaftlichen Rassenstereotypen des 19. Jahrhunderts bis hin zur rückhaltlosen Übernahme dieser Pseudowissenschaft und der Kombination mit fanatischem Hass durch die Nationalsozialisten.

In jüngster Zeit hört man oft, dass es zumindest bis zu einem gewissen Grad die Opfer des Rassismus sein sollten, die seine Ausprägung und Merkmale beschreiben: Diejenigen, die ihm ausgesetzt sind, müssten ihn auch definieren. In Großbritannien leitet sich diese Ansicht aus dem sogenannten Macpherson-Bericht über den rassistisch motivierten Mord an dem schwarzen Studenten Stephen Lawrence in London ab; darin wird ein rassistischer Übergriff definiert als ein »Vorfall, der vom Opfer oder einer anderen Person als rassistisch wahrgenommen wird«.[41]

Führte man diese Vorgabe zu ihrem logischen Schluss, könnten nur Opfer rassistischer Übergriffe entscheiden, ob ein Vorfall rassistisch motiviert war oder nicht. Das bringt uns natürlich nicht weiter, und im Macpherson-Bericht ist davon auch keine Rede. Dort heißt es vielmehr, die angegriffene Person oder das Opfer eines Übergriffs könne aus der eigenen Wahrnehmung heraus am besten entscheiden, ob ein spezifischer Vorfall rassistisch war. Das heißt aber nicht, dass nur Schwarze Rassismus gegen Schwarze, nur Muslime Islamophobie oder nur Juden Antisemitismus definieren können. Im Falle von Stephen Lawrence und dem Macpherson-Bericht war die Definition eines rassistischen Übergriffs nicht aus semantischen, sondern aus praktischen Erwägungen notwendig geworden. Mithilfe einer entsprechenden Einordnung ließ sich nämlich der Umgang der Polizei mit einem solchen Vorfall besser beurteilen. Da bis dahin kaum mit der Sicht der Opfer, dafür aber ausgiebig die Sicht möglicherweise voreingenommener und ignoranter Polizeibeamter berücksichtigt worden war, hatte die Polizei den Anstieg rassistisch motivierter Übergriffe systematisch ignorieren können. Mit der Zunahme antisemitischer Vorfälle in Großbritannien wuchs der Bedarf an einer praxistauglichen Definition des Antisemitismus, die zu Beginn dieses Jahrtausends dann auch erarbeitet wurde.

Antisemitismus in Deutschland: Vor dem Krieg und im Krieg

Der glühende Antisemit Martin Luther war davon ausgegangen, dass die Juden ihre Religion aufgeben und zu seinem reformierten Christentum konvertieren würden. Als das nicht geschah, überzog er das Judentum mit einer Bosheit, die 400 Jahre lang unerreicht blieb, bis Hitler es sich zur Aufgabe machte, Luthers Vorstellungen in die Praxis umzusetzen.

Alle großen Kirchen in Deutschland (mit der ehrbaren Ausnahme der Bekennenden Kirche) unterstützten das Hitler-Regime und waren von aggressivem Antisemitismus durchdrungen. Das war angesichts der langen Geschichte des christlichen Antijudaismus eine durchaus naheliegende Entwicklung.

Einige Vorstellungen im nationalsozialistischen Antisemitismus wurzelten in historischen Elementen der christlichen Lehre. Die Reinheit des Blutes, die sich zu einem Kernaspekt der NS-Ideologie entwickelte, könnte auf eine Doktrin aus dem katholischen Spanien des 15. Jahrhunderts zurückgehen. Danach hatte sich der Unglaube der jüdischen »Gottesmörder« nicht nur in den zum Katholizismus konvertierten Juden erhalten, sondern auch ihrem Blut an ihre Nachkommen vererbt, egal, wie aufrichtig sie sich zum christlichen Glauben bekannten. Altchristen »reinen Blutes« betrachteten daher Neuchristen (Konvertiten) als unrein und somit nicht als vollwertige Mitglieder ihrer Gemeinden. Nicht einmal wenn Juden zum Christentum konvertierten, wurde ihnen das angerechnet!

Jahrhunderte später legitimierte der NS-Staat auf der Grundlage dieser Dogmen sein rassistisches und mörderisches Regime. Juden waren nicht mehr nur Objekte der Angst, sondern der Abscheu: Sie galten als unrein. Nach den entsetzlichen Angriffen auf jüdische Geschäfte, Synagogen und Menschen in der »Kristallnacht« im November 1938 erklärte ein Mitarbeiter Joseph Goebbels' zur geplanten Propagandaarbeit: »Das deutsche Volk ist antisemitisch. Es darf nicht so sein, dass nur Partei und Staat antisemitisch sind. Die Aufklärungsarbeit des Winters ist darum auf diesen Punkt gerichtet. Die Presse muss umfassend über alles aufklären, was die Juden Deutschland und dem deutschen Volk angetan haben«.[42] Dank des Bildes, das man Ende des 19. Jahrhunderts entwickelt hatte, konnte »Jude« in Hitlers Europa zum Schmähwort werden.

In der Forschung wird darauf verwiesen, dass schon das Neue Testament den Grundstein für den späteren Antisemitismus im Christentum gelegt habe. Der Theologe A. Roy

Eckardt sieht zum Beispiel die Wurzeln für den Antisemitismus und letztlich die Verantwortung für den Holocaust im Neuen Testament. Zu einer gründlichen Aufarbeitung des Antisemitismus im Rahmen christlicher Reue gehöre daher eine Überprüfung des Neuen Testaments und der theologischen Grundhaltung gegenüber Juden.[43]

Rechtsextremer Antisemitismus: White Supremacy, weißer Nationalismus und Racism Reborn

White Supremacy, die Vorstellung von der Überlegenheit der Weißen, hat ihre ideologischen Wurzeln in der oben dargestellten Rassenlehre. Weiße Europäer sind danach Menschen anderer »Rassen« und den Juden überlegen. Da in den USA, in denen dieses Gedankengut überwiegend entstand, Minderheiten soziale und politische Freiheiten lange Zeit vorenthalten wurden, entstand Mitte des 20. Jahrhunderts die Bürgerrechtsbewegung. Erst nachdem 1967 das Oberste Gericht das Verbot von Mischehen in einzelnen Bundesstaaten aufgehoben hatte, entwickelte sich der bis dahin weit verbreitete Glaube an die weiße Überlegenheit zu einer Minderheitenmeinung.

Doch in einigen Kreisen ist er bis heute mehrheitsfähig. In der rechtsextremen Szene der USA ist der Suprematismus eine wichtige Ideologie, und auch in Großbritannien wird er von der British National Front, der British National Party, der English Defence League und anderen Gruppierungen verbreitet. In den USA halten sich gewaltbereite rechtsextreme Bewegungen wie Neonazigruppierungen und insbesondere der Ku-Klux-Klan bis heute. Juden und andere Menschen in aller Welt waren entsetzt von den rechtsextremen Demonstrationen in Charlottesville im August 2017. Die Teilnehmer gehörten unter anderem der Alt-Right-Bewegung und dem Ku-Klux-Klan an, waren Neofaschisten, weiße Nationalisten und Neonazis. Sie skandierten rassistische und antisemitische Parolen, trugen halbautomatische Gewehre und stellten Nazi- und Neonazi-Symbole ebenso zur Schau wie Embleme verschiedener antimuslimischer und antisemitischer Gruppen der Vergangenheit und Gegenwart. Bei Zusammenstößen zwischen Demonstranten und Gegendemonstranten wurden mehr als dreißig Menschen verletzt. Als James Alex Fields Jr., selbsterklärter Suprematist, absichtlich in eine Gruppe von Gegendemonstranten fuhr, tötete er Heather Heyer und verletzte fast vierzig weitere Menschen. Auf diesem Protestmarsch hörte man die Demonstranten unter anderem skandieren: »Juden werden uns nicht ersetzen.«[44]

Präsident Donald Trump verurteilte daraufhin nicht etwa die rechtsextremen Demonstranten, sondern tadelte »Hass, Scheinheiligkeit und Gewalt auf vielen Seiten« und sprach von »sehr guten Leuten auf beiden Seiten«.[45] Daraus musste man schließen, dass in seinen Augen Weiße Suprematisten und Menschen, die gegen sie demonstrierten, moralisch auf einer Stufe stehen.

Die sozialen Medien tragen fraglos dazu bei, dass sich solche Ideen ausbreiten können. Beteiligt sind auch große

Netzwerke wie Twitter, YouTube und Facebook, und da sich der Hass durch Selbstregulierung offenbar nicht eindämmen lässt, wurde der Ruf nach Regulierung laut. Websites wie Stormfront, ein Alt-Right-Portal für Weiße Suprematisten, Gab, 4chan und Reddit verbreiten weiter ungehindert ihren weißen Nationalismus. Aber auch an den Hassbotschaften auf Twitter lässt sich ablesen, dass die Verbreitung von Hass in den letzten Jahren nicht nur einfacher geworden ist, sondern auch anonymer und damit sicherer für die Täter.

Manches bleibt nicht anonym. Anlass zur Sorge gibt in Großbritannien zum Beispiel die Beziehung zwischen dem ultrarechten Aktivisten und verurteilten Betrüger Tommy Robinson (bürgerlicher Name Stephen Yaxley-Lennon) und der UK Independence Party (UKIP), die Robinson im November 2018 als politischen Berater des Parteichefs Gerard Batten einstellte. Robinson war Mitbegründer, Sprecher und Chef der English Defence League (EDL), Mitglied der British National Party (BNP) und kurzzeitig stellvertretender Vorsitzender der British Freedom Party (BFP). Er war an der Entwicklung von Pegida UK beteiligt (»Patriotische Europäer gegen die Islamisierung des Abendlandes«) und tritt regelmäßig in Videos der ultrarechten kanadischen Website The Rebel Media auf.

Robinson bestreitet zwar, rassistisch und antisemitisch zu sein, doch viele Mitglieder der English Defence League bezeichneten sich selbst als antimuslimisch. Im Jahr 2018 begleitete er Mark Meechan zu dessen Gerichtsprozess; Meechan war wegen Hassverbrechen angeklagt worden, nachdem er das Video eines Hundes gepostet hatte, der auf Kommandos wie »Vergast die Juden« oder »Sieg Heil« den Hitlergruß zeigte. Er wurde schuldig gesprochen, weil das Video »dem Wesen nach antisemitisch und rassistisch« war und religiöse Vorurteile schürte. Robinson verließ zwar die English Defence League, nahm aber nach der Entlassung aus einer eigenen Haftstrafe 2015 wieder an antiislamischen Demonstrationen der Pegida UK teil.

Von Twitter wurde Robinson dauerhaft ausgeschlossen, nachdem er gegen die Regeln zu Hassbotschaften im Netz verstoßen hatte. Im Februar 2019 verbannten ihn auch Facebook und YouTube, weil er »Gemeinschaftsnormen« verletzt und Beiträge gepostet hatte, »die entmenschlichende Sprache und die Aufforderung zur Gewalt gegen Muslime« enthielten. Davor hatte er unter anderem einen syrischen Flüchtlingsjungen, der in der Schule gnadenlos schikaniert wurde, fälschlich beschuldigt, auf zwei Schülerinnen losgegangen zu sein; die folgenden Einschüchterungen und Attacken gegen den Jungen waren so heftig, dass die Familie umziehen musste.

Mittlerweile erfreut sich Robinson der Sympathie mehrerer ultrarechter Politiker in Europa, unter ihnen der Chef der niederländischen Partei für die Freiheit Geert Wilders. Doch trotz seiner extremen antimuslimischen und antisemitischen Ansichten betätigt sich der verurteilte Betrüger als Berater des UKIP-Chefs. Dass prominente UKIP-Mitglieder, unter ihnen acht Parlamentsabgeordnete, wegen seiner Ernennung aus der Partei austraten, änderte daran nichts.

Offene Intoleranz am rechten Rand des politischen Spektrums gilt seit langem als Schattenseite der britischen Gesellschaft, doch dass sie jüngst wieder zugenommen hat, gibt Anlass zur Sorge. Das Hin und Her um die Entscheidung, die EU zu verlassen, hat es hasserfüllten Rechtsextremen offenbar erleichtert, ihr Gift zu verbreiten. Nach der Brexit-Abstimmung trat zuwanderungsfeindliche Gesinnung offen zutage: »Polen, geht nach Hause« war in Teilen East Anglias auf großen Plakaten zu lesen. Xenophobie, in den meisten Gesellschaften unterschwellig vorhanden, äußerte sich nicht mehr nur im Verborgenen. Die Ultrarechte gewann an Boden, und als sich die Brexit-Debatte über Monate und Jahre hinzog, rückte sie ihr Gedankengut, zu dem auch Islamophobie und Antisemitismus zählen, weiter ins Zentrum der britischen Politik, eine Quelle der Scham und Wut für das Land und Anlass für Zukunftsängste für die Juden.

Antisemitismus: eine Definition

Nach dem Oxford English Dictionary versteht man unter Antisemitismus »Feindseligkeit oder Ressentiments gegenüber Juden«. Als einfache Begriffsklärung reicht diese Definition erst einmal aus, vermag aber nicht die vielen und vielfältigen Formen des Antisemitismus zu erfassen.

Antisemitismus tritt bisweilen unter dem Deckmäntelchen des Antizionismus auf. Er kann sich in der Behauptung äußern, dass Juden zu mächtig oder zu reich sind, mithin der kapitalistischen Unterdrückerklasse angehören. Antisemitismus kann mit mehreren Verschwörungstheorien Hand in Hand gehen. Er kann ein Element der elitenfeindlichen Gesinnung sein, die in weiten Teilen der westlichen Welt grassiert. Und immer öfter wird der Antisemitismusvorwurf instrumentalisiert; um andere zu diskreditieren, werden Menschen antisemitischen Verhaltens oder Denkens beschuldigt, ohne dass eine echte antisemitische Gesinnung im Spiel wäre. Infolge dieser Verwirrung, dieser Variationen eines uralten Themas, brauchte es eine detailliertere Definition, in der die vielen Jahre der Verfolgung, die Lügen und Mythen über Juden, die mal stärker, mal schwächer verbreitet werden, jedoch nie vollständig verschwinden, berücksichtigt sind. Dass alte antisemitische Motive so verbreitet sind, dass sie verändert, aber nie verworfen werden, muss sich in einer adäquaten Definition niederschlagen.

Die International Holocaust Remembrance Alliance (IHRA) ist eine überstaatliche Organisation, die in Zusammenarbeit mit Regierungen und Experten Bildung, Forschung und Erinnerung an den Holocaust weltweit fördert. Sie entwickelte vor einigen Jahren eine Antisemitismus-Definition, die breite Anerkennung findet. Einunddreißig Staaten haben sie übernommen, in Großbritannien außerdem mehr als 130 Gemeindeverwaltungen, die Polizei, die Strafverfolgungsbehörde Crown Prosecution Service und die Justiz.

Gründungsdokument der IHRA ist die Erklärung des Stockholmer Internationalen Forums zum Holocaust (»Stockholmer Erklärung«). Darin heißt es:

> Da die Menschheit noch immer von [...] Antisemitismus und Ausländerfeindlichkeit gezeichnet ist, trägt die Völkergemeinschaft eine hehre Verantwortung für die Bekämpfung dieser Übel.[46]

Diese Aussage bezog sich auf die Zunahme antisemitischer Äußerungen und Übergriffe auf jüdische Schulen und Gebäude Ende der 1990er Jahre.

Die IHRA stützt sich auf die Definition der Europäischen Stelle zur Beobachtung von Rassismus und Fremdenfeindlichkeit aus dem Jahr 2005; dieses Gremium war in der EU für Antirassismus zuständig. Es lohnt sich, einen Blick auf die IHRA-Definition zu werfen:

> Antisemitismus ist eine bestimmte Wahrnehmung von Jüdinnen und Juden, die sich als Hass gegenüber Juden ausdrücken kann. Der Antisemitismus richtet sich in Wort oder Tat gegen jüdische oder nichtjüdische Einzelpersonen und/oder deren Eigentum, sowie gegen jüdische Gemeindeinstitutionen oder religiöse Einrichtungen.

Die IHRA spezifiziert elf »aktuelle Beispiele von Antisemitismus«, verweist allerdings darauf, dass es weitere geben kann:

- Der Aufruf zur Tötung oder Schädigung von Jüdinnen und Juden im Namen einer radikalen Ideologie oder einer extremistischen Religionsanschauung sowie die Beihilfe zu solchen Taten oder ihre Rechtfertigung.

- Falsche, entmenschlichende, dämonisierende oder stereotype Anschuldigungen gegen Jüdinnen und Juden oder die Macht der Juden als Kollektiv – insbesondere, aber nicht ausschließlich, die Mythen über eine jüdische Weltverschwörung oder über die Kontrolle der Medien, Wirtschaft, Regierung oder anderer gesellschaftlicher Institutionen durch die Jüdinnen und Juden.
- Das Verantwortlichmachen der Jüdinnen und Juden als Volk für tatsächliches oder unterstelltes Fehlverhalten einzelner Jüdinnen und Juden, einzelner jüdischer Gruppen oder sogar von Nichtjüdinnen und Nichtjuden.
- Das Bestreiten der Tatsache, des Ausmaßes, der Mechanismen (z. B. der Gaskammern) oder der Vorsätzlichkeit des Völkermordes an den Jüdinnen und Juden durch das nationalsozialistische Deutschland und seine Unterstützer und Komplizen während des Zweiten Weltkrieges (Holocaust).
- Der Vorwurf gegenüber den Jüdinnen und Juden als Volk oder dem Staat Israel, den Holocaust zu erfinden oder übertrieben darzustellen.
- Der Vorwurf gegenüber Jüdinnen und Juden, sie fühlten sich dem Staat Israel oder angeblich bestehenden weltweiten jüdischen Interessen stärker verpflichtet als den Interessen ihrer jeweiligen Heimatländer.
- Das Aberkennen des Rechts des jüdischen Volkes auf Selbstbestimmung, z. B. durch die Behauptung, die Existenz des Staates Israel sei ein rassistisches Unterfangen.

- Die Anwendung doppelter Standards, indem man von Israel ein Verhalten fordert, das von keinem anderen demokratischen Staat erwartet oder gefordert wird.
- Das Verwenden von Symbolen und Bildern, die mit traditionellem Antisemitismus in Verbindung stehen (z. B. der Vorwurf des Christusmordes oder die Ritualmordlegende), um Israel oder die Israelis zu beschreiben.
- Vergleiche der aktuellen israelischen Politik mit der Politik der Nationalsozialisten.
- Das kollektive Verantwortlichmachen von Jüdinnen und Juden für Handlungen des Staates Israel.

Ergänzend heißt es an anderer Stelle: »Erscheinungsformen von Antisemitismus können sich auch gegen den Staat Israel, der dabei als jüdisches Kollektiv verstanden wird, richten. Allerdings kann Kritik an Israel, die mit der an anderen Ländern vergleichbar ist, nicht als antisemitisch betrachtet werden. Antisemitismus umfasst oft die Anschuldigung, die Juden betrieben eine gegen die Menschheit gerichtete Verschwörung und seien dafür verantwortlich, dass ›die Dinge nicht richtig laufen‹. Der Antisemitismus manifestiert sich in Wort, Schrift und Bild sowie in anderen Handlungsformen, er benutzt unheilvolle Stereotype und unterstellt negative Charakterzüge.«[47]

Einige Staaten und Institutionen haben die IRHA-Definition wegen des einen oder anderen Beispiels nicht unterzeichnet, und tatsächlich hat sie Mängel. In einigen Punkten geht sie nicht weit genug, in anderen ist sie nicht völlig klar.

Aber in Ermangelung einer anderen, einwandfreien Definition des Antisemitismus ist sie derzeit die beste, die wir haben.[48]

Obwohl die IHRA-Definition heute breite Anerkennung findet, sollte man sich in Erinnerung rufen, was der große Historiker Walter Laqueur, der als Junge vor den Nazis floh und sich immer wieder zum Thema äußerte, über eine Definition des Antisemitismus schrieb:

> Juden werden in vielen Teilen der Welt Druck und Angriffe zu erdulden haben, hauptsächlich (aber nicht ausschließlich) aufgrund ihres Beharrens darauf, dass sie nicht nur als Individuen, sondern auch als Gruppe Rechte besitzen. [...] Ob man diesen Druck Antisemitismus, Judeophobie, postrassistischen Antisemitismus oder radikalen Antizionismus nennt, ist eine faszinierende semantische und akademische Frage, über die man endlos diskutieren kann. [...] Aber ungeachtet der benutzten Terminologie spricht nichts dafür, dass das letzte Kapitel der langen Geschichte des Antisemitismus bereits geschrieben ist.[49]

Walter Laqueur war nicht naiv. Er wusste natürlich, dass Antisemitismus immer wieder in neuer Form und unter neuem Namen auftreten kann. Es ist immer derselbe uralte Hass in neuer Verkleidung. Laqueur starb im September 2018. In den fast hundert Jahren seines Lebens hatte er gesehen, was der Antisemitismus anrichten kann, aber auch, dass die Welt dagegen aufbegehrte. Ihm war bewusst, dass der Antisemitismus immer wieder sein hässliches Haupt erheben wird, und er meinte, dass eine präzise Definition zwar schwierig ist, wir es aber wenigstens versuchen müssen.

Kapitel 2

Was ist Antisemitismus – und was nicht?

Die Geschichte des Antisemitismus ist, wie wir gesehen haben, lang und schrecklich. Lange bevor er von der NS-Ideologie weiter pervertiert wurde, war der Antisemitismus bereits tief in der christlichen Psyche verankert. Viele der alten Vorstellungen leben fort, auch wenn das oft nicht bewusst abläuft. Deshalb lohnt es sich, genauer hinzuschauen, was Antisemitismus heute ist und was nicht.

Antisemitische Vorstellungen reichen von drastischer Kritik am Staat Israel – die man schon eher als Schmähung denn als Kritik bezeichnen müsste – bis hin zum Bild der Juden als raffgierige Kapitalisten, die mit Geld, Pomp und Macht assoziiert werden. Sie reichen von Ressentiments in der muslimischen Welt – die teilweise, aber nicht ausschließlich mit den Konflikten im Nahen Osten zusammenhängen – bis hin zu dem häufig zitierten Mythos, dass Juden die Macht über die Medien hätten, was nicht stimmt. Und Antisemitismus umfasst noch viel mehr, von Verschwörungstheorien über Abscheu und Neid bis hin zu blanken Lügen.

Kritik an Israel

»Aber Sie finden doch nicht«, höre ich oft, »dass *jede* Kritik an Israel antisemitisch ist?« Diese herablassende Frage ist so formuliert, dass jeder zivilisierte und vernünftige Mensch sie mit »Nein« oder »Natürlich nicht« beantworten muss.

Ob Kritik an Israel und am Zionismus an sich schon antisemitisch ist und in welchem Maß, ist in Wahrheit eine komplizierte Frage. Israel und der Zionismus bieten seit jeher Anlass zu Streit und Kritik, außerhalb wie auch innerhalb der jüdischen Gemeinde.[1] Ein Großteil der Israelkritik hat mit Antisemitismus nichts zu tun. Aber, und das ist ein wichtiges »Aber«: Immer öfter werden mit dieser Kritik Unwahrheiten kolportiert, Fakten verdreht und mutwillig einseitige Schlüsse gezogen. Deshalb nimmt es die jüdische Gemeinde mit wachsender Sorge zur Kenntnis, wenn jemand sagt: »Ich bin kein Antisemit, ich bin nur Antizionist.« Was soll das heißen? Soll das heißen, dass man den Juden von allen Völkern auf dieser Welt als einzigem kein Recht auf Selbstbestimmung zuspricht? Soll das heißen, dass die Vorstellung einer »jüdischen Heimatstätte« fehl am Platze ist? Soll das heißen, dass alle Juden dieser Welt verantwortlich sind für alles, was der Staat Israel tut? Soll das heißen, dass die Loyalität aller Juden gespalten, ihrer Heimatverbundenheit nicht zu trauen ist? Oder ist es eine Kombination aus diesen und anderen Überlegungen, die sogenannte »Antizionisten« umtreibt?

Ehe wir uns verschiedene gängige Ansichten zum Zionismus und zu Israel ansehen, müssen wir uns zunächst den historischen Grundlagen zuwenden. Ende des 19. und Anfang des 20. Jahrhunderts siedelten die meisten Juden der Welt in den Grenzen des Russischen Kaiserreichs. Die Mehrheit der jüdischen Bevölkerung lebte im sogenannten Ansiedlungsrayon, einem Gebiet mit wechselndem Grenzverlauf, das von 1791 bis 1917 Bestand hatte und in dem Juden dauerhafte Ansässigkeit erlaubt war; außerhalb dieses Gebiets durften sie nur in Ausnahmefällen wohnen, etwa wenn sie eine Universitätsausbildung hatten. Der russischen Volkszählung im Jahr 1897 zufolge belief sich die jüdische Gesamtbevölkerung Russlands auf mehr als 5 Millionen Menschen.

Ab dem Ende des 18. Jahrhunderts drängten die russischen Juden auf Emanzipation, Integration und weltliche Bildung. Der Zar reagierte auf die wachsenden Unruhen, indem er für Juden mit einem Numerus clausus strenge Zugangsquoten für Schulen, Universitäten und Städte einführte. Von 1827 bis 1917 wurden zudem viele jüdische Jungen ab dem Alter von zwölf Jahren für fünfundzwanzig Jahre in die russische Armee einberufen, eine Maßnahme, die ihre ethnische Identität zerstören sollte.

Konstantin Pobedonoszew, einflussreicher Berater dreier Zaren, soll gesagt haben, man erwarte, dass ein Drittel der russischen Juden auswandere, ein Drittel sich taufen lasse und ein Drittel verhungere.[2] Ob diese Worte von ihm stammen oder nicht, seine antisemitischen Ansichten jedenfalls sind bekannt; im Gespräch mit dem britischen Autor Arnold White sagte er:

> Die jüdische Rasse ist parasitär. Sie bleibt distanziert und unabhängig, doch zum Überleben braucht sie eine »Wirts«-Rasse. Entfernt man sie vom lebenden Organismus und legt sie auf einem Fels ab, so stirbt sie. Sie kann den Boden nicht bewirtschaften.[3]

Im Russland des 19. Jahrhunderts waren grauenhafte antisemitische Vorfälle an der Tagesordnung. Doch erst nach dem »Pogrom von Kischinew« im Jahr 1903 verließen viele Juden das Land. Zwischen 1880 und 1928 emigrierten zwei Millionen Juden überwiegend in die Vereinigten Staaten, einige nach Großbritannien (manche irrtümlich, manche, weil sie sich die Schiffspassage in die fernen USA nicht leisten konnten). Dass sich auch eine Minderheit für Palästina entschied, lag daran, dass schon seit einem halben Jahrhundert über die Selbstbestimmung der Juden diskutiert worden war. Moses Hess, der Karl Marx und Friedrich Engels gut kannte, rief 1862 in seinem Werk *Rom und Jerusalem* die Juden dazu auf, zur Lösung der »Judenfrage« einen sozialistischen Staat in Palästina zu gründen.[4] Im Jahr 1882 betonte auch Leon Pinsker in seinem Pamphlet *Autoemancipation!*, die Juden könnten nur wirklich frei sein, wenn sie im eigenen Lande lebten. Zur beharrlichen Neigung der Europäer, Juden als Fremde zu betrachten, schrieb er:

> Da der Jude nirgends zu Hause ist, nirgends als Einheimischer betrachtet wird, so bleibt er überall ein Fremdling. Dass er selbst, dass auch seine Vorfahren im Lan-

de geboren sind, ändert an diesem Thatbestand nicht das Geringste.[5]

Der Wunsch der Juden, sich in Palästina anzusiedeln, fand unter anderem im protestantischen Klerus Großbritanniens bemerkenswerte Unterstützung. Lange bevor jüdische Zionisten öffentlich in Erscheinung traten, sprach man sich in diesen Kreisen entschieden für einen »Restorationismus« aus (die Rückkehr der Juden ins Heilige Land als Erfüllung der biblischen Prophezeiung). Nehmen wir zum Beispiel den Baptistenpastor Charles Spurgeon, der den Spitznamen »Prinz der Prediger« führte und schon 1864 in einer Predigt für die British Society for the Propagation of the Gospel among the Jews schrieb:

> Unser Text, der sich durch den Kontext erschließt, bedeutet ganz offensichtlich erstens eine politische Wiedereinsetzung der Juden in ihrem eigenen Land und mit eigener Nationalität.[6]

Diese Vorstellung von der Wiedereinsetzung der Juden in die ihnen zustehende Stellung im Lande Israel fand in Großbritannien Anfang des 19. Jahrhunderts im Rahmen des *Protestant Revival* den Weg in den öffentlichen Diskurs. Lord Shaftesburys »Memorandum to Protestant Monarchs of Europe for the Restoration of the Jews to Palestine«, das 1841 in der *Colonial Times* erschien, ist ein hervorragendes Beispiel. Auf sein Betreiben hatte Großbritannien 1838 ein Konsulat in

Jerusalem eingerichtet, die erste diplomatische Vertretung in der Stadt. Benjamin Disraeli teilte Shaftesburys Ansichten. Er plante die Wiederherstellung der Nation Israel in Palästina; dies sei, so schrieb er in einem Brief 1851, sein wahrer Ehrgeiz: »Mit *Coningsby* [Disraelis politischer Roman, veröffentlicht 1844] fühlte ich lediglich vor – meine Ansichten waren damals noch nicht vollständig ausgereift –, seither dient alles, was ich schreibe, einem Ziel. Der Mensch, der dem hebräischen Volk sein Land wiedergibt, wäre der Messias, der wahre Erlöser aus der Prophezeiung!«[7]

Sechsundzwanzig Jahre später, im Jahr 1877, schrieb Disraeli, innerhalb von fünfzig Jahren werde in Palästina ein Staat mit einer Million Juden unter britischer Führung entstehen.[8]

Doch erst die Dreyfus-Affäre im Jahr 1894 überzeugte viele Juden – und eine erhebliche Anzahl sympathisierender Nichtjuden – davon, dass sie ihren eigenen Staat, eine Heimstätte brauchten. Der politische Skandal erschütterte 1894 bis 1906 die Dritte Französische Republik. Hauptmann Alfred Dreyfus, ein junger Artillerieoffizier jüdischer Abstammung, wurde 1894 zu einer lebenslangen Haftstrafe verurteilt, weil er angeblich Militärgeheimnisse an die deutsche Botschaft in Paris verraten hatte. Klare Beweise deuteten auf Major Ferdinand Esterházy als den wahren Täter hin, doch hochrangige Militärvertreter hielten diese Beweise zurück, und Esterházy wurde freigesprochen. Die Armee brachte anschließend, gestützt auf gefälschte Dokumente, weitere Anschuldigungen gegen Dreyfus vor. Als der bekannte französische Schriftsteller Émile Zola von der betrügerischen Verurteilung durch das Militärgericht und vom Versuch der Vertuschung erfuhr, klagte er die Missstände 1898 in einem offen Brief unter dem Titel *J'accuse …!* an.[9] Im Jahr 1899 wurde Dreyfus erneut vor Gericht gestellt. Die französische Gesellschaft war mittlerweile gespalten zwischen Dreyfus-Unterstützern und -Gegnern. Dreyfus wurde erneut für schuldig befunden, jedoch begnadigt und auf freien Fuß gesetzt. Sieben Jahre später wurde er rehabilitiert, wieder in die französische Armee aufgenommen und zum Major befördert.

Wie stark der Antisemitismus im ersten Land, das Juden gleiche Rechte garantiert hatte, zum Ausbruch kam, ließ viele Juden an ihren Aussichten im christlichen Europa zweifeln. Das war ein Schlüsselmoment, der ein Umdenken über die Zukunft der Juden im Westen auslöste. Den österreichisch-ungarisch-jüdischen Journalisten Theodor Herzl beeindruckten die Ereignisse dermaßen, dass er zu der Überzeugung gelangte, nur die Gründung eines jüdischen Staates könne den Juden einen Platz in der Familie der Nationen sichern und sie vor Antisemitismus schützen. Angesichts der heutigen Verwechslung und Verschmelzung von Antizionismus und Antisemitismus liegt die Ironie dieser letzten Annahme auf der Hand.

Auf dem Ersten Zionistischen Kongress in Basel 1897 einigte man sich auf den Grundsatz: »Der Zionismus erstrebt für das jüdische Volk Schaffung einer rechtlich gesicherten Heimstätte in Palästina« und nahm dafür »folgende Mittel in Aussicht«:

> 1. Die zweckdienliche Förderung der Besiedlung Palästinas mit jüdischen Ackerbauern, Handwerkern und Gewerbetreibenden.
> 2. Die Gliederung und Zusammenfassung der gesammten Judenschaft durch geeignete örtliche und allgemeine Veranstaltungen nach den Landesgesetzen.
> 3. Die Stärkung des jüdischen Volksgefühles und Volksbewusstseins.
> 4. Vorbereitende Schritte zur Erlangung der Regierungszustimmungen, die nöthig sind, um das Ziel des Zionismus zu erreichen.[10]

Nicht alle Juden waren mit diesem Programm einverstanden. Vor dem Holocaust lehnten das liberale Judentum oder Reformjudentum – eine nichtorthodoxe Strömung, die in den Vereinigten Staaten von Amerika und Deutschland besonders stark war – und viele assimilierte westeuropäische und amerikanische Juden den Zionismus ab, weil er sich nicht mit der jeweiligen Staatsbürgerschaft von Juden in der Diaspora vertrug. Die Central Conference of American Rabbis hatte den Widerstand des amerikanischen Reformjudentums schon 1885 in der *Pittsburgh Platform* formuliert:

> Wir betrachten uns nicht mehr als Volk, sondern als Religionsgemeinschaft und erwarten daher weder die Rückkehr nach Palästina noch einen Opferkult unter Aufsicht der Söhne Aarons noch die Wiederherstellung irgendwelcher Gesetze für einen jüdischen Staat.[11]

Doch mit der Dreyfus-Affäre änderte sich diese Haltung. 1914, zwei Monate nachdem Großbritannien dem Osmanischen Reich den Krieg erklärt hatte, legte der jüdische Brite Herbert Samuel dem Kabinett ein Papier zur Zukunft Palästinas vor, in dem er detailliert darstellte, wie durch ein britisches Protektorat für Palästina die Zuwanderung von Juden gefördert werden konnte. Der russisch-jüdische Zionist Chaim Weizmann, Chemiker und später erster Staatspräsident Israels, lebte damals in Großbritannien. Weizmann hatte mithilfe eines Bakteriums eine Synthese für Aceton entwickelt, die als Aceton-Butanol-Ethanol-Gärung bekannt ist. Aceton war ein wichtiger Bestandteil für Sprengstoff, den Großbritannien bis dahin nicht in ausreichenden Mengen hatte herstellen können. David Lloyd George, als Minister für die Rüstung zuständig, bat Weizmann, seine Synthese für die Massenproduktion weiterzuentwickeln. Lloyd George, evangelikaler Christ und ab 1916 Premierminister, unterstützte den Zionismus. Als er Weizmann fragte, wie er ihn für seine wissenschaftliche Arbeit, von der Großbritannien im Krieg so stark profitiert hatte, entlohnen könne, lautete Weizmanns Antwort, er wolle kein Geld, sondern Hilfe für sein Volk, das in seine Heimat zurückkehren wolle. Fortan arbeitete Weizmann eng mit Lloyd George und dem Ersten Lord der Admiralität Arthur Balfour (ab 1916 Außenminister) zusammen.[12]

Als das britische Kabinett im August 1917 die Balfour-Erklärung diskutierte, die dank Weizmanns wackeren Bemühungen auf Lloyd Georges Anweisung aufgesetzt worden war, erklärte der standhafte Antizionist Edwin Montagu, damals der einzige Jude im britischen Kabinett, er lehne die Erklärung entschieden ab. Als Gründe führte er an, sie komme einer Kapitulation vor antisemitischen Fanatikern gleich, die Palästina als das naheliegende Ziel für Juden betrachteten, und sie gebe der muslimischen Welt ernsthaft Anlass zur Beunruhigung.[13] Daraufhin wurde die Erklärung an mehreren Stellen ergänzt, so zu den künftigen Rechten von Nichtjuden in Palästina sowie zum Status von Juden weltweit. Kurz vor der Fertigstellung änderte man den Begriff »Staat« noch in »Heimstätte« und bat Zionisten aus dem Ausland um ihre Kommentare. Louis Brandeis, der damals als Richter am US-Supreme Court erheblichen Einfluss hatte, soll die Worte »jüdische Rasse« durch »jüdisches Volk« ersetzt haben.[14]

Am 2. November 1917 verlas der britische Außenminister seine wegweisende Balfour-Erklärung, in der er publik machte, dass die Regierung »die Errichtung einer nationalen Heimstätte für das jüdische Volk in Palästina« mit Wohlwollen betrachte. Voraussetzung sei, dass »nichts geschehen soll, was die bürgerlichen und religiösen Rechte der bestehenden nicht-jüdischen Gemeinschaften in Palästina oder die Rechte und den politischen Status der Juden in anderen Ländern in Frage stellen könnte«.[15] Nach der Niederlage des Osmanischen Reichs und seiner Aufteilung durch die europäischen Kolonialmächte im Jahr 1918 übernahm der Völkerbund die Balfour-Erklärung und übertrug den Briten das Mandat für Palästina.

Im Jahr 1919 unterzeichnete, was oft vergessen wird, der Haschemiten-König Faisal I. das sogenannte Faisal-Weizmann-Abkommen. Faisal schrieb in einem Brief:

> Wir Araber, insbesondere die gebildeten unter uns, schauen mit größter Sympathie auf die zionistische Bewegung. Unsere Delegation hier in Paris ist mit sämtlichen Vorschlägen vertraut, die der Friedenskonferenz gestern von der zionistischen Organisation unterbreitet wurden, und wir betrachten sie als gemäßigt und angemessen.[16]

König Faisal hatte neben seiner Unterschrift allerdings einen Vorbehalt auf Arabisch hinzugefügt, dem zufolge der arabische Anspruch auf Unabhängigkeit zu erfüllen sei. 1936 brach, ausgehend vom Obersten Muslimischen Rat Palästinas unter Führung des Großmufti von Jerusalem, ein arabischer Aufstand aus, der drei Jahre andauerte. Der Großmufti musste in den Irak fliehen, wo er einen von den deutschen Nationalsozialisten unterstützten Staatsstreich betrieb. Dem Putsch folgten Pogrome in den jüdischen Vierteln Bagdads. Im Jahr 1939 lehnte er das britische Weißbuch, das einen von Arabern und Juden gemeinsam regierten unabhängigen Staat vorsah, als unzureichend ab, obwohl dieses bereits eine Begrenzung der Einwanderung von Juden und jüdischem Landerwerb festlegte, als in Europa die Lage gerade verzweifelt wurde.

Besonders die Frage der Einwanderung spaltete Juden und Araber. Für Juden bot die Immigration in das damalige Palästina eine Möglichkeit zur Flucht vor der Verfolgung in Europa, die Araber dagegen wollten vermeiden, dass sie die Mehrheit im Land einbüßten. Es konnte nur noch schlimmer werden. Und ungeachtet der Balfour-Erklärung und des christlichen Restorationismus war auch unter den Briten stets umstritten, ob man den Zionismus unterstützen solle. Churchill beschränkte die Migration von Juden nach Palästina mit einer jährlichen, von den Briten festgelegten Quote. Nach Hitlers Machterlangung unterstützten allerdings mehr assimilierte europäische Juden den Zionismus und forderten, Juden die Flucht vor den Nationalsozialisten nach Palästina zu ermöglichen.

Als 1939 die Lage der Juden in Deutschland und Österreich unerträglich wurde, forderten die Briten in erwähntem Weißbuch binnen zehn Jahren die Gründung einer nationalen Heimstätte für Juden in einem unabhängigen palästinensischen Staat; eine Aufteilung Palästinas lehnten sie ab. »In dem unabhängigen Staat sollen Araber und Juden gemeinsam in der Weise regieren, dass die wesentlichen Interessen jeder Gemeinschaft gesichert sind.«[17] Laut Weißbuch sollte die weitere jüdische Einwanderung von der arabischen Mehrheit geregelt werden, denn die britische Regierung fürchtete für die arabische Bevölkerung negative Folgen der zusätzlichen Migration nach Palästina. Wegen des Grauens, das den Juden in Europa widerfuhr, wurde die Zuzugsbegrenzung dennoch gelockert, wenn auch nur geringfügig: 1939 bis 1944 sollten jährlich weitere 10 000 Juden zugelassen werden sowie einmalig noch einmal 25 000. Danach (die Juden würden dann etwa ein Drittel der Bevölkerung stellen) sollte die Einwanderung von Juden von der Zustimmung der arabischen Mehrheit abhängig sein.

Im Jahr 1947 kündigte Großbritannien an, dass es sich aus Palästina zurückziehen wolle. Der mit Vertretern aus elf Ländern besetzte UN-Sonderausschuss UNSCOP analysierte die Lage und bot zwei Lösungen an: den »Minderheitsplan«, der einen binationalen Staat mit autonomen jüdischen und arabischen Gebieten vorsah, oder die Teilung Palästinas in zwei Staaten, den »Mehrheitsplan«.[18] Die Zionisten unterstützten letzteren Vorschlag, die Araber lehnten beide ab. Am 29. November beschloss die UN-Vollversammlung die Teilung Palästinas, wobei Jerusalem eine internationale Enklave bleiben sollte.[19] Die Jewish Agency, die Vertretung der Juden Palästinas, nahm den Plan an, die arabische Führung Palästinas und die Arabische Liga jedoch akzeptierten die Entscheidung nicht. Es folgte ein Bürgerkrieg zwischen Arabern und Juden in Palästina, und seither hat sich kein dauerhafter Frieden eingestellt. Für die Palästinenser ist die Nakba (Arabisch für Unglück, Katastrophe), also der Exodus der Palästinenser im Jahr 1948, ein bis heute prägendes Ereignis. Mehr als 700 000 palästinensische Araber, etwa die Hälfte der arabischen Bevölkerung Palästinas vor dem Krieg, mussten im Palästinakrieg 1948 fliehen oder wurden vertrieben. Mit mehreren Gesetzen verhinderte die erste israelische Regierung, dass Araber, die das Land verlassen hatten, in ihre Häuser zurückkehren oder Grundbesitz zurückfordern konnten. Der Status der Flüchtlinge und besonders die Frage, ob Israel ihnen das

Recht auf Rückkehr in ihre Häuser oder eine Entschädigung zugesteht, sind nach wie vor zentrale Fragen im israelisch-palästinensischen Konflikt.

Vor diesem Hintergrund wurde der Staat Israel gegründet, der in vielerlei Hinsicht florierte. Doch immer wieder gab es Krieg. Aus einigen Kriegen ging Israel siegreich hervor, andere ziehen bis heute Spannungen und Scharmützel nach sich. So bieten der Libanonkrieg und die anhaltenden Gewaltausbrüche und Demonstrationen im Gazastreifen ständig Anlass zu Trauer und Wut. Ein anhaltender Konfliktpunkt ist die Besetzung des Westjordanlandes und des Gazastreifens im Jahr 1967.

Israel wuchs zu einem Staat heran. Es verwirklichte nicht den einstigen sozialistischen Traum, sondern entwickelte sich zu einem zunehmend rechtskonservativen politischen Gebilde mit erstaunlichen Fortschritten in Hightech und Gesundheitswesen, einer boomenden Konjunktur und einem vielfältigen kulturellen Leben. Um seinen wirtschaftlichen Erfolg und wissenschaftlichen Ideenreichtum wird das Land weltweit beneidet. Aber es gibt auch Auseinandersetzungen zwischen frommen und weltlichen Juden, Zank um Jerusalem und seinen Status, verbunden mit der Frage, wer das Recht hat, dort zu leben, ganz zu schweigen von der feindlich gesinnten arabischen Welt, die Israel umgibt, der empörten palästinensisch-arabischen Bevölkerung im Lande, der nicht enden wollenden konfliktreichen Besetzung des Westjordanlands, zunehmender Gewalt und Wut im Gazastreifen und einer Regierung, die immer nationalistischer auftritt und immer allergischer auf Kritik reagiert. Dieser Rechtsruck ist mitverantwortlich für die zunehmende Kritik an Israel von Seiten seiner Freunde und erst recht seiner Gegner.

Das Existenzrecht Israels leugnen

Kein vernünftiger Mensch hält »begründete« Kritik an Israel (mehr dazu später) für antisemitisch. Wenn jedoch das Existenzrecht Israels infrage gestellt wird und das womöglich einhergeht mit explizit antisemitischen Formulierungen, wenn etwa Zionist, kurz »Zio«, als Schimpfwort zum Einsatz kommt oder wenn jemand mit hasserfüllten und widerwärtigen Phrasen Israel wie keinen anderen Staat niedermacht, so gibt das Anlass zur Sorge.

Uneinigkeit entsteht oft über die Frage, was unter »Kritik« und »Antisemitismus« eigentlich zu verstehen ist. Es lohnt sich daher, auch eine Arbeitsdefinition für Kritik zu geben und darauf zu achten, mit welchen Formulierungen/welcher Form des Aktivismus Israel das Existenzrecht abgesprochen wird, denn an dieser Stelle wird es unzumutbar.

Der bekannte israelisch-amerikanische Journalist und Autor Benjamin Kerstein erklärte 2012 jede Kritik an Israel für antisemitisch; die Welt wende sich zunehmend gegen Israel und betreibe sogar dessen Zerstörung:

> In weiten Teilen der Welt, im Westen wie im Osten, meint man mittlerweile, Araber und Muslime hätten das Recht

erworben, Juden zu ermorden. Abgeleitet von diesem Recht heißt es, die Zerstörung, Zerschlagung und Beseitigung des Staates Israel und die Ermordung, Vertreibung und/oder dauerhafte Unterwerfung seiner jüdischen Bevölkerung sei völlig legitim, ja wünschenswert.[20]

Kerstein zufolge ist Kritik an Israel aufgrund der jüdischen Geschichte per se eine gefährliche Sache. Er mag übertreiben, aber es ist nachvollziehbar, wie er darauf kommt. Viele israelische Juden sind überzeugt, dass die ganze Welt sie hasst; sie fühlen sich bedrängt, ständig mit Unwahrheiten und Halbwahrheiten konfrontiert. Kersteins Argumentation, dass Israel wegen des historischen Kontextes überhaupt nicht kritisiert werden dürfte, hält allerdings einer ernsthaften Analyse nicht stand. Israel muss wie jeder andere Staat bereit sein, Kritik anzunehmen. Aber eben nicht mehr als jeder andere Staat. Darin liegt eine Gefahr, und hier könnte eine antisemitische Komponente ins Spiel kommen.

Alexander Zeldin, Kommunikationsbeauftragter des American Jewish Committee, gibt den sozialen Medien die Schuld daran, dass sich die Annahme verbreite, Kritik an Israel sei per se nicht antisemitisch:

> Twitter ermöglicht den bisweilen lohnenswerten Austausch zwischen Menschen, deren Wege sich normalerweise nicht kreuzen würden, doch es kann auch wie eine Echokammer immer dieselben Argumente endlos wiederholen. Das Gleiche gilt für die üblichen Verdächtigen,

> die gebetsmühlenartig behaupten: »Kritik an Israel ist nicht antisemitisch. Wer sie als antisemitisch bezeichnet, will andere mundtot machen.«[21]

Beide Autoren vertreten die Ansicht vieler Juden, dass Israelkritik zu einem großen Teil antisemitisch motiviert ist. Zeldin spricht hier aber auch einen anderen wichtigen Punkt an: Viele Israelkritiker beklagen, ihre Gegenspieler würden sie bei Konterversuchen fälschlicherweise des Antisemitismus beschuldigen. Diese Behauptung wiederum ist stark simplifizierend, kann man doch ein solches Urteil nur fällen, wenn man den spezifischen Kontext, Ton und Inhalt der Kritik analysiert. Solange wir klarstellen, was unter Antisemitismus zu verstehen ist und was nicht, und zusätzlich die Tonlage der Auseinandersetzung berücksichtigen, müsste es meiner Ansicht nach möglich sein, zu erkennen, ob Israelkritik antisemitisch ist oder nicht. Zeldin zufolge entscheidet sich das daran, ob sich die Kritik gegen die Politik Israels oder gegen seine Existenz richtet. Er führt diesen in meinen Augen wichtigen Punkt weiter aus:

> Wer das Existenzrecht Israels infrage stellt oder seine Gründungsideologie, den Zionismus, als das Grundböse dämonisiert, äußert keine »Kritik an Israel«. Das ist Antisemitismus unter dem Deckmäntelchen politischer Kritik. Wer so argumentiert, bedient sich einer bekannten rassistischen Taktik: Man wirft, mit dem eigenen Fanatismus konfrontiert, seinen Kritikern vor, »die Rassen-Karte

auszuspielen«. In beiden Fällen handelt es sich um eine Verschleierungsstrategie, mit deren Hilfe man fanatische Überzeugungen immer weiter kolportieren kann, ohne dafür geradestehen zu müssen. Im Falle Israels und seiner Unterstützer ist das auch ein billiger Trick, scheinbar vernünftig zu argumentieren und gleichzeitig eine ganze Gruppe zu verleumden, in diesem Fall die Juden.[22]

Die Leugnung des Existenzrechts des Staates Israel kann man nur als antisemitisch bezeichnen, weil sie dem jüdischen Volk sein Recht auf Selbstbestimmung abspricht – als einzigem aller Völker.[23] Allein die Juden, wird behauptet, dürften kein eigenes Land haben. Man könnte durchaus argumentieren, dass vor der Staatsgründung 1948 alle möglichen Gründe gegen die Schaffung des Staates Israel sprachen, besonders die ungelösten Fragen rund um die Rechte der Palästinenser. Doch auch wenn man die Rückgabe der besetzten Gebiete fordern kann, ist es höchst problematisch, Israel siebzig Jahre nach Staatsgründung das Existenzrecht abzusprechen. Bei welchem anderen Staat würde man das tun? Staaten ihre Legitimation zu entziehen ist eher unüblich, auch wenn viel gestritten wird um Regionen, die ihre Unabhängigkeit anstreben wie Jammu und Kaschmir oder Katalonien.

Die Leugnung des Existenzrechts Israels ist das eine. Etwas völlig anderes ist der Streit um israelische Grenzen oder die Kritik am Umgang mit der arabischen Bevölkerung und den Palästinensern in den besetzten Gebieten. In diesen Debatten geht es nicht um das Existenzrecht, sondern um Politik. Und auch wenn viele Israelis und die israelische Regierung das womöglich anders sehen, ist es natürlich legitim, solche Probleme zu thematisieren. Diese Diskussionen sind von ihrer Zielsetzung her nicht antisemitisch, es sei denn, sie werden von hasserfüllten Slogans begleitet.

Legitime Kritik und antisemitische Schmähungen unterscheiden sich auch darin, wie genau Kritiker politische Maßnahmen unter die Lupe nehmen, ob sie also zum Beispiel israelische Sicherheitsbelange berücksichtigen und ob sie akzeptieren, dass beide Völker, Palästinenser und Israelis, ein Anrecht auf Frieden und Sicherheit haben. Antisemiten, die angeblich nur »antizionistische« Kritik üben, treten oft ausschließlich für die palästinensische Sache ein und lassen die israelischen Belange außer Acht. Auch fehlt es ihnen an Verständnis oder Einfühlungsvermögen für die historische Beziehung zwischen Juden und dem Land Israel.

Die Kritik am Zionismus als politischer Philosophie ist ebenso legitim wie die am Sozialismus oder am Marxismus. Auf das Wie kommt es an. Wer Kritikern grundsätzlich das Recht abspricht, eine Debatte über die Philosophie hinter dem Zionismus zu führen, verbietet seinem Gegenüber den Mund, und das ist immer eine schwache Verteidigung.

Mittlerweile ist alles noch viel komplizierter geworden. Studentische und ultralinke Gruppen werden zunehmend von der BDS-Bewegung beeinflusst. BDS steht für Boykott, Deinvestitionen und Sanktionen. Es ist umstritten, wann und wie die Bewegung genau ihren Anfang nahm, doch auf der BDS-Website wird der 9. Juli 2005 genannt. Das war der erste Jahrestag eines Urteils, in dem der Internationale Gerichtshof festgestellt hatte, dass die Abriegelung des Westjordanlandes gegen internationales Recht verstößt. Seither setzt sich die Bewegung für den Boykott von Veranstaltungen israelischer Redner ein, für den Abzug von Investitionen aus Israel und für Sanktionen gegen den Staat Israel und sein Volk. Immer häufiger kritisieren Vertreterinnen und Vertreter des BDS auch den Zionismus. Da die Begriffe »zionistisch« und »jüdisch« synonym verwendet werden, geht es nicht mehr um eine Kritik am Zionismus als politischer Philosophie. Aus Sicht der BDS-Anhänger, die häufig jeden historischen Kontext ausblenden, ist Israel ein rassistisches System, ein Apartheidstaat, eine repressive Kolonialmacht, die sich diverser Kriegsverbrechen gegen die Palästinenser schuldig gemacht hat. Und genau darin, so die BDS-Bewegung, liege die Natur des Zionismus.

Aus diesem Grund muss man hier offen widersprechen. Es ist völlig in Ordnung, wenn sich jemand im israelisch-palästinensischen Konflikt für eine Zweistaatenlösung einsetzt und für das weitere Vorgehen Kompromisse empfiehlt. Es ist völlig in Ordnung, wenn jemand die Sperranlagen kritisiert, mit denen Israel verhindern will, dass Menschen die Grenzlinie übertreten. Aber es geht nicht an, Israel als rassistisches System zu bezeichnen, weil es ein jüdischer Staat ist. Das ist antisemitisch, denn niemand würde es rassistisch nennen, dass Großbritannien oder Dänemark eine Staatskirche haben oder in einigen muslimischen Ländern islamisches Recht zur Anwendung kommt, etwa in Saudi-Arabien und im Iran, um nur zwei zu nennen. Warum ist es bei Juden rassistisch, nicht aber bei Muslimen oder Christen?

Höchst fragwürdig ist auch, wenn Vorträge von Israelis, die häufig sogar die israelische Regierungspolitik kritisieren, in britischen oder amerikanischen Universitäten boykottiert oder, so sie doch stattfinden, niedergeschrien werden. Das mag nicht immer antisemitisch motiviert sein, lässt aber auf eine Unwilligkeit schließen, sich objektiv zu informieren und auch die Stimmen der israelischen Opposition anzuhören. Und, was besonders beunruhigend ist, es läuft darauf hinaus, dass nicht etwa die israelische Regierung angeprangert, sondern alles Israelische schlechtgemacht wird, seien es Menschen oder Produkte. Und wenn es kein entsprechendes Verhalten in Bezug auf einen anderen Staat und sein Volk gibt, könnte man das als antisemitisch einordnen.

Das Nationalstaatsgesetz

Ich denke, man muss der BDS-Bewegung kontra geben und den Vorwurf, Israel sei an sich rassistisch, als antisemitisch brandmarken. Denn das ist er meiner Meinung nach. Doch das Nationalstaatsgesetz, das Israel 2018 unter dem Titel »Grundgesetz: Israel – Der Nationalstaat des jüdischen Volkes« einführte und mit dem das Jüdische des Staates hervorgehoben und der Status nichtjüdischer Bürgerinnen und Bürger und der arabischen Sprache herabgesetzt wird, ist, obwohl es erstaunlich wenig Wirkung entfaltet, nicht dazu geeignet, den Rassismusvorwurf zu widerlegen. In Israel und anderswo löst es – verständlicherweise, wie ich meine – großes Unbehagen aus. Lesen wir, was der Journalist Abe Silberstein zu dem Thema zu sagen hat:

> Das Gesetz, das am Ende verabschiedet wurde, ist eine unnötige und gezielte Provokation gegen Minderheiten in Israel, besonders die arabische Bevölkerung. [...] Das Gesetz verdient von Seiten progressiver Juden im Ausland nur Verachtung, die ihm zum Glück reichlich entgegenschlägt. [...] Was seine diskriminierende Zielsetzung angeht, so sollten wir uns diesem Gesetz entgegenstellen, gleichzeitig aber auch unerschütterlich darauf vertrauen, dass es ungeachtet seiner vielen Worte kaum etwas bewirkt. [...] Auch wenn uns die Auswirkungen dieses speziellen Gesetzes nicht weiter beunruhigen müssen, dürfen wir die größeren politischen Entwicklungen in Israel, die uns an diesen Punkt gebracht haben, nicht aus den Augen verlieren.[24]

Das sehe ich auch so. Die allgemeine politische Stoßrichtung und die Herabsetzung nichtjüdischer Bürgerinnen und Bürger in Israel ist deprimierend und in meinen Augen moralisch verwerflich.

Bisweilen wird das Gesetz mit dem Hinweis darauf verteidigt, jeder Staat könne seine nationale Identität selbst definieren. Wenn dem so ist, muss aber auch hinreichend erklärt werden, was das für die nichtjüdische Bevölkerung Israels bedeutet, die nun das Gefühl hat, Bürger zweiter Klasse zu sein oder es bald zu werden. Immerhin wird das Arabische von einer gleichberechtigten Sprache zu einem »Sonderstatus« herabgestuft, und auch für die Drusen, die regulär in der Armee dienen und in jeder Hinsicht ein wichtiger Teil der israelischen Gesellschaft sind, ist das Gesetz ein Schlag ins Gesicht.

Die meisten Kritiker, Juden wie Nichtjuden, verweisen darauf, dass das Gesetz nicht nötig war, weil doch jeder wisse, dass Israel ein jüdischer Staat ist. Doch der israelische Ministerpräsident Benjamin Netanjahu brauchte es, um die ultrarechten Kräfte in seiner fragilen Koalition zu beschwichtigen, die monate-, wenn nicht jahrelang auf ein solches Gesetz hingewirkt hatten. Netanjahu mag die Augen davor verschließen, doch es richtet enormen Schaden an. Juden in der Diaspora haben es dadurch schwerer, die israelische Demokratie zu verteidigen. Auch junge Juden in der Diaspora, die in Sachen Gleichheit und Antirassismus Ideale vertreten und nun an den Universitäten ständig Vorwürfen, wenn nicht gar Gehässigkeiten ausgesetzt sind, können sich kaum noch mit dem Staat Israel identifizieren.

Ich teile einige ihrer Bedenken, obwohl ich Israel liebe. Aber ich sehe auch, dass es in Israel eine starke Opposition gegen diese Gesinnung gibt – die Antizionisten nie erwähnen – und dass nichtstaatliche Organisationen energisch gegen die rechtsextreme Politik und insbesondere das neue Nationalstaatsgesetz protestieren.

Organspende und die Ritualmordlegende

Doch die Kritik an Israel erschöpft sich nicht in der völlig legitimen Ablehnung des neuen Nationalstaatsgesetzes. Nicht legitim ist manch anderer Kritikpunkt, der die Wahrheit pervertiert und unter Umständen antisemitisch ist. Nehmen wir die Behauptung, der Staat Israel, dessen Vertreter in der internationalen Nothilfe oft als Erste vor Ort sind, helfe den von Katastrophen gebeutelten Ländern nur, um Organe für Israelis zu beschaffen. Diese schreckliche Anschuldigung geht auf eine völlig andere Geschichte zurück: Im Jahr 2009 räumte Israel ein, dass Pathologen verstorbenen Palästinensern, Israelis und anderen Haut, Augenhornhaut, Herzklappen und Knochen oft ohne Zustimmung der Angehörigen entnommen hatten, eine Vorgehensweise, die angeblich seit den 1990er Jahren nicht mehr praktiziert wurde.[25]

Vorausgegangen war ein erbitterter Streit, ausgelöst von einem Bericht der schwedischen Zeitung *Aftonbladet* im August 2009. Darin hieß es, der Staat Israel habe Palästinenser umgebracht, um ihre Organe zu verwerten, ein Vorwurf, den Israel bestritt und als »antisemitisch« bezeichnete. Diesem Antisemitismusvorwurf liegen zwei Gedankengänge zugrunde: Zum einen hat die Vorstellung, dass Juden – und hier sahen sich die Israelis als Juden – Menschen umbringen, um Blut oder Organe für obskure Praktiken zu verwenden, ihren Ursprung in der schon erläuterten Ritualmordlegende. Insofern ist diese Anschuldigung zweifellos antisemitisch. Zum anderen war schon der Verdacht, Israelis würden Palästinenser außerhalb von Kriegshandlungen umbringen, erschütternd und unbegründet. Ob dieser Vorwurf von einer antisemitischen oder lediglich einer feindlichen Gesinnung gegenüber Israel zeugt – denn wer so etwas ausspricht, glaubt offenbar schlimmste Anschuldigungen, auch wenn sie unwahr und unbelegt sind –, lässt sich schwer beantworten.

Im Bericht des *Aftonbladet* wurden Palästinenser mit der Aussage zitiert, junge Männer aus dem Westjordanland und dem Gazastreifen seien von israelischen Streitkräften festgenommen worden, und als man den Familien ihre Leichen übergab, hätten Organe gefehlt.[26] Israel bezeichnete den Zeitungsartikel als antisemitische »Blutanklage« und forderte Schweden auf, sich davon zu distanzieren. Stockholm weigerte sich mit dem Hinweis auf die Meinungsfreiheit im Lande. Der schwedische Außenminister sagte daraufhin einen Besuch in Israel ab.

Obwohl es dafür, dass Israel Menschen wegen ihrer Organe hatte ermorden lassen, keine Beweise gab und in dem Vorwurf die mittelalterlichen Blutanklagen mitschwangen, veröffentlichte Alison Weir, Gründerin und Leiterin der nichtstaatlichen Organisation If Americans Knew (IAK) und bekannt für ihre kritische Haltung gegenüber Israel, im November 2009 einen Artikel im *Washington Report on Middle East Affairs*, in dem sie sich mit »israelischem Organhandel und Organraub von Moldawien bis nach Palästina« befasste. Seit Jahren, schrieb sie, sei dokumentiert, dass zuweilen »mit finanzieller Unterstützung durch die israelische Regierung und unter Beteiligung hochrangiger Vertreter Israels, bekannter israelischer Ärzte und israelischer Ministerien« Organe entnommen würden.[27]

Doch da irrte sie sich. Weir erwähnte den von Menschenrechtsgruppen im Westjordanland geäußerten Vorwurf, Pathologen des Israelischen Instituts für Rechtsmedizin in Tel Aviv hätten gefallenen Palästinensern Gewebe und Organe gestohlen. Das israelische Verteidigungsministerium, so Weir, sei tief in dieses illegale landesweite »Programm« für Organtourismus verstrickt.[28] Doch auch dafür gab und gibt es keinerlei Beweise. Und so setzt sich die Geschichte immer weiter fort. Press TV, ein Nachrichten- und Dokumentarkanal, der zum Sender der Islamischen Republik Iran IRIB gehört, berichtete, der Philosoph Robrecht Vanderbeeken, Kultursekretär der belgischen Gewerkschaft ACOD, habe in einer Kolumne, die im vorangegangenen August auf der belgischen Website De Wereld Morgen erschienen war, behauptet, die Bevölkerung im Gazastreifen werde »ausgehungert und vergiftet«, Kinder würden »entführt und wegen ihrer Organe ermordet«.[29] Auch nach zahlreichen Beschwerden blieb De Wereld Morgen bei der Behauptung, Israel habe palästinensische Kinder »entführt« und »ermordet« und Organe der von den Streitkräften getöteten Palästinenser verwendet. Die Beweise dafür blieb die Website jedoch schuldig.

Der einzige konkrete Hinweis ist ein 2014 in der *New York Times* erschienener, allerdings umstrittener Bericht, dem zufolge Israelis seit dem Jahr 2000 eine »unverhältnismäßig große Rolle« im Organhandel gespielt hätten. Hier ging es aber nicht um die Ermordung von Menschen zum Zwecke der

Organentnahme oder auch nur um die Organentnahme bei bereits verstorbenen Menschen, sondern vielmehr um die Beteiligung einzelner israelischer Bürger – und durchaus nicht der israelischen Regierung – am Transplantationstourismus.[30]

Organhandel ist zweifellos ein abscheuliches Geschäft, doch er geht nicht damit einher, dass man Menschen umbringt, um ihnen Organe zu entnehmen. Trotzdem wird das Thema immer wieder aufgekocht, so auch von Baroness Jenny Tonge, die für die Liberaldemokraten im britischen Oberhaus sitzt. Nach Erscheinen des *Aftonbladet*-Artikels im Jahr 2009 rief sie Israel auf, mittels einer Untersuchung den Vorwurf zu entkräften, dass israelische Mediziner Erdbebenopfern in Haiti Organe zur Transplantation entnommen hätten. Die medizinischen Teams waren nach Haiti gereist, um Nothilfe zu leisten, und Israel hatte die Behauptung bereits entschieden zurückgewiesen und widerlegt. Der damalige Chef der Liberaldemokraten Nick Clegg entließ daraufhin die Baroness als gesundheitspolitische Sprecherin seiner Partei im House of Lords und bezeichnete ihre Bemerkungen als »falsch, geschmacklos und provokativ«.[31]

Die Behauptung, dass Israel im Zuge der Katastrophenhilfe Opfern Organe entnimmt, ist eine antisemitische Verunglimpfung. Aber besonders nichtjüdischen Menschen muss man auch erklären, warum diese spezielle Lüge für Juden so verletzend ist: Sie greift die uralte Verleumdung auf, dass Juden das Blut christlicher Kinder für rituelle Zwecke verwenden.

Religionsfreiheit

Eine oft geäußerte Kritik lautet, dass in Israel keine Religionsfreiheit herrsche. Das Büro für Demokratie, Menschenrechte und Arbeit im US-Außenministerium stellte 2009 in einem Bericht fest, dass Israel den Maßstäben einer toleranten und pluralistischen Gesellschaft nicht genüge und Muslime, Zeugen Jehovas, Reformjuden, Christen, Frauen und Beduinen diskriminiere.[32] Die 137 offiziellen heiligen Stätten Israels seien allesamt jüdisch, während der Staat christliche und muslimische Stätten verfallen oder unter anderen Gebäuden verschwinden lasse.

Das in den USA beheimatete Pew Research Center veröffentlichte Studien über soziale Animositäten in den verschiedenen Ländern der Welt. Der »Social Hostilities Index« (SHI) erfasst religiöse Ressentiments von Einzelpersonen, Organisationen oder gesellschaftlichen Gruppen, unter anderem Gewalt durch Banden oder religiöse Gruppierungen, Schikane wegen religiös motivierter Kleidung und andere religionsbezogene Einschüchterungen oder Übergriffe. Im Jahr 2007 zählte Israel zu den zehn Ländern, die auf einer Skala von 1 bis 10 einen Wert von mehr als 7,1 erreichten. Im Jahr 2010 befanden sich Israel und die Palästinensergebiete unter den fünfzehn Regionen mit dem höchsten SHI-Wert.[33]

Es versteht sich von selbst, dass sich Israel mit diesen Ergebnissen auseinandersetzen muss. Die Situation ist nicht zufriedenstellend, und der Hinweis darauf darf nicht als antisemitisch abgetan werden. Allerdings zeigen diese Berichte nicht das gesamte Bild, denn in Israel herrscht ein erhebliches Maß an Religionsfreiheit – auch wenn Reformjuden wie ich die Grenzen dieser Freiheit durchaus wahrnehmen. Die Bahai-Religion hat ihr Zentrum in Haifa, christliche und muslimische Stätten erhalten im Bedarfsfall Schutz von Seiten der Sicherheitskräfte. Dazu kommt eine eher paradoxe Folge der jüngsten Krisen im Nahen Osten, die aber christliche Israelkritiker selten erwähnen: Die christliche Bevölkerung Israels nimmt zu.[34] Wenn es in Israel um die Religionsfreiheit so schlecht bestellt wäre, dürfte ein Wachstum der christlichen Gemeinden eher nicht zu erwarten sein. Aber natürlich gibt es auch gegenteilige Berichte, und so sollte die Kritik in diesem Bereich sorgfältig mit Belegen untermauert, die religiöse Toleranz in Israel detailliert untersucht werden.

Die israelische Armee

Immer wenn in Israel oder in Gaza ein Konflikt ausbricht, wenn vom Gazastreifen oder vom Libanon aus Raketen gegen Israel geschossen werden, kochen die Emotionen hoch. Man sieht die israelische Armee brutal gegen Steinewerfer vorgehen. Man sieht die israelische Armee Häuser von Palästinensern mit dem Bulldozer plattmachen. Man sieht den anscheinend ungleichen Kampf und ist verstört. Doch man sieht nicht die Raketen, die die Terrorgruppe Hamas in israelische Siedlungen schießt, und man sieht auch nicht, dass die Anführer der Hamas die Proteste junger Leute etwa im Gazastreifen oftmals lenken. Israel wirkt groß und übermächtig, die Bevölkerung im Gazastreifen, eingesperrt, oft ohne

Strom, dagegen schwach und geschunden. Doch die Lage ist in Wahrheit komplizierter, denn Israel ist ein kleines Land mit nur 9 Millionen Einwohnern. Und dass es im Gazastreifen an Strom und anderem mangelt, liegt häufig nicht so sehr an den Israelis als vielmehr an der Hamas. Hier gibt es keine einfachen Erklärungen.

Jede noch so defensive Aktion der israelischen Armee zieht jedoch geradezu hasserfüllte Reaktionen nach sich. Israel, so scheint, ist besonders grausam oder hart, seine Streitkräfte jederzeit für einen brutalen Gegenschlag gerüstet. Wenn an der Grenze zum Gazastreifen demonstriert wird und junge Leute Steine werfen, lassen die Fernsehbilder die Israelis oft wie Aggressoren aussehen, die gegen unbewaffnete oder schlecht ausgerüstete Zivilisten vorgehen. Selbstverständlich begeht die israelische Armee auch Fehler. Doch bei aller Sympathie für die palästinensische Sache hat doch jedes Land das Recht, sich gegen Angriffe an der Grenze oder auch von innen zur Wehr zu setzen, auch wenn dabei Unbeteiligte zu Schaden kommen können.

Dennoch: Das Vorgehen Israels gegen die Palästinenser wirkt und ist zum Teil unverhältnismäßig. Nehmen wir die zweiundsechzig Palästinenser aus dem Gazastreifen, die im Mai 2018 nach Angaben des Gesundheitsministeriums der Hamas in Gaza bei Zusammenstößen zwischen Zehntausenden Demonstranten an der Grenze und israelischen Grenzsoldaten zu Tode kamen. Israel beschuldigte die Hamas, die Proteste geschürt zu haben, um eigene Terroranschläge zu verschleiern. Tatsächlich erklärte der Hamas-Sprecher Salah

Bardawil, fünfzig der zweiundsechzig Getöteten seien Mitglieder seiner Organisation gewesen. So schrecklich es für uns, die wir zuschauten, auch aussah, könnte der Schein somit getrogen haben. Denn möglicherweise handelte es sich gar nicht um eine Demonstration von Zivilisten, sondern um einen organisierten Angriff der Hamas. Unabhängig davon, welche Version nun stimmt, lag die Zahl der Toten dennoch erschreckend hoch, und viele, die in den Nachrichten von den Zusammenstößen erfuhren, waren zutiefst erschüttert. Es folgte reichlich Kritik, die teilweise unfair, in Bezug auf die hohe Zahl der Todesopfer aber auch gerechtfertigt war. In Israel und im Ausland wurde die Frage laut, ob die israelischen Verteidigungsstreitkräfte nicht zurückhaltender hätten agieren können.

UN-Resolutionen gegen Israel

Die Vereinten Nationen haben Israel öfter eine Rüge ausgesprochen als anderen Ländern, die sich zum Teil schlimmere Menschenrechtsverstöße zu Schulden kommen lassen, zum Beispiel Syrien, Myanmar, Sudan, Nepal oder Pakistan. Seit 2003 haben die Vereinten Nationen 232 Resolutionen zu Israel verabschiedet, das sind 40 Prozent aller Resolutionen in diesem Zeitraum und mehr als sechsmal so viele wie zum Sudan, der den zweiten Platz belegt.

Warum wurde Israel so oft gerügt? Steckt Antisemitismus dahinter? Um diese Frage zu beantworten, müssen wir uns ansehen, was Israel genau vorgeworfen wurde.

Immer wieder geht es um die Siedlungen in den besetzten Palästinensergebieten, die viele Israelis genauso ablehnen wie Kritiker außerhalb Israels. Ihnen missfällt auch der Ton, den »Siedler« in Interviews oft anschlagen, wenn sie ihre vermeintlichen Rechte »verteidigen«. Bei vielen handelt es sich offenbar um fundamentalistische Juden, die die »biblischen Gebiete Judäa und Samaria« für sich beanspruchen, die nach internationalen Vereinbarungen nicht vollständig zum modernen Israel gehören. In der Bibel sind das im Norden das Königreich Israel mit der Hauptstadt Samaria und im Süden das Königreich Juda. Die meisten Israelis verwenden diese Bezeichnungen nicht, sondern sprechen von den »besetzten Gebieten« oder vom »Westjordanland«.

Die Vertragsparteien des vierten Genfer Abkommens, zahllose UN-Resolutionen, der Internationale Gerichtshof und andere Institutionen haben entschieden, dass die Ansiedlung israelischer Zivilisten in Gebieten, die als besetzt gelten, einschließlich Ostjerusalem, rechtswidrig ist. Israel bestreitet, dass das Westjordanland und insbesondere Ostjerusalem nach dem Völkerrecht besetzte Gebiete sind, findet mit seiner Auffassung international aber keine Unterstützung. Auch in der politischen Linken Israels lehnen viele die Siedlungen ab, weil deren Förderung und Verteidigung durch die israelische Regierung jeden Fortschritt im Friedensprozess verhindern. Die Siedlungen und die besetzten Gebiete sind der Grund dafür, dass die meisten Länder ihre Botschaften in Tel Aviv und nicht in Jerusalem haben. Deshalb war die Entscheidung von US-Präsident Trump, die amerikanische Botschaft nach Jerusalem zu verlegen, auch so umstritten. De facto gestand er damit den Israelis das Recht zu, Jerusalem – also ganz Jerusalem – zur Hauptstadt des Staates Israel zu machen.

Kaum jemand würde einem Land das Recht absprechen, selbst über seine Hauptstadt zu entschieden. Doch dass man in Teilen Ostjerusalems Araber zum Verkauf ihrer Grundstücke zwingt, nur um diese anschließend an jüdische Siedler zu vergeben, verschärft die Spannungen weiter. Umsiedlungen von Arabern finden unter anderem in Scheich Dscharrah statt, einem Viertel Ostjerusalems, das die Israelis 1967 erobert hatten. Lange Zeit wertete das US-Außenministerium dieses Vorgehen Israels als Verstoß gegen seine Verpflichtungen nach der Roadmap für den Frieden.[35] Doch im November 2019 wandte sich die Regierung unter Präsident Trump von dieser Haltung ab und erklärte, dass die Siedlungen nicht gegen internationales Recht verstießen.[36]

Viele linksgerichtete Kräfte in Israel betonen, dass man mit den Zwangsräumungen und der Übernahme Ostjerusalems die Chance auf Frieden mit den Palästinensern auf die lange Bank schiebt. Moderate und linke Israelis sprechen sich offen dafür aus, die »Siedlungen« zu räumen und die besetzten Gebiete zurückzugeben. Seit die Friedensverhandlungen zum Stillstand gekommen sind, ist die israelische Regierung aber nicht zu weiteren Zugeständnissen bereit. Unterdessen haben in den »Siedlungen« des Westjordanlands Juden das Recht, an israelischen Wahlen teilzunehmen – obwohl das Gebiet »besetzt« ist und somit eigentlich nicht zu Israel gehört –, während die Araber in den Nachbardörfern nicht wählen dürfen.

In Israel und im Ausland wird diese Ungleichheit ausgiebig kritisiert. Kritik an Israel wegen der Ungleichbehandlung und dem unterschiedlichen Rechtsstatus von Juden und Arabern im Westjordanland halte ich nicht für antisemitisch. Es ist auch nicht antisemitisch, wenn man die Vertreibung arabischer Familien in Ostjerusalem anprangert. Antisemitisch könnte es sein, wenn man diese Kritik äußert, ohne sie auch für andere Staaten mit noch schlimmeren Menschenrechtsverstößen gelten zu lassen, oder wenn der Ton so schrill ist, dass er eine vernünftige Debatte, das Verständnis des Kontextes oder Gegenargumente übertönt. Unzweifelhaft antisemitisch ist der Versuch, den Staat Israel in Bausch und Bogen schlechtzumachen.

Zu fairer Kritik gehört, dass man auch China wegen der Umerziehungslager für Muslime in der Provinz Xinjang verurteilt, die viel mehr Empörung auslösen müssten, als es der Fall ist. Oder Myanmar für die Vertreibung muslimischer Rohingya. Oder Australien, wo Asylsuchende – darunter, entgegen der UNO-Kinderrechtskonvention, auch Kinder – monatelang festgehalten und ihrer Freiheit beraubt werden, häufig in Internierungslagern in völlig abgelegenen Teilen des Landes. Und so weiter. Hier ist mehr Ausgewogenheit gefordert, mehr Bereitschaft, Menschenrechtsverletzungen weltweit zur Kenntnis zu nehmen und zu verstehen, dass das moralisch verwerfliche Vorgehen der israelischen Regierung nur einer von vielen empörenden Missständen auf dieser Welt ist.

Ohne internationalen Vergleichsmaßstab ist Kritik an Israel daher inakzeptabel. Wenn die BDS-Bewegung Israel ohne gründliches Nachdenken schlechtmacht, so ist das unfair und unter Umständen antisemitisch. Wer so etwas tut, muss sich nach seinen Motiven fragen lassen. Mitleid mit den Palästinensern und ihrem Schicksal reicht nicht aus. Richtet sich die Kritik ausschließlich gegen Israel, nicht aber gegen andere Staaten, lässt das aufhorchen, denn wer nur den jüdischen Staat mit Kritik überzieht, obwohl anderswo noch viel schlimmere Menschenrechtsverletzungen zu beklagen sind, legt einen gewissen Antisemitismus an den Tag.

Der Umgang mit den palästinensischen Arabern

In Israel arbeiten gut ausgebildete palästinensisch-arabische Fachkräfte, und in den größten israelischen Krankenhäusern und im öffentlichen Dienst sind viele arabische Israelis als Ärztinnen und Ärzte beschäftigt. Doch echte Gleichberechtigung herrscht so gut wie nirgends.

Human Rights Watch zufolge unterhält Israel in den von ihm verwalteten Abschnitten der besetzten Palästinensergebiete ein »zweistufiges« Rechtssystem: Den Israelis in den Siedlungen der besetzten Gebiete stehen bessere staatliche Dienste und Sozialleistungen zu als den Arabern, die nicht dem Zivilrecht, sondern dem Militärrecht unterstehen.[37] Das entspricht den Tatsachen, und wenn Human Rights Watch darauf hinweist, ist das nicht antisemitisch, sondern legitime Kritik an der israelischen Politik. Die israelischen Behörden geben ja selbst zu, dass sie Palästinenser und Israelis unterschiedlich behandeln, etwa mit jeweils eigenen Straßen und Kontrollpunkten für Palästinenser; zu ihrer Verteidigung führen sie an, die Maßnahmen seien notwendig, um Israelis vor Angriffen durch bewaffnete Palästinensergruppen zu schützen.

Auch der Vorwurf des Rassismus und der Diskriminierung von Minderheiten, der innerhalb und außerhalb Israels laut wird, ist nicht antisemitisch. Ein Großteil dieser Kritik wird von der israelischen Regierung achselzuckend hingenommen. Die regierungseigene Or-Kommission (die nach zivilen Unruhen zu Beginn der zweiten Intifada im Jahr 2000 eingesetzt wurde) und das US-Außenministerium haben allerdings Berichte veröffentlicht, die Rassismus und die Diskriminierung einzelner Gruppen mit anderer Hautfarbe oder Ethnie in Israel dokumentieren.[38]

Eine von der israelischen Justizverwaltung und der Anwaltskammer beauftragte Studie wies nach, dass arabische Israelis, denen bestimmte Verbrechen zur Last gelegt werden, eher verurteilt werden als ihre jüdischen Mitbürger und im Falle einer Verurteilung auch eher eine Haftstrafe erhalten.[39] Das ist eindeutig diskriminierend, und dies anzuprangern ist völlig legitim.

Auch die mangelnde Durchsetzung der israelischen Antidiskriminierungsgesetze im Arbeitsrecht ist unstreitig und der Hinweis darauf nicht antisemitisch. Eine Koalition aus neun israelischen Bürgerrechtsgruppierungen prangerte an, dass Unternehmen ungestraft ihre Firmenpolitik kundtun dürfen, die darin besteht, dass sie jüdische, aber keine arabischen Israelis einstellen. Die Bürgerrechtler, die die inoffizielle Politik, Israel jüdischer zu machen, ablehnen, haben das völlig zu Recht kritisiert.[40]

Die Diskussion darüber, ob Kritik an Israel und der Politik seiner Regierung grundsätzlich als antisemitisch zu betrachten sei, ist kompliziert und extrem aufgeladen. Wie wir gesehen haben, sind viele Vorwürfe völlig gerechtfertigt, vorausgesetzt, die Kritik richtet sich tatsächlich gegen die Politik. Manchmal schwingen allerdings antisemitische Untertöne zumindest mit. Wenn jahrhundertealte judenfeindliche Lügen bemüht werden – die Ritualmordlegende, die *Protokolle der Weisen von Zion* –, kann das nur als antisemitisch eingestuft werden. Zielt Kritik immer und ausschließlich auf Israel und kein anderes Land, liegt die Frage nahe, warum Israel so viel Hass auf sich zieht. Steckt Antisemitismus dahinter? Die BDS-Bewegung, die alles Israelische verunglimpft, ist ein Beispiel dafür. Ein anderes ist das Bemühen extremer Begriffe wie »Apartheid«, »Völkermord« und »ethnische Säuberung« im Zusammenhang mit der israelischen Regierung. Abgesehen davon, dass die Vorwürfe nicht stimmen, rufen sie bei Juden grauenhafte Erinnerungen wach, nachdem so viele Juden im Holocaust ethnischer Säuberung und Völkermord zum Opfer fielen.

Auch wenn man es in der israelischen Führung nicht gern zugibt, kommt Kritik an ihrer Politik von Juden und Nichtjuden gleichermaßen, so auch von Organisationen wie dem New Israel Fund, den Teile der israelischen Rechten gern zum

Schweigen bringen würden. Vertreter des New Israel Fund wie auch anderer israelischer Institutionen, seien es Universitäten, Think-Tanks oder nichtstaatliche Organisationen, lieben Israel und leben dort, halten aber Kritik nicht nur für angemessen, sondern auch für gerechtfertigt. Viele der leidenschaftlichsten Kritiker Israels sind selbst Juden. Natürlich verteidigen sie das israelische Existenzrecht und sind stolz auf das »mutige kleine Israel«, wie es 1976 hieß, als eine israelische Eliteeinheit in Entebbe in einer kühnen Rettungsaktion mehr als hundert von palästinensischen und deutschen Terroristen entführte Geiseln befreiten. Alle Kritiker sind auch stolz auf das Erreichte. Doch sie ärgern sich über Versuche aus der israelischen Regierung oder der Zivilgesellschaft, Kritik an Israel – komme sie aus dem Inland oder dem Ausland, sei sie gerechtfertigt oder nicht – grundsätzlich zu unterdrücken.

Dass es schlicht lächerlich ist, allen Juden die Politik des Staates Israel vorzuwerfen, liegt ja auf der Hand: Juden sprechen nicht mit einer Stimme, weder in Israel noch anderswo. Der alte jüdische Spruch »Zwei Juden, drei Meinungen« ist kein Witz, die Vielfalt der Haltungen eine Tatsache.

Israel ist ein bewundernswert kreatives Land mit erstaunlicher kultureller und kulinarischer Kreativität, einer bunten Schwulenszene, einer lebendigen intellektuellen Landschaft, einem vielfältigen religiösen Leben und außergewöhnlicher wissenschaftlicher und technologischer Innovationskraft. Doch es hat seit vielen Jahren (und nichts deutet darauf hin, dass sich daran etwas ändert) eine Regierung, die Ängste schürt, den religiösen Rechten nach dem Mund redet und gleichzeitig gegen alle Vernunft behauptet, für das gesamte jüdische Volk zu sprechen, eine Regierung, die Asylsuchende und erst recht die Palästinenser im Westjordanland und im Gazastreifen schlecht behandelt. Für wie gravierend man diese Vorwürfe hält, hängt vom Standpunkt ab. Wie in vielen Ländern gibt es in Israel Gutes und Schlechtes, aber bemerkenswert ist doch, dass das »mutige kleine Israel« die Jahrzehnte überdauert hat. Nun hat Israel die Aufgabe, Frieden mit seinen Nachbarn zu schließen, sich in der gesamten Welt wieder Achtung zu verschaffen, Freunde nicht zu verprellen und Feinde davon zu überzeugen, dass das Land Bestand haben wird und Frieden will. Ob ich das noch erleben werde? Ich bezweifle es, aber es sind schon merkwürdigere Dinge geschehen.

Übergriffe in Europa: Wer ist schuld?

Im März 2012 wurden vor der Ozar Hatorah-Schule in Toulouse Rabbi Jonathan Sandler und drei Kinder, zwei von ihnen seine eigenen, erschossen; bei Anschlägen auf Soldaten kamen weitere drei Menschen ums Leben. Zunächst hieß es, der Mörder sei ein geistesgestörter Neonazi und Einzeltäter. Doch neun Tage später ging bei einer France-24-Journalistin ein Bekenneranruf ein; der Anrufer gab an, er habe Verbindungen zu Al-Qaida, protestiere gegen das gesetzliche Verschleierungsverbot in Frankreich und habe sich an der französischen Armee für den Einsatz in Afghanistan und an den Israelis für die Ermordung palästinensischer Kinder rächen wollen. Als die Polizei den verantwortlichen Mann Mohammed Merah stellte, war er schwer bewaffnet. Radikalisiert hatte ihn der Al-Qaida-Führer Al-Sawahiri. Al-Sawahiri hasst Frankreich. Merah hasst Juden. Eine fatale Mischung.

Zwei Jahre später, im Sommer 2014, flogen Molotowcocktails in die Bergische Synagoge in Wuppertal, die 1938 in der »Kristallnacht« zerstört worden war. In Berlin rief unterdessen der Gastimam Abdallah Khalid Ismail, genannt »Abu Bilal«, Allah an: »Oh Gott, übernimm die Angelegenheit der zionistischen Juden [...]! Verringere ihre Zahl und töte sie, einen nach dem anderen!«[41]

Wissenschaftler und Vorsitzende jüdischer Gemeinden sahen in den Übergriffen damals mehr als nur eine Reaktion auf den Gaza-Konflikt. Drohungen, Hetze und Gewalt waren Ausdruck eines tieferen und umfassenderen Antisemitismus, der in Deutschland nun seit mehr als einem Jahrzehnt um sich greift. Zum Teil geht dieser Antisemitismus von Muslimen aus, zum Teil auch vom rechtsextremen Flügel des politischen Spektrums, wie der Aufstieg der AfD deutlich macht. »Dies sind [in Deutschland] die schlimmsten Zeiten seit dem Nationalsozialismus«, sagte der damalige Präsident des Zentralrats der Juden Dieter Graumann in Deutschland gegenüber dem *Guardian*.

> Auf der Straße hört man Sätze wie »Man sollte die Juden vergasen«, »Man sollte die Juden verbrennen« – so etwas gab es bei uns in Deutschland seit Jahrzehnten nicht mehr. Wer solche Sprüche von sich gibt, äußert keine Kri-

> tik an Israel, das ist reiner Hass gegen Juden, nichts anderes. Und es ist nicht nur ein deutsches Phänomen. Dieser Hass gegen Juden zeigt sich so intensiv, dass er nicht zu übersehen ist.[42]

Dem nordrhein-westfälischen Ministerpräsidenten Armin Laschet zufolge nehme Antisemitismus zwar in der ultrarechten Szene und unter muslimischen Migranten in Deutschland gleichermaßen zu, die größere Bedrohung gehe jedoch von Rechtsextremisten aus.[43] Der rechtspopulistischen AfD wird vorgeworfen, Hass gegen Flüchtlinge, Muslime und Juden zu schüren, und immerhin sagte der Ehrenvorsitzende Alexander Gauland: »Hitler und die Nazis sind nur ein Vogelschiss in über tausend Jahren erfolgreicher deutscher Geschichte«.[44] Zahlen belegen eindeutig, dass in Deutschland Gewalt gegen Juden in der Mehrheit von Rechtsextremen begangen wird. »Militante Rechtsextreme rufen heute offen zur Entweihung jüdischer Institutionen und zu Anschlägen gegen Juden auf«, so die Linken-Bundestagsabgeordnete Petra Pau gegenüber dem britischen *Guardian*. Immer mehr Menschen »leugnen den Holocaust und betreiben antisemitische Agitation«.[45]

Im Sommer 2018 bildete Chemnitz das Epizentrum erbitterter Zusammenstöße zwischen einwandererfeindlichen Protesten und Gegendemonstrationen. Nachdem der fünfunddreißig Jahre alte Deutsch-Kubaner Daniel Hillig erstochen und ein Iraker und ein Syrer festgenommen worden waren, marschierten Tausende durch die Straßen. Die Proteste richteten sich vor allem gegen Angela Merkels Umgang mit der Flüchtlingskrise 2015, Rechtsextreme demonstrierten gegen Einwanderung nach Deutschland. Außenminister Heiko Maas sprach auf Twitter den Gegendemonstranten seine Unterstützung aus: »Vor 79 Jahren begann der 2. Weltkrieg. Deutschland brachte unvorstellbares Leid über Europa. Wenn heute wieder Menschen mit Hitlergruß durch die Straßen ziehen, bleibt unsere Geschichte Mahnung und Auftrag, entschlossen für Demokratie einzutreten.«[46] Die Stimmung war aufgeheizt.

Die Bürgermeisterin von Chemnitz Barbara Ludwig verurteilte die rechtsextremen Demonstrationen und forderte ihre Landsleute auf, ihre Ressentiments gegen Migranten zu überwinden. Man dürfe es nicht zulassen, dass rechtsextremes Gedankengut den Rechtsstaat unterwandere.[47]

Doch die in Sachsen nach der CDU zweitstärkste AfD sympathisierte mit der fremdenfeindlichen Ausrichtung der Demonstranten. Die Partei trägt auch stark antisemitische Züge. Jan Riebe von der antirassistischen und antiextremistischen Amadeu Antonio Stiftung, der die AfD eingehend untersuchte, fasste die Situation in einem Interview folgendermaßen zusammen:

> Die AfD ist keine genuin antisemitische Partei. Das würde bedeuten, dass Antisemitismus die ideologische Klammer wäre, die die Partei zusammenhält, das ist nicht der Fall. Aber in der AfD sind sehr viele Personen vertreten, die antisemitische Vorstellungen haben, bis hin zu Leuten, die ein antisemitisches Weltbild haben, also glauben,

> dass Juden für alles Schlechte in der Welt als Strippenzieher verantwortlich sind. […] Man findet immer wieder von AfD-Mitgliedern im Netz eindeutig antisemitische Äußerungen, zum Beispiel auch auf Facebook. […] Aktuell ist es in der AfD auch beliebt, Juden generell oder Einzelne verantwortlich zu machen für die Migration nach Europa, für Flüchtlinge, die nach Europa kommen. Dies sei der Plan von Juden, heißt es. Es finden sich immer wieder altbekannte antisemitische Stereotypen, die aktualisiert in der AfD auftreten.[48]

Die Beispiele setzen sich fort und beunruhigen, vor allem, wenn man die Wahlerfolge der AfD betrachtet, die mittlerweile eine etablierte politische Kraft ist. Vor dem Hintergrund der deutschen Geschichte wirkt das umso bedrohlicher, denn obwohl allen Deutschen der Holocaust in der Schule vermittelt wird, verhindert dieses Wissen über die jüngere deutsche Geschichte offenbar nicht stereotype antisemitische Ansichten.

Antisemitismus von rechtsextremer Seite nimmt derzeit also zu, und auch der islamische Antisemitismus ist ein echtes Problem, häufig in denselben europäischen Ländern, besonders in Frankreich und Deutschland. Überall auf der Welt wird in einzelnen Moscheen Hass gepredigt, besonders gegen den Staat Israel. Viele Moscheen pflegen allerdings auch enge Beziehungen zu Synagogen, und oft sind Muslime die Ersten, die Antisemitismus und antisemitische Übergriffe verurteilen.

Nationalismen

Ein häufig geäußerter Vorwurf lautet, Juden hätten Loyalitätskonflikte und seien keine richtigen Briten, Deutschen oder Amerikaner. Vor diesem Hintergrund fanden viele Juden (und andere) es recht befremdlich, als die damalige Premierministerin Theresa May auf dem Parteitag der Konservativen 2016 sagte: »Wer meint, er sei ein Weltbürger, ist ein Bürger von Nirgendwo. Er begreift nicht, was das Wort ›Staatsbürgerschaft‹ bedeutet.«

Der politische Korrespondent der *Financial Times* Henry Mance verwies daraufhin in einem Tweet auf einen in seiner Zeitung erschienenen Leserbrief des Londoners Jem Eskenazi, eines »selbsterklärten Weltbürgers«:

> Wer auch nur einen Hauch von Intelligenz besitzt, begreift, dass Klimawandel, Umweltverschmutzung oder Epidemien keine Grenzen kennen, dass sich extreme Armut in einer Region auf die Stabilität der ganzen Welt auswirkt, dass Terrorismus ein globales Problem ist, das globale Lösungen erfordert, dass [Kriege] nicht von Weltbürgern, sondern von engstirnigen Menschen angezettelt werden, die blind an ihre eigene Überlegenheit glauben, dass einige der hellsten Köpfe einer Gesellschaft Nachkommen von Einwanderern und Flüchtlingen sind. Ich begreife sehr gut, was Staatsbürgerschaft bedeutet, Mrs. May. Es bedeutet, die Interessen der eigenen Familie, der Nachbarschaft, der Stadt, des Landes und der Welt ins Gleichgewicht zu bringen.[49]

Eskenazi fügte hinzu, fast die Hälfte der britischen Bevölkerung stimme der Aussage zu, dass sie eher »Weltbürger« als Bürger ihres Landes seien: »Sie haben behauptet, wir seien Bürger von Nirgendwo. Und so etwas kommt von der Kanzel, von der gepredigt wird: ›Ein Land, das für alle da ist‹«.[50]

Theresa May begriff möglicherweise nicht, dass in ihren Worten ein Negativbild des Weltbürgertums mitschwang, das auf den antisemitischen Diskurs im Russland und im Deutschland des 19. Jahrhunderts zurückgeht. Als damals der »wurzellose Jude« als »kosmopolitischer« Bürger von »Nirgendwo« dargestellt wurde, war das wiederum ein Rückgriff auf die alte Legende vom »wandernden Juden«. Wie die Ritualmordlegende tauchte auch diese in England erstmals 1228 in der Weltchronik des Roger von Wendover auf, in einer Geschichte mit dem Titel »Of the Jew Joseph who is still alive awaiting the last coming of Christ«. Von dort aus breitete sich der Mythos immer weiter aus. Auf Deutsch und Russisch ist die entsprechende Figur als »Der Ewige Jude« bekannt, im französischen als *»le juif errant«*, »der wandernde Jude«. Doch die Legende entstand, soweit wir wissen, lange vor Roger von Wendover. Denn schon im Jahr 400 schrieb Aurelius Prudentius Clemens in seiner *Apotheose*:

> Unstet vertrieben, bald hier, bald dort, eilt flüchtig der Jude, / Und aus des Vaterlands Sitzen durch Gottes Fügung gestossen. / Duldet er Strafe für Mord, und bespritzt vom heiligen Blute / Christi, den er verwarf, muss nun das Verbrochne er büssen.[51]

Unmittelbar nach dem Holocaust, Mitte des 20. Jahrhunderts, bezog sich der Begriff des »wandernden Juden« überwiegend auf jüdische Intellektuelle, denen es angeblich an Patriotismus und Identifikation mangelte. Der »moderne« Feldzug gegen sogenannte »wurzellose Kosmopoliten« begann 1946 in der Sowjetunion, als Josef Stalin im Vorfeld seiner antisemitischen Kampagne 1948 bis 1953 auch Hatz auf schreibende ethnische Juden machte.

Stalins Kampagne gipfelte nach fünf Jahren in der »Aufdeckung« einer frei erfundenen »Ärzteverschwörung«. Neun Ärzte aus Moskau, darunter mindestens sechs Juden, wurden beschuldigt, sich im Auftrag der USA, Großbritanniens und im Interesse der internationalen jüdischen Gemeinschaft zur Ermordung sowjetischer Spitzenpolitiker – ihrer Patienten – verschworen zu haben. Alle Ärzte, so die Staatsmedien jener Zeit, hätten ihre Schuld eingestanden. In der Folge erschienen antisemitische Artikel, die über Gefahren von Seiten des Zionismus berichteten und Menschen jüdischen Namens pauschal verurteilten. Viele Ärzte, Beamte und andere mehr, Juden und Nichtjuden gleichermaßen, wurden entlassen und verhaftet. Wenige Wochen nach Stalins Tod gab die neue sowjetische Führung bekannt, man habe keine Beweise ausmachen können und stelle die Gerichtsverfahren ein. Bald darauf hieß es, die Vorwürfe seien erfunden worden.

Der Ausdruck »wurzelloser Kosmopolit« stammte tatsächlich aus Russland. Geprägt hatte ihn im 19. Jahrhundert der Literaturkritiker Wissarion Belinski, »um Schriftsteller [...] zu kennzeichnen, denen es an Nationalcharakter mangele«.[52] Unter Stalin wurde dieser Vorwurf wiederbelebt. Die russische Satirezeitschrift *Krokodil* veröffentlichte im März 1949 eine Karikatur vom »wurzellosen Kosmopoliten«, einem reisenden Schriftsteller mit überzeichneten jüdischen Gesichtszügen. Er wird abfällig als »ausweisloser Vagabund« bezeichnet, und das Schreiben ist für ihn offenbar eine Waffe, denn er trägt den Füller wie ein Messer im Gürtel, auf dem Tintenfässchen prangt warnend ein Totenkopf. Dieser »kosmopolitische« Schriftsteller mit seinem unpassenden Mix aus europäischen und amerikanischen Kleidungsstücken wird als Bedrohung für die einheimische Bevölkerung dargestellt, als Beleidigung der russischen Kunst und Kultur. Unter der Karikatur steht ein Zitat von Belinski: »Ich gebe zu, dass ich die gleichgültigen Skeptiker, die abstrakten Denker, die ausweislosen Vagabunden jämmerlich und unangenehm finde.«[53]

Kein Wunder, dass viele Jüdinnen und Juden entsetzt waren von Theresa Mays Worten. Und was soll das überhaupt sein, ein jüdischer Weltbürger ohne Wurzeln? Solche Identitätsfragen sind immer kompliziert. Da es zwischen dem Jahr 70 und 1948 keinen jüdischen Staat gab, waren Juden loyale Staatsbürger oder Untertanen des Landes, in dem sie lebten. Manchmal ließen sie es an Loyalität missen, weil sie diskriminiert wurden, und manchmal – bis ins 19. Jahrhundert allzu oft – waren sie nicht einmal Bürger, weil ihnen die vollen Bürgerrechte vorenthalten wurden. Doch als in weiten Teilen Europas Juden diese Rechte erhielten, erwiesen sie sich auch als außergewöhnlich loyale Bürgerinnen und Bürger.

Das verhinderte freilich nicht, dass an dieser Loyalität immer wieder gezweifelt wurde. So hieß es im NS-Staat immer wieder, die deutschen Juden hätten im Ersten Weltkrieg nicht als Freiwillige gekämpft. Doch das war, wie das meiste, was die Nationalsozialisten von sich gaben, eine Lüge.

Schätzungsweise 100 000 deutsche Juden dienten im Ersten Weltkrieg im Deutschen Heer. 18 000 erhielten das Eiserne Kreuz, darunter auch mein Großvater. Von den 100 000 Juden im Heer kämpften 70 000 an vorderster Front, 12 000 fielen, und 3000 wurden in einen Offiziersrang befördert, allerdings grundsätzlich nur als Reserveoffiziere. Es ist traurig: Obwohl sich so viele Juden in Deutschland freiwillig gemeldet hatten, warf man ihnen mangelnde Loyalität vor.

Im Jahr 1916 ließ der deutsche Generalstab eine »Judenzählung« durchführen, um festzustellen, wie viele Juden an der Front kämpften. Anschließend wurden gefälschte Ergebnisse veröffentlicht, die belegen sollten, dass die Juden Drückeberger waren. Dabei hätte die Zählung bewiesen, dass 80 Prozent aller jüdischen Soldaten an der Front dienten und damit einen höheren Anteil stellten als die übrige Bevölkerung. Das tatsächliche Ergebnis der Zählung wurde jedoch der deutschen Öffentlichkeit vorenthalten. Viele deutsch-jüdische Soldaten waren empört über diese Zählung. Denn auch sie hatten starke patriotische Gefühle für Deutschland: Sie waren nicht Bürger der Welt, sondern ihres Landes. Leider nicht lange.

Hinter dem Begriff des »wurzellosen Kosmopoliten« steht die Vorstellung, dass Juden keine loyalen Bürger, keine echten Britinnen, Deutschen, Russinnen oder Franzosen seien, sondern »Weltbürger, die die Weltherrschaft anstreben«. Diese Lüge verbreiteten auch die gefälschten *Protokolle der Weisen von Zion*.

Nehmen wir nur ein Beispiel von buchstäblich Tausenden Websites, auf denen behauptet wird, dass die Juden die Weltherrschaft übernehmen wollen, gefunden mit einer raschen Google-Suche. Die sogenannten »Real Jew News« werden angeblich von einem gebürtigen Juden verbreitet, der sich Bruder Nathanael Kapner nennt. Er behauptet, dass »Juden die Welt beherrschen«, und seine »Nachrichten« werden gern kopiert. Dies ist nur ein Auszug aus seiner »Wahrheit«:

> 1649: Juden finanzieren Cromwell, der Karl I. köpfen lässt. Cromwell revanchiert sich, indem er den Juden die Rückkehr nach England erlaubt. […]
>
> 1697: Die London Stock Exchange wird zur weltweit größten Börse. Zwölf leitende Posten sind ausschließlich für Juden reserviert.
>
> 1750: Der Jude Mayer Amschel Rothschild wird oberster Geldverleiher des Königshauses. […]
>
> 1848: Juden verlangen mithilfe des *Kommunistischen Manifests*, verfasst vom Rothschild-Agenten Karl Marx, dass ihnen die Nichtjuden ihr Eigentum überlassen.

1890: Die größte Munitionsfabrik der Welt *Vickers* wird von den Rothschilds gegründet. Die Bühne ist bereit, und die Rothschilds können den Ersten Weltkrieg und alle künftigen Kriege lostreten.

1906: Guglielmo Marconis Erfindung des Radios wird von dem Juden David Sarnoff vermarktet und übernommen. Sarnoff gründet in England die Marconi Company und in Amerika RCA. So nimmt die jüdische Macht über die Medien ihren Anfang.

1910: Überall in Europa übernehmen Juden die Finanzministerien. Louis Klotz wird Finanzminister in Frankreich, Michael Luzzati in Italien, Bernhard Dernburg in Deutschland, Rufus Isaacs in England und Djavid Bey in der Türkei. Alles Juden.[54]

Wie die anderen sogenannten »Fakten«, die Kapner hier anführt, entbehrt auch die letzte Behauptung jeder faktischen Grundlage. Von den genannten Finanzministern waren nicht alle Juden; einige hatten jüdische Vorfahren und alle unterschieden sich von ihrer Persönlichkeit grundlegend. Klotz, ein ausgesprochener Deutschlandfeind, leitete die Verhandlungen über die deutschen Reparationen nach dem Ersten Weltkrieg. Luigi Luzzatti, nicht Michael Luzzati, bekleidete das Amt des italienischen Finanzministers ein gutes Jahrzehnt vorher nur sehr kurz. Bernhard Dernburg war Protestant. Rufus Isaacs war nie Finanzminister, und Dschawid Beg kam aus einer Dönme-Familie, die nach außen hin zum Islam konvertiert war, insgeheim aber ihrem jüdischen Glauben treu blieb, was auf ihn allerdings nicht zutraf. Diese Ungenauigkeiten spielen deshalb eine Rolle, weil der angebliche »Fakt«, dass fünf jüdische Finanzminister nach 1910 in Europa »gemeinsame Sache« gemacht hätten, immer wieder im Internet und anderswo auftaucht und nie korrigiert wird.

Kapners Liste endet mit den Worten »Die Bühne ist bereit für die jüdische Weltherrschaft! Nur ein wiedererstarktes Christentum kann den Juden Einhalt gebieten!« Wenn Kapner nur ein einzelner Verschwörungstheoretiker auf Abwegen wäre. Doch leider hat er reichlich Gesellschaft. Im Internet finden sich Aberhunderte solcher Einträge, oft gepostet von White Supremacists, oft mit dem Anspruch auf christliche Vorherrschaft, und unzählige Menschen kaufen ihnen ihre Behauptungen ab.

Die Unterstellung, Juden seien gar keine richtigen Briten, Deutschen oder Franzosen, geht jedoch viel weiter zurück und führt nicht nur zu dem Vorwurf mangelnder Loyalität, sondern auch zu der Behauptung, dass Juden zu ihrem eigenen Vorteil Medien, Banken und Politik kontrollierten. Beide Anwürfe waren auch ein zentraler Bestandteil der NS-Ideologie. Erschütternd ist, dass Theorien über jüdische Macht und Weltherrschaft heute wieder dermaßen um sich greifen. Die Wahrheit spielt offenbar keine Rolle mehr, und so können Verschwörungstheorien schwären und blühen. Nach einer Umfrage in Großbritannien im Dezember 2018 empfinden es 95 Prozent der jüdischen Bevölkerung als antisemitisch, wenn sie nicht als britische Staatsangehörige betrachtet werden.[55] Zutiefst beunruhigend und mit Sicherheit antisemitisch ist aber auch der im Netz immer wieder kolportierte Vorwurf der Illoyalität und der Konspiration gegen nationale Interessen.

Geld und Medien

Immer wieder wurde Juden im Lauf der Geschichte unterstellt, dass sie Märkte und Banken kontrollierten. Tatsächlich betätigten sich Juden im Europa des christlichen Mittelalters als Geldverleiher. Das lag daran, dass ihnen die christliche Gesetzgebung Ackerbau und Landbesitz untersagte und sie auch in die Handwerksgilden nicht aufgenommen wurden. Landesfürsten und Kirchenvertreter verwehrten ihnen den Zugang zu vielen Berufen und drängten sie in randständige, gesellschaftlich wenig geachtete Tätigkeiten wie das Eintreiben von Steuern und Pachten oder das Verleihen von Geld. Man tolerierte sie als »notwendiges Übel«. Juden betrieben den Geldverleih, weil ihnen kaum andere Tätigkeiten offenstanden.

Das Einnehmen von Zinsen, auch als »Zinswucher« bekannt, wurde von den christlichen Kirchen verboten. Dazu gehörte auch das Berechnen von Gebühren wie etwa beim Geldwechsel. Das Verbot leitet sich aus der Torah ab:

> Du sollst nicht nehmen von deinem Bruder Zins an Geld, Zins an Speise, Zins an irgend einer Sache, die verzinst werden kann. (5. Mose, 23:20)

> Von dem Ausländer magst du Zins nehmen, aber von deinem Bruder sollst du keinen Zins nehmen, auf dass dich segne HaSchem, dein Gott, in allem Geschäft deiner Hand, auf dem Land, dahin du kommst, es einzunehmen. (5. Mose, 23:21)[56]

Schon den Israeliten war somit untersagt, für Geld, das sie anderen Israeliten liehen, Zinsen zu nehmen. Für Transaktionen mit Nichtisraeliten durften sie jedoch Zinsen berechnen, da sie für Geschäfte zwischen Israeliten, die über eine dritte, nichtisraelitische Partei liefen, erlaubt waren. Schulden machte man somit nur, wenn es nicht anders ging, nie aber für den Kauf von Verbrauchsgütern.

Die Interpretation, dass sie Nichtisraeliten Zinsen berechnen durften, eröffnete Juden im 14. Jahrhundert in den christlichen Gesellschaften Europas die Möglichkeit, gewinnorientierten Geldverleih zu betreiben. Die Vorschriften gegen Zinswucher im Judentum wie im Christentum ließen sich so umgehen: Die Juden konnten den Christen Geld leihen, und Christen beteiligten sich nicht am Geldverleih, konnten aber Darlehen aufnehmen.

Fortan schmähte man die Juden gern als unverschämte, gierige Wucherer – im Englischen bedeutet *to jew* oder *to jew someone down* hart und unfair zu verhandeln –, und als Mitte des 14. Jahrhunderts der Schwarze Tod in Europa wütete und mehr als die Hälfte der Bevölkerung dahinraffte, machte man die Juden zu Sündenböcken, was wohl auch damit zusammenhängt, dass viele Nichtjuden ihnen Geld schuldeten.

Juden, so hieß es, verbreiteten die Pest, indem sie absichtlich Brunnen vergifteten. Hunderte jüdischer Gemeinden fielen der Zerstörung anheim, 1348 wurden in Straßburg, noch bevor die Pest die Stadt überhaupt erreicht hatte, 900 Juden verbrannt. Papst Clemens VI. verurteilte die Gewalt und ließ in einer Bulle verkünden, wer den Juden die Schuld an der Pest gebe, sei von »jenem Lügner, dem Teufel, verführt« worden.[57]

Kirchengesetze, die die Juden in ihren beruflichen Möglichkeiten einschränkten, hatte es seit dem Ersten Kreuzzug gegeben. Da überrascht es nicht, wenn man liest, dass ihnen das Vierte Laterankonzil im Jahr 1215 »schwere und unmäßige Zinsen« verbot. Juden und Muslime müssten sich außerdem in der Kleidung von Christen unterscheiden, damit sich Christen und Juden nicht »irrtümlich« miteinander einließen.[58]

Historisch ist somit nachvollziehbar, warum Juden Geldverleiher waren: Ihnen standen kaum andere Berufe offen. Trotzdem hat das frühe Bankwesen, wie wir es heute kennen, keine jüdischen Wurzeln, sondern ist vielmehr italienischer und katholischer Provenienz. Es geht auf die reichen italienischen Städte der Renaissance zurück, Florenz, Venedig und Genua; die bekannteste italienische Bank war die der Medici, wohl 1397 in Florenz gegründet von Giovanni de' Medici.

Nachdem sich die Haltung der Kirche zum Zins mit der Zeit gelockert hatte, gründeten christliche Familien auch anderswo Banken. Es waren vermutlich Marranen, also neuchristliche Konvertiten, die von der iberischen Halbinsel flohen, die im 16. Jahrhundert Methoden des europäischen Kapitalismus, des Bankwesens und sogar das Konzept der Staatsökonomie im Osmanischen Reich einführten.

In Großbritannien gründeten Ende des 18. Jahrhunderts zwei Einwandererfamilien, die Rothschilds und die Barings, Handelsbanken in London, die hundert Jahre lang das weltweite Bankwesen beherrschten. Die Familie Rothschild war jüdisch, die Familie Baring protestantisch, beide kamen aus Deutschland. Als im 19. Jahrhundert das Bankwesen weiter an Bedeutung gewann, stiegen auch andere ein, unter ihnen viele überwiegend deutsche Juden. Einige Banken wie die berühmten Häuser Lloyds und Barclays sowie die kleinere Spezialbank Fry and Gurney wurden auch von Quäkern gegründet. Die Behauptung, Juden »beherrschten« die Finanzwelt, stimmte weder damals noch heute. Sie ist antisemitisch und leitet sich aus Vorurteilen ohne faktische Grundlage ab. Danach ziehen gierige Juden im Finanzwesen die Strippen und müssen daher auch die Macht über die Banken haben.

Regelmäßig wird zudem kolportiert, Juden beherrschten die Medien. Zwar sind in Amerika tatsächlich viele Film- und Medienunternehmen im Besitz von Juden, aber es wäre einfach nur absurd, die zahlreichen anderen zu ignorieren, von Rupert Murdoch, Ted Turner und Silvio Berlusconi über die Hearst-Gruppe, die Familie Rothermere, die BBC und die Barclay-Brüder bis hin zur Verlagsgruppe Axel Springer, der Familie Bertelsmann und der *Guardian*-Gruppe. Die Behauptung, Juden kontrollierten die Medien, ist antisemitisch. Sie ist unwahr und beleidigend, und auch sie perpetuiert das Stereotyp einer mysteriösen jüdischen Weltverschwörung: Die Juden haben alles unter ihrer Kontrolle, schmieden weltumfassende Pläne, helfen sich gegenseitig. In Wahrheit bilden die zahlreichen Juden, die in der Medienwelt in einigen Ländern an verantwortlicher Position sind, durchaus keine Seilschaft, und viele von ihnen sind nur insofern Juden, als ihre Eltern oder Großeltern zufällig welche waren. Am jüdischen Gemeindeleben beteiligen sich die wenigsten, und ganz sicher haben sie sich, wie Alan Dershowitz es formuliert, nicht »verschworen, in ihren Arbeitsfeldern so etwas wie ›jüdische Macht‹ auszuüben«.[59]

Der katholische Autor James Carroll verweist darauf, dass die *New York Times* und die *Washington Post* zwar von Familien jüdischer Herkunft gegründet wurden, jedoch nie »besondere Mühen darauf verwendet haben, jüdische Ziele oder Werte zu vertreten. Die *New York Times* war in ihrer Berichterstattung über den Holocaust, gelinde gesagt, zurückhaltend und lehnte die Gründung Israels grundsätzlich ab. […] Noch heute übt sie ausgiebig Kritik an der israelischen Politik.« In seinem Artikel schildert Carroll auch, wie Kardinal Óscar Andrés Rodríguez Maradiaga, der bei der letzten Papstwahl knapp nicht zum Zuge kam, den »jüdisch kontrollierten Medien« (und besonders dem *Boston Globe*) die Schuld an dem Missbrauchsskandal gab, der 2002 die katholische Kirche in Boston erschütterte.[60]

Was Rodríguez Maradiaga nicht erwähnte, war, dass die jüdische Gemeinde von Boston dem damaligen Erzbischof

Bernard Law sehr nahe stand. Der hoch verehrte heutige Kardinal bemühte sich, zwischen den katholischen und jüdischen Gemeinden Bostons Brücken zu bauen. Die Kritiker aus Medien, Justiz und Politik, die besonders laut gegen die Kirche wetterten, waren keine Juden, sondern überwiegend Katholiken. Aber das interessierte Kardinal Rodríguez Maradiaga nicht weiter, denn er macht wie viele Antisemiten »die Juden« für sämtliche Probleme dieser Welt verantwortlich. Um noch einmal James Carroll zu zitieren: »Hören wir auf mit diesem Unsinn von der jüdischen Medienmacht, und loben wir die einzelnen Jüdinnen und Juden, die sich dank schwerer Arbeit und Begabung in so vielen Bereichen des amerikanischen Lebens etabliert haben. Ich dachte immer, das sei der Amerikanische Traum.«

Vergessen wir an dieser Stelle auch Folgendes nicht: Vorgeworfen wird den Juden die Macht über Medien, Banken und andere Bereiche, die von Landwirtschaft und Landbesitz unabhängig sind; daraus leitet sich auch die Vorstellung vom Juden als »wurzellosen Kosmopoliten« ab. Juden waren zwar aus historischen Gründen mehrheitlich nicht in der Landwirtschaft tätig, doch gab es in Europa und Lateinamerika ebenso wie in Israel durchaus Gegenbeispiele. Ich sage das als Enkelin eines Großvaters mütterlicherseits, der in Deutschland einen kleinen Winzerhof betrieb. Viele Juden hatten und haben stadtbezogene Qualifikationen. Als im Europa des 19. Jahrhunderts alle Berufe für sie geöffnet wurden, strömten sie in die Städte und gelangten dort zu Erfolg. Die osteuropäischen Juden, die im russischen Ansiedlungsrayon in der Landwirtschaft und in anderen Bereichen gearbeitet hatten, zeichneten sich durch Fertigkeiten aus, die eher ortsungebunden waren, spielten also zum Beispiel eher Saiteninstrumente als Klavier. Viele jüdische Familien sind sehr erfolgsorientiert. James Carroll verweist völlig zu Recht darauf, dass ihr Ehrgeiz und Erfolgsstreben dem großen Amerikanischen Traum entspricht. Wenn man Juden ihren Erfolg zum Vorwurf macht oder es ihnen ankreidet, dass sie im Zuge ihrer Arbeit auf Missstände hinweisen, sei es in der katholischen Kirche oder anderswo, ist das natürlich antisemitisch. Wenn jemand Juden, die über eine Krise in der katholischen Kirche berichten, abstraft, weil sie nicht genehme Nachrichten verbreiten, und ihnen dann auch noch vorwirft, die Medien zu kontrollieren, so zeugt das von einer mangelnden Bereitschaft, sich der Wahrheit zu stellen, und dem Hang, die Schuld bei anderen abzuladen, denen bereits jahrhundertealte Vorurteile anhaften. Falls allzu großer Erfolg von Juden kritikwürdig ist – und natürlich sind viele Juden in diesem Sinne nicht »erfolgreich« –, so stellt das den Grundsatz der Aufklärung in Frage, nach dem es der Mensch mit Bildung und persönlichem Einsatz im Leben zu etwas bringen sollte. Juden nutzen lediglich die Möglichkeiten, die ihnen zur Verfügung stehen, und messen wie manch andere Minderheit Bildung und allem, was damit einhergeht, einen hohen Wert zu.

Holocaustleugnung

Eine eindeutige und recht verbreitete Form des Antisemitismus in den sozialen Medien und anderswo ist die Behauptung, der Holocaust habe sich nie oder nicht in so schlimmer Form ereignet. Wer den Holocaust leugnet, negiert die jüngste und schrecklichste Vernichtung von Juden, die eine bis dahin unvorstellbare Dimension annahm. Mit der Holocaustleugnung geht die Unterstellung einher, die Juden »nutzten« oder »missbrauchten« den Holocaust, um von »ihren« Schandtaten im Nahen Osten, in den Medien, in den Banken oder sonst wo abzulenken. Sie ist deshalb so enervierend, weil sie die Erfahrungen Tausender Überlebender der Shoah ebenso ausradiert wie die kollektive Erinnerung von Jüdinnen und Juden an die Gräuel, die ihnen (und anderen) im Namen einer unsagbaren Ideologie angetan wurden.

Wie eine Umfrage anlässlich des Holocaust Memorial Day 2019 in Großbritannien ergab, meint jeder zwanzigste Brite, dass der Holocaust nie stattgefunden habe.[61] Dabei steht der Holocaust für jedes Kind irgendwann im Laufe seiner Schulzeit auf dem Lehrplan. Holocaust-Studien, einst ein Orchideenfach, sind heute an den Universitäten, besonders in den Vereinigten Staaten, gang und gäbe. Romane beschäftigen sich mit dem Zweiten Weltkrieg, ernsthafte und anerkannte historische Werke, die den Holocaust in der einen oder anderen Weise behandeln, sind überall erhältlich. Die Leute wissen Bescheid über den Holocaust und seine Entstehung. Sie kennen die wenigen Helden und auch die NS-Maschinerie. Sie erfahren aus den Nachrichten, wenn einer der letzten NS-Kriegsverbrecher vor Gericht steht, und sie lesen Bücher, in denen Nazis die Bösewichte sind. Viele junge Leute in Großbritannien fahren in der Oberstufe nach Auschwitz und besuchen die Holocaust-Ausstellungen im Imperial War Museum in London oder im Holocaust Center in Nottingham.

Doch trotz all dieser Informationen, Museen, Dokumente und Fakten kommt Holocaustleugnung nicht nur vereinzelt vor, sondern ist ein wachsendes Phänomen. Wer auf Twitter sucht, wird schnell fündig, wie Daniel Finkelstein im April 2016 im *Jewish Chronicle* schrieb:

> Ich möchte einige Beispiele für Tweets nennen, die mich in den letzten beiden Tagen erreichten (mit Hashtag an meinem Namen). »Der Holocaust ist eine Lüge #Hitlerwasright«; »Der Holocaust ist eine totale Fälschung«; »Welcher Holocaust«, »*Hollow cost*«; »Zählt mal die Toten im Nahen Osten und kommt mir dann nicht mit euren Holocaust-Kumpels«; »Finkelstein, was für ein herrlich traditioneller englischer Name«. [...] Wie gesagt, das sind nur die letzten beiden Tage. Einige derer, die solches Zeug tweeten, haben nur eine Handvoll Follower, viele andere aber auch Hunderte und einige Tausende. Ein besonders widerlicher Kerl, Charles Frith, der Holocaustleugnung (er spricht vom »*holohoax*«) verbreitet, wird von Zehntausenden gelesen. Seine Spezialität ist das unablässige Verlinken von Kindesmissbrauch, wirrem antizionistischem Mumpitz und Holocaustleugnung.[62]

Auf Twitter findet sich in Reaktion auf Mark Zuckerbergs Weigerung, Posts dieser Art bei Facebook zu entfernen, auch eine Erläuterung, warum die Holocaustleugnung in solchen Tweets eben durchaus relevant ist:

> Holocaustleugnung ist kein »Fehler«, Mr. Zuckerberg. Sie hat ein klares Ziel: Sie soll erwiesene Fakten über den nationalsozialistischen Völkermord an Juden, Roma und anderen negieren, verzerren, kleinreden und bagatellisieren. Ziel ist es, die rassistische, antisemitische, xenophobe Ideologie des Nationalsozialismus zu rehabilitieren. [...] Um den politischen Makel des Nationalsozialismus loszuwerden, behaupten diese Leute: 1. Der Holocaust hat sich nie ereignet. 2. Der Holocaust hat sich ereignet, aber es wurden nicht so viele Juden ermordet. 3. Der Holocaust hat sich ereignet, aber Hitler war es nicht. 4. Die Beweise wurden von Juden erfunden. Sie passen einfach nicht zusammen.[63]

Und doch schenken manche diesen Behauptungen Glauben. Sie schalten ihr kritisches Denken aus. Dass ich zahllose Fotografien von den Angehörigen meiner Mutter vorlegen könnte, die Anfang der 1940er Jahre in den Vernichtungslagern ermordet wurden, weil sie deutsche Juden waren und nicht fliehen konnten, ist diesen Leute egal. Mit Beweisen hat man heutzutage keine Trumpfkarte mehr in der Hand. Und das ist wirklich beängstigend. Meinungen rangieren auf einer Ebene mit historischen Belegen, auch wenn die

Meinungen falsch, feige, bösartig oder einfach nur absurd sind.

Manche »Fachleute«, die sich auf Beweise stützen sollten wie etwa der berühmt-berüchtigte David Irving, früher sogenannter »Historiker«, heute meist als »Autor« bezeichnet, tun genau das aus dem einen oder anderen Grunde nicht. Zum Glück unterlag Irving in einem Gerichtsverfahren, das er selbst gegen die renommierte amerikanische Historikerin Deborah Lipstadt angestrengt hatte; die Geschichte dieses Prozesses wurde 2016 in dem Film *Verleugnung* wunderbar erzählt. Im Verlauf des Verfahrens wurde Irving nachgewiesen, dass er historische Fakten absichtlich gefälscht hatte. Das Gericht stellte fest, er sei ein »aktiver Holocaustleugner«, Antisemit und Rassist und habe »zugunsten seiner ideologischen Ziele beharrlich und vorsätzlich historische Fakten verdreht und gefälscht«.[64]

Richard J. Evans, ehemaliger Regius-Professor für Geschichte an der Universität Cambridge, ist heute Rektor des Gresham College in London; er wurde von der Verteidigung als Sachverständiger herangezogen. Über Irving sagte er:

> Irving ist eigentlich ein Ideologe, der die Geschichte für seine politischen Zwecke einspannt; ihm geht es nicht in erster Linie darum, herauszufinden und zu interpretieren, was in der Vergangenheit geschah, ihm geht es ausschließlich darum, sie im Sinne seiner ideologischen Ziele in der Gegenwart selektiv und tendenziös zu schildern. Dem wahren Historiker geht es aber in erster Linie um

die Vergangenheit. Deshalb ist Irving letztendlich kein Historiker.[65]

Irving hatte seit jeher mit Hitler sympathisiert und Kritik an der britischen Politik im Zweiten Weltkrieg geäußert, doch mit der massiven Leugnung des Holocaust begann er erst später. Als im Jahr 1991 in England die revidierte Auflage seines Buches *Hitlers Krieg* erschien, fanden sich darin keinerlei Hinweise mehr auf Vernichtungslager und den Holocaust. Noch im selben Jahr kündigte er in einem Vortrag in Hamburg an, »dieses Märchen von Massenmorden an Juden in den Todesfabriken von Auschwitz, Majdanek und Treblinka [...], die in Wirklichkeit nie stattfanden«, werde innerhalb zwei Jahren erledigt sein. Zwei Tage später wiederholte Irving seine Botschaft und pries das »Heldentum« des »großen deutschen Märtyrers Rudolf Heß«.[66] In Kanada bezeichnete er 1991 den Holocaust erneut als »Fälschung«, die er bis 1993 als solche »entlarven« werde, und brachte seine Verachtung für Holocaust-Überlebende zum Ausdruck:

> Spott allein reicht nicht aus, man muss schon geschmacklos werden. Man muss so etwas sagen wie: »Auf dem Rücksitz von Edward Kennedys Auto bei Chappaquiddick starben mehr Frauen als in den Gaskammern von Auschwitz.«[67]

Für seine jüngere Tochter dichtete er ein abscheuliches Kinderlied, das er Christopher Hitchens' Frau und ihrer Tochter zu deren großem Entsetzen in ihrer Wohnung vorsang:

I am a Baby Aryan
Not Jewish or Sectarian;
I have no plans to marry an
Ape or Rastafarian.[68]

Das ist widerlich, und im Prozess wurden viele dieser Entgleisungen zitiert. Doch obwohl Irving mittlerweile vollständig widerlegt ist, gibt es in dieser Welt unglaublich viele Menschen, die seine Überzeugungen teilen.

Nehmen wir die Verschwörungstheoretiker, deren bekanntester in Großbritannien wohl David Icke ist. Ickes politische Ansichten setzen sich aus zentralen Themen des aktuellen Neofaschismus, Motiven der US-Milizbewegung, Verschwörungstheorien aus Europa und dem Nahen Osten – so meint er etwa, dass viele internationale Politikerinnen und Politiker in Wirklichkeit reptiloide Außerirdische seien – und, seit Neuestem und durchaus nicht überraschend, Versatzstücken russischer Staatspropaganda zusammen. Waffenkontrolle in den USA lehnt er als eine Verschwörung der »Elite« ab, die die vielen Amokläufe angeblich absichtlich inszeniert, um den Widerstand gegen Waffen anzuheizen. Der Comedian und Blogger Marlon Solomon sagte dazu:

> Icke hat es sich zur Mission gemacht, die unterdrückten Massen aufzuklären und zu befreien; er bietet Hoffnung und verspricht die Befreiung aus dem eisernen Griff unserer satanischen blutdürstigen Herrscher. Wenn wir uns auf die »Schwingungen der Wahrheit« einstim-

men, so versichert er uns, können wir uns vereint gegen die reptiloiden Overlords erheben. Das Problem ist, dass diese Overlords Juden sind. Wie kann es auch anders sein. […] Icke füllt weltweit Stadien […]; er predigt uralte und moderne antisemitische Verschwörungstheorien und stachelt seine faszinierten Anhänger auf, sich gegen die – überwiegend hebräischen – totalitären Overlords zu erheben. […] David Icke ist deshalb für einige Rechtsextreme ein Idol, doch mit seinem antisemitischen Antiglobalismus hat er vermutlich genauso viele Gefolgsleute am linksextremen Rand. Jedenfalls ist er ohne Zweifel ein gefährlicher Mensch.[69]

Icke, so Solomon, betreibe seit Ende der 1990er Jahre Holocaustleugnung und habe deswegen schon einen Verlagsvertrag eingebüßt. Auf seiner Website wimmelt es nur so vor Links zu rechtsextremen Plattformen. Eine davon ist das Institute for Historical Review, in dem sich auch Irving engagierte, ein Leuchtturm für die internationale Szene der Holocaustleugner mit zahllosen Verbindungen zu neonazistischen Gruppierungen. Icke verteidigt auch den notorischen Holocaustleugner Ernst Zündel mit dem Hinweis auf die Meinungsfreiheit; Solomon zitiert einen trockenen Kommentar der (inzwischen nicht mehr zugänglichen) Website *Critical Thinking*:

Man sollte doch meinen, dass sich ein würdigeres Symbol [für Meinungsfreiheit] finden ließe als ein Nazi Propagandist, der vor Gericht in einer KZ-Uniform auftrat und Anstecker mit der Aufschrift verteilt: »Holocaust-Unterricht ist Kindesmissbrauch«.

Auf Ickes Website findet sich wahrhaft abscheuliches Material. Doch das einzige Land, das Icke auf seiner Welttournee 2016 einen Auftritt verweigerte, war Deutschland, wo die beiden geplanten Termine in Stuttgart und Berlin abgesagt wurden. Dass man andernorts Ickes Antisemitismus und Holocaustleugnung nicht so ernst nimmt, liegt auch daran, dass er als »liebenswerter Clown« (Solomon) und guter Entertainer gilt. Dabei ist er mit der »Truther«-Bewegung verbandelt, die sich manch unschönes Ziel auf die Fahnen geschrieben hat, und wer ihn für Auftritte bucht, sollte seine Ansichten vielmehr sehr ernst nehmen. Ohne jeden Zweifel ist er Antisemit.

Als die Icke-Auftritte in Deutschland abgesagt wurden, verwahrte sich Jan Rathje von der antirassistischen Amadeu Antonio Stiftung gegen das Zerrbild vom harmlosen Witzbold: »David Icke leugnet den Holocaust, und das zählt meiner Ansicht nach mehr als der Umstand, dass er Reptiloide an der Macht sieht.«[70] Icke unterstützt auch die neonazistische Alison Chabloz, die den Holocaust als »einen Haufen Lügen« bezeichnet,[71] in ihren Liedern Holocaust-Überlebende verspottet und im Juni 2018 in Großbritannien wegen Hassrede vor Gericht stand. Dass solche Äußerungen im öffentlichen Raum herumspuken, ist abscheulich, doch je mehr davon in die Welt gesetzt wird, desto eher scheinen es manche zu glauben. Allzu oft kommen Fakten gegen Meinungen nicht an.

Wie Icke, Irving und Zündel teilten auch deutsche Historiker der 1960er und 1970er Jahre solche Ansichten. Richard J. Evans fühlte sich deshalb verpflichtet, sich im sogenannten Historikerstreit gegen einige dieser Historiker in Deutschland zu positionieren. In seinem 1989 in England, 1991 in Deutschland erschienenen Buch *Im Schatten Hitlers?* nahm er sich unter anderem Ernst Noltes Behauptung vor, dass die Massaker der Einsatzgruppen an ukrainischen Juden eine vertretbare Präventivmaßnahme gegen sowjetische Partisanenangriffe gewesen seien, und widersprach dem Vorwurf, ein Großteil der Shoah-Forschung spiegele einseitig die Ansichten jüdischer Historiker wider. Nolte habe mit seinen Aussagen die Grenze zur Holocaustleugnung überschritten, so Evans, der sich auch entschieden gegen Noltes Argument wandte, NS-Deutschland sei nur deshalb der Bösewicht, weil die Sieger die Geschichte schreiben.[72]

Besonders beunruhigend ist, dass keineswegs nur Radikale wie Icke und Irving Holocaustleugnung betreiben. In den 1980er und 1990er Jahren wurde die Université Jean Moulin Lyon 3 von mehreren Skandalen erschüttert. Die Universität war offenbar eine Heimstätte sogenannter *négationnistes*, Holocaustleugner; mehrere ultrarechte Universitätsmitarbeiter engagierten sich in der Gruppierung, die Robert Faurisson in den 1970er Jahren gegründet hatte.

Der französische Bildungsminister Jack Lang beauftragte 2002 den Historiker Henry Rousso, einen Vichy-Fachmann, mit einem Bericht über die Vorgänge an der Universität. Dieser Bericht, der 2004 veröffentlicht wurde, barg politischen

Sprengstoff. Rousso belegte, dass der Japanologie-Professor Bruno Gollnisch, der 2005 im Front National zu Marine Le Pens Stellvertreter aufstieg und als Abgeordneter im Europaparlament viel Einfluss erlangte, im Zentrum der universitären *négationnisme*-Gruppierung stand. »Ich bestreite nicht die Existenz der Konzentrationslager«, erklärte Gollnisch 2004, »aber was die Anzahl der Toten betrifft, könnte Diskussionsbedarf bestehen. Was die Existenz von Gaskammern angeht: Darüber müssen Historiker entscheiden.«[73]

Roussos Bericht geißelte die selbstzufriedene Haltung der Universität gegenüber der extremen Rechten. Daraufhin wiederholte Gollnisch seine Aussagen über den Holocaust. Der Rektor der Universität bat nun den Bildungsminister, Gollnisch zu suspendieren, und kündigte die Eröffnung eines Disziplinarverfahrens an. Gollnisch wurde für dreißig Tage suspendiert und durfte das Gelände der Universität nicht betreten. Doch Anfang 2005 wurde diese Entscheidung vom Conseil d'État aufgehoben, und Gollnisch nahm seine Lehrtätigkeit wieder auf. Es folgten Studentenproteste, in deren Verlauf linke und jüdische Studenten ihre Kommilitonen daran hinderten, Gollnischs Vorlesungen zu besuchen. Als eine Studentengruppe des Front National die Demonstranten blockierte, kam es zu Zusammenstößen, und die Polizei schritt ein. Ein Student, Mitglied des Front National, wurde verhaftet.

Zu Beginn seines Prozesses am 7. November 2006 wurde Gollnisch gefragt, ob er der Meinung sei, dass die organisierte Vernichtung der europäischen Juden durch das NS-

Regime in den Gaskammern der Vernichtungslager erfolgt sei. Gollnisch bejahte das entschieden. Im Januar 2007 wurde er zu einer Bewährungs- und Geldstrafe verurteilt, doch das Urteil wurde 2009 vom Kassationshof aufgehoben.

Gollnisch, der Roussos Bericht als politisch motivierten Schwindel abtat, wurde anschließend in Lyon mit offenen Armen wieder aufgenommen, was zeigt, wie tief der ultrarechte Antisemitismus dort verwurzelt ist. Die Studentenproteste waren ins Leere gelaufen. Der ehemalige Bürgermeister Raymond Barre beschrieb Gollnisch als »einen guten Diener Lyons«.[74]

Die Holocaustleugnung ist zweifellos auf dem Vormarsch, ungeachtet aller Versuche, dieser Entwicklung beispielsweise durch nationale Gedenktage entgegenzuwirken; so werden anlässlich des Holocaust Memorial Day in Großbritannien eigene Unterrichtseinheiten für Schulen und Colleges sowie Materialien für Literatur, Kunst und Film entwickelt, und die Medien zeigen Dokumentationen und erschütternde Berichte über Einzelschicksale. Wer den Holocaust leugnet, leugnet das Leid der Juden. Wenn man aber dieses Leid einfach leugnen kann, warum sollte die Bevölkerung den Juden noch zuhören, warum sollte sie Antisemitismusvorwürfe ernst nehmen? Solange man leugnen kann, dass Jahrhunderte des Antisemitismus in die Ermordung von 6 Millionen Juden mündete, braucht man sich mit dem Thema nicht zu befassen. Der Holocaust aber *ist* nachweislich eine Tatsache, und noch leben einzelne Menschen, die sich daran erinnern.

Großbritannien: Antisemitismus in der Konservativen Partei

Seit einigen Jahren bietet in Großbritannien Antisemitismus im linken politischen Spektrum eher Anlass zur Sorge als im rechten. Allerdings verbreiten, wie nicht anders zu erwarten, Rechtsextreme nach wie vor ausgiebig antisemitisches Gedankengut. Auf die Labour Party komme ich noch zu sprechen, doch ehe ich auf die Konservative Partei – die sogenannten Torys – eingehe, möchte ich daran erinnern, dass die ehemalige Premierministerin Theresa May die jüdische Gemeinde nach Kräften unterstützte. Das war bei den Torys nicht immer der Fall.

Im Jahr 2013 wurde der konservative Parlamentarier Patrick Mercer dabei gefilmt, wie er antisemitische und sexistische Kommentare über eine Soldatin der Israelischen Verteidigungsstreitkräfte von sich gab: »Du siehst mir nicht aus wie ein Soldat. Du siehst aus wie eine verfluchte Jüdin.«[75] Zurücktreten musste Mercer, weil er gegen parlamentarische Regeln für bezahlte Lobbyarbeit verstoßen hatte, doch seine rassistischen Bemerkungen, von denen die zitierte nur den größten Skandal auslöste, waren seit langem bekannt.

Im Jahr 2014 musste der konservative Abgeordnete Aidan Burley sein Mandat niederlegen, nachdem er 2012 einen Junggesellenabschied mit Nazi-Motto organisiert hatte.[76] Da er für den Bräutigam eine NS-Uniform gekauft hatte, die dieser auf einem Skiurlaub in Frankreich trug, wurde er zunächst als parlamentarischer Privatsekretär entlassen. Er entschuldigte sich, doch eine Untersuchung der Konservativen kam zu dem Schluss, dass sein Handeln »inakzeptabel« und eine »tiefe Beleidigung« gewesen sei. Auf dem Junggesellenabschied wurde Berichten zufolge der Hitlergruß gezeigt, einige der Anwesenden skandierten wohl auch die Namen bekannter NS-Größen. Burley habe sich nicht deutlich davon distanziert; er sei zwar weder Rassist noch Antisemit, sein Verhalten sei jedoch »dumm« gewesen, und so habe es seine Richtigkeit, dass man ihn aus seinem Regierungsamt entfernt habe. Ich meine, schon der Erwerb einer NS-Uniform legt eine antisemitische Haltung sehr nahe.

Ganz anders Margaret Thatcher, die eine Philosemitin war. Sie mochte die Juden in ihrem Wahlkreis Finchley und nahm auch mehrere Juden in ihr Kabinett auf. Für Antisemitismus oder diejenigen, die ihn pflegten, hatte sie nichts übrig. »Ich konnte mit Antisemitismus nichts anfangen«, schrieb sie später; sie habe unter den Juden einige ihrer »engsten politischen Freunde und Weggefährten« gefunden.[77] Nigel Lawson, ab 1983 Thatchers Schatzkanzler, lobte sie wegen ihrer Haltung. Er selbst hatte in dieser Hinsicht wahrlich andere Erfahrungen gemacht. So hatte Alan Clark, ein führender Kopf der Torys, in seinen Tagebüchern festgehalten, einige aus der alten Garde, er eingeschlossen, seien dagegen, Lawson »als Juden« den Posten des Außenministers anzutragen.[78] Thatcher berief als Premierministerin manchen Außenseiter in die Regierung. »Das Problem mit Margarets Kabinett ist«, so Harold Macmillan später, »dass mehr Alte Esten [Old Estonians] darin vertreten waren als Alte Eton-Absolventen [Old Etonians]«.[79] Die Konservative Partei in Großbritannien war bis dahin stets ein Club für vornehme Nichtjuden gewesen. Thatcher wollte eine Meritokratie daraus machen. Die Bemerkung über die »Alten Esten« war zweifellos antisemitisch, denn Thatcher hatte Keith Joseph, Leon Brittan, Nigel Lawson, David Young und Malcolm Rifkind in ihr Kabinett und weitere Juden als Berater in die Ministerien berufen. Die Tochter eines Kolonialwarenhändlers aus Grantham, selbst eine Außenseiterin, teilte weder den Snobismus noch den »vornehmen« Antisemitismus der Tory-Granden.

In der Konservativen Partei gab es besonders in den Macmillan-Jahren und unmittelbar danach weitere antisemitische Ausfälle. Erst jüngst, im September 2018, kam es erneut zu einem Eklat, als die Europaabgeordneten der Torys ein EU-Verfahren gegen Ungarn ablehnten. Das Europaparlament hatte darüber zu entscheiden, ob disziplinarische Maßnahmen gegen die Regierungspolitik in Ungarn eingeleitet werden sollten, da Ministerpräsident Viktor Orbán die Unabhängigkeit der Justiz und der Medien weiter beschneiden wollte. Auch die Korruption in der ungarischen Regierung und die Flut an islamophoben, rassistischen und antisemitischen Äußerungen waren ein Thema.[80] Im September 2018 wurde deshalb erstmals die Eröffnung eines sogenannten Rechtsstaatsverfahrens nach Artikel 7 EU-Vertrag gegen einen Mitgliedstaat zur Abstimmung gebracht, das Ungarn seiner Stimmrechte in der EU beraubt hätte. Es wurde knapp mit der erforderlichen Zweidrittelmehrheit angenommen; hätten die konservativen Abgeordneten aus Großbritannien dafür gestimmt, wäre es noch leichter durch das Parlament gegangen. Überraschenderweise waren die britischen Torys mit ihren Gegenstimmen im Kreise der Mitte-Rechts-Parteien fast allein.

Sicher lässt sich die Ablehnung von Artikel 7 nicht als antisemitisch oder islamophob bezeichnen, doch stellt sich die Frage nach der Motivation. Da die konservativen EU-Abgeordneten aus Großbritannien, im Unterschied zu anderen Mitgliedern ihrer Fraktion, nicht bereit waren, die Stimme gegen Viktor Orbán und seine Politik zu erheben, müssen sie sich fragen lassen, wo eigentlich ihre Sympathien liegen. Sicher wären sie besser beraten gewesen, sich den anderen anzuschließen und deutlicher zu vermitteln, dass Orbáns Politik nicht einfach hingenommen werden darf.

Vertreter jüdischer und muslimischer Verbände in Großbritannien äußerten sich zutiefst beunruhigt darüber, dass die konservativen Europaabgeordneten gegen die repressiven Maßnahmen des ungarischen Ministerpräsidenten nichts unternehmen wollten. Marie van der Zyl, Präsidentin des jüdischen Verbandes Board of Deputies of British Jews, hielt es für »sehr bedenklich, dass Europaabgeordnete der Konservativen Partei lieber die schreckliche politische Bilanz in Ungarn verteidigten, als einen Antrag zum Schutz der Rechtsstaatlichkeit zu unterstützen«. Sie fuhr fort:

> Wie wir schon früher erklärt haben, sind die Botschaften, die Orbán im Wahlkampf aussendet, in unseren Augen zutiefst beunruhigend, wenn etwa von »muslimischen Invasoren« die Rede ist, Migranten als »Gift« bezeichnet werden oder in der unerbittlichen Kampagne gegen den

> jüdischen Philanthropen George Soros heftiger Antisemitismus anklingt. Dieses Schüren von Vorurteilen durch die ungarische Regierung, die Beschränkung der Pressefreiheit und die Angriffe auf die Unabhängigkeit der Justiz müssen beendet werden, ehe sie die ungarische Demokratie unwiderruflich zerstören.[81]

Harun Khan, Vorsitzender der britischen Vertretung der Muslime The Muslim Council of Britain, pflichtete ihr bei:

> In einer Zeit, in der wir den Aufstieg der extremen Rechten in ganz Europa beklagen müssen, ist es eine bittere Enttäuschung, dass sich die Europaabgeordneten der Konservativen Partei mit den ultrarechten Parteien zur Unterstützung Herrn Orbáns verbündet haben. [...] Die Konservative Partei hat Forderungen nach einer Untersuchung von Islamophobie in ihren Reihen bislang abgelehnt. Diese jüngste Aktion legt erneut den Verdacht nahe, dass in der Partei Bigotterie herrscht.[82]

Das war ein hervorragendes Beispiel für gute Zusammenarbeit von Juden und Muslimen in Großbritannien. Und sie hatten ja auch Recht mit ihrer Kritik. Denn wie die frühere Ko-Vorsitzende Baroness Warsi unmissverständlich klargemacht hat, gibt es in der Konservativen Partei durchaus Islamophobie.[83] Der Streit schwelt schon seit einiger Zeit, und während der Labour Party unablässig des Antisemitismus beschuldigt wird, sieht sich die Konservative Partei mit Islamophobie-Vorwürfen konfrontiert, die sie meist von sich weist. Schockierend ist, dass in der Woche nach dem entsetzlichen Anschlag auf betende Muslime in Christchurch in Neuseeland im März 2019 islamophobe Vorfälle in »Sprache, Symbolen oder Taten« um 593 Prozent zunahmen. Wir haben es hier mit einem echten Problem zu tun.[84] Danach gefragt, warum die Europaabgeordneten ein Vorgehen gegen Orbáns Politik abgelehnt hätten, ging Premierministerin Theresa May auf Distanz, indem sie mitteilen ließ, die Abgeordneten in Brüssel träfen ihre eigenen Entscheidungen. Angesichts der Zunahme von Islamophobie und Antisemitismus war das wohl eher keine angemessene Reaktion; man hätte von ihr mehr erwartet. Offenbar konnten weder die Premierministerin noch die konservativen Europaabgeordneten nachvollziehen, was an ihrem Bündnis mit Orbáns Fraktion rassistisch, islamophob und antisemitisch sein sollte. Besonders von Theresa May, die insgesamt die jüdische Gemeinde stets gefördert hat, überraschte diese Antwort. Allerdings hatte sie mit der »feindlichen Umgebung« für Migranten (besonders ohne Pass), die sie in ihrer Zeit als Innenministerin geschaffen hatte, Fremdenfeindlichkeit und Misstrauen in der Gesellschaft bereits aufgenommen und wohl auch verstärkt.

Die Situation in Ungarn ist kompliziert: Orbán tut sich gern mit dem israelischen Premierminister Bibi Netanjahu zusammen und fährt gleichzeitig heftige antisemitische und antimuslimische Attacken. Er betreibt eine schändliche Kampagne gegen den milliardenschweren Investor und Juden George Soros, der in Ungarn geboren wurde, und weigert sich, auch nur einen der Migranten, die nach Europa kommen, ins Land zu lassen. In Ungarn herrscht eine extrem migrationsfeindliche Stimmung, und Orbán erlässt gegen Menschen, die sich für Flüchtlinge einsetzen, immer schärfere Gesetze.

Orbáns Haltung mag sich daraus erklären, dass er sich von der beliebten ungarischen Partei Jobbik, die im April 2010 in den Parlamentswahlen mit ihren extrem fremdenfeindlichen Slogans 17 Prozent der Stimmen gewonnen hatte, nicht rechts überholen lassen will. Im Land besteht eine ultrarechte Subkultur – etwa mit radikal-nationalistischen und neonazistischen Festivals und Veranstaltungen –, die mit dazu beigetragen hat, dass der Antisemitismus des 20. Jahrhunderts in Ungarn mittlerweile institutionalisiert ist. Die antisemitische Hetze von heute gründet auf altbekannten judenfeindlichen Erzählmustern, und auch der traditionelle Vorwurf einer jüdischen Weltverschwörung wird nach wie vor regelmäßig unter die Leute gebracht.

Großbritannien: Antisemitismus in der Labour Party

Im Sommer 2018 wurde die britische Labour Party von Antisemitismusvorwürfen erschüttert, die bereits seit 2015 immer wieder geäußert worden waren. Einem hochrangigen Labour-Vertreter, dem ehemaligen Londoner Bürgermeister Ken Livingstone, wurde Antisemitismus vorgeworfen, nachdem er krude Verbindungen zwischen Hitler und dem Zionismus hergestellt hatte: Hitler habe den Zionismus unterstützt, »ehe er den Verstand verlor und 6 Millionen Juden ermordete«.[85] Zwei Jahre nachdem Shami Chakrabarti 2016 ihren Bericht über Antisemitismus in der Labour Party vorgelegt hatte, der vielen noch nicht weit genug ging, hielt sie, mittlerweile Kronanwältin im Schattenkabinett, Livingstone vor, Juden, die dem NS-Staat entkommen waren, mit Nazis verglichen zu haben.[86] Das war durchaus nichts Neues: Schon 2006 hatte ein Richter des High Court es als »anstößig« und »unverzeihlich« bezeichnet, dass Livingstone einen jüdischen Journalisten einem KZ-Wärter gleichgesetzt hatte.[87] Im Februar 2018 löste er wütende Reaktionen aus, als er ausgerechnet am Holocaust Memorial Day im iranischen Fernsehen in den Raum stellte, der Völkermord sei »instrumentalisiert« worden – als wäre er für sich noch nicht schlimm genug gewesen. Es gebe, so Livingstone, eine »gut abgestimmte Kampagne der Israellobby, jeden, der Kritik an der israelischen Politik übt, als antisemitisch zu verleumden«.[88]

Parteichef Jeremy Corbyn reagierte mit den Worten: »Wir tolerieren in unserer Partei keinen Antisemitismus, egal in welcher Form.«[89] Aber er ließ sich ungebührlich lange Zeit, um gegen Livingstone vorzugehen. Dessen Parteimitgliedschaft war zwar nach dem Untersuchungsbericht 2016 bereits ausgesetzt worden, doch hatte man ihn wegen der Aussage, Hitler sei Zionist gewesen, noch nicht aus der Partei ausgeschlossen. Erst 2018 trat Livingstone selbst aus, ohne jedoch die antisemitische Ausrichtung seiner Aussagen einzugestehen. Er veröffentlichte lediglich eine Erklärung, der zufolge er sich aus der Labour Party unter Jeremy Corbyn zurückziehe, weil sein Fall von wichtigeren Themen ablenke.[90]

Dem war vorausgegangen, dass der Labour-Abgeordnete John Mann, nachdem er Livingstone wegen dessen erster Bemerkung bei der BBC als einen »widerlichen Nazi-Apologeten« bezeichnet hatte, von der Parteiführung gerügt worden war.[91] Mit dem Fall Livingstone, dem Wandgemälde von Mear One und anderen antisemitischen Vorfällen, auf die ich noch eingehen werde, steckte Corbyns Labour Party in echten Schwierigkeiten. Sie musste etwas unternehmen. Viele parteiinterne Kritiker drängten darauf, die IHRA-Antisemitismus-Definition zu übernehmen, um deutlich zu machen, dass es der Partei – endlich – ernst damit war. Doch die Angelegenheit zog sich unwürdig lange hin. Dass sich Corbyn und seine Vertrauten mit der aufgestauten Wut und dem Thema Antisemitismus nicht befassten, könnte man wohlwollend damit erklären, dass sie fürchteten, durch die Übernahme der IHRA-Definition die Debatte über eine Resolution zum israelisch-palästinensischen Konflikt, die Corbyn sehr am Herzen lag, womöglich abzuwürgen. Wahrscheinlicher ist aber, dass es Israelkritikern (und besonders Palästinensern) auch weiterhin möglich sein sollte, den israelischen Staat als »rassistisches Unterfangen« zu bezeichnen, ohne als Antisemiten gebrandmarkt zu werden; das jedenfalls ging aus Diskussionen hervor, die Corbyn und seine Berater im März 2018 mit Vertretern jüdischer Gemeinden führten.[92]

Unterdessen hört man aus dem linken Flügel der Labour Party immer öfter, der Antisemitismusstreit sei »instrumentalisiert« worden, um Corbyns Führungsposition zu schwächen. Das ist eine wiederkehrende Taktik, die Jonathan Freedland im *Guardian* schon 2016 sehr klar beschrieb; er sprach linken Antirassisten das Recht ab, zu entscheiden, was unter Antisemitismus zu verstehen sei:

> In der Linken dürfen meist Schwarze definieren, was Antirassismus ist; Frauen definieren Sexismus, Muslime Islamophobie. Doch wenn Juden Antisemitismus anprangern, fühlen sich linke Nichtjuden seltsamerweise berufen, ihnen zu erklären, dass sie falsch liegen, übertreiben, lügen oder ablenken, und auch gleich einen langen Vortrag darüber zu halten, was antijüdischer Rassismus eigentlich ist. […] Wenn ein Mann so mit einer Frau umspringen würde, würden Linke von frauenfeindlichem »Mansplaining« sprechen. Es wäre ihnen furchtbar peinlich, bei einer solchen Belehrung von LGBT-Menschen oder Muslimen erwischt zu werden. Aber bei Juden kennen sie keine Hemmungen. Ich plädiere daher an die Linke: Behandelt uns genauso, wie ihr jede andere Minderheit behandelt. Nicht besser und nicht schlechter. Wenn der Kampf gegen den Rassismus irgendetwas zu bedeuten hat, dann ist es gewiss dies.[93]

Die mittlerweile auf Lebenszeit geadelte Shami Chakrabarti kam in ihrer Untersuchung 2016 zu dem Schluss, dass die

Partei nicht »von Antisemitismus durchdrungen« sei, jedoch »gelegentlich eine vergiftete Atmosphäre« herrsche.[94] In der jüdischen Gemeinde Großbritanniens hielten viele den Bericht für mangelhaft, da er unter anderem die zunehmende Einschüchterung jüdischer Studentinnen und Studenten in der Labour Party nicht berücksichtigte; das betraf vor allem den Oxford University Labour Club, dessen Vorsitzender Alex Chalmers 2016 öffentlich zurücktrat. Chalmers zufolge warfen Mitglieder des Club-Vorstands »ungezwungen und hemmungslos« mit »dem Begriff ›Zio‹ um sich« – diese abwertende Bezeichnung für Juden findet sich sonst überwiegend auf ultrarechten Websites –, »betonten ihre ›Solidarität‹ mit der Hamas und verteidigten explizit deren Taktik, willkürlich Zivilisten zu ermorden«.[95]

Baroness Janet Royall, die mit Chakrabarti für den Bericht verantwortlich zeichnete, sollte sich gezielt die Vorfälle im Oxford University Labour Club ansehen und ihre Erkenntnisse in Chakrabartis Bericht einfließen lassen. Als das National Executive Committee, das Zentralorgan der Partei, die Aufnahme ihrer Erkenntnisse in den Bericht ablehnte, veröffentlichte Royall sie selbst. Sie schilderte ihre Befunde mit unmissverständlicher Klarheit, gelangte allerdings nicht zu dem Schluss, dass der Labour Club als Institution antisemitisch ist.[96]

Der Chakrabarti-Bericht ging auch nicht näher darauf ein, wie manche Labour-Anhänger über Juden reden und in den sozialen Medien schreiben. Nehmen wir den Labour-Gemeinderat in Bognor Regis, der in den sozialen Medien den Satz postete: »Juden trinken Blut und vergewaltigen Kinder.«[97] Oder Mohammed Yasin, Regionalgeschäftsführer von Labour West Midlands, der im Dezember 2018 suspendiert wurde, nachdem er mehr als zwei Jahre lang in den sozialen Medien Beleidigungen verbreitet hatte; er kolportierte Verschwörungstheorien zum 11. September, lobte einen homophoben Pfarrer und schob »alle Kriege dieser Welt« dem jüdischen Volk in die Schuhe. Die meisten Posts hatte er in seiner offiziellen Arbeitszeit für die Partei verschickt.[98]

Bei der Vorstellung des Chakrabarti-Berichts im Jahr 2016 äußerten sich die zahlreich vertretenen Corbyn-Anhänger dermaßen aggressiv, dass die Gewerkschafterin Ruth Smeeth, eine eigentlich sehr toughe jüdische Parlamentarierin, in Tränen ausbrach. Sie forderte später Jeremy Corbyn zum Rücktritt auf, nachdem ihr Marc Wadsworth, ein Aktivist der Bewegung Momentum Black Connexions, öffentlich vorgeworfen hatte, »Hand in Hand« mit einem Journalisten des seiner Ansicht nach rechten *Daily Telegraph* gearbeitet zu haben. Ziel seiner Aktion war es wohl, Smeeth als rechte Corbyn-Gegnerin zu diskreditieren, die es nur darauf abgesehen habe, den Sturz des Labour-Chefs herbeizuführen. Smeeth erkannte unterdessen in dem Angriff »traditionelle antisemitische Verleumdungen«, die sie »als Teil einer ›Medienverschwörung‹«[99] darstellen sollten, und beklagte, dass Corbyn oder seine Mitarbeiter nicht darauf reagiert hätten. Wadsworth erwiderte darauf, er habe nicht gewusst, dass Smeeth Jüdin sei – als wäre das relevant und sein Vorwurf gegenüber einer Nichtjüdin akzeptabel –, verweigerte aber eine Entschuldigung. Jon Lansman, einer der Gründer der Momentum-Bewegung, die eng mit Jeremy Corbyn zusammenarbeitete, kommentierte Monate später: »Es war schrecklich. Ich war schockiert. Der Vorwurf war inakzeptabel, schändlich.«[100]

Ruth Smeeth wurde unter Polizeischutz gestellt, nachdem sie auf Facebook antisemitische und homophobe Todesdrohungen erhalten hatte. In einem BBC-Radio-Interview sagte sie am 2. September 2016, sie habe seit Ende Juni 25 000 Beleidigungen erhalten, 20 000 allein im Verlauf von zwölf Stunden. »Es ist niederträchtig, es ist widerlich, und es geschieht im Namen des Labour-Chefs; das macht alles noch schlimmer.« Corbyn müsse, so Smeeth, »die schlimmsten Übeltäter, die so etwas in seinem Namen schreiben, öffentlich an den Pranger stellen«. Im Londoner *Evening Standard* erklärte sie, ebenfalls im September 2016, antisemitische Vorfälle seien unter Ed Milibands Parteiführung selten gewesen. »Ich habe Antisemitismus in diesem Ausmaß bei Labour noch nie erlebt. Früher gab es ein oder zwei Vorfälle, die uns so schockierten, eben weil es nur ein oder zwei waren. Durch die schiere Masse ist das jetzt zur Normalität geworden.«[101]

Monate später, im April 2018, nahm Smeeth gemeinsam mit etwa vierzig Labour-Abgeordneten an einer Anhörung des National Constitutional Committee teil, in der es um Marc Wadsworths Zukunft in der Partei ging. Wadsworth wurde die Mitgliedschaft entzogen, weil er Labour in Misskredit gebracht hatte.

Nun folgten mehrere wichtige Ereignisse. Am 25. Juli 2018 veröffentlichten die drei wichtigsten jüdischen Zeitungen *The Jewish Chronicle*, *Jewish News* und *Jewish Telegraph* auf ihrer Titelseite einen gemeinsamen Leitartikel, in dem sie davor warnten, dass eine von Jeremy Corbyn geführte Regierung eine »existenzielle« Gefahr für das britische Judentum wäre:

> Wir tun das, weil die Corbyn-typische Verachtung gegenüber Juden und Israel die Werte und die Integrität der Partei aushöhlen, die noch bis vor kurzem die natürliche Heimat unserer Gemeinde war. [...] Der Makel und die Schande des Antisemitismus durchdringen die Opposition Ihrer Majestät, seit Jeremy Corbyn 2015 Parteichef wurde.[102]

Der Leitartikel verwies auf mehrere Antisemitismus-Skandale und -Kontroversen in der Labour Party, die in der Debatte um die Übernahme der IHRA-Definition gipfelten. Da sich Labour eine Definition ohne den Israel-Bezug wünschte, der andernorts mittlerweile Standard ist, entwickelte das National Executive Committee der Partei seinen eigenen Kodex.

Einige Bestandteile dieser Version waren der IHRA-Definition durchaus überlegen. So wies Brian Klug auf den Punkt hin, nach dem es »rassistisch ist, von jüdischen Einzelpersonen oder Organisationen eine deutlichere Verurteilung israelischer Politik zu fordern als von anderen«. Dies, so Klug, entspreche »den Erfahrungen, die manche jüdische Linke machen«. Als antisemitisch hervorgehoben wurde auch die grundlose Zuschreibung des Jüdischen (wie in »jüdischer

Bankier«, vergleichbar mit dem »schwarzen Räuber«), die, wie Klug erklärt, ebenfalls nicht im IHRA-Text enthalten ist.[103] Das stimmt, und beide Ergänzungen könnten die Definition verbessern. Doch mit dem Versuch, einen Teil der IHRA-Definition zu eliminieren, hatte sich Labour in eine peinliche Lage manövriert, denn als die Partei den Punkt tilgte, dass exzessiv vorgetragene Israelkritik antisemitisch ist, erfüllte ihre Definition in den Augen vieler britischer Juden ihren Zweck nicht mehr. Nachdem sich die Antisemitismus-Kontroversen über drei Jahre hingezogen hatten und einzelne Vertreter der Partei für ihre antisemitischen Wortmeldungen auf Twitter oder Facebook nicht zur Verantwortung gezogen worden waren, herrschte sogar in Corbyns engerem Team Einigkeit darüber, dass es für eine eigene Definition zu spät war. Labour blieb aus moralischer Sicht nichts anderes übrig, als die IHRA-Definition zu übernehmen.

Dies geschah im September 2018. Doch die Parteiführung fügte eine Erklärung hinzu, die auf die Meinungsfreiheit in Sachen Israel und Palästinenserrechte hinwies; Jeremy Corbyn wollte erreichen, dass es nicht als antisemitisch galt, »Israel, seine Politik oder die Umstände seiner Gründung wegen ihrer diskriminierenden Wirkung als rassistisch zu bezeichnen oder eine andere Beilegung des israelisch-palästinensischen Konfliktes zu unterstützen«.[104] Diese Einschränkung wurde rundweg abgelehnt.

Die IHRA-Definition mag nicht perfekt sein, doch es war ein Unding, dass Labour mit einer eigenen Version zulassen wollte, Israel besonders kritisch unter die Lupe zu nehmen, und hasserfüllte Beleidigungen mit fließender Grenze zum Antisemitismus durchgehen ließ. Nachdem die Partei dem Antisemitismus in den eigenen Reihen nicht hatte beikommen können, schürte die geplante Änderung der allgemein anerkannten Definition den Verdacht, dass man es mit der Bekämpfung des Antisemitismus nicht sonderlich ernst meinte.

Die traurige Geschichte antisemitischer Ressentiments einiger Labour-Mitglieder erzähle ich im Folgenden.

Labour Party: Anwürfe in den sozialen Medien

Die Schauspielerin Maureen Lipman, bekannt aus der traditionsreichen Fernsehserie *Coronation Street*, geriet im September 2018 in die Schusslinie der Linken, als sie Jeremy Corbyn als Antisemiten bezeichnete. Die *Daily Mail* sprach von einem »Komplott, das selbst nach den Maßstäben einer Seifenoper die Glaubwürdigkeit strapaziert. Linke Aktivisten fordern nach Maureen Lipmans Kritik an Jeremy Corbyn ihre Absetzung aus der *Coronation Street*«.[105]

Seit ihrer Rückkehr in die Serie ist Lipman einer bösartigen Twitter-Kampagne ausgesetzt. Wiederholt wurde sie beschuldigt, Anhänger Corbyns in einem »Propaganda«-Feldzug als »abscheuliche« und »bösartige« »Holocaust-Anhänger« bezeichnet zu haben. Man müsse sie daher boykottieren.

Weil das Tweeten und Posten auf Facebook so anonym und leicht vonstattengeht, sind rassistische und frauenfeindliche Kommentare und bösartiges Trolling ein Kinderspiel.

Maureen Lipman war nicht die Einzige, die widerliche antisemitische Beschimpfungen ertragen musste. Nehmen wir den Hashtag #hodgecomparisons auf Twitter, der sich gegen die Labour-Abgeordnete und säkulare Jüdin Dame Margaret Hodge richtet. Im Juli 2018 leitete die Labour-Partei nach einer hitzigen öffentlichen Auseinandersetzung, in der Hodge Jeremy Corbyn als Antisemiten bezeichnete, Disziplinarmaßnahmen gegen sie ein, die später aufgehoben wurden. »Viele nehmen ihn mittlerweile als Antisemiten wahr«, sagte sie später dem *Guardian*. »Ich wollte Jeremy meine Wut und meine Empörung direkt und persönlich mitteilen. Ich stehe zu meinen Taten und Worten. Meine Großmutter und mein Onkel wurden von Hitler ermordet, viele meiner Cousins und Cousinen in den Gaskammern vernichtet. [...] Ich bin in die Labour Party eingetreten, um gegen Rassismus zu kämpfen. Und nun sehe ich mich fünfzig Jahre später, im Jahr 2018, in meiner eigenen Partei mit einem Antisemitismus konfrontiert, der ganz und gar schrecklich ist.«[106]

Hodge hatte die parteiinterne Untersuchung ihres Verhaltens mit der Verfolgung der Juden im Dritten Reich verglichen und erklärt, sie habe ein Gefühl, »als kämen sie mich holen«. Ihre Konfrontation mit Corbyn brachte sie dazu, darüber nachzudenken, »wie es einer Jüdin im Deutschland der dreißiger Jahre« mit der »ständigen Angst« wohl ergangen sei.[107]

Es folgte ein Shitstorm in den sozialen Medien, in dem sich viele, auch Labour-Mitglieder, einen Spaß daraus machten, »humorvolle« Varianten zu Hodges Vergleich zu entwickeln, den sie als überzogen betrachteten. Das war Twitter von seiner infantilsten Seite, und ungeachtet der Frage, ob der Vergleich mit dem Dritten Reich übertrieben war, verstärkten die Tweets jedenfalls Hodges Schmerz darüber, wie die Partei mit ihr umsprang.

Labour-Abgeordnete, führende Köpfe der Partei und andere mehr haben sich für Margaret Hodge eingesetzt. Nick Reeves, ein brexitkritischer Online-Aktivist, kommentierte auf Twitter: »Das ist keine demokratische Politik. Das ist Hasspolitik, die dem Totalitarismus zuzuordnen ist, nicht der Demokratie.«

Margaret Hodge und Maureen Lipman sind nur zwei Beispiele dafür, wie Juden in den sozialen Netzwerken unter Beschuss geraten und antisemitischen Schmähungen ausgesetzt sind. Man beschimpft sie als zionistische Handlanger oder verharmlost wie in Hodges Fall die Familiengeschichte, die Flucht vor dem NS-Staat und Ermordung in Vernichtungslagern einschließt.

Aber die beiden waren nicht allein. Im September 2018 bekam Kommissarin Cressida Dick von der Londoner Metropolitan Police ein durchgestochenes Dossier der Labour Party auf den Tisch, das mutmaßliche antisemitische Vorfälle dokumentierte. Scotland Yard nahm Ermittlungen auf und ging den Vorwürfen antisemitischer Hassverbrechen durch Labour-Parteimitglieder nach. Dick sagte der BBC, daraus könne sich eine Anklage ergeben; die Polizei halte mit der Staatsanwaltschaft Rücksprache über die nächsten Schritte. Das zugespielte Dossier führte fünfundvierzig Fälle auf, in denen Parteimitglieder über die sozialen Medien Schmähungen wie diese verbreitet hatten: »Wir werden uns die Juden vom Hals schaffen, denn sie sind wie Krebs für uns.« Ein Beitrag kündigte einem »zionistisch-extremistischen Abgeordneten […], der zivilisierte Menschen hasst, eine Tracht Prügel« an.[108] Im März 2019 wurden drei ehemalige Labour-Mitglieder verhaftet, wegen des Verdachts auf Veröffentlichung und Verbreitung von Material, das geeignet ist, Rassenhass zu schüren.[109]

Ein gesondertes und besonders verstörendes Beispiel lieferte Mohammed Pappu, in der Labour Party einst ein aufsteigender Stern. Er warf der britischen Regierung in mehreren Facebook-Posts vor, dass sie Syrien angreife, um dort eine »Rothschild-Bank einzurichten«, und beschuldigte Israel, die Attentate vom 11. September 2001, die Bombenanschläge in London 2005 und die Terroranschläge in Paris 2015 inszeniert zu haben.[110]

Jeremy Corbyn und das Wandgemälde von Mear One

Im Frühjahr 2018 entzündete sich ein zunächst parteiinterner Streit über ein Wandgemälde des Künstlers Mear One, der bald Kreise zog. Das Bild zeigt mehrere »hakennasige« Männer bei einem monopolyähnlichen Brettspiel, das auf dem Rücken geschundener Armer ruht; diese Kapitalisten »zerschlagen«, wie es in Jesaja 3:15 heißt, »das Angesicht der Elenden«. Der amerikanische Künstler Kalen Ockerman, auch bekannt als Mear One, hatte das Werk »Freiheit für die Menschheit« in der Nähe der Brick Lane im Londoner East End, einst ein blühendes jüdisches Viertel, auf eine Wand gemalt.

Die um Geld spielenden Geschäftsleute und Bankiers sahen nicht nur aus wie jüdische Karikaturen – der Stil erinnerte an die NS-Propaganda der 1930er Jahre und hätte direkt aus dem *Stürmer* kommen können –, sondern der Künstler bestätigte diese Intention auch noch: »Einige ältere weiße Juden im Viertel hatten etwas dagegen, dass ich ihren geliebten #Rothschild oder #Warburg als die Dämonen zeichne, die sie sind.« Das Gemälde bildet die klassische antisemitische Weltsicht ab: Juden beuten als parasitäre Kapitalisten die Armen aus und verdienen daher keinerlei Rücksicht, Respekt oder Schutz. Es greift das uralte antisemitische Bild vom Geldjuden auf. Man muss nicht viel über Geschichte, Politik und die Welt wissen, um auf Anhieb zu erkennen, dass das Werk eine vernichtende Karikatur war. »Wer das leugnet, betreibt bemitleidenswert unglaubwürdige Sophisterei«, so Stephen Pollard im *Jewish Chronicle*.[111] Im Jahr 2012 bat der damalige Bürgermeister des Stadtbezirks Tower Hamlets Lutfur Rahman daher die Stadtverwaltung, »alles in ihrer Macht stehende zu unternehmen«, um das Wandgemälde zu entfernen, weil »die Darstellung der Bankiers antisemitische Propaganda über eine Judenverschwörung zur Beherrschung der Finanzinstitutionen perpetuiert«.[112]

Doch als Ockerman auf Facebook mitteilte, dass sein Wandgemälde entfernt werden sollte, erhielt er Unterstützung von dem damals noch eher unbekannten Labour-Hinterbänkler Jeremy Corbyn: »Warum denn? Sie sind da in guter Gesellschaft. Auch Rockerfeller [sic] zerstörte Diego Vieras [sic] Wandgemälde, weil Lenin darauf abgebildet war.« Corbyn bezog sich auf eine Arbeit des mexikanischen Künstlers Diego Rivera für das Rockefeller Center in New York.

Als der *Jewish Chronicle* Corbyns Worte drei Jahre später ausgrub, wandte er sich an sein Büro und hakte nach, warum er sich dafür eingesetzt hatte, ein eindeutig antisemitisches Wandgemälde an seinem Platz zu belassen. Es kam keine Antwort, damals nicht und in den folgenden zwei Jahren auch nicht. Erst im März 2018, als die jüdische Abgeordnete Luciana Berger, früher Labour, mittlerweile unabhängig, auf die Geschichte stieß und Corbyns Stab um einen Kommentar bat, erklärte ein Sprecher des Labour-Chefs: »Jeremy reagierte 2012 aus Gründen der Meinungsfreiheit auf Bedenken wegen der Entfernung von Kunst im öffentlichen Raum. Das Wandgemälde war jedoch beleidigend und bediente sich einer antisemitischen Bildsprache, die in unserer Gesellschaft keinen Platz hat, und es ist richtig, dass sie entfernt wurde.«[113]

Zwar räumte der Sprecher mit dieser Erklärung also ein, dass das Gemälde antisemitisch war, behauptete aber, Corbyn habe es aus »Gründen der Meinungsfreiheit« verteidigt. Folgt man dieser Argumentation, so kann der Chef der Labour Party die Beibehaltung eines öffentlich zugänglichen antisemitischen Wandgemäldes unterstützen, weil dessen Entfernung dem Prinzip der Meinungsfreiheit widerspräche. Es fällt schwer zu glauben, dass Corbyn Meinungsfreiheit nicht von der Freiheit unterscheiden kann, jede Meinung folgenlos zu äußern, und so kann ich nur annehmen, dass es für seine Unterstützung Ockermans eine andere Erklärung gibt: Er konnte an dem Wandgemälde einfach nichts Schlimmes finden.

Die erste Reaktion aus Corbyns Stab löste in den sozialen Medien und bei einer Handvoll Labour-Abgeordneter Empörung aus. Gegen den Parlamentarier Ian Austin, Adoptivkind eines jüdischen Flüchtlings, wurde eine parteiinterne Untersuchung eingeleitet, aber wieder eingestellt, nachdem er dem Parteichef gegenüber beklagt hatte, dass Labour keine international anerkannte Antisemitismus-Definition übernommen hatte; er tweetete: »Luciana ist nicht allein. Ich denke, viele Labour-Mitglieder erwarten eine Erklärung.« Gavin Shuker, Abgeordneter für Luton South, beklagte, die Stellungnahme von Corbyns Sprecher sei »nicht einmal eine Entschuldigung. Ich weiß, ich könnte auch gegen den Wind rufen, das bewirkt gar nichts, aber ich will doch mal klarstellen, dass das alles völlig daneben ist. Wir können in unserer Partei nicht gegen Antisemitismus vorgehen, wenn von ganz oben eine solche Reaktion kommt.« Luciana Berger bezeichnete die Antwort als »völlig unzureichend«.[114]

Mittlerweile hatte sogar Corbyns Stab erkannt, dass seine »Erklärung« alles nur noch schlimmer gemacht hatte. Ein paar Stunden später wurde eine weitere Stellungnahme veröffentlicht, diesmal von Corbyn selbst:

> Im Jahr 2012 äußerte ich mich aus Gründen der Meinungsfreiheit zur Entfernung öffentlich zugänglicher

Kunst. Mein Kommentar bezog sich auf die Zerstörung des Wandgemäldes »Man at the Crossroads« von Diego Rivera am Rockefeller Center. Dies ist durchaus nicht vergleichbar mit dem Wandgemälde im ursprünglichen Post. Ich bedaure aufrichtig, dass ich mir das von mir kommentierte Bild, dessen Inhalt zutiefst verstörend und antisemitisch ist, nicht genauer ansah. Ich unterstütze aus vollem Herzen seine Entfernung. Ich wende mich gegen die Herstellung antisemitischer Materialien jeglicher Art; die Verteidigung der Meinungsfreiheit darf nicht als Rechtfertigung für die Verbreitung von Antisemitismus, egal in welcher Form, herangezogen werden. Das ist eine Ansicht, die ich stets vertreten habe.[115]

Wenn man Corbyn glauben kann und er sich das Wandgemälde nicht angesehen hatte, ehe er auf den Kommentar des Künstlers auf Facebook reagierte, dann hätte er es auch nicht verteidigen dürfen. Wenn er es aber doch kannte, würde seine Reaktion nahelegen, dass er nichts daran auszusetzen hatte – und das ist zutiefst verstörend.

Viele nahmen Corbyn sein »tiefes Bedauern« nicht mehr ab. Einige vermuteten vielmehr, dass Corbyn selbst antisemitisch sein könnte: Wenn er Juden mit dem Kapitalismus gleichsetzt, könnte er sich als Sozialist verpflichtet fühlen, den kapitalistischen Juden Einhalt zu gebieten.

Einige Mitglieder der Labour Party behaupten, die Antisemitismusvorwürfe würden von »Eliten« benutzt, um Jeremy Corbyns Führung zu untergraben, oder von der rechten

Presse für ihre Angriffe »instrumentalisiert«. Unabhängig davon, ob das nun zutrifft oder nicht – und ich glaube es nicht –, ist die Bestürzung in der jüdischen Gemeinde jedenfalls groß. Im Diskurs der Labour Party schwingt ein antisemitischer Ton mit. Das macht sich insbesondere in den Erfahrungen bemerkbar, die jüdische Labour-Parlamentarierinnen gemacht haben, und man hört diesen Ton aus Corbyns eigenen Aussagen heraus, wenn er über britische Ironie spricht – dazu mehr im folgenden Kapitel – oder über eine Karikatur, die gleich nach ihrer Entstehung hätte übermalt werden müssen. Die jüdische Gemeinde darf das verurteilen, weil Corbyn und die Parteiführung es mit der Verurteilung nicht so eilig haben. Meiner Ansicht nach hat das nichts mit Instrumentalisierung oder Eliten zu tun. Hier geht es darum, dass eine Minderheit verunsichert wird, weil antisemitische Aussagen und Haltungen in einer großen politischen Partei, die einst der jüdischen Gemeinde von Großbritannien eine Heimat bot, nicht etwa umgehend verurteilt, sondern toleriert werden. Deshalb verlassen Juden, die Labour früher unterstützten, die einst geliebte Partei. Und deshalb traten im Februar 2019, als dieses Buch gerade fertig wurde, acht Labour-Abgeordnete zurück und nannten als Gründe neben dem Umgang der Partei mit dem Brexit auch den institutionalisierten Antisemitismus. Andere folgten ihnen oder ringen noch mit sich.

Von Corbyn bis Johnson: Die Verschmelzung der Begriffe »zionistisch« und »jüdisch«

Mitten in der Kontroverse um antisemitische Tendenzen in der britischen Labour Party tauchte im Sommer 2018 ein Video von Jeremy Corbyn auf, in dem der Parteichef britischen Zionisten – er benutzt den Begriff offenbar synonym mit Juden – bescheinigte, dass sie »die englische Ironie nicht verstehen«. Das Video zeigt Corbyn 2013 bei einem Empfang des Palestinian Return Centre im Parlament; Corbyn bezog sich auf eine Rede des palästinensischen Botschafters in Großbritannien Manuel Hassassian. Er sagte, dass »britische Zionisten ganz klar zwei Probleme haben. Eines ist, dass sie sich nicht mit der Geschichte beschäftigen wollen, und zweitens verstehen sie, nachdem sie sehr lange, vielleicht ihr ganzes Leben in diesem Land verbracht haben, die englische Ironie nicht.«[116]

Schon die Behauptung, dass britische Zionisten als solche keine Ironie verstehen, ist unlogisch, handelt es sich doch beim Zionismus um eine politische und/oder religiöse Überzeugung. Wenn Corbyn jedoch sagt, dass »sie« lange hier gelebt haben, dann meint er Juden. Und so erklärt sich die Empörung, die er auslöste. Hier benutzt jemand den Begriff Zionist, um Juden zu dämonisieren, und bestreitet gleichzeitig, antisemitisch zu sein. Doch wenn er behauptet, dass Zionisten (sprich »Juden«) – anders als alle anderen Briten – keine Ironie verstehen, deutet er damit auch an, dass sie eben keine richtigen Briten sind, selbst wenn sie hier geboren wurden. Sie sind anders. Fremd. Unfähig, den britischen Humor zu begreifen. Deshalb ist die Vermengung der Begriffe »zionistisch« und »jüdisch« so beängstigend. Sie ist gefährlich und entsetzlich verführerisch für all jene, die nicht innehalten und nachdenken.

Viele Menschen, Juden und Nichtjuden gleichermaßen, waren natürlich empört über Corbyns Worte. Der ehemalige britische Großrabbiner Jonathan Sacks sprach im *New Statesman* von der »beleidigendsten Aussage eines britischen Spitzenpolitikers seit Enoch Powells [einwanderungsfeindlicher, Anm. d. Ü.] ›Ströme-von-Blut‹-Rede 1968«: »Die Aussage war polarisierend und hasserfüllt, und sie untergräbt die Existenz einer ganzen Gruppe britischer Bürger, weil sie sie als grundsätzlich fremd darstellt.« Mit der Andeutung, dass Juden, »egal, wie lange sie hier leben, keine richtigen Briten sind«, habe sich Corbyn der Sprache des »klassischen europäischen Vorkriegs-Antisemitismus« bedient.[117] Ein paar Tage später wurde Sacks im *Independent* mit der Aussage zitiert, Juden seien »seit 1656 in Großbritannien, und mir fällt in diesen 362 Jahren kein anderer Anlass ein, der Juden – die Mehrheit unserer Gemeinde – zu der Frage veranlasste: ›Können meine Kinder in diesem Land noch sicher aufwachsen?‹«[118]

Wie ich halten viele Juden Sacks' Vergleich mit der »Ströme-von-Blut«-Rede für übertrieben. Leider haben sich seit Enoch Powell viele britische Politiker beleidigend geäußert, einschließlich Boris Johnson, der burkatragende Musliminnen auf islamophobe Weise mit Briefkästen verglich. Dieses Beispiel Corbyns ist zwar haarsträubend, doch man sollte ihm besser mit ätzendem Humor als mit Wut begegnen.

Wie das geht, führte Jonathan Lynns vor, Drehbuchautor der Fernsehserie *Yes Minister*. Als Antwort auf die Leugnung der Antisemitismusvorwürfe durch den Labour-Chef zitierte er die fiktive Whitehall-Eminenz Sir Humphrey Appleby: »Glauben Sie nichts, solange es nicht offiziell dementiert wird.« Lynn fügte hinzu: »Ich bin Jude. Obwohl ich *Yes Minister* und *Yes, Prime Minister* schrieb, sagt Corbyn, ich verstünde die englische Ironie nicht. Mein Koautor Tony Jay, der nur Halbjude war, verstand die Ironie wahrscheinlich halb und konnte daher wenigstens ein bisschen davon einfließen lassen.«[119]

Schon vor Veröffentlichung des Corbyn-Videos hatten sich zwei jüdische Historiker und ein bekannter jüdischer Romancier und Intellektueller in der Kontroverse über den Begriff Zionismus und seine Verwendung zu Wort gemeldet. In einem gemeinsamen Brief, der am 6. November 2017 in der *Times* erschien, brachten Simon Schama, Simon Sebag Montefiore und Howard Jacobson ihre Sorge darüber zum Ausdruck, dass in den letzten Jahren aus »konstruktiver Kritik an israelischen Regierungen etwas geworden ist«, das man eher als »Antisemitismus unter dem Deckmäntelchen des sogenannten Antizionismus« bezeichnen müsse. Es lohnt sich, ausführlich aus diesem Brief zu zitieren:

> Wir haben nichts gegen gerechtfertigte Kritik an israelischen Regierungen, doch mittlerweile ist Kritik nicht mehr von der Dämonisierung des Zionismus zu unterscheiden – das Recht des jüdischen Volkes auf eine Hei-

mat und die schiere Existenz eines jüdischen Staates. [...] Obwohl Antizionisten unschuldig jeden Antisemitismus von sich weisen, greifen sie regelmäßig auf die Verleumdungen des klassischen Judenhasses zurück. Immer wieder taucht der Vorwurf einer internationalen jüdischen Verschwörung und der Macht über die Medien auf, wird Zionismus fälschlicherweise mit Kolonialismus und Imperialismus gleichgesetzt, die bösartige und fiktive Parallele zu Völkermord und Nationalsozialismus gezogen. Wie soll man in solchen Fällen Antizionismus von Antisemitismus unterscheiden? Zionismus, die Sehnsucht eines Volkes nach Rückkehr in seine Heimat, ist seit dem Jahr 70 ein beständiger, tradierter Teil des jüdischen Lebens. In seiner modernen Form reagierte der Zionismus auf Jahrhunderte der Verfolgung, der Vertreibung und des Massenmords im christlichen und muslimischen Umfeld vom Mittelalter bis Mitte des zwanzigsten Jahrhunderts. Mit seiner Erneuerung bekräftigten die Juden ihr Existenzrecht im Angesicht einer Grausamkeit, die in der Geschichte ihresgleichen sucht. Weder vergessen noch leugnen wir, dass das palästinensische Volk eine gleichermaßen legitime und uralte Geschichte und Kultur in Palästina besitzt und dass es Unrecht erlitten hat, das wiedergutgemacht werden muss. Wir hoffen, dass ein Palästinenserstaat friedlich neben Israel existieren wird. Wir versuchen nicht, das Leid und den Anteil, den die Gründung des Staates Israel daran hatte, kleinzureden. Doch Gerechtigkeit für eine Nation macht Gerech-

> tigkeit für eine andere nicht von vornherein zum Frevel. Zionismus ist das Recht des jüdischen Volkes auf Selbstbestimmung. Antizionismus hat mit seiner antisemitischen Stoßrichtung unserer Überzeugung nach in einer zivilisierten Gesellschaft nichts zu suchen.[120]

Der Brief erschien in derselben Woche, in der Jeremy Corbyn seine Teilnahme an einer Gedenkveranstaltung anlässlich des 100. Jahrestages der Balfour-Erklärung absagte. Stattdessen veröffentlichte er ein Video zur Unterstützung eines Anti-Balfour-Marsches, der einige Tage später stattfand. Auf dieser Demonstration wurde unter anderem ein Banner mit blutroten Handabdrücken und den Worten »Zionistische Medien vertuschen den palästinensischen Holocaust« gezeigt.

Der Begriff »Holocaust« wird hier – absichtlich und in beleidigender Weise – für die Palästinenser verwendet. Deren verzweifeltes Leid ist schrecklich, aber mit dem Mord an 6 Millionen Juden und vielen Millionen anderen Menschen durch die Nationalsozialisten keineswegs vergleichbar. Darüber hinaus werden die Medien ohne klaren Grund als zionistisch gebrandmarkt. Der Begriff »zionistisch« steht hier jedenfalls für jüdisch.

Auf all diese Vorfälle folgte Anfang 2019 noch eine Fußnote, als die Labour Party erneut von Antisemitismusvorwürfen erschüttert wurde, mit denen sich ihre Führung nicht befassen konnte oder wollte. So brachte unter anderem der Labour-Ortsverein Liverpool Wavertree im Februar 2019 zwei Misstrauensvoten gegen die damals im neunten Monat schwangere Wahlkreisabgeordnete Luciana Berger ein. Einer ihrer Kritiker hatte auf Facebook erklärt, man müsse die Parlamentarierin »als die zerstörerische Zionistin bloßstellen, die sie ist«.

Nach starkem Druck von Seiten der Parteiführung, die später merkwürdigerweise nichts damit zu tun haben wollte, wurden die Anträge zurückgezogen. Der stellvertretende Parteichef und Parlamentarier Tom Watson forderte allerdings, den betreffenden Ortsverein zu suspendieren. Der Vorsitzende der Labour Party in Liverpool Wavertree wies den Vorwurf politischer Schikane zurück und bezeichnete den Antisemitismusvorwurf als »falsch und verleumderisch«.

»Sie wird schikaniert«, sagte Watson daraufhin. »Ihr Ortsverein hätte den Antrag nie einbringen, die entsprechende Sitzung nie anberaumen dürfen.« Auch der ehemalige Labour-Premierminister Tony Blair verurteilte den Umgang mit Berger: »Dass eine kluge, fähige und umtriebige Parlamentarierin wie Luciana Berger, die ihr Bestes für ihren Wahlkreis gibt, überhaupt in einem Misstrauensvotum mit einer solchen Anschuldigung konfrontiert wird, ist für die Labour Party eine Schande.«[121]

Viele Labour-Abgeordnete hatten unterdessen das National Executive Committee gebeten, darzulegen, wie viele Vorwürfe und Beschwerden wegen Antisemitismus dort eingegangen seien. Als leitende Parteivertreter einräumten, dass man zwischen April 2018 und Januar 2019 673 Meldungen über mutmaßliche antijüdische Beleidigungen erhalten, aber nur in zwölf Fällen Mitglieder aus der Partei ausgeschlossen hatte, machten die Abgeordneten der Parteiführung schwere Vorwürfe. Fast ein Drittel dieser Fälle wurden ohne weitere Schritte fallen gelassen, nur 42 wurden an das für disziplinarische Maßnahmen zuständige National Constitutional Committee weitergeleitet.

Die Abgeordnete Dame Margaret Hodge zog diese Zahlen in Zweifel. Da sie allein 200 ihrer Ansicht nach gravierende antisemitische Beleidigungen gemeldet hatte, erschien ihr die Gesamtzahl von 673 jämmerlich gering: »Es ist unglaublich. Das Vertrauen hat schweren Schaden gelitten. Wiederherstellen kann es nur die Parteiführung, anders wird es nicht zurückkehren. [Doch] Jeremy war letzten Montag nicht da, er sprang Luciana [Berger] über das Wochenende mit keinem Wort bei, und er hat es auch heute Abend vorgezogen, nicht zu erscheinen. Das spricht Bände.«[122]

Kurz vor Drucklegung dieses Buches meldete die *Sunday Times*, die Antisemitismusbeschwerden in der Labour Party hätten sich dermaßen gehäuft, dass die Offiziellen nicht schnell genug reagieren konnten; Jeremy Corbyns Büro habe sich zudem, obwohl es das abgestritten habe, sehr wohl in Fälle eingemischt, die bearbeitet wurden.[123] Im Leitartikel der Zeitung hieß es: »Es ist sehr bedenklich, wenn in der jüdischen Gemeinde viele Menschen der möglichen Wahl einer Labour-Regierung mit echter Angst entgegensehen. Sie fürchten, dass sich die antisemitische Kultur bei Labour auswächst und die Partei sie schlicht unter den Teppich kehrt. Auch das ist empörend.«[124]

Als Mitte Februar 2019 acht altgediente Labour-Abgeordnete aus der Partei austraten, nannten sie als einen der Hauptgründe den Antisemitismus in der Partei. Eine von ihnen, Luciana Berger, sagte, bei Labour sei der Antisemitismus mittlerweile institutionalisiert, und sie müsste sich »schämen«, wenn sie bliebe. Ein anderer, Chuka Umunna, hatte die Parteiführung ein Jahr lang gedrängt, etwas gegen den parteiinternen Antisemitismus zu unternehmen.

Einige Parlamentarier sind aus der Partei ausgetreten, weitere könnten folgen. Aber es ist schon erstaunlich, dass die Labour Party, die heute vielen als antisemitische Institution gilt, offensichtlich nicht bereit ist, daran etwas zu ändern. Denn nur eine Woche nachdem zunächst acht Labour-Abgeordnete wegen Antisemitismus aus der Partei ausgetreten waren – ein neunter folgte –, behauptete ihr Kollege Chris Williamson auf einem Momentum-Treffen in Sheffield, Labour habe der Antisemitismuskritik »zu viel Raum« gegeben; die Partei sei »als rassistische, fanatische Partei dämonisiert« worden. Später entschuldigte er sich halbherzig, doch nachdem mehrere Labour-Parlamentarier seine Absetzung gefordert hatten, wurde er »für den Verlauf der Untersuchung« suspendiert.[125] Der stellvertretende Parteichef Tom Watson räumte die Problematik ein, und auch Schatten-Schatzkanzler John McDonnell gab zu, dass die Partei ein massives Antisemitismusproblem hat. Es gebe »eindeutig« Judenhass in der Partei, den man aus der Welt schaffen müsse. Allerdings betrifft das seiner Ansicht nach nur 0,1 Prozent der Parteimitglieder.[126] Man könnte sagen, dass 0,1 Prozent zu viele sind, zumal in einer erklärtermaßen antirassistischen Partei. Die staatliche Equality and Human Rights Commission leitete im Mai 2019 gegen die Labour Party ein Vorverfahren zu einer Untersuchung wegen Antisemitismus ein.

Meine Eltern, die treue Labour-Wähler waren, würden sich im Grab umdrehen.

Gewalt und Vandalismus

Antisemitisch motivierte Gewalt und Vandalismus gegen Gebäude und Grabsteine kommen in Großbritannien nicht oft vor, nehmen aber in beunruhigender Weise zu.

Der Community Security Trust (CST), eine jüdische Organisation, die sich für die Sicherheit der Juden im Königreich einsetzt und antisemitische Vorfälle registriert, erfasste 2017 1382 Fälle, die bis dahin höchste Zahl, die 3 Prozent über der von 2016 lag. Im Jahr 2018 war mit insgesamt 1652 Fällen erneut ein Anstieg zu verzeichnen, diesmal um 16 Prozent. Schon 2014 und 2009 waren die Zahlen in die Höhe geschnellt, was allerdings mit den Konflikten in Israel und Gaza zusammenhing. In den Jahren 2016, 2017 und 2018 gab es keine plötzlichen, statistisch auffälligen Spitzen, durch die sich die insgesamt hohe Zahl hätte erklären lassen. Etwas hat sich verändert.

Dem CST zufolge werden antisemitische Vorfälle dem Trust wie auch der Polizei oft nicht gemeldet, sodass die wahre Zahl deutlich über der der gemeldeten Fälle liegen dürfte. Zwischen 2006 und 2016 wurden insgesamt sechsmal mehr als 100 Fälle im Monat gemeldet. Seit 2016 waren es dagegen nur in zwei Monaten weniger als 100 Fälle.[127] So entwickelt sich Rassismus. Er wächst, und er ist tückisch. Die Brexit-Entscheidung war für sich nicht antisemitisch, aber es ist klar, dass sie Rassisten ermutigte, und man muss wohl folgern, dass sie auch Antisemiten ermutigte.

Die einzelnen Vorfälle sind nicht so belanglos, dass man sie vernachlässigen könnte: Es geht um Hakenkreuzschmierereien auf Grabsteinen, kleinere Anschläge auf jüdische Gebäude, das Versenden von Hassbotschaften an prominente Juden, anonyme Anrufe, beleidigende Posts auf Twitter und Facebook und so weiter. Diese Übergriffe sind nicht nur überaus unerfreulich, sie verängstigen Menschen und machen in einzelnen Fällen einen Personenschutz notwendig.

Während wir in Großbritannien zum Glück schwere antisemitisch motivierte Gewalt noch nicht erlebt haben, stellt sich die Lage in anderen Ländern ernster dar. Ich möchte anhand einiger Beispiele zeigen, warum es so wichtig ist, antisemitisch motivierte Gewaltverbrechen auch als solche einzuordnen.

Im Jahr 2006 wurde in Paris Ilan Halimi, ein junger Franzose marokkanisch-jüdischer Herkunft, von einer Gruppe entführt, die sich »Bande der Barbaren« nannte. Die Entführer, die meinten, alle Juden seien reich, meldeten sich mehrmals bei seiner Familie, die in bescheidenen Verhältnissen lebte, und forderten ein hohes Lösegeld. Drei Wochen lang hielten sie Halimi gefangen und folterten ihn, ehe sie ihn am Straßenrand ablegten; kurz darauf erlag er seinen Verletzungen.

Die Polizei geriet in die Kritik, weil sie die antisemitische Motivation für die Entführung nicht erkannte. Ihre Entscheidung, bestimmte Informationen zurückzuhalten, während sich Halimi in Gefangenschaft befand, war kontraproduktiv, weil dadurch kein Phantombild von einem der Schlüsseltäter veröffentlicht wurde. Als die Polizei das Bild endlich freigab, stellte sich eine Frau der Polizei und gab den entscheidenden Hinweis auf die »Barbaren«, eine Bande afrikanischer und nordafrikanischer Zuwanderer, die in der Vergangenheit schon ähnliche Entführungen verübt hatten. Die französische Polizei verhaftete daraufhin fünfzehn Verdächtige. Der in Paris geborene Anführer der Bande Youssouf Fofana setzte sich in die Elfenbeinküste ab, das Heimatland seiner Eltern.

Am 26. Februar 2006 marschierten Zehntausende durch die Straßen von Paris und forderten Gerechtigkeit für Halimi. Die Entführung rüttelte viele Juden auf, sich gegen Antisemitismus und Rassismus zur Wehr zu setzen, stieß aber auch eine Debatte darüber an, ob sich Juden in Frankreich überhaupt noch sicher fühlen können. Manche sahen das nicht so, und so stieg die Einwanderung französischer Juden nach Israel in den folgenden Monaten an. Zwischen 2006 und 2016 emigrierten 40 000 französische Juden, wobei neben der Angst auch die Sorge um Arbeitsplätze und finanzielle Sicherheit eine Rolle gespielt haben dürften.[128]

Die Entführer wurden 2009 angeklagt und verurteilt. Doch zum Ärger vieler Pariser Juden hatte die Regierung Chirac die antisemitische Ausrichtung der Folterung und Ermordung Halimis ignoriert. »Nur der damalige Innenminister Nicolas Sarkozy, dessen Mutter eine sephardische Jüdin war, verurteilte den Mord an Ilan als ›antisemitisches Verbrechen‹«, so Andrew Hussey in seinem Buch über die »französische Intifada«.[129]

Springen wir einige Jahre weiter in den Juli 2014, als, erneut in Frankreich, diesmal im Pariser Vorort Sarcelles, aus einem Mob von 400 Personen eine Brandbombe in eine Synagoge geworfen und die Apotheke eines Juden niedergebrannt wurde. Am Tag zuvor hatten sich 3000 Menschen, überwiegend, aber nicht ausschließlich junge Araber und Nordafrikaner, in der Nähe des Gare du Nord versammelt und auf dem Boulevard Barbès demonstriert; einige Polizisten wurden verwundet, mehrere Demonstranten festgenommen. Eine Woche zuvor war eine antiisraelische Demonstration auf dem Place de la Bastille in Gewalt umgeschlagen, als Demonstranten gezielt auf Juden losgingen und »Tod den Juden« sowie »Hitler hatte Recht« skandierten.

Angesichts dieser massiv antisemitischen Gesinnung fragte der französisch-jüdische Künstler und Aktivist Ron Agam: »Haben wir in Frankreich in den letzten Tagen den Beginn einer französischen Kristallnacht erlebt?« Mehrere Wochen lang kochten israelfeindliche Tumulte hoch. Ein koscherer Supermarkt und eine Apotheke wurden zertrümmert und geplündert; »Tod den Juden« und »Schlitzt den Juden die Kehle auf« waren nur zwei der Sprüche, die skandiert oder auf Schildern durch die Straßen getragen wurden. Am selben Wochenende warfen Demonstranten im Pariser Viertel Barbès mit Steinen und verbrannten israelische Flaggen; »IsraHell« stand auf einem der Schilder.[130]

Nur ein halbes Jahr später, wieder in Paris, wurde nach dem Terroranschlag auf die Redaktion der Satirezeitschrift *Charlie Hebdo* der koschere Hyper-Cacher-Supermarkt an der Porte de Vincennes überfallen, während sich die beiden *Hebdo*-Attentäter in Dammartin-en-Goële verschanzten.

Amedy Coulibaly, der sich zum Islamischen Staat bekannte, war eng mit den Schützen des *Charlie-Hebdo*-Attentats Saïd Kouachi und Chérif Kouachi befreundet. Bewaffnet mit einer Maschinenpistole, einem Sturmgewehr und zwei Tokarew-Pistolen stürmte er den Supermarkt, ermordete vier Juden, nahm fünfzehn weitere als Geiseln und forderte, die Kouachi-Brüder zu verschonen. Die Polizei beendete die Geiselnahme, indem sie den Markt stürmte und Coulibaly erschoss. Zuvor hatte man jüdische Institutionen in der Umgebung abgeriegelt. Unter den Juden des Viertels nahm die Angst massiv zu, und obwohl man sich auf Demonstrationen mutig gab und viele junge Nichtjuden solidarisch den Anstecker »*Je suis Juif*«, »Ich bin Jude«, trugen, waren die Menschen verunsichert und blieben wachsam.

Es mussten noch mehrere schwere gewalttätige Übergriffe und Morde geschehen, bis die Regierung in Gestalt des damaligen Premierministers Manuel Valls den Antisemitismus endlich ernst nahm. Der Gegensatz zwischen dieser Unwilligkeit, Antisemitismus beim Namen zu nennen, und der engagierten Haltung der britischen Regierung unter Theresa May sticht ins Auge. Von der Leugnung der antisemitischen

Ausrichtung der Entführung Ilan Halimis bis hin zur fortlaufenden Diskussion über die soziale Not in den *banlieues* reagierte die französische Führung unkoordiniert und blind für antisemitische Motive.

Mittlerweile nimmt die Regierung in Paris antisemitische Vorfälle ernst. Im Februar 2019 wetterten einige Demonstranten der Gelbwestenbewegung gegen den renommierten französischen Philosophen Alain Finkielkraut. Auf Videos, die über die sozialen Medien verbreitet wurden, riefen sie: »Geh zurück nach Tel Aviv!«, »Wir sind Frankreich!«, »Zionist! Zionistisches Arschloch!« und »Frankreich gehört uns!«. Finkielkraut sagte, er spüre »blanken Hass, und das leider nicht zum ersten Mal«, und fügte hinzu, dass er »ohne die Sicherheitskräfte Angst gehabt hätte«. Finkielkraut, Sohn eines polnischen Auschwitz-Überlebenden, ist nicht nur ein bekannter Intellektueller, sondern auch ein beredter Fürsprecher Israels. Mit der Gelbwestenbewegung hatte er sympathisiert. Präsident Macron verurteilte die antisemitischen Pöbeleien und bezeichnete sie als »absolute Negation all dessen, was wir sind und was uns zu einer großen Nation macht. Wir werden das nicht tolerieren«.[131]

Wenige Tage später wurden im elsässischen Quatzenheim 96 Gräber eines jüdischen Friedhofs geschändet und Grabsteine mit Hakenkreuzen beschmiert. Auf einem Grabmal fand sich ein Hinweis auf die elsässischen »Schwarzen Wölfe«, eine ultrarechte Gruppierung, die sich in den 1970er Jahren für die Unabhängigkeit des Elsass eingesetzt hatte. Wieder sprach Präsident Macron klare Worte, und am Abend nach der Friedhofsschändung demonstrierten Zehntausende gegen Antisemitismus.[132] Ein paar Wochen später wurde in Straßburg ein Gedenkstein für die von den Nationalsozialisten 1940 niedergebrannte alte Synagoge mutwillig beschädigt.[133]

In Frankreich war es die Kombination aus dem Erstarken der extremen Rechten und dem bereits vorhandenen Antisemitismus von Muslimen, die im Jahr 2018 einen sprunghaften Anstieg antisemitischer Übergriffe um 74 Prozent im Vergleich zum Vorjahr verursachte.[134] Frankreich hat recht offensichtlich ein Problem, das erklärt, warum so viele französische Juden auswandern. Das Institute of Jewish Policy Research veröffentlichte Anfang 2017 eine Studie, in der es die jüngste Welle jüdischer Auswanderung mit früheren Fällen der Massenmigration nach Verfolgung oder politischen Unruhen verglich.[135]

Untersucht wurden jene sechs Länder – Frankreich, Belgien, Deutschland, Italien, Schweden und Großbritannien –, in denen 70 Prozent der europäischen Juden leben. Die Studie zeigte, dass es besonders aus Frankreich, Belgien und Italien signifikante Abwanderung gab, die Migrationszahlen Großbritanniens, Deutschlands und Schwedens dagegen weitgehend unverändert blieben. Zwischen 2010 und 2015 waren vier Prozent der Juden Belgiens, Frankreichs und Italiens nach Israel ausgewandert, in Großbritannien (1,2 Prozent), Deutschland (0,6 Prozent) und Schweden (1,7 Prozent) waren es vergleichsweise wenig. Wie der Autor des Berichtes Daniel Staetsky anmerkte, »verändert sich die demographische und politische Landschaft Europas. […] Weite Teile der jüdischen Bevölkerung in europäischen Ländern sehen den Antisemitismus auf dem Vormarsch.«[136]

Es gibt natürlich keine perfekte Methode, um Auftreten und Intensität antisemitischer Haltungen in der Öffentlichkeit zu messen, aber durch die Wahrnehmung, wenn nicht durch die Realität, hat sich das Verhalten der Betroffenen jedenfalls geändert. Juden wandern, wenn es ihnen möglich ist, häufig ab, wenn sich ihr Wohlbefinden und ihre Sicherheitslage massiv verschlechtert hat. Wenn sie sich also in Europa nicht willkommen fühlen, so zeigt sich das zuerst in der zunehmenden Emigration. Genau das ist in Teilen Europas zu beobachten. Obwohl die Gründe nicht ausschließlich im Antisemitismus liegen müssen, trägt dieser mit Sicherheit dazu bei.

Ein letztes Beispiel, das ich hier anführen möchte, ist der verheerende Anschlag vom Oktober 2018 auf die Etz-Chaim-Synagoge in Viertel Squirrel Hill in Pittsburgh, Pennsylvania. Dieses Attentat hatte verheerende Ausmaße, ging aber auch mit absonderlichen Botschaften einher.

An einem Samstag (Sabbat) stürmte ein Schütze während einer Namenszeremonie für ein Baby in die Synagoge und brüllte »Alle Juden müssen sterben«, ehe er elf Menschen erschoss und sechs weitere verwundete. Der mutmaßliche Täter hatte keine Vorstrafen und war den Sicherheitsbehörden unbekannt. In späteren Medienberichten beschrieben ihn ehemalige Schulkameraden als verschlossen, aber permanent von Hass erfüllt. In den sozialen Medien hinterließ er eine Spur abscheulicher rechtsextremer und rassistischer Kommentare und antisemitischer Pöbeleien, darunter Posts, in denen er den Holocaust leugnete. Doch daraus hätte sich nicht ableiten lassen, dass er auch fähig war, Menschen zu ermorden.

Eine Stunde vor dem Attentat meldete er sich in einem Forum des sozialen Netzwerks Gab zu Wort, das umstritten ist, weil es rechtsextremen Galionsfiguren und Verschwörungstheoretikern, die von anderen Plattformen und Netzwerken gesperrt wurden, eine Bühne bietet.[137] »HIAS bringt gern Invasoren ins Land, die unser Volk umbringen«, schrieb er. »Ich kann nicht dasitzen und zusehen, wie mein Volk abgeschlachtet wird. Scheiß auf eure Optik, ich geh da rein.«

HIAS, kurz für Hebrew Immigrant Aid Society, unterstützte schon Anfang des 20. Jahrhunderts arme polnische und russische Juden und half später Menschen, die vor dem antisemitischen NS-Regime und dessen mörderischen Absichten aus Deutschland und Österreich flohen oder aus der Sowjetunion, aus Äthiopien (die Falaschen) und anderen Ländern. Lev Golinkin, der vor sowjetischem Antisemitismus floh, sagt:

> HIAS war da, wenn sich das eigene Leben aufgelöst hatte, wenn man kein Geld mehr hatte, keine Kommunikation, keine Rückkehr möglich war. HIAS stützte all jene, die zum Gespenst wurden, aber noch nicht bereit waren zu sterben.

Irgendwann gab es nicht mehr so viele Juden, die eine neue Heimat suchten:

> Nun brauchten andere Leute Hilfe: Kinder, die vor Bandengewalt in Mittelamerika flohen, Kriegsopfer aus Ostasien und vor allem Kriegsflüchtlinge aus dem Nahen Osten. Diese Menschen hatten Grauen erlebt, gegen die die Erlebnisse meiner Familie eine Luxuskreuzfahrt sind.[138]

Natürlich wurde heftig darüber gestritten, ob HIAS als jüdische Organisation Muslimen helfen sollte. Wie der World Jewish Relief in Großbritannien und andere jüdische Organisationen entschied man sich dafür. Mark Hetfield, HIAS-Präsident und Geschäftsführer, erläuterte: »Wir wollten den Leuten helfen, nicht weil es sich um Juden handelt, sondern weil wir Juden sind.«

Die Hebrew Immigrant Aid Society, so Golinkin, wurde zu HIAS abgekürzt, um zu verdeutlichen, dass nicht mehr 90 Prozent der Klienten jüdisch waren. Als Donald Trump Präsident wurde und das Weiße Haus versuchte, Flüchtlingen die Einreise zu verweigern, habe sich die Organisation zu einem seiner energischsten und vernehmlichsten Kritiker entwickelt.[139]

Nach dem Massaker von Pittsburgh erklärte Präsident Donald Trump zur Frage der Verfügbarkeit von Waffen, dass härtere Waffengesetze – für die sich viele Mitglieder der jüdischen Gemeinde in Pittsburgh aussprachen – kaum etwas geändert hätten.[140] Daran darf man zweifeln, wenngleich Wachleute am Eingang der Synagoge wohl etwas hätten ausrichten können.

Jedenfalls nährte dieses Attentat die Sorge, dass religiöser und ethnischer Hass in diesen schwierigen Zeiten zunimmt. Wenn den Schützen von Pittsburgh nicht nur Antisemitismus antrieb, sondern auch das Engagement der jüdischen US-Gemeinde für eine offene und gleichberechtigte Gesellschaft, in der Flüchtlinge Aufnahme und Zuflucht finden, wird das Ausmaß der Problematik deutlich. Die soziale Spaltung wird tiefer. Wir haben es hier mit einem Attentat zu tun, das nicht nur antisemitisch, sondern auch islamophob motiviert ist. Und dahinter stehen Intoleranz und Hass, die von offizieller Seite mit migrationsfeindlichen Phrasen gutgeheißen, ja gefördert werden.

Nach dem Massaker erklärte Präsident Trump ähnlich wie viele Staatschefs vor ihm: »Diese bösartige antisemitische Attacke ist ein Angriff auf uns alle.« Doch dann forderte er die Todesstrafe für solche Verbrechen. »Wir müssen zu unseren jüdischen Brüdern und Schwestern stehen, um Antisemitismus zu besiegen und die Kräfte des Hasses zu bezwingen.«[141] In der zunehmend polarisierten US-Gesellschaft klangen Trumps Worte ziemlich hohl. Der Schütze hatte Berichten zufolge unter anderem beklagt, dass Präsident Donald Trump zu viele jüdische Berater um sich schare und dass die Juden für die Karawane mittelamerikanischer Migranten verantwortlich seien, die sich der US-mexikanischen Grenze näherten.[142] Für ihn waren Juden die Ursache für sämtliche Übel, die Weiße heimsuchen.

Die unter Antisemiten verbreiteten Verschwörungstheorien zum »Völkermord« an den Weißen greifen immer weiter um sich, obwohl sie, wie oben gezeigt, auf das späte 19. Jahrhundert zurückgehen. Die Website Gab war nach dem Massaker weitgehend offline, weil diverse Firmen – der Finanzdienstleister PayPal, der Hosting-Provider GoDaddy und andere – ihre Geschäftsbeziehungen zur Plattform gekappt hatten. Das Thema Verschwörungstheorien wurde in den Medien ausgiebig diskutiert. In einem Interview mit Jacob Sugarman von AlterNet im April 2018 erläutert der *New York Times*-Reporter Jonathan Weisman:

> Wenn weiße Nationalisten über den sogenannten weißen Völkermord reden, dann gehen sie davon aus, dass weiße Menschen, insbesondere weiße Männer, von People of Color verdrängt und vertrieben werden: Afroamerikanern, Latinos, Muslimen und allgemein Zuwanderern. Ihrer Mythologie zufolge sind diese People of Color aber auch minderwertig, und so beschwören sie Juden als Ursache ihres Niedergangs herauf, als Antwort auf die Frage: »Wie konnte uns das widerfahren?« Die Juden, heißt es, ziehen wie die Puppenspieler die Strippen der ethnisch fremden Horden. Man kann hier eine Gruppe nicht von der anderen trennen, alle sitzen im selben Boot.[143]

Die Geschichte dieses grauenhaften Anschlags nimmt noch eine letzte ironische Wendung. Ari Mahler, der sich als Krankenpfleger um den mutmaßlichen Angreifer und Mörder Robert Bowers kümmerte, ist Jude. Am Samstagabend nach dem Massaker stellte Mahler einen Facebook-Post online, der sich wie ein Lauffeuer verbreitete:

> Ich bin »Der Jüdische Krankenpfleger«. Ja genau, dieser »Jüdische Krankenpfleger«. Der im Zusammenhang mit dem Attentat von Pittsburgh erwähnt wird, bei dem elf Menschen starben. Der sich als Notfallhelfer in der Notaufnahme um Robert Bowers kümmert, den, der »Tod allen Juden« brüllte, als man ihn ins Krankenhaus fuhr. Der jüdische Krankenpfleger, der zu ihm rannte, um ihm das Leben zu retten. […] Um ehrlich zu sein, macht es mich nervös, das hier aufzuschreiben, im Moment fühle ich mich alleingelassen, und diese Ironie, dass die ganze Welt über mich redet, ohne dass ich die Chance habe, für mich zu sprechen, kommt mir unfair vor.

Er sei, so Mahler, einer von drei jüdischen Ärzten und Pflegern gewesen, die sich um Bowers kümmerten, als dieser mit Schusswunden, die er bei der Schießerei mit der Polizei davongetragen hatte, ins Allegheny General Hospital eingeliefert wurde. Mahler, Sohn eines Rabbi, notierte, dass er als Kind »viel Antisemitismus erlebt« hatte, seien es Hakenkreuzschmierereien auf seinem Schulspind oder Bilder von ihm und seiner Familie gewesen, wie sie in die Gaskammern geführt wurden. »Dass ich diese Aufgabe übernahm, die vor allem viel Mitleid und Empathie erfordert, ist eine Nachricht wert, weil ich Jude bin. Und erst recht, weil mein Dad Rabbi ist.« Bowers habe sich »bedankt, dass ich ihn gerettet habe, freundlich zu ihm war und ihn genauso behandelt habe wie jeden anderen Patienten auch«. Mahler habe Bowers nicht mitgeteilt, dass er Jude sei. »Ich habe es die ganze Zeit für mich behalten. Ich wollte, dass er mein Mitgefühl spürt, ich wollte ihm Empathie entgegenbringen. Ich fand, dass ich die Opfer am besten ehren kann, wenn ich als Jude beweise, dass er im Unrecht ist.«[144]

Von Dänemark bis Belgien, von Italien bis in die Vereinigten Staaten wächst die Zahl der Übergriffe; es sind zu viele, um sie alle aufzuzählen. Natürlich ist jeder Fall anders gelagert. Doch der Hass scheint zu wachsen, und er ist merkwürdig wirr. Er rangiert von Wut über die Lage im Nahen Osten und die »Verteidigung der Palästinenser« bis zu der These, dass Juden zu viel Macht haben und auf nicht näher beschriebene Art Zuwanderer ins Land schleusen. Die Aggressivität richtet sich gegen Menschen, die als Gefahr für die Weißen gelten, und die Täter sind überwiegend, wenn auch nicht ausschließlich Männer. Hitler habe Recht gehabt, heißt es, die Juden seien eine Seuche in der europäischen Gesellschaft. Die Krebsanalogie liegt näher, als man denken möchte. Den Juden kommt es vor, als kehrte der Krebs, nachdem er lange verschwunden war, nun zurück, und scheinbar isoliert auftretende, altbekannte Symptome fügten sich zu einer Krankheit zusammen. Antisemiten meinen, die Zeit der starken Heilmittel, die den Juden dazu verhalfen, in Europa erneut zu prosperieren, sei vorbei und die Juden selbst seien der Krebs, die Ursache für die allgemeine Malaise. Besonders in Dänemark reagierte die Politik schnell und unterstützte die jüdische Gemeinde entschlossen. Nach einem Anschlag in Kopenhagen im Februar 2015, unter anderem auf die große Synagoge, wobei ein dort Wache haltendes Mitglied der

Synagoge getötet wurde, erfuhr die jüdische Gemeinde des Landes beträchtliche Unterstützung. Diese kam von der Premierministerin, der Königin und anderen hochrangigen Landesvertretern. Der dänische Oberrabbiner Jair Melchior wandte trotz aller Trauer ein, dass der Anschlag kein Grund sei, nach Israel auszuwandern, und sprach sich vehement für jüdisches Leben in Dänemark aus.[145] In anderen Ländern ist die Reaktion oft verhalten, und mitunter fachen einwanderungsfeindliche Phrasen von offizieller Seite die Flammen dieses neuen Antisemitismus sogar noch an.

Die Dinge sind noch in der Entwicklung, doch in vielen Juden hat sich die Sorge festgesetzt, dass migrationsfeindliche Parolen ihre Position ebenso schwächen wie die der Muslime. Dies dürfe ihrer Meinung nach nicht weiter ignoriert werden.

Kapitel 3

Wie fühlt sich Antisemitismus an?

Kurz gesagt: unangenehm. Die dem Zweiten Weltkrieg folgende lange Phase der Sicherheit, die mein Erwachsenenleben und das Leben meiner Kinder prägte, hält noch an. Aber das Bild hat Kratzer bekommen. Großbritannien ist ein gutes Land für Juden, und die jüdischen Gemeinden sind ungeheuer umtriebig. Heute lebt es sich als Jüdin in London anders als in den fünfziger und sechziger Jahren, in denen ich aufwuchs. Wir haben ein hervorragendes jüdisches Filmfestival, die jüdische Bücherwoche ist ein wichtiger Termin im literarischen Kalender, mit dem JW3 in Hampstead gibt es ein jüdisches Kulturzentrum, dazu Musikveranstaltungen, Diskussionen, Sportwettkämpfe und vieles mehr. Das alles spricht für eine produktive und zuversichtliche Gemeinde.

Doch mittlerweile herrschen Unruhe und Unsicherheit. Als die jüdische Gemeinde im März 2018 auf dem Parliament Square gegen Antisemitismus in der Labour Party demonstrierte (ich war auch dabei), war das ein ungewöhnlicher Schritt.[1] Doch er erwies sich als goldrichtig, denn auf der Veranstaltung sprachen diverse Labour-Abgeordnete, Juden wie Nichtjuden, neben Vertretern der jüdischen Gemeinde und anderer Minderheiten wie der Muslime, Sikhs und Katholiken, die die jüdische Gemeinde bestärkten und sie ihrer Unterstützung versicherten. Unerfreulich war nur, dass Corbyn-Anhänger die beteiligten Labour-Mitglieder des Unterhauses und des Oberhauses fotografierten. Es herrschte eine emotional aufgeladene Stimmung. Alle drei großen jüdischen Zeitungen des Landes warnten anschließend unter der gemeinsamen Schlagzeile »Zusammen sind wir stark«, dass eine Regierung unter Jeremy Corbyn »das jüdische Leben existenziell bedrohen« könnte.[2] Ich konnte kaum glauben, dass in meiner biederen wohlbehüteten jüdischen Gemeinde so etwas möglich war. Viele aber fragten sich, ob Jeremy Corbyn eine andere gesellschaftliche Minderheit, wenn sie sich über Diskriminierung und Rassismus beklagte, mit solcher Verachtung behandelt hätte.

Auch die immer offener zur Schau gestellte Intoleranz am rechten Ende des politischen Spektrums gibt Anlass zur Sorge: die Ernennung Tommy Robinsons zum Berater des UKIP-Chefs, ungeschminkt islamophobe Äußerungen und schließlich der Begriff des »Kulturmarxismus«, den unter anderem die konservative Abgeordnete Suella Braverman verwendete, wenn auch vielleicht ohne böse Absicht. Sie hätte aber wissen müssen, dass der Begriff, den der rechtsextreme Massenmörder Anders Breivig und andere gern bemühen, auf den »Kulturbolschewismus« der Nationalsozialisten zurückgeht. Der NS-Staat hatte sich, wie Danny Stone, Direktor des Antisemitism Policy Trust, es darlegt, das allgemeine Empfinden zunutze gemacht, »dass sich in Deutschland vor 1933 ein kultureller und moralischer Zusammenbruch« ereignet hatte:

> Die Nationalsozialisten beriefen sich auf den »Kulturbolschewismus« oder den jüdischen Bolschewismus, der in der Weimarer Republik und im gesamten Westen angeblich mit einem Komplott für eine sexuelle, politische (kommunistische) und sonstige Revolution einherging; diese Revolution, hieß es, sei in eine umfassende internationale Verschwörung eingebunden und ziele darauf ab, die deutsche Kultur anzugreifen und zu schwächen. Heute wird mit dieser Vorstellung, die sich aus *Mein Kampf* und den antisemitischen *Protokollen der Weisen von Zion* ableitet und weiterentwickelt wurde, insinuiert, dass [...] Juden, andere Minderheiten und Progressive mit dem Kommunismus sympathisieren und sich verschworen haben, die Macht über Medien und Universitäten zu erlangen, den Kulturmarxismus einzuführen und westliche Kultur oder christliche Werte zu zerstören.[3]

Jeder der geschilderten Vorfälle ist für sich genommen marginal, doch die wachsende migrantenfeindliche Gesinnung, die Intoleranz und die Wut, die in Großbritannien die Brexit-Debatte prägten, tun ihre Wirkung. Obwohl die meisten britischen Juden seit Generationen im Lande sind, gerieten auch wir ins Schussfeld.

Und dann kam der Anschlag auf die Synagoge in Pittsburgh. Er löste auch in der jüdischen Gemeinde in Großbritannien Entsetzen aus, nicht nur, weil er so grauenhaft war, sondern auch, weil er die Macht rechtsextremer Verschwörungstheorien illustrierte, die Juden für alles die Schuld zuschieben, sogar dafür, dass Muslime in die USA einwandern dürfen. Trost kam auch von Nichtjuden, darunter vielen Muslimen, die sich nach dem Attentat und auf den Gedenkveranstaltungen auf die Seite der jüdischen Gemeinde stellten. Doch der Schock und die Verletzungen bleiben, und das Sicherheitsgefühl hat einen weiteren Schlag erhalten.

Solidarität

Sorge bereitet auch die Beschimpfung derer, die sich gegen Antisemitismus stellen. Kurz vor Fertigstellung dieses Buches wandte sich Rachel Riley, Moderatorin der beliebten Spielshow *Countdown* auf Channel 4, in einer Rede mutig gegen antisemitische Vertreter der Labour Party:

> Im Namen von Labour hat man mich als Heuchlerin beschimpft, als Lügenpropagandistin, hübsches Dummchen, attraktiven Kleiderständer, eine, die Antisemitismus instrumentalisiert, Faschistin, Rechtsextremistin, Nazi-Sympathisantin, Twitter-Krebsgeschwür, strohdumm, Tory, gehirngewaschen, Antisemitin, weiße Suprematistin, ziopolitischen Troll, keine richtige Jüdin, infantile Mobberin, durchgeknallte Verschwörungstheoretikerin und Pädo-Marionette, vor der sich sogar mein toter Großvater ekeln würde. Nachdem ich anlässlich meines zehnjährigen Ju-

biläums als Zahlenlady für *Countdown* dieses Thema in einem Fernsehinterview angesprochen hatte, erschien ein 11 500 Wörter langer Artikel, in dem es ausschließlich darum ging, mutige und engagierte Menschen zu diskreditieren, die gegen Antisemitismus eintreten. Ich kann diesen Artikel nur als Verschwörungsmüll erster Kajüte bezeichnen, der mit verlinkten neonazistisch angehauchten Videoclips »beweisen« sollte, dass »Antisemitismus nur ein Trick ist«. Ein Viertel des Artikels befasste sich mit mir, unter anderem damit, dass ich antisemitisch sei und deshalb gefeuert werden sollte.[4]

Der Vorgang schaffte es in die landesweiten Nachrichten, und Riley erhielt von ihren Followern auf Twitter und anderswo viel Unterstützung.[5] Das ist wirklich tröstlich. Die jüdische Gemeinde ist von den antisemitischen Äußerungen, die ihr von rechts und links gleichermaßen entgegenschlagen, zunehmend verunsichert. Doch sie weiß es zu schätzen, wenn Menschen ihr beistehen, Antisemitismus benennen, wo immer er auftritt, oder mit auf die Straße gehen wie die Menschen, die im März 2018 an der Demonstration unter dem Motto »Genug ist genug« auf dem Parliament Square teilnahmen. Als die königliche Münzanstalt 2014 Pläne für eine Gedenkmünze anlässlich des 100. Geburtstags von Roald Dahl ad acta legte, wurde das sehr begrüßt. Dahl, dessen Bücher bis heute von Kindern geliebt werden, entwickelte sich auch nach eigener Darstellung in höherem Alter zu einem glühenden Antisemiten, der die berühmten Worte sprach: »Es gibt einen Zug im jüdischen Charakter, der Ablehnung provoziert, vielleicht ist es so etwas wie mangelnde Großzügigkeit gegenüber Nichtjuden. […] Wenn irgendwo ein Anti-Irgendwas entsteht, hat das immer eine Ursache; nicht einmal ein Fiesling wie Hitler drangsalierte [die Juden] ohne Grund.«[6]

Auch viele Kirchen und Moscheen springen den Juden auf Solidaritätsdemonstrationen zur Seite, sei es in Paris, in verschiedenen Städten Deutschlands und anderswo. So war es ein grandioser Anblick, als 2018 nach einem antisemitischen Übergriff in Berlin auf einer Demonstration muslimische Frauen über ihrem Kopftuch eine Kippa trugen. Viele Menschen und Institutionen zeigen ihre Solidarität, ja, ihre aufrichtige Freundschaft. Es war wunderbar, nach dem Massaker von Pittsburgh zu sehen, wie der muslimische britische Innenminister Sajid Javid und der ebenfalls muslimische Bürgermeister von London Sadiq Khan in London mit Juden Schulter an Schulter marschierten, ebenso wie zahlreiche muslimische Organisationen, sei es der Muslim Council of Britain oder das Projekt Tell MAMA, das islamophobe Vorfälle beobachtet und Opfer islamfeindlichen Hasses unterstützt. Die starke Verbundenheit von Muslimen und Juden wurde und wird immer wieder betont. Muslime sind in der britischen Gesellschaft ebenfalls eine Minderheit, und wie wir wissen sie, dass sich Übergriffe nicht auf eine Gruppe beschränken.

Dass so viele Nichtjuden gegen rechtsextreme Verschwörungstheoretiker und in Richtung White Supremacy abdriftende Rechte Stellung beziehen, nährt die Hoffnung, dass sich die Lage auch wieder ändern kann. Eines Tages können wir diese Ansichten vielleicht dorthin verbannen, wo sie hingehören: in den Bereich des Unsagbaren, des Unvorstellbaren, des in einer höflichen Gesellschaft Inakzeptablen – mithin ins Reich des schlicht Unrechten.

Und doch …

Und doch wächst das Unbehagen. Gut integrierte britische Juden spüren die Unsicherheit seit etwa zehn Jahren. Verschiedene Faktoren verschärften dieses Gefühl, von den Vorgängen in der Labour Party über die Gewaltakte gegen Juden auf dem europäischen Kontinent bis hin zur wachsenden Zahl antisemitischer Vorfälle in Großbritannien. Ein wichtiger Aspekt war auch das Massaker in Pittsburgh, im Herzen der Vereinigten Staaten, die wir stets als sicheren Raum für Juden wahrgenommen hatten, wo jedoch 2017 Rechtsextreme in Charlottesville für weiße Vorherrschaft marschierten und brüllten: »Juden werden uns nicht ersetzen.«[7]

Profilierte Journalisten weisen öffentlich auf gravierende Probleme hin, denen wir als Juden begegnen. Hugo Rifkind, Kolumnist der *Times*, schrieb im August 2014, er fühle sich als Jude »angreifbar«.[8] Daniel Finkelstein machte seinem Ärger Luft,[9] David Aaronovitch, Jonathan Freedland, der Historiker Simon Sebag Montefiore – der sogar öffentlich erwog, Großbritannien zu verlassen[10] – und andere folgten. Sie mögen sich in ihren Ansichten unterscheiden, und jeder berichtete von anderen Erfahrungen, doch eines ist klar: Die Stimmung hat sich spürbar geändert.

Auf pro-palästinensischen Demonstrationen hören und lesen wir antisemitische Slogans. Bei Fußballspielen von Tottenham Hotspur wird unablässig das Wort »Yid« gebrüllt, das zwar extrem beleidigend und herabwürdigend, in Großbritannien aber nicht mehr strafbar ist.[11] Antisemitische Vorfälle nehmen zu, 2018 gegenüber dem Vorjahr, wie bereits erwähnt, um 16 Prozent, was nichts mit einem etwaigen Kriegsausbruch im Nahen Osten zu tun hatte.

Auch gab es Streit über das faktische Ausmaß des Antisemitismus. Im Januar 2015 berichteten Zeitungen rund um die Welt, dass fast die Hälfte der Briten zumindest einer antisemitischen Ansicht beipflichten. Die Schlagzeilen gründeten auf einer YouGov-Umfrage, die von der Organisation Campaign Against Antisemitism (CAA) beauftragt worden war. Wieder einmal riefen amerikanische Freunde bei mir an oder erkundigten sich per E-Mail, ob ich mich in Großbritannien noch sicher fühlte. Und wieder erwiderte ich, ich fühlte mich absolut sicher, und wenn sie Antisemitismus beobachten wollten, sollten sie den Blick nach Frankreich richten.

Was in der Berichterstattung fehlte, war der Hinweis, dass etablierte jüdische Organisationen den CAA-Bericht massiv kritisierten. Viele reagierten verärgert über die statistisch unprofessionelle Auswertung der Umfrage. Anshel Pfeffer, erfahrener Journalist der israelischen Tageszeitung *Ha'aretz*, bemängelte, dass mehrere der angeblich antisemitischen Ansichten, die bei der YouGov-Umfrage abgefragt wurden, gar nicht unbedingt antisemitisch seien. Zudem sei die Methodik der CAA-Umfrage unter britischen Juden nicht repräsentativ, so Anshel. Er moniert:

> Das letzte Ergebnis der Umfrage lautet, dass 56 Prozent der Befragten der Aussage zustimmen: »Der jüngste Anstieg antisemitischer Vorfälle in Großbritannien weist Parallelen mit den 1930er Jahren auf«. Wenn die Mehrheit britischer Juden und die Autoren des CAA-Berichts das wirklich glauben, fällt es schwer, noch irgendeine Aussage über den aktuellen Antisemitismus in ihrem Heimatland ernst zu nehmen. Wenn sie wirklich meinen, dass die heutige Situation in Großbritannien Parallelen zu den 1930er Jahren aufweist, [...] als eine populäre faschistische Partei, unterstützt von Mitgliedern des Adels und großer Zeitungen, für Hitler durch die Straßen marschierten, als weite Teile des britischen Establishments gegenüber dem NS-Staat eine Beschwichtigungspolitik betrieben und die Regierung jüdischen Flüchtlingen vor dem Nationalsozialismus die Einreise nach Großbritannien rigoros verwehrte [...] und als die Situation der Juden in anderen europäischen Ländern noch viel schlimmer war, dann haben sie nicht nur eine beklagenswert schlechte Kenntnis der jüngeren jüdischen Geschichte, sondern auch keinerlei Vorstellung davon, was – abgesehen von dem, was wir im Internet erleben – eigentlich unter echtem Antisemitismus zu verstehen ist.[12]

Genau das ist der Punkt. Ja, es gibt Antisemitismus, aber er reicht bei weitem nicht an den der 1930er Jahre heran, und wenn, wie geschehen, Teile der jüdischen Gemeinde in Großbritannien hysterisch reagieren, dann ist es wichtig, sie wieder auf den Boden der Tatsachen zurückzuholen.

Jonathan Boyd, Geschäftsführer des Institute for Jewish Policy Research (JPR), distanzierte sich von der CAA-Umfrage, weil sie, »wenn überhaupt, kaum methodische Glaubwürdigkeit« besitze. Bei einer genaueren und ehrlicheren Lektüre der Daten, so Boyd, hätte man erkannt, dass 75 bis 90 Prozent der Britinnen und Briten keine antisemitischen Ansichten oder keine besondere Position gegenüber Juden vertreten. Nur etwa 4 bis 5 Prozent der Bevölkerung könnten nach individueller Messung klar als antisemitisch bezeichnet werden.[13] Das ist nicht schön, aber so schrecklich ist es auch wieder nicht. Und Dave Rich vom Community Security Trust (CST) betonte, dass »die meisten britischen Juden überwiegend keinen Antisemitismus erleben und als Juden das Leben führen können, das sie sich wünschen«.[14]

Wie Antisemitismus empfunden wird, sollte von den Fakten abhängen. Genaue Analysen wie die von CST/JPR sind gründlich und durchdacht und müssen daher ernst genommen werden. Und sie sollten der jüdischen Gemeinde auch ein gewisser Trost sein. Daniel Staetskys JPR-Studie zum Antisemitismus im heutigen Großbritannien aus dem Jahr 2017 vermittelt ein nuancierteres Bild als die CAA-Umfrage.[15] So stellte Staetsky fest, dass nur ein kleiner Anteil der britischen Erwachsenen als »Hardcore«-Antisemiten eingestuft werden können, nämlich etwa 2 Prozent. Doch er zeigt auch auf, dass sich bei etwa 30 Prozent der britischen Gesellschaft antisemitische Vorstellungen unterschiedlicher Intensität finden. Wahrscheinlich war es diese »Echokammer von Vorstellungen«, die bei den jüdischen Briten ankam. Das bedeutet nicht, dass 30 Prozent der britischen Bevölkerung antisemitisch sind, doch es »zeigt, wie intensiv antisemitische Ideen in der britischen Gesellschaft leben und atmen«.[16] Die Studie bezieht sich auch durchaus berechtigt auf eine »elastische Betrachtung« des Antisemitismus,[17] nach der Antisemitismus eine Geisteshaltung darstellt und daher in unterschiedlicher Dimension und Intensität zu erwarten ist. Eine einzelne Zahl kann daher den Grad des Antisemitismus in einer Gesellschaft nicht erfassen. Wer Zahlen zitiert, muss diesen auf den Grund gehen, sie erläutern und stets mit Vorsicht genießen. Es ist alles nicht so einfach, wie auch unsere Gefühle all dem gegenüber nicht einfach sein dürfen.

Noch komplizierter werden die Reaktionen in der jüdischen Gemeinde, wenn sich Anwürfe nicht nur gegen Juden, sondern auch gegen Israel richten. In seiner Studie unterstrich Staetsky, dass Ressentiments gegen Israel, sogenannter Antiisraelismus, deutlich stärker verbreitet sind als antijüdische Vorurteile; beide können unabhängig voneinander oder auch gemeinsam auftreten. Doch je ausgeprägter die antiisraelische Einstellung ist, desto wahrscheinlicher ist es, dass sie von antisemitischen Haltungen begleitet wird. Das führt auch Dave Rich in seinem Buch *The Left's Jewish Problem* aus.[18] Rich, Politikchef bei CST, zeigt auf, was geschah, als die Labour Party erst sukzessive, dann massiv vom linken Flügel übernommen wurde. Ansichten, die früher als abwegig und fanatisch galten – Verschwörungstheorien, alte antisemitische Lügengeschichten –, seien nun die Domäne von »rechts denkenden Linken«. Nick Cohen geht in seiner Rezension des Buches im *Guardian* sogar noch weiter:

> Wenn Rich einen Fehler begeht, so den, dass er als rational denkender Historiker nicht darüber spekulieren mag, welchen psychologischen Reiz der linke Antisemitismus ausübt. Einem Romanautor würde auffallen, wie attraktiv ein legitimierter Rassismus auf Linke wirken muss, die in ihren Sprachcodes ansonsten starken Beschränkungen unterliegen. Er würde feststellen, dass ein Vorurteil, das den Faschismus und 2000 Jahre christlicher Polemik und Verfolgung gutheißt, den politischen Überzeugungen der extremen Linken sehr zupasskommt. Von der Behauptung, dass die Demokratie ein Schwindel der »neoliberalen« Weltordnung sei, zu der Behauptung, dass die Schwindler die »Rothschilds«, die »Zionisten«, die – ach, spucken wir es einfach aus – die Juden seien, ist es schließlich kein so großer Schritt.[19]

Für die jüdische Gemeinde, die, zutiefst erschüttert vom wachsenden Antisemitismus, nur schwer damit umgehen kann, waren die Erkenntnisse des JPR-Berichts, die sich aus der Betrachtung unterschiedlicher Bevölkerungsgruppen ergaben, enorm wichtig. Antisemitismus und Antiisraelismus sind unter Christen im gleichen Maß zu beobachten wie in der Gesamtgesellschaft. Unter Muslimen sind beide etwas stärker ausgeprägt. Doch auf der politischen Skala findet sich Antisemitismus besonders oft bei Rechtsextremen, Antiisraelismus dafür stärker im linken Spektrum, besonders aber in der extremen Linken. Je ausgeprägter der Antiisraelismus, desto eher geht er jeweils mit Antisemitismus einher. Wichtig ist jedoch vor allem die Schlussfolgerung, dass sich in der britischen Gesellschaft Antisemitismus überwiegend *außerhalb* dieser drei Gruppen der Ultralinken, der Ultrarechten und der Muslime findet. Selbst hochgradiger Antisemitismus kommt nur zu 15 Prozent aus diesen Gruppen. Er ist ein Krebs, der in der Gesamtgesellschaft wuchert, wenn auch nicht besonders stark.

Diese Erkenntnisse sind unschön, aber nicht alarmierend. Dennoch schreit manch einer laut, viele Juden dächten bereits darüber nach, ihre Koffer zu packen und Großbritannien zu verlassen. Dafür, dass ein Drittel der britischen Juden ernsthaft über Auswanderung nachdenkt, wie bisweilen behauptet wird, gibt es keine Belege. Und es gibt wie gesagt auch keine Belege dafür, dass die Situation ähnlich wäre wie in den 1930er Jahren. Was stimmt, ist, dass sich die Gespräche bei Tisch an Freitagabenden verändert haben. Man unterhält sich darüber, was passieren müsste, damit man Großbritannien verlässt. Das war vor zwanzig Jahren, als nach der zweiten Intifada die Zahl antisemitischer Vorfälle anstieg, noch kein Thema. In solchen Gesprächen spiegelt sich die Unsicherheit, auch wenn erst wenige tatsächlich emigriert sind.

Die Agentur der Europäischen Union für Grundrechte veröffentlichte bereits 2013 einen Bericht über Diskriminierung und Hassverbrechen gegen Juden. Danach wanderte 1 Prozent der in Großbritannien befragten Juden aus, »kehrte aber wieder zurück«, 18 Prozent erwogen in den letzten fünf Jahren eine Auswanderung, »weil sie sich in ihrem Wohnsitzland als Juden nicht sicher fühlten«. Die französischen Zahlen lagen 2013 bei 3 beziehungsweise 46 Prozent. Doch nach dem Bericht für 2018 liegt die Zahl für Großbritannien nunmehr bei 1 beziehungsweise 29 Prozent, in Frankreich dagegen bei 2 beziehungsweise 44 Prozent. Die Zahlen für Großbritannien haben sich somit verschlechtert, wohingegen sie in Frankreich, das gemeinhin als antisemitischstes Land Westeuropas gilt, relativ unverändert geblieben sind.[20]

Anlässlich des jüdischen Neujahrfestes im September 2018 kommentierte Hadley Freeman in ihrer *Guardian*-Kolumne: »Es ist der jüdische Neujahrstag, an dem man zusammen isst und redet, und bei Tisch wird es nur ein Thema geben. Während ich meine Apfelscheibe in Honig tunke, werde ich an die Zeit denken, in der Juden nicht befürchten mussten, dass Antisemitismus in Großbritannien zum Massenphänomen werden könnte.«[21] Der Ton hat sich verändert, und diese Veränderung nehmen die britischen Juden wahr. Zunächst ergibt sich ein unangenehmes Gefühl, das abgesehen von vereinzeltem Gezeter, Gekreisch und der einen oder anderen Überreaktion weitgehend unausgesprochen bleibt. Viele Juden, die links oder sehr weit links stehen, sind entsetzt und hinterfragen ihre einstigen Freunde und Verbündeten.

Interessanterweise führt das auch dazu, dass sich ehemalige Sympathisanten der Linken bewusster mit dem Judentum befassen und beginnen, in sich etwas zu »befreien«, das sie bis dahin ignoriert haben, das ihnen nun aber Schmerzen bereitet, weil andere – frühere Kollegen und Verbündete im Kampf gegen Kapitalismus und für Gleichheit – sie für ihr Judentum verachten und ihre Ansichten in anderen Themenbereichen nicht ernst nehmen, weil sie Juden sind. In der jüdischen Gemeinde herrscht zunehmend Beklemmung, man reagiert empfindlich auf harmlose Bemerkungen und vermutet leider auch oft Antisemitismus, wo keiner ist. Abigail Morris, Direktorin des Jüdischen Museums in Camden, erklärt die Spannung zwischen der gelebten Erfahrung einerseits und der Überempfindlichkeit sowie dem Eindruck Außenstehender, dass die Gemeinde überreagiert, andererseits: »Viele denken, wir machen nur viel Wirbel um nichts; sie sehen eine gesetzte, wohlhabende, erfolgreiche Gemeinde. Sie verstehen nicht, dass das in der Lebenszeit unserer Eltern und Großeltern alles zerstört wurde.«[22]

Die ältere Generation, die sich an die Nachkriegszeit der fünfziger, sechziger und siebziger Jahre erinnert, stellt traurig und resigniert fest, dass der älteste Hass nicht verschwunden ist. Für die jüngeren Juden, die in ihren prägenden Jahren ungestört ihr Leben lebten und glaubten, akzeptiert zu sein und nur ihrer ethnischen Identität nach dem Judentum – dem Volk oder der Religion – anzugehören, war das ein großer Schock. Plötzlich spüren sie, dass sie »anders« sind. Sie verstehen, was Tony Blair meinte, als er davor warnte, dass

Judenhass in der britischen Gesellschaft Wurzeln schlagen könnte: »Allzu oft ist Antizionismus übergangslos in Antisemitismus übergangen. Der Geißel, die wir im 20. Jahrhundert auszurotten versuchten, wurde ein Comeback ermöglicht.«[23] Zum ersten Mal fühlen sich jüngere Juden objektifiziert, wenn nichtjüdische Arbeitskollegen und Freunde sie wie eine Kuriosität behandeln und sie danach fragen, ob es denn ihrer Meinung nach in der Labour Party oder in der Gesamtgesellschaft *wirklich* Antisemitismus gebe oder ob vielleicht alles nur eine Übertreibung sei. War der Mörder von Pittsburgh wirklich ein antisemitischer Rassist unter vielen, oder war er nur geistig verwirrt? Ich rate allen, die diese – reichlich geschmacklose – Frage stellen, sich auf der Gab-Website und anderen Plattformen anzusehen, was die Alt-Right in den USA an Lügen und fremdenfeindlichen Beleidigungen verbreitet. Junge Juden sagen, sie fühlten sich nicht nur objektifiziert, sondern auch als Blitzableiter missbraucht, wenn sie darüber urteilen sollen, ob es Antisemitismus gibt und ob er zunimmt. Diese Generation, die in Großbritannien bislang weitgehend verhalten am jüdischen Leben teilgenommen hat, wendet sich nun den Synagogen und den jüdischen Organisationen zu. Ihr jüdisches Bewusstsein ist erwacht. Wie traurig, dass es dafür Antisemitismus brauchte. Sie fühlen sich in ihrer Identität – wie sie sie bislang verstanden haben – zutiefst erschüttert.

Es entsteht auch Wut: Wut darüber, dass all diese idiotischen Unterstellungen über Juden überhaupt in Umlauf gebracht werden dürfen, Wut darüber, dass manche sie glauben, Wut über die Bosheit und den Hass, die über jüdische Parlamentarierinnen der Labour Party ausgekippt wurden, Wut über die Diskussionskultur an Universitäten, Wut über Hakenkreuze, die in Großbritannien auf antiisraelischen Demonstrationen offen gezeigt werden dürfen, Wut über die brutalen antisemitischen Anschläge in Europa und Angst, dass sie eines Tages auch Großbritannien erreichen könnten. Und Wut über Anfeindungen gegen Israel und das Anlegen überhöhter Maßstäbe an den israelischen Staat durch britische Medien.

Viele haben ernsthaft Sorge, dass sich die Lage verschlimmern könnte. Trotz der Fakten, trotz der Erfahrung, dass Großbritannien nach wie vor zu jenen Ländern der Welt gehört, in denen Juden größte Sicherheit und Zufriedenheit genießen, wächst die Unsicherheit.

Dazu kommt noch etwas anderes. Neben all diesen Gefühlen breitet sich auch die unbestimmte Furcht aus, dass man als Jude wie der singende Kanarienvogel im Bergwerk Gradmesser für Entwicklungen sein könnte, die weit über das Judentum hinausreichen. Man fragt sich, ob Muslime dieselbe Behandlung erwartet, was wahrscheinlich ist, wenn man die Aussagen christlich-weißer Suprematisten liest, die Juden und Muslime gleichermaßen ins Visier nehmen. Das spricht sehr dafür, dass sich Juden und Muslime zusammenschließen sollten, wie es vielfach bereits geschieht. Einige islamophobe Vorfälle in der Labour Party und in der Konservativen Partei stützen dieses Argument.[24] Juden sind nicht die Einzigen, die es trifft.

Doch die Antirassismusbewegung, hinter der sich Ultralinke gern verstecken, gilt nicht gerade als Beschützerin der Juden und war es wohl auch nie. Ein möglicher Grund dafür ist, dass die meisten Juden, mit wenigen Ausnahmen, weiß sind. Beim Antirassismus der sechziger, siebziger und achtziger Jahre ging es um Schwarze, um Menschen aus der Karibik und aus Ostafrika. Obwohl mittlerweile Juden und unter anderem auch Polen zur Zielscheibe für Beschimpfungen geworden sind, gelten Juden nicht als von Rassismus betroffen: Antirassisten sehen das Problem nicht oder wollen es nicht sehen. Das mag daran liegen, dass in ihrer Weltsicht Juden als »privilegierte« Angehörige der »Elite« das Leid, das den ausgebeuteten Armen zugefügt wurde, mit verursacht haben. Juden gelten als schlau, und man traut ihnen zu, sämtliche Vorurteile und Hindernisse, die ihnen in den Weg gelegt werden, zu überwinden – ein Rückgriff auf das alte Motiv von der teuflischen Intelligenz der Juden. Sei es also, weil sich antisemitischen Lügengeschichten zufolge Juden zusammenrotten und alle Hürden meistern, sei es, weil nach dieser haarsträubenden Denkweise Juden die Auswirkungen des Holocaust auf die jüdische Gemeinde nur »hochgespielt« haben: Im ultralinken Antirassismus kommen Juden nicht vor und passen auch nicht hinein.

Hier kommt wieder der Kanarienvogel ins Spiel. Wenn jemand, der sich als Antirassist versteht, gleichzeitig ein so negatives Bild von Juden haben kann, dass er Unwahrheiten glaubt, Juden in Großbritannien abspricht, echte Briten zu sein, Juden und Israel miteinander in einen Topf wirft und

Juden als ignorante Kapitalisten, als störende Elitäre brandmarkt – wenn also so jemand *immer noch* behauptet, antirassistisch zu sein, dann strömt hier ein giftiges Gas aus, das nach und nach alle umbringt. Die Argumentation hält einer genaueren Betrachtung schlicht nicht stand. Wer sich als Antirassist bezeichnet und gleichzeitig beklagt, dass Juden keine Ironie verstehen, dem mangelt es an intellektueller Aufrichtigkeit. Ein echter Antirassist kann nicht übersehen, dass die völlig überzogene bildliche Darstellung von Juden als Kapitalisten, die, um hier noch einmal Jesaja 3:15 zu zitieren, »das Angesicht der Elenden zerschlagen«, vorurteilsbehaftet und unlauter ist. Ein echter Antirassist kann Israel und die Juden nicht gleichsetzen, kann es nicht ungerührt hinnehmen, wenn jüdische Studenten als »Zios« beschimpft werden. Wer aber all das nicht sieht oder spürt, ist ein Rassist, denn er begreift nicht, dass Antisemitismus, wenn auch im Ton anders, ebenso rassistisch ist wie der Rassismus gegen Muslime, Sikhs, Hindus oder Menschen afro-karibischer Herkunft.

Und umgekehrt gilt das auch für das rechte politische Spektrum. Man darf nicht die Worte »Kosmopolit« und »Geldmacht« als kodierte Begriffe für Juden verwenden und so tun, als wäre nichts gewesen. Man darf nicht von der »Elite aus Nordlondon« sprechen, wenn man »jüdisch« meint, wie die *Times* im Zusammenhang mit dem BBC-Fernsehdirektor Danny Cohen, nachdem der den bekannten Moderator Jeremy Clarkson wegen Rassismusvorwürfen entlassen hatte.[25] Man darf nicht wie die *Daily Mail* den Hinweis darauf, dass Ralph Miliband, Vater der beiden Labour-Politiker David und Ed Miliband, vor dem Nationalsozialismus floh, mit seiner angeblichen Moskautreue verbinden, die ihn in die Nähe »wurzelloser Kosmopoliten« rückt.[26]

Im Jahr 2007 fand auf der Jüdischen Buchwoche in London ein heute berühmtes Podiumsgespräch zwischen Martin Amis, der sich an den höflichen Antisemitismus seines Vaters erinnerte, und Christopher Hitchens statt, der in den 1970er Jahren entdeckt hatte, dass er mütterlicherseits Jude war – seine Mutter hatte ihm das verheimlicht – und dass auch sein Vater zum Teil jüdische Vorfahren hatte. Seine Haltung zu dieser Entdeckung ist faszinierend, denn ungeachtet seines streitbaren Atheismus identifizierte er sich als Jude:

> Wenn es denn ganz oder teilweise die Absicht meiner Mutter war, sicherzustellen, dass ich niemals eine Demütigung oder Peinlichkeit erleben würde, weil ich Jude bin, dann hat sie das wirklich erfolgreich erreicht. In meinem Fall war es ohnedies zu genügend Mischehen und »Konversionen« auf beiden Seiten ihrer familiären Linie gekommen, um mich zu einem dieser vielen »Mischlinge« zu machen, die sich über den ganzen Erdball verteilen. Außerdem, warum sollte ich, der nicht glaubt, dass sich die menschliche Spezies in »Rassen« unterteilen, geschweige denn, dass sich ein Volk oder die Nationalität durch ihre Religion definieren lasse, diese ganze »Frage« nicht einfach von mir abstreifen? Warum – und dann höre ich auf, rhetorische Fragen zu stellen – habe ich an

irgendeinem Punkt beschlossen, dass ich es mich niemals bestreiten hören werde, wenn man mich, in welchem Ton auch immer, fragen würde: »Sind Sie Jude?«[27]

In dem erwähnten Gespräch brachte Hitchens die Gefahr des Antisemitismus auf den Punkt; ich hätte es nicht besser ausdrücken können:

> [Antisemitismus] ist eine akute kulturelle Gefahr, und nur ein Narr kann glauben, dass er nur für Juden gefährlich wäre. Antisemitismus ist eine sehr ernsthafte Bedrohung für alles, was wir mit Anstand »Zivilisation« nennen können. […] Wenn jemand sagt, dass er Menschen aus der Karibik … ich weiß auch nicht … vielleicht wegen ihrer Musik nicht mag oder dass er Inder wegen des Geruchs ihrer Küche nicht mag oder dass er Koreaner wegen ihrem Kimchi nicht mag – egal was: Für jede Minderheit und Mehrheit auf der Welt gibt es eine Spielart solcher Vorurteile. Aber wie Freud einmal sagte, wenn es gegen die Juden geht, legen alle anderen ihre Differenzen bei. Und bei den Juden ist es nicht die Küche oder das Sexleben oder so etwas, es sind nicht simple ordinäre Vorurteile zu Hautfarbe oder Geruch. Bei ihnen ist es eine Theorie. Es ist eine paranoide Theorie, die ziemlich viel zu erklären versucht. Sie dreht sich um Gold, Geheimdokumente, verschollene Kodizes in alten Verträgen, eine unsichtbare Geheimregierung.[28]

Und Martin Amis zitiert aus dem Kopf eine treffende Stelle aus dem 1960 erschienenen Meisterwerk *Leben und Schicksal* des jüdisch-ukrainischen Autors Wassili Grossman. Antisemitismus, so Amis, sei bei Grossman »ein riesiger Spiegel, ein Meer von Verunsicherungen«.[29] Den Leuten – normalen Leuten – leuchtet es aus irgendwelchen Gründen ein, dass der Jude Erklärung und Ursache all ihrer Enttäuschungen ist. Mixt man das mit sozialen Medien und Fake News, die jeden nur möglichen Unsinn verstärken, kommt ein ziemlich tödlicher Cocktail heraus. So kann man einerseits glauben, dass Juden stinken oder dass sie verachtenswert, nicht ganz britisch oder nicht ganz loyal sind, und andererseits, dass sie ungemein mächtig, in einer internationalen Verschwörung verbandelt, zu reich und zu erfolgreich sind. All das kann man gleichzeitig glauben.

In der Tat ist es eine Theorie. Es ist eine ziemlich paranoide Theorie. Sie kommt und geht, aber manchmal zündet sie auch. In Großbritannien köchelt sie im Moment auf kleiner Flamme, aber im ultralinken und im ultrarechten Spektrum fachen Leute, auch solche, die von sich behaupten, Antirassisten zu sein, die Flamme kräftig an. Man kann das mit einem Hausbrand vergleichen. Wir wissen alle vom Verstand her, dass ein Haus in Brand geraten kann, aber meist ist die Gefahr weit weg, und unser Zuhause ist für uns ein Ort der Sicherheit und des Rückzugs vor allem, was uns draußen Angst macht. Die Möglichkeit einer Feuersbrunst im eigenen Haus, in der eigenen Schutzzone, mahnt uns, wie fragil diese Sicherheit ist, wie leicht das Gefüge des Hauses in Flammen aufgehen kann. Uns wird bewusst, dass solche Brände nicht nur irgendwann früher einmal stattfanden, sondern dass die Gefahr in der gesamten Menschheitsgeschichte stets präsent ist. Mit der Unsicherheit, die derzeit unter den britischen Jüdinnen und Juden herrscht, verhält es sich ähnlich: Dass sich die Labour Party nicht mit Antisemitismus auseinandersetzen will, dass die extreme Rechte offen primitive antisemitische Hetze betreibt, dass auch viele extremistische muslimische Publikationen Antisemitismus verbreiten, all das führt uns vor Augen, wie fragil unsere vermeintliche Stabilität wirklich ist. Theorien, die wir früher als krude Kopfgeburten durchgeknallter Autodidakten abgetan hätten, verbinden sich mittlerweile mit einem uralten Narrativ, das vergangene Katastrophen mit künftigen Gefahren verknüpft. Und an den Rändern dieser irren paranoiden Theorien erreichen die damit einhergehenden Erzählmuster auch jene, die mit Antisemitismus bislang nichts am Hut hatten. Denn dieses Zeug breitet sich immer weiter aus.

Deshalb muss uns das wichtig sein. Es muss uns wichtig sein, weil Antisemitismus zum Himmel stinkt, das Gemeinwesen von innen verrotten lässt, Schlimmeres nach sich zieht und die Theorie über »ihre« Schuld, wenn sie erst einmal in der Welt ist, rationales und evidenzbasiertes Denken unmöglich macht. Antisemitismus betrifft nicht nur Juden, sondern auch Nichtjuden, und er verbindet sich mit dem antielitären Impetus in Westeuropa und in den USA, obwohl durchaus nicht alle Juden der Elite angehören. Vorurteile und Ressentiments aus uralter Zeit kommen im neumodischen Gewand daher: Wir hassen Juden nicht nur, weil sie Juden sind, sondern weil sie Elite sind, in den Medien, Banken, Universitäten, der Justiz und Medizin, wo sie sich verbissen nach oben gekämpft haben.

Aber es gibt noch Anlass zum Optimismus. Umfragen in Großbritannien zufolge ist den meisten Menschen das Antisemitismusproblem bei Labour bewusst.[30] Viele Hunderttausend Menschen empören sich über Antisemitismus von links und rechts. Und trotzdem bin ich verunsichert. Ich bin verunsichert als Jüdin, die sich ihr Leben lang als stolze britische Staatsbürgerin gefühlt hat und Großbritannien unendlich dankbar ist, weil es meine Mutter und meine Großeltern in den 1930er Jahren aufnahm. Ich bin verunsichert als britische Bürgerin, weil ich mir überlege, ob sich das, was da gerade entsteht, ausbreiten und andere Minderheiten erfassen könnte, die die jüdische Gemeinde bislang noch mehrheitlich stolz und offen unterstützen. Ich will nicht in einem Land leben, in dem Intoleranz und Hass zur Norm werden. Ich will nicht, dass der Brexit unseren aufgeschlossenen und toleranten Lebensstil in Großbritannien zerstört. Und ich will nicht glauben, dass möglich werden soll, was der große – wenn auch nicht untadelige – deutsche Pastor Martin Niemöller, ein überzeugter Gegner des Nationalsozialismus (dem er einst selbst zugeneigt war), im Jahr 1946 sagte, nachdem er 1938 bis 1945 in Konzentrationslagern gesessen hatte und nur knapp der Hinrichtung entkommen war:

> Als die Nazis die Kommunisten holten, habe ich geschwiegen; ich war ja kein Kommunist.

> Als sie die Sozialdemokraten einsperrten, habe ich geschwiegen; ich war ja kein Sozialdemokrat.
> Als sie die Gewerkschafter holten, habe ich geschwiegen; ich war ja kein Gewerkschafter.
> Als sie die Juden holten, habe ich geschwiegen; ich war ja kein Jude.
> Als sie mich holten, gab es keinen mehr, der protestieren konnte.[31]

Es geht hier nicht nur um Juden. Wenn jemand abfällig über Juden spricht, was sagt er dann wohl über Muslime, Hindus oder Dschainas? Manche Schmähungen hört man ja schon jetzt. Was sagt er über Schwarze, Schwule, Behinderte? Über alle, die nicht in die Kategorie der »echten« Briten, Deutschen, Franzosen fallen? Das ist der Grund, warum wir links, rechts und in der Mitte genau hinschauen und alle, die Hass verbreiten, zur Rede stellen müssen.

Noch beruhigen mich mein Optimismus und mein unerschütterliches Vertrauen in die Vernunft meines Landes und des britischen Volkes. Trotz der nagenden Unsicherheit hoffe und glaube ich, dass die Britinnen und Briten antisemitische Äußerungen als widerliche und irrationale Hassrede einordnen. Ich hoffe und glaube, dass diese grässliche Pestilenz des Antisemitismus gemeinsam mit Islamophobie und anderen rassistischen und intoleranten Gesinnungen auf dem stinkenden Abfallhaufen landen, auf den sie gehören, dass sie wieder unsagbar und inakzeptabel werden. Und ich hoffe, dass die Menschen dem Antisemitismus ins Gesicht blicken, dass sie darüber diskutieren, ihn in all seinen Nuancen erfassen, nachvollziehen können, warum Juden verunsichert sind, und ihnen im Kampf gegen Antisemitismus beistehen – für uns alle, die wir in einer toleranten, offenen und aufgeschlossenen demokratischen Gesellschaft leben wollen.

Dank

Dieses Buch ist lange gereift, und ich schulde so vielen Menschen Dank, dass ich gar weiß, wo ich anfangen soll. Manche sind weit über ihre Pflichten hinausgegangen, insbesondere: Jenny Lord, meine wunderbare Lektorin und Verlegerin bei Weidenfeld & Nicolson, die mir stets Unterstützung und Anleitung gab. Steve Rubin, Verleger und ein wirklich außergewöhnlicher Freund, der für dieses Projekt eine Art Hebamme war und für seine Umsetzung gesorgt hat – ich kann ihm nicht genug danken. Leanne Oliver, die dem Buch Aufmerksamkeit verschafft hat, sowie Holly Harley, John English, Simon Wright und Kate Shearman, die in arbeitsintensiven Korrekturgängen Fehler aufspürten. David Byrne SC, der mich im Sommer 2018 in Irland mit seinen Fragen beim gemeinsamen Abendessen auf einige der komplizierteren Themen in diesem Buch brachte. Der verstorbene Sir Peter Sutherland, der schon immer fand, ich müsse ein Buch über dieses Thema schreiben, und sicher mehr Material über die Katholische Kirche beigesteuert hätte. Der Right Reverend Lord Harries of Pentregarth, der viele Fragen stellte und vielfältige Unterstützung beisteuerte. Lord Wilson of Tillyorn und seine Frau Natasha, die auf vielen Spaziergängen noch mehr Fragen und Anmerkungen einbrachten. Ich danke dem Very Reverend Dr. John Hall, Dean von Westminster, für seine Unterstützung und Freundschaft. Mark Gardner, dem stellvertretenden Direktor und Kommunikationschef des Community Security Trust, sowie Dave Rich, Chef des Politikressorts bei CST, die einen großen Teil der ersten Fassung lasen und hilfreiche Hinweise gaben. Jon Boyd, Geschäftsführer des Institute for Jewish Policy Research für seine detaillierten Hinweise zur Gliederung des Buchs. Thomas Harding für seine gründliche Kritik und die enorm hilfreichen Vorschläge. Stephen Moss CBE, der mir riet, nicht dem Hype zu glauben! Lord Mitchell für seinen Rat und dafür, dass er mir seine Empfindungen zum Antisemitismus schilderte. Baroness Royall of Blaisdon für ihren Mut und ihre Unterstützung. Jim Fletcher für die Ermutigung und das Material. Imam Monwar Hussain, Gründer der Oxford Foundation, für seinen Mut und seine Unterstützung. Meinen Freundinnen Victoria Neumark, Katy Petty-Saphon und Joanna Waley-Cohen für ihre Fragen und Hilfe, meiner Tante Anne Schwab, die mir immer freundschaftlich mit Rat und Tat zur Seite stand, und meinem geliebten Kollegen Rabbi Harry Jacobi MBE, der starb, als ich die Druckfahnen für dieses Buch korrigierte, und den ich sehr vermisse. Meinen Rabbi-Kolleginnen und -Kollegen von der Synagoge West London, Helen Freeman, Neil Janes, David Mitchell und Sybil Sheridan für alles. Chris und Deirdre Bowers-Broadbent, auf deren Dinnerparty im Februar 2019 mir die Idee für das Ende dieses Buches kam.

Paola Churchill, die seit fünfundzwanzig Jahren für mich Ordnung schafft und letztlich ermöglichte, dass ich dieses Buch überhaupt schreiben konnte. Meiner Familie – Antony, Harriet und Matthew mit Claire und Aisling –, die ihr euch so viel angehört habt. Meiner Lesegruppe und meinen Freundinnen und Freunden in London und Irland: Ihr wart alle wunderbar.

Gewidmet ist dieses Buch George Weidenfeld, dem Gründer von Weidenfeld & Nicolson, und meiner Großmutter Anna Schwab. George sagte immer, seine fantastische Laufbahn habe er überhaupt nur dank der Ermutigung durch meine Großmutter eingeschlagen; sie leitete in den 1930er Jahren, als er als Flüchtling in London eintraf, ein Komitee für Flüchtlingshilfe. Das hat er ihr nie vergessen.

Ausgewählte Literatur

Agentur der Europäischen Union für Grundrechte, *Diskriminierung und Hasskriminalität gegenüber Juden in den EU-Mitgliedstaaten: Erfahrungen und Wahrnehmungen im Zusammenhang mit Antisemitismus*, Wien 2013, https://fra.europa.eu/sites/default/files/fra-2013-discrimination-hate-crime-against-jews-eu-member-states_de.pdf

Dies., *Erfahrungen und Wahrnehmungen im Zusammenhang mit Antisemitismus: Zweite Erhebung zu Diskriminierung und Hasskriminalität gegenüber Jüdinnen und Juden in der EU*, Zusammenfassung, Wien März 2019, https://fra.europa.eu/sites/default/files/fra_uploads/fra-2018-experiences-and-perceptions-of-antisemitism-survey-summary_de.pdf

Salo Wittmayer Baron, *A Social and Religious History of the Jews* (18 Bde.), New York: Columbia University Press, 1952–1983.

Walther Bienert, *Martin Luther und die Juden. Ein Quellenbuch*, Frankfurt a. M.: Evangelisches Verlagswerk, 1982.

Levon Chorbajian und George Shirinian (Hrsg.), *Studies in Comparative Genocide*, Basingstoke: Palgrave Macmillan, 1999.

Norman Cohn, *»Die Protokolle der Weisen von Zion«: Der Mythos der jüdischen Weltverschwörung*, übers. von Karl Röhmer, Baden-Baden/Zürich: Elster, 1998.

Ders., *Unknown Documents on the Jewish Question: Disraeli's Plan for a Jewish State* (1877), hrsg. v. N. H. Frankel, übers. v. Theodor Herzl Gaster, Baltimore, MD/Tel-Aviv: Schlesinger Pub. Co., 1947.

Benjamin Disraeli, *Letters: 1852–1856*, Bd. 6, hrsg. von M. G. Wiebe, Mary S. Millar und Ann P. Robson, Toronto: University of Toronto Press, 1997.

A. Roy Eckardt, *Elder and Younger Brothers*, New York: Scribner, 1967.

Ders., *Your People, My People*, New York: Quadrangle Books, 1974.

John M. Efron, *Defenders of the Race: Jewish Doctors and Race Science in Fin-de-Siècle Europe*, London/New Haven: Yale University Press, 1994.

Amos Elon, *Zu einer anderen Zeit: Porträt der jüdisch-deutschen Epoche* (1743–1933), übers. von Matthias Fienbork, München/Wien: Hanser, 2003.

Richard J. Evans, *Irving vs. (1) Lipstadt and (2) Penguin Books, Expert Witness Report*, 2000, https://phdn.org/negation/irving/EvansReport.pdf

Ders., *Im Schatten Hitlers? Historikerstreit und Vergangenheitsbewältigung in der Bundesrepublik*, übers. von Jürgen Blasius, Frankfurt a. M.: Suhrkamp, 1991.

Emir Feisal, Brief an Felix Frankfurter, 3. März 1919, https://www.jewishvirtuallibrary.org/feisal-frankfurter-correspondence-march-1919.

Orlando Figes, *Die Flüsterer: Leben in Stalins Russland*, übers. von Bernd Rullkötter, Berlin: Berlin Verlag, 2008.

Josef Fraenkel, *Louis D. Brandeis (1856–1941): Patriot, Judge, and Zionist*, Makers of Modern Jewish History, Bd. 2, London: Education Committee of the Hillel Foundation, 1959.

Martin Gilbert, *Kristallnacht: Prelude to Destruction*, New York/London: HarperCollins, 2006.

Ellen Goldberg, »The New Israel Fund Says … It's Time to Nail the Lies«, Offener Brief, 7. August 2009, https://jfjfp.com/the-new-israel-fund-says/.

Leo Goldberger (Hrsg.), *The Rescue of the Danish Jews: Moral Courage under Stress*, New York: NYU Press, 1987.

Peter Grose, »Louis Brandeis, Arthur Balfour and a Declaration That Made History«, *Moment Magazine* 8, November 1983, Nr. 10, S. 27–39.

Wassili Grossman, *Leben und Schicksal*, übers. von Madeleine von Ballestrem, Berlin: Claassen, 2007.

Max Hastings, *Winston's War: Churchill, 1940–1945*, London: Random House, 2011.

Ders., *The Secret War: Spies, Codes and Guerrillas 1939–1945*, London: William Collins, 2015.

Malcolm Hay, *Thy Brother's Blood: The Roots of Christian Anti-Semitism*, New York: Hart Publishing, 1975.

Theodor Herzl, *Der Judenstaat*, Leipzig/Wien: M. Breitenstein's Verlags-Buchhandlung, 1896.

Ders., *Altneuland*, Leipzig: Hermann Seemann Nachf., 1902.

Moses Hess, *Rom und Jerusalem: Die letzte Nationalitätsfrage*, 2. Aufl., Leipzig: M. W. Kaufmann, 1899.

Christopher Hitchens, *Love, Poverty and War: Journeys and Essays*, New York: Nation Books, 2004.

Ders., *The Hitch: Geständnisse eines Unbeugsamen*, übers. von Yvonne Badal, München: Blessing, 2011.

Human Rights Watch, *Separate and Unequal. Israel's Discriminatory Treatment of Palestinians in the Occupied Palestinian Territories*, New York, 19. Dezember 2010.

Dies., *Born Without Civil Rights. Israel's Use of Draconian Military Orders to Repress Palestinians in the West Bank*, New York, 17. Dezember 2019.

Andrew Hussey, *The French Intifada*, London: Granta, 2014.

Paul Iganski und Barry Kosmin (Hrsg.), *A New Antisemitism? Debating Judeophobia in 21st-Century Britain*, London: Profile Books, 2003.
Steven L. Jacobs und Mark Weitzmann, *Dismantling the Big Lie: The Protocols of the Elders of Zion*, New York: KTAV Publishing House, 2003.
Mark Juergensmeyer, Margo Kitts und Michael Jerryson (Hrsg.), *The Oxford Handbook of Religion and Violence*, Oxford: Oxford University Press, 2013.
Brian Klug, »The Left and the Jews: Labour's Summer of Discontent«, *Jewish Quarterly* 242 (Herbst 2018).
Walter Laqueur, *Der Weg zum Staat Israel: Geschichte des Zionismus*, übers. von Heinrich Jelinek, Wien: Europaverlag, 1975.
Ders., *Gesichter des Antisemitismus: Von den Anfängen bis heute*, übers. von Klaus-Dieter Schmidt, Berlin: Propyläen, 2008.
Bernard Lewis, »The New Anti-Semitism«, *The American Scholar*, 75, Nr. 1 (Winter 2006), S. 25–36.
Ders., *The Jews of Islam*, Princeton: Princeton University Press, 1984.
Ders., *»Treibt sie ins Meer!« Die Geschichte des Antisemitismus*, übers. von Erwin Duncker, Frankfurt a. M./Berlin: Ullstein, 1987.
Deborah Lipstadt, *Der neue Antisemitismus*, übers. von Stephan Pauli, München: Berlin Verlag, 2018.
Martin Luther, »Von den Juden und ihren Lügen« (1543), https://ia902704.us.archive.org/17/items/VonDenJudenUndIhrenLgen/VonDenJudenUndIhrenLgen.pdf.
Sir William Macpherson, *Stephen Lawrence Inquiry Report*, Februar 1999, https://assets.publishing.service.gov.uk/government/uploads/system/uploads/attachment_data/file/277111/4262.pdf

Kenneth L. Marcus, *The Definition of Anti-Semitism*, New York: Oxford University Press, 2015.

Caroline Moorehead, *Village of Secrets: Defying the Nazis in Vichy France*, London: Chatto & Windus, 2014.

William Nicholls, *Christian Antisemitism: A History of Hate*, Northvale, NJ: Jason Aronson, 1993.

Barry Edward O'Meara, *Napoleon in Exile, or A Voice from St. Helena*, London: Simpkin and Marshall, 1822.

Susan Paley und Adrian Gibbons Koesters (Hrsg.), *A Viewer's Guide to Contemporary Passion Plays*, unter Mitarb. der Anti-Defamation League's Plains States Office, Creighton University, Omaha: University of Nebraska and Jewish Federation of Omaha, 2004.

James Parkes, *The Conflict of the Church and the Synagogue*, London: Soncino Press, 1934.

Pew Research Center, »Rising Tide of Restrictions on Religion«, 20. September 2012, http://www.pewforum.org/2012/09/20/rising-tide-of-restrictions-on-religion-findings/

Barbara Pezzini, »Rootless Cosmopolitans?«, *Visual Resources*, 6. September 2017, S. 199–203.

Leon Pinsker, *»Autoemancipation!« Mahnruf an seine Stammesgenossen von einem russischen Juden*, Berlin: W. Issleib, 1882.

Léon Poliakov, *Geschichte des Antisemitismus* (8 Bde.), übers. von Rudolf Pfisterer, Frankfurt a. M.: Athenäum, Jüdischer Verlag, 1977–1988.

Peter Pulzer, *Die Entstehung des politischen Antisemitismus in Deutschland und Österreich 1867 bis 1914*, übers. von Jutta und Theodor Knust, Gütersloh: Mohn, 1966; rev. Ausg. Göttingen: Vandenhoeck und Ruprecht, 2004.

Researching Antisemitism, Institute for Jewish Policy Research, London, 14. Januar 2015.

Dave Rich, *The Left's Jewish Problem: Jeremy Corbyn, Israel and Anti-Semitism*, London: Biteback, 2016, rev. Ausg. 2018.
Philippe Sands, *Rückkehr nach Lemberg: Über die Ursprünge von Genozid und Verbrechen gegen die Menschlichkeit*, übers. von Reinhild Böhnke, Frankfurt a. M.: S. Fischer, 2018.
Jean-Paul Sartre, *Betrachtungen zur Judenfrage*, Zürich: Europa-Verlag, 1948.
Abe Silberstein, »What the Nation-State Law Means, and What It Doesn't«, *Israel Policy Exchange*, 24. Juli 2018.
Charles Spurgeon, »The Restoration and Conversion of the Jews«, Nr. 582, Predigt am Donnerstagabend, dem 16. Juni 1864, von Rev. C. H. Spurgeon, in der Metropolitan Tabernacle, Newington, zur Unterstützung der British Society for the Propagation of the Gospel among the Jews, Metropolitan Tabernacle Altar 1, Band 10:1.
L. Daniel Staetsky, *Antisemitism in Contemporary Great Britain*, Institute for Jewish Policy Research, London September 2017.
Ders., *Are Jews Leaving Europe?* Bericht des Institute for Jewish Policy Research, London, Januar 2017.
Alison Weir, »Israeli Organ Trafficking and Theft: From Moldova to Palestine«, *Washington Report on Middle East Affairs* 28 (November 2009), Nr. 8, S. 15–17.
Arnold White, »The Jewish Question: How to Solve It«, *North American Review* 178 (1904), Nr. 566, S. 10–24.
Michael Wolffsohn, *Ewige Schuld? 40 Jahre deutsch-jüdisch-israelische Beziehungen*, München/Zürich: Piper, 1988.
Émile Zola, *J'Accuse …!* (1898), »Ich klage an: An den Präsidenten der französischen Republik«, in: *Reden, die die Welt bewegten*, hrsg. von Karl Heinrich Peter, Stuttgart: Mundus Verlag, 1986, S. 180–190.

Anmerkungen

Vorwort zur deutschen Ausgabe / Einführung

1 Rede von Frank-Walter Steinmeier vor der Synagoge in Halle (Saale) am 10. Oktober 2019, https://www.bundespraesident.de/SharedDocs/Berichte/DE/Frank-Walter-Steinmeier/2019/10/191010-Anschlag-Halle.html

2 Runnymede Commission on Antisemitism, *A Very Light Sleeper: The Persistence and Dangers of Antisemitism*, London 1994.

3 Zitiert in Malcolm Hay, *Thy Brother's Blood: The Roots of Christian Anti-Semitism*, New York 1975.

Kapitel 1

1 Robert S. Wistrich, *Antisemitism: The Longest Hatred*, London 1991.

2 Justin der Märtyrer, *Dialog mit dem Juden Trypho (Dialogus cum Tryphone)*, 11:4, Bibliothek der Kirchenväter, https://www.unifr.ch/bkv/kapitel100-10.htm

3 »Christian-Jewish Relations: The Early Church and the Beginnings of Anti-Semitism«, Jewish Virtual Library, American-Israeli Cooperative Enterprise, o. J.

4 Robert A. Michael, *A History of Catholic Antisemitism: The Dark Side of the Church*, New York 2011, S. 28.

5 Siehe William Nicholls, *Christian Antisemitism: A History of Hate*, Northvale, NJ 1993, S. 182.

6 John Anthony McGuckin, *The Westminster Handbook to Origen*, Louisville, KY / London 2004.

7 Zitiert in Andreas Renz, *Die katholische Kirche und der interreligiöse Dialog*, Stuttgart 2014, S. 25.

8 *Die Bekenntnisse des heiligen Augustinus*, übers., eingeleitet und mit Anmerkungen versehen von Otto F. Lachmann, Leipzig 1920, S. 321.

9 United States Holocaust Memorial Museum, *Holocaust Encyclopedia. Antisemitism in History: From the Early Church to 1400*, Washington, DC, https://encyclopedia.ushmm.org/content/en/article/antisemitism-in-history-from-the-early-church-to-1400

10 Lutherbibel 2017, Matthäus 27:25.

11 Susan Paley und Adrian Gibbons Koesters (Hrsg.), *A Viewer's Guide to Contemporary Passion Plays*, Boston College, o. J., https://www.bc.edu/content/dam/files/research_sites/cjl/texts/cjrelations/resources/education/CreightonViewers-Guide.pdf

12 Zitiert in Walther Bienert, *Martin Luther und die Juden. Ein Quellenbuch*, Frankfurt a. M. 1982, S. 165.

13 Günter Brakelmann, *Luther und die Juden: Luther, der Protestantismus und der Holocaust*, Norderstedt 2018, S. 24.

14 Martin Luther, »Von den Juden und ihren Lügen« (1543), S. 7 f., S. 11. https://ia902704.us.archive.org/17/items/VonDenJudenUndIhrenLgen/VonDenJudenUndIhrenLgen.pdf

15 Amos Elon, *Zu einer anderen Zeit: Porträt der jüdisch-deutschen Epoche (1743–1933)*, übers. von Matthias Fienbork, München/Wien 2003, S. 113.

16 Bernard Lewis, »The New Anti-Semitism«, *The American Scholar* 75, Nr. 1 (Winter 2006), S. 25–36; der Artikel basiert auf einem Vortrag, gehalten am 24. März 2004 an der Brandeis University.

17 Lee Harpin, »Board President Marie van der Zyl Says Rising Antisemitism is ›Warning Sign of Genocide‹«, *Jewish Chronicle*, 5. November 2018.

18 Ebd.

19 Siehe dazu Bernard Lewis, *Die Juden in der islamischen Welt*, übers. von Liselotte Julius, München 1987 und ders., *»Treibt sie ins Meer!« Die Geschichte des Antisemitismus*, übers. von Erwin Duncker, Frankfurt a. M./Berlin 1987.

20 »Die Gemeindeordnung von Medina«, in: Julius Wellhausen: *Skizzen und Vorarbeiten. Viertes Heft*, Berlin 1889, S. 67–83; S. 67 und 69.

21 Sure 4:157: »[D]och sie töteten ihn nicht und kreuzigten ihn nicht«. In: *Der Koran*, übers. von Max Henning, Kreuzlingen/München 1999, S. 99.

22 Sure 2:61, in: *Der Koran*, S. 34.

23 Sure 2:62, in: ebd.

24 Charta der Islamischen Widerstandsbewegung Hamas, übers. von Lutz Rogler [Redaktion INAMO, Berlin], in: Helga Baumgarten, *Hamas: Der politische Islam in Palästina*, Kreuzlingen/München: Diederichs 2006, S. 207–226; S. 211.

25 Mark Juergensmeyer, Margo Kitts und Michael Jerryson (Hrsg.), *The Oxford Handbook of Religion and Violence*, Oxford 2013, S. 484.

26 Sayyid Qutb, *Zeichen auf dem Weg*, übers. von Muhammed Shukri, Köln 2005, S. 149.

27 Norman Cohn, *»Die Protokolle der Weisen von Zion«: Der Mythos der jüdischen Weltverschwörung*, übers. von Karl Röhmer, Baden-Baden/Zürich: Elster, 1998.

28 Steven Leonard Jacobs und Mark Weitzman, *Dismantling the Big Lie: The Protocols of the Elders of Zion*, Los Angeles 2003, S. xi.

29 Rūḥallāh Mūsawī Ḫumainī, [d. i. Ajatollah Chomeini], *Der islamische Staat*, übers. von Nader Hassan und Ilse Itscherenska, Berlin 1983, S. 194.

30 Die Authentizität dieser Aussage ist zwar umstritten, doch die Rede ist auf der Website der Hisbollah moqawama.org zu finden.

31 Brendan Simms und Charlie Laderman, »The Longest Hatred«, *New Statesman*, 9. Mai 2016.

32 David Aaronovitch, »The New Anti-Semitism. A Document Once Used by the Nazis to Stir up Hatred of Jews and Long Known to be a Forgery is Once again Being Circulated, this Time by Muslim Scholars«, *The Guardian*, 22. Juni 2003. Zitat Adolf Hitler, *Mein Kampf*, 17. Aufl., München 1943, S. 337.

33 »Malaysian Leader Says Anti-Semitism ›Invented to Prevent Criticism of Jews‹«, AP, *The Times of Israel*, 16. August 2018.

34 Transkript der Rede vom 16. Oktober 2003: https://asean.org/?static_post=speech-by-the-prime-minister-of-malaysia-the-hon-dato-seri-dr-mahathir-mohamad

35 Tom Kershaw, »The International Paralympic Committee (IPC) has stripped Malaysia of its right to host the 2019 World Para Swimming Championships after the country upheld its ban on Israeli athletes participating«, *The Independent*, 28. Januar 2019.

36 Mehdi Hasan, »The Sorry Truth is That the Virus of Anti-Semitism Has Infected the British Muslim Community«, *New Statesman*, 21. März 2013.

37 Wilhelm Marr, *Der Sieg des Judenthums über das Germanenthum: Vom nicht confessionellen Standpunkt aus betrachtet*, 12. Aufl., Bern 1879.

38 Heinrich von Treitschke, »Unsere Aussichten«, *Preußische Jahrbücher* 44 (1879), S. 559–576; S. 575, sowie »Noch einige

Bemerkungen zur Judenfrage«, *Preußische Jahrbücher* 45 (1880), S. 85–95.

39 Leon Pinsker, *»Autoemancipation!« Mahnruf an seine Stammesgenossen von einem russischen Juden*, Berlin 1882, S. 11.

40 John M. Efron, *Defenders of the Race: Jewish Doctors and Race Science in Fin-de-Siècle Europe*, London/New Haven 1994.

41 Empfehlung 12 des Stephen Lawrence Inquiry Report von Sir William Macpherson, Februar 1999; einsehbar unter: https://assets.publishing.service.gov.uk/government/uploads/system/uploads/attachment_data/file/277111/4262.pdf, S. 376.

42 Alfred Ingemar Berndt, Pressekonferenz, 24. November 1938, abgedruckt in: Fritz Sänger, *Politik der Täuschungen: Missbrauch der Presse im Dritten Reich. Weisungen, Informationen, Notizen 1933–1939*, Wien 1975, S. 262. Der *Daily Telegraph* zitiert am 12. November 1938 Goebbels mit den Worten: »The German people is anti-Semitic. It has no desire to have its rights restricted or to be provoked in the future by parasites of the Jewish race«; siehe Martin Gilbert, *Kristallnacht: Prelude to Destruction*, London 2006, S. 142.

43 Siehe A. Roy Eckardt, *Elder and Younger Brothers*, New York 1967 und ders., *Your People, My People*, New York 1974.

44 Yair Rosenberg, »›Jews Will Not Replace Us‹: Why White Supremacists Go after Jews«, *The Washington Post*, 14. August 2017.

45 Zitiert in Jack Shafer, »How Trump Changed After Charlottesville«, *Politico Magazine*, 18. Juli 2019.

46 Die Erklärung ging aus dem Internationalen Forum in Stockholm hervor, wo sich vom 27. bis 29. Januar 2000 auf Einladung des schwedischen Ministerpräsidenten Göran Persson Vertreter von 46 Regierungen trafen. Der deutsche Text der

Erklärung findet sich unter https://www.holocaustremembrance.com/de/node/196

47 Ebd.

48 Kenneth L. Marcus, *The Definition of Anti-Semitism*, New York 2015.

49 Walter Laqueur, *Gesichter des Antisemitismus: Von den Anfängen bis heute*, übers. von Klaus-Dieter Schmidt, Berlin 2008, S. 32 f.

Kapitel 2

1 Zur Geschichte des Zionismus gibt es viele Bücher, von denen Walter Laqueurs meisterhafte Studie wohl die beste ist: *Der Weg zum Staat Israel: Geschichte des Zionismus*, übers. von Heinrich Jelinek, Wien 1975.

2 Siehe »Geschichte der nationalen Frage in Russland im Russischen Komitee zur Verteidigung der Menschenrechte« (auf Russisch) sowie Levon Chorbajian und George Shirinian (Hrsg.), *Studies in Comparative Genocide*, Basingstoke 1999.

3 Arnold White, »The Jewish Question: How to Solve It«, *North American Review* 178 (1904), Nr. 566, S. 10–24, S. 14.

4 Moses Hess, *Rom und Jerusalem: Die letzte Nationalitätsfrage*, Leipzig 1862; 2. Aufl., 1899.

5 Leon Pinsker, *»Autoemancipation!« Mahnruf an seine Stammesgenossen von einem russischen Juden*, Berlin 1882, S. 9.

6 Charles Spurgeon, »The Restoration and Conversion of the Jews«, Nr. 582, Predigt am Donnerstagabend, dem 16. Juni 1864, von Rev. C. H. Spurgeon, in der Metropolitan Tabernacle, Newington, zur Unterstützung der British Society for the Propagation of the Gospel among the Jews, Metropolitan Tabernacle Altar 1, Band 10:1.

7 Benjamin Disraeli, *Letters: 1852–1856*, Bd. 6, hrsg. von M. G. Wiebe, Mary S. Millar und Ann P. Robson, Toronto 1997, Appendix IA, S. 536.

8 Benjamin Disraeli, *Unknown Documents on the Jewish Question: Disraeli's Plan for a Jewish State* (1877), hrsg. v. N. H. Frankel, übers. v. Theodor Herzl Gaster, Baltimore/Tel-Aviv 1947.

9 Émile Zola, *J'Accuse …!* (1898), »Ich klage an: An den Präsidenten der französischen Republik«, in: *Reden, die die Welt bewegten*, hrsg. von Karl Heinrich Peter, Stuttgart 1986, S. 180–190.

10 *Zionisten-Congress in Basel, 29. 30. und 31. August 1897, Officielles Protocoll*, Wien 1898, S. 114.

11 Alan R. Taylor, »Zionism and Jewish History«, *Journal of Palestine Studies* 1, Nr. 2 (Winter 1972), S. 35–51; S. 41.

12 Jehuda Reinharz, *Chaim Weizmann: The Making of a Statesman*, Oxford 1993, S. 67–69.

13 Siehe Christopher Hitchens, »Jewish Power, Jewish Peril«, in: *Vanity Fair*, 11. September 2002; auch enthalten in: Ders., *Love, Poverty and War: Journeys and Essays*, New York 2004.

14 Josef Fraenkel, *Louis D. Brandeis (1856–1941): Patriot, Judge, and Zionist*, Makers of Modern Jewish History Bd. 2, London 1959.

15 Deutsch zitiert in: Wolfgang Benz (Hrsg.), *Handbuch des Antisemitismus*, Bd. 4: *Ereignisse, Dekrete, Kontroversen*, Berlin/Boston 2011, S. 36.

16 Emir Feisal, Brief an Felix Frankfurter, 3. März 1919, https://www.jewishvirtuallibrary.org/feisal-frankfurter-correspondence-march-1919; siehe auch Charles A. Seldon, »Prince of Hedjaz Welcomes Zionists«, *The New York Times*, 4. März 1919.

17 Bundeszentrale für politische Bildung, »Britisches Weißbuch«, 17. Mai 1939, online unter https://www.bpb.de/internationales/asien/israel/45184/quellen?p=all

18 Der Bericht findet sich online unter https://www.un.org/unispal/document/auto-insert-179435/

19 Der Text der UN-Resolution 181 findet sich online unter https://www.un.org/unispal/document/auto-insert-185393/

20 Benjamin Kerstein, »Yes, all criticism of Israel is anti-Semitic!«, *The Jerusalem Post*, 12. Mai 2012.

21 Alexander Zeldin, »When Criticism of Israel Becomes Anti-Semitic«, *Forward*, 11. Dezember 2017.

22 Ebd.

23 Tatsächlich sprechen die meisten liberal gesinnten Leute allen Völkern – den Basken, Katalanen, Kurden, Jesiden etc. – das Recht auf Selbstbestimmung zu. Doch häufig sind dieselben Leute nicht der Meinung, dass dies auch für die Juden gelte. Und hier liegt das Problem.

24 Abe Silberstein, »What the Nation-State Law Means, and What It Doesn't«, *Israel Policy Exchange*, 24. Juli 2018.

25 Ian Black, »Doctor Admits Israeli Pathologists Harvested Organs without Consent«, *The Guardian*, 21. Dezember 2009.

26 Donald Boström, »›Our Sons are Plundered of Their Organs‹«, *Aftonbladet*, 26. August 2009.

27 Alison Weir, »Israeli Organ Trafficking and Theft: From Moldova to Palestine«, *Washington Report on Middle East Affairs* 28 (November 2009), Nr. 8, S. 15–17.

28 Alison Weir, »Israeli Organ Harvesting?«, alisonweir.org/journal/2009/9/1/israeli-organ-harvesting.html

29 »Belgian Official: Israel Steals Organs of Palestinian Kids«, Press TV, 21. Oktober 2018.

30 Kevin Sack, »Transplant Brokers in Israel Lure Desperate Kidney Patients to Costa Rica«, *The New York Times*, 17. August 2014.

31 Uri Dromi, »A Lib Dem and a Blood Libel«, *The Guardian*, 12. Februar 2010.

32 Akiva Eldar, »U. S. State Department: Israel is Not a Tolerant Society«, *Ha'aretz*, 6. November 2009.

33 Pew Research Center, »Rising Tide of Restrictions on Religion«, 20. September 2012, http://www.pewforum.org/2012/09/20/rising-tide-of-restrictions-on-religion-findings/

34 Jonathan Adelman, »The Christians of Israel: A Remarkable Group«, *HuffPost*, 28. August 2015 (aktualisiert 28. August 2016).

35 Siehe zum Beispiel »Palestinians Evicted in Jerusalem«, *BBC News*, 2. August 2009; »50 Palestinians Evicted from Jerusalem Homes – Israeli Police then Allowed Jewish Settlers to Move into the Houses«, *MSNBC*, 2. August 2009.

36 Lara Jakes und David M. Halbfinger, »In Shift, U. S. Says Israeli Settlements in West Bank Do Not Violate International Law«, *The New York Times*, 18. November 2019.

37 Siehe Human Rights Watch, *Separate and Unequal. Israel's Discriminatory Treatment of Palestinians in the Occupied Palestinian Territories*, New York, 19. Dezember 2010, und dies., *Born Without Civil Rights. Israel's Use of Draconian Military Orders to Repress Palestinians in the West Bank*, New York, 17. Dezember 2019.

38 Die Or-Kommission unter dem Vorsitz des Richters am Obersten Gericht Theodore Or wurde einberufen, um die Ereignisse im Oktober 2000 zu Beginn der zweiten Intifada zu untersuchen, als die israelische Polizei auf mehreren Demonstrationen zwölf arabische Israelis und einen Palästi-

nenser tötete. Die Kommission warf der israelischen Polizei vor, dass sie auf die Unruhen nicht vorbereitet gewesen sei und demonstrierende und randalierende Bürger mit brachialer Gewalt auseinandergetrieben habe. Acht Polizisten wurden von der Kommission gerügt. Besonders bemerkenswert war aber die Feststellung, dass arabische Bürgerinnen und Bürger in Israel unter Diskriminierung leiden, und die Kritik, dass die Regierung die Bedürfnisse der arabischen Bevölkerung Israels nicht in fairer und gleicher Weise berücksichtigt. Im Kommissionsbericht hieß es außerdem, die Frustration über die Diskriminierung habe überhaupt erst zu den Aufständen im Oktober 2000 geführt.

39 Tomer Zarchin, »Israeli Arabs More Likely to Be Convicted for Crimes than Their Jewish Counterparts, Study Shows«, *Ha'aretz*, 2. August 2011.

40 Jonathan Cook, »Israel's Rights Groups Condemn ›Jews Only‹ Businesses«, *The National*, 10. August 2011.

41 Senatsverwaltung für Inneres und Sport, Berlin, Verfassungsschutzbericht 2015, Berlin, S. 52, abrufbar unter https://www.berlin.de/sen/inneres/verfassungsschutz/publikationen/verfassungsschutzberichte/

42 Jon Henley, »Antisemitism on rise across Europe ›in worst times since the Nazis‹«, *The Guardian*, 7. August 2014.

43 Ofer Aderet, »Anti-Semitism Growing Among Far Right and Muslim Migrants in Germany, State Premier Tells Haaretz«, *Ha'aretz*, 3. September 2018.

44 Das war im Juni 2018; siehe https://www.zeit.de/news/2018-06/02/gauland-ns-zeit-nur-ein-vogelschiss-in-der-geschichte-180601-99-549766

45 Jon Henley, »Antisemitism Rising Sharply across Europe, Latest Figures Show«, *The Guardian*, 15. Februar 2019.

46 https://twitter.com/heikomaas/status/1035771029786902528?lang=de, 1. September 2018.

47 Oli Smith, »›It is Volatile‹ – German Mayor Issues ›State of Emergency‹ as Chemnitz Violence Escalates«, *Express*, 3. September 2018; siehe auch Henley, »Antisemitism on rise across Europe ›in worst times since the Nazis‹«, *The Guardian*, 7. August 2014: Die deutsche Kanzlerin habe die jüngsten Ereignisse als einen Angriff auf die Freiheit und die Toleranz in unserem demokratischen Staat bezeichnet.

48 Wolfgang Dick, »Antisemitismus spielt eine wesentliche Rolle bei der AfD«, *Deutsche Welle*, 6. Juli 2016.

49 Jem Eskenazi, Leserbrief, *Financial Times*, 10. Oktober 2016.

50 Siehe dazu Jack Sommers, »Theresa May's ›Citizen of the World‹ View Blasted by *Financial Times* Reader: ›I Do Understand Very Well What Citizenship Is, Mrs May‹«, *HuffPost*, 10. Oktober 2016.

51 Clemens Brockhaus, *Aurelius Prudentius Clemens in seiner Bedeutung für die Kirche seiner Zeit*, Leipzig 1872, S. 322, Verse 535–538. Diese Quelle wird in mehreren Büchern ausführlich behandelt, besonders hervorragend in S. W. Baron, *A Social and Religious History of the Jews*, 18 Bde., New York 1952–1983.

52 Orlando Figes, *Die Flüsterer: Leben in Stalins Russland*, übers. von Bernd Rullkötter, Berlin 2008, S. 700.

53 Barbara Pezzini, »›Rootless Cosmopolitans‹?«, *Visual Resources, an International Journal in Nationalist Times*, 6. September 2017, S. 199–203; S. 200 f.

54 Nathanael Kapner, »Timeline of Jewish World Domination«, zitiert in: Nicky Nelson, »Timeline and History of Jewish World Domination«, *Target Freedom USA*, 20. Dezember 2014. https://www.targetfreedomusa.com/timeline-and-history-of-jewish-domination/

55 Mark Gardner, »EU Survey: What Do British Jews Consider to Be Antisemitic?«, Community Security Trust, 20. Dezember 2018, https://cst.org.uk/news/blog/2018/12/20/eu-survey-what-do-british-jews-consider-to-be-antisemitic

56 *Die Torah: Eine deutsche Übersetzung*, hrsg. von Chajm Guski, Gelsenkirchen 2014.

57 Zitat aus Barbara Tuchman, *Der ferne Spiegel: Das dramatische 14. Jahrhundert*, übers. von Ulrich Leschak und Malte Friedrich, München 2011, S. 115.

58 Canon 67 und 68, lateinischer Text *Concilium Lateranense IV* unter http://www.internetsv.info/Archive/CLateranense4.pdf, S. 44f.

59 Alan Dershowitz, »Do Jews Control the Media?«, *HuffPost*, 6. Oktober 2010.

60 James Carroll, »One Cardinal's Old Impulse to Blame Jews«, *The Boston Globe*, 12. August 2003.

61 Harriet Sherwood, »One in 20 Britons Does Not Believe Holocaust Took Place, Poll Finds«, *The Observer*, 27. Januar 2019.

62 Daniel Finkelstein, »Twitter's Holocaust Denial«, *The Jewish Chronicle*, 7. April 2016.

63 Twitter, Antwort auf @askhistorians, 18. Juli 2018, 19:25 Uhr.

64 David Pallister, »›He is a Holocaust Denier. He Misstated Evidence‹«, *The Guardian*, 12. April 2000.

65 Richard J. Evans, *Irving vs. (1) Lipstadt and (2) Penguin Books, Expert Witness Report*, 2000, https://phdn.org/negation/irving/EvansReport.pdf, S. 377.

66 Ron Rosenbaum, *Die Hitler-Debatte: Auf der Suche nach dem Ursprung des Bösen*, übers. von Suzanne Gangloff und Holger Fliessbach, München/Wien 1999, S. 327.

67 Robert Jan van Pelt, *The Case for Auschwitz: Evidence from the Irving Trial*, Bloomington 2002, S. 57.

68 Christopher Hitchens, »The Strange Case of David Irving«, *Los Angeles Times*, 20. Mai 2001, wiederabgedruckt in Christopher Hitchens, *Love, Poverty and War: Journeys and Essays*, New York 2004, S. 261.

69 Marlon Solomon, »Forget the Lizards: David Icke Is Dangerous and We Should Take Him Seriously«, 4. Januar 2017, https://marlonsolomon.wordpress.com/2017/01/04/forget-the-lizards-david-icke-is-dangerous/

70 Ben Knight, »Lizard Conspiracist David Icke Not Wanted in Berlin«, *DW*, 23. Februar 2017.

71 Alison Chabloz, »Why do so many believe in the absurd Holocaust™ myth?«, 30. August 2016, https://alisonchabloz.com/tag/holocaust-or-hoax/

72 Richard J. Evans, *Im Schatten Hitlers? Historikerstreit und Vergangenheitsbewältigung in der Bundesrepublik*, übers. von Jürgen Blasius, Frankfurt a. M. 1991.

73 Bruno Gollnisch, »Négationnisme: Lyon III demande la suspension de Bruno Gollnisch«, *Le Nouvel Observateur*, 13. Oktober 2004.

74 »Je l'avais connu et que c'était un homme bien«, zitiert in »L'antisémitisme ordinaire ou les dérapages de Raymond Barre«, *Zapping Radio*, 13. März 2007.

75 »UK Pol in Scandal Describes Soldier as ›Bloody Jew‹«, *Jewish Telegraphic Agency*, 7. Juni 2013.

76 »Nazi Stag Do Tory MP Aidan Burley to Step down«, *BBC News*, 5. Februar 2014.

77 Margaret Thatcher, zitiert in Charles C. Johnson, »Thatcher and the Jews«, *Tablet*, 28. Dezember 2011.

78 Ebd.

79 Zitiert in ebd.

80 Philip Stephens, »Viktor Orbán's Hungary Crosses to Europe's Dark Side: The Campaign against George Soros Digs up the Demons of Anti-Semitism«, *Financial Times*, 13. Juli 2017.

81 Zitiert in Daniel Sugarman, »Conservative MEPs Refuse to Vote for EU Action Against ›Antisemitic‹ Hungarian Government«, *The Jewish Chronicle*, 12. September 2018.

82 Zitiert in Lizzy Buchan, »Tory MEPs Ordered to Distance Themselves from Hungary's Far-Right Viktor Orbán after Vote Controversy«, *The Independent*, 13. September 2018.

83 »Islamophobia Claims in Conservative Party: Warsi on May«, *BBC News*, 5. März 2019.

84 Vikram Dodd, »Anti-Muslim Hate Crimes Soar in UK after Christchurch Shootings«, *The Guardian*, 22. März 2019.

85 Caroline Mortimer, »Ken Livingstone fired from LBC show after Hitler comments trigger anti-Semitism row«, *The Independent*, 28. Mai 2016.

86 Jessica Elgot, »Chakrabarti: Ken Livingstone Should no Longer be in Labour Party«, *The Guardian*, 13. Mai 2018.

87 Hugh Muir, »Livingstone Wins Appeal against Suspension for ›Nazi‹ Slur«, *The Guardian*, 20. Oktober 2006.

88 Steven Swinford, »How Ken Livingstone left Labour in turmoil after claiming Hitler backed moving Jews to Israel«, *The Telegraph*, 30. März 2017.

89 »Mr Corbyn must show basic competence in rooting out antisemitism in his party«, Leitartikel, *The Independent*, 29. April 2016.

90 Pippa Crerar, »Ken Livingstone Quits Labour after Antisemitism Claims«, *The Guardian*, 21. Mai 2018.

91 James Tapsfield, Tim Sculthorpe und Matt Dathan, »The extraordinary moment Labour MP John Mann branded Red Ken a ›Nazi apologist‹ and ›f****** disgrace‹ over claims

Hitler backed moving the Jews to Israel ›before he went mad and ended up killing six million Jews‹«, *Daily Mail*, 28. April 2016.

92 Gespräch zwischen der Autorin und Mark Gardner, dem stellvertretenden Geschäftsführer und Kommunikationschef des Community Security Trust (CST), 4. Februar 2019.

93 Jonathan Freedland, »My plea to the left: treat Jews the same way you'd treat any other minority«, *The Guardian*, 29. April 2016.

94 »Chakrabarti inquiry: Labour not overrun by anti-Semitism«, *BBC News*, 30. Juni 2016.

95 Camilla Turner, »Oxford University's Labour Club embroiled in anti-Semitism row«, *The Telegraph*, 16. Februar 2016.

96 Aftab Ali, »Oxford University Labour Club Students Did Engage in Anti-Semitic Behaviour, Report Finds«, *The Independent*, 3. August 2016; Marcus Dysch, »Baroness Royall Report Reveals Oxford Labour Students Engaged in Antisemitism«, *The Jewish Chronicle*, 3. August 2016.

97 Kevin Schofield, »Labour Councillor Suspended over ›Jews Drink Blood and Rape Children‹ Social Media Post«, *PoliticsHome*, 27. Juli 2018.

98 Andrew Gilligan, »Labour Suspends Official Who Blamed ›All Wars in the World‹ on Jewish People«, *The Sunday Times*, 16. Dezember 2018.

99 Ihre Stellungnahme vom 30. Juni 2016 findet sich etwa im Political Speech Archive: http://www.ukpol.co.uk/ruth-smeeth-2016-statement-on-chakrabarti-report/

100 Zitiert in Daniella Peled, »The Jewish Labour Gurus Striving to Turn Jeremy Corbyn's Reputation around«, *Ha'aretz*, 20. September 2016.

101 Charlotte Edwardes, »Ruth Smeeth: ›I've Never Seen Anti-Semitism in Labour Like This, It's Normal Now‹«, *Evening Standard*, 20. September 2016.

102 »Voice of The Jewish News: United We Stand«, *Jewish News*, 25. Juli 2018.

103 Brian Klug, »The Left and the Jews: Labour's Summer of Discontent«, *Jewish Quarterly* 242 (Herbst 2018).

104 Dominic Nicholls, »Blow to Jeremy Corbyn as Archbishop of Canterbury Backs Anti-Semitism Definition ›Without Caveats‹«, *The Telegraph*, 7. September 2018.

105 Chris Hastings, »Left-Wing Cyber Trolls Demand Actress Maureen Lipman is Removed from Coronation Street after She Called Jeremy Corbyn an ›Anti-Semite‹«, *Mail on Sunday*, 22., updated 23. September 2018.

106 Pippa Crerar und Heather Stewart, »Labour Acts against Margaret Hodge for Calling Corbyn Racist«, *The Guardian*, 18. Juli 2018.

107 »Margaret Hodge Faces Online Backlash over Corbyn Clash Comparison«, *itv*, 17. August 2018.

108 Ben Weich, »Police Commissioner on Labour Antisemitism Dossier: ›Small Number‹ May Be Guilty of Hate Crime«, *The Jewish Chronicle*, 4. Dezember 2018.

109 Rowena Mason, »Police Arrest Three in Labour Antisemitism Case – Two Men and a Woman Interviewed over Antisemitic Social Media Messages«, *The Guardian*, 28. März 2019.

110 Dominic Kennedy, »Labour Rising Star Mohammed Pappu Shared Antisemitic Posts on Facebook«, *The Times*, 11. Oktober 2018.

111 Stephen Pollard, »There is only one word for Jeremy Corbyn«, *The Jewish Chronicle*, 24. März 2018.

112 Zitiert in Daniel Martin, »Labour Fury as it Emerges Jeremy Corbyn once Defended ›Anti-Semitic‹ Public Mural Showing a Group of ›Hooknosed‹ Men around a Monopoly Board«, *MailOnline*, 24. März 2018.

113 Zitiert in Martin Coulter, »Labour MPs revolt against Jeremy Corbyn's ›wholly inadequate‹ response to anti-Semitic mural«, *Evening Standard*, 23. März 2018.

114 Alles zitiert in Stephen Pollard, »There is only one word for Jeremy Corbyn«, *The Jewish Chronicle*, 24. März 2018.

115 Zitiert in Ned Simons, »Jeremy Corbyn Admits ›Regret‹ after Appearing to Defend Anti-Semitic Mural«, *HuffPost*, 23. März 2018.

116 Zitiert in »Jeremy Corbyn Said in 2013 That ›Zionists‹ Don't Understand British Culture«, *Jewish Telegraphic Agency*, 23. August 2018.

117 George Eaton, »Corbyn's ›Zionist‹ Remarks Were ›Most Offensive‹ since Enoch Powell, Says Ex-Chief Rabbi«, *New Statesman*, 28. August 2018.

118 Chris Green, »Lord Sacks: Jewish People Are Thinking of Leaving the UK in Case Jeremy Corbyn Becomes PM«, *inews.co.uk*, 2. September 2018.

119 Jonathan Lynn, Leserbrief, *The Times*, 25. August 2018.

120 Simon Schama, Simon Sebag Montefiore und Howard Jacobson, »The Labour Party and its Approach to Zionism«, Leserbrief, *The Times*, 6. November 2017.

121 Alles zitiert in Peter Walker, »Labour Investigates Liverpool Members over ›Bullying‹ of Luciana Berger – Accusations of Antisemitism Follow No-Confidence Motion by Wavertree Branch«, *The Guardian*, 10. Februar 2019.

122 Benjamin Kentish, »Labour MPs Condemn Party Leaders after Admission that Just 12 Members Have Been Expelled over Antisemitism«, *The Independent*, 11. Februar 2019.

123 Richard Kerbaj, Gabriel Pogrund und Tom Calver, »Vile antisemitic taunts met with ›a slap on the wrist‹«, *The Sunday Times*, 7. April 2019.

124 Leitartikel, *The Sunday Times*, 7. April 2019.

125 »Labour MP Chris Williamson suspended in anti-Semitism row«, *BBC News*, 27. Februar 2019.

126 Natasha Clark, »Labour DOES have a problem with anti-Semitism and the party MUST atone for it before it's too late, Jeremy Corbyn's right-hand man admits«, *The Sun*, 3. März 2019.

127 Die Jahresberichte finden sich unter https://cst.org.uk

128 »Why 5,000 Jews Emigrated from France to Israel Last Year«, *AFP News*, 9. Januar 2017.

129 Andrew Hussey, *The French Intifada*, London 2014, S. 27.

130 »Jewish Owned Stores Burned to the Ground, Synagogue Firebombed in ›Paris Intifada‹«, *The Algemeiner*, 21. Juli 2014.

131 Victor Mallet, »French anger at anti-Semitic abuse during ›gilets jaunes‹ protests«, *Financial Times*, 17. Februar 2019.

132 Henry Samuel, »Almost 100 Jewish graves desecrated hours before French march against ›unprecedented‹ anti-Semitism surge«, *The Telegraph*, 19. Februar 2019.

133 »Synagogue memorial stone vandalised in antisemitic attack in France«, *The Independent*, 2. März 2019.

134 Samuel Petrequin, »Number of antisemitic attacks in France rise by 74 % in one year«, *The Independent*, 12. Februar 2019.

135 L. Daniel Staetsky, *Are Jews Leaving Europe?*, Bericht des Institute for Jewish Policy Research, London, Januar 2017.

136 Zitiert in Harriet Sherwood, »Rise in Numbers of Jews Leaving for Israel from Some European Countries«, *The Guardian*, 12. Januar 2017.

137 Gab übt nach eigener Aussage »null Toleranz« für Terror und Gewalt, ist jedoch ein Treffpunkt für Alt-Right-Anhänger, Holocaustleugner und Rassisten.

138 Lev Golinkin, »America – and Judaism – at Its Best«, *The New York Times*, 28. Oktober 2018.

139 Ebd.

140 Nick Allen und Rob Crilly, »Pittsburgh synagogue shooting: Gunman kills 11 people in ›deadliest anti-Semitic attack in US‹«, *The Telegraph*, 28. Oktober 2018.

141 Ebd.

142 Chas Danner und Adam K. Raymond, »What to Know about the Pittsburgh Synagogue Shooting«, *Intelligencer (New York Magazine)*, 28. Oktober 2018.

143 Jacob Sugarman, »Has Donald Trump Made the World Less Safe for Jews?«, *AlterNet*, 19. April 2018.

144 »Jewish Nurse Said He Showed Empathy and Compassion While Caring for Synagogue Shooter«, *Jewish Telegraphic Agency*, 4. November 2018.

145 »Denmark chief rabbi rejects Netanyahu call to make aliyah«, *Jewish Telegraphic Agency*, 15. Februar 2015.

Kapitel 3

1 Lee Harpin, »Huge Crowds Join Jewish Community Protest against Antisemitism, in Westminster«, *The Jewish Chronicle*, 26. März 2018.

2 »Voice of The Jewish News: United We Stand«, *Jewish News*, 25. Juli 2018.

3 Danny Stone, »Politicians Who Use Anti-Semitic Phrases Like ›Cultural Marxism‹ Have a Duty to Explain Why«, *HuffPost*, 29. März 2019.
4 Rachel Riley, »I Thought the Horror of the Shoah Would Mean no More Antisemitism. I Was Wrong«, *The Jewish Chronicle*, 23. Januar 2019; Twitter, @RachelRileyRR, 22. Januar 2019.
5 Rod Ardehali, »›I Can't Thank People Enough for Seeing through the Lies‹: Countdown's Rachel Riley Praises Fans for Their Support after Slamming Corbyn and Telling George Galloway to F*** Off in Anti-Semitism Row«, *MailOnline*, 10. Januar 2019.
6 »Was Roald Dahl Anti-Semitic?«, *The Week*, 7. November 2018.
7 Zitiert u. a. in Richard Fausset und Alan Feuer, »Far-Right Groups Surge Into National View in Charlottesville«, *The New York Times*, 13. August 2017.
8 Hugo Rifkind, »Suddenly It Feels Uncomfortable to Be a Jew«, *The Times*, 12. August 2014.
9 Daniel Finkelstein, »Anti-Semitism Hasn't Been an Issue for Me. Now It Is«, *The Times*, 21. August 2015.
10 Ben Weich, »Sebag Montefiore: ›My Duty Is to Speak Out about Antisemitism‹«, *The Jewish Chronicle*, 12. Oktober 2018.
11 »›Yid‹ Chanting by Tottenham Hotspur Fans No Longer an Arrestable Offence at White Hart Lane Says Met Police«, *Daily Telegraph*, 18. Juni 2014.
12 Anshel Pfeffer, »U. K. Anti-Semitism Report Highlights Disturbing Trend – Among British Jews«, *Ha'aretz*, 14. Januar 2015.
13 Jonathan Boyd, »Analysis: British Jewry and a Feeling of Insecurity«, *The Jerusalem Post*, 15. Januar 2015.
14 Zitiert in Ben Cohen, »British Opposition Leader Ed Miliband Condemns ›Questioning the Right of Israel to Exist‹«, *The Algemeiner*, 20. Januar 2015.

15 L. Daniel Staetsky, *Antisemitism in Contemporary Great Britain*, Institute for Jewish Policy Research, London, September 2017.

16 So das Abstract zur Studie auf der institutseigenen Website www.jpr.org.uk

17 Diese »elastischen« Eigenschaften des Antisemitismus erwähnt auch Deborah Lipstadt in ihrem hervorragenden Buch *Der neue Antisemitismus*, München 2018.

18 Dave Rich, *The Left's Jewish Problem: Jeremy Corbyn, Israel and Anti-Semitism*, London 2016, rev. Ausg. 2018.

19 Nick Cohen, »The Left's Jewish Problem: Jeremy Corbyn, Israel and Anti-Semitism – Review«, *The Guardian*, 13. September 2016.

20 Agentur der Europäischen Union für Grundrechte, *Diskriminierung und Hasskriminalität gegenüber Juden in den EU-Mitgliedstaaten: Erfahrungen und Wahrnehmungen im Zusammenhang mit Antisemitismus*, Wien 2013, https://fra.europa.eu/sites/default/files/fra-2013-discrimination-hate-crime-against-jews-eu-member-states_de.pdf sowie dies., *Erfahrungen und Wahrnehmungen im Zusammenhang mit Antisemitismus: Zweite Erhebung zu Diskriminierung und Hasskriminalität gegenüber Jüdinnen und Juden in der EU, Zusammenfassung*, Wien, März 2019, https://fra.europa.eu/sites/default/files/fra_uploads/fra-2018-experiences-and-perceptions-of-antisemitism-survey-summary_de.pdf

21 Hadley Freeman, »It's Jewish New Year, a Time to Eat and Talk – and There'll Only be One Topic at the Table«, *The Guardian*, 8. September 2018.

22 Zitiert in Sophie Wilkinson, »How to Beat Hate Crime in London «, *Evening Standard*, 7. November 2018.

23 Zitiert in Lee Harpin und Michael Daventry, »Hatred of Jews is Taking Root in British Society, Tony Blair Warns«, *The Jewish Chronicle*, 10. Mai 2018.

24 David Clegg, »Labour Suspend Councillor over Claims He Told Anas Sarwar Scotland Not Ready for a ›Brown, Muslim Paki‹«, *Daily Record*, 30. Januar 2018; Jessica Elgot, »Labour Accused of Brushing Aside Alleged Bias against Muslim Women«, *The Guardian*, 6. Februar 2016.

25 Adam Sherwin, »Danny Cohen: Jeremy Clarkson's Nemesis«, *The Independent*, 27. März 2015.

26 Haroon Siddique, »Ralph Miliband Row: What the *Mail* Said and How Ed Miliband Responded«, *The Guardian*, 1. Oktober 2013.

27 Christopher Hitchens, *The Hitch: Geständnisse eines Unbeugsamen*, übers. von Yvonne Badal, München 2011, S. 585.

28 Christopher Hitchens und Martin Amis im Gespräch, Jewish Book Week, 25. Februar 2007, www.youtube.com/watch?v=oKxEFqs9yRg, ab 37:01; ab 37:43.

29 Ebd., ab 40:10.

30 Joe Watts, »Antisemitism: Two-thirds of Britons think Jeremy Corbyn's Labour has problem with prejudice, poll reveals«, *The Independent*, 17. April 2018.

31 Von diesem berühmten Zitat kursieren vor allem im angelsächsischen Raum verschiedene Versionen, da Niemöller den Wortlaut dieser Sentenzen nie aufschrieb, sondern sie zu verschiedenen Anlässen vortrug. Die Zeile über die Juden fügte er erst später hinzu. [Anm. d. Ü.]

Die Originalausgabe erschien 2019 unter dem Titel *Antisemitism. What It Is. What It Isn't. Why It Matters* bei Weidenfeld & Nicolson in London.

Konzeption | Gestaltung: Antje Haack | www.lichten.com
Satz | Herstellung: Büro für Gedrucktes, Beate Zimmermanns
Einbandillustration: Antje Haack
Reproduktion: Frische Grafik, Hamburg
Druck | Bindung: CPI – Clausen & Bosse, Leck
Printed in Germany
ISBN 978-3-946334-77-4

Florian Beckerhoff

Ein Sofa voller Frauen

atb aufbau taschenbuch

Florian Beckerhoff, geboren in Zürich, aufgewachsen in Bonn. Er studierte Literaturwissenschaften bis zur Promotion und arbeitete als Sprachlehrer, Museumswärter und Werbetexter. Heute lebt er mit seiner Frau, seinem Sohn und zwei Sofas in Berlin.

Mittdreißiger Dickie kommt nicht ran an die Frauen. Seit er vor 18 Jahren mit seiner ersten flüchtigen Bekanntschaft gleich ein Kind gezeugt hat, geht nichts mehr. Bis seine Kumpel eingreifen und ihn heimlich beim Couchsurfing anmelden. Plötzlich kann sich Dickie vor lauter weiblichem Besuch gar nicht mehr retten. Und dann steht auch noch sein Sohn vor der Tür, um ihn kennenzulernen. Dickies erster Gedanke: Flucht! Doch dann wird ihm klar, dass es Zeit ist zu handeln. Seine erste Besucherin geht ihm einfach nicht mehr aus dem Kopf.

Florian Beckerhoff

Ein Sofa voller Frauen

Roman

atb aufbau taschenbuch

MIX
Papier aus verantwortungsvollen Quellen
FSC® C083411

ISBN 978-3-7466-3042-7

Aufbau Taschenbuch ist eine Marke
der Aufbau Verlag GmbH & Co. KG

1. Auflage 2014

Umschlaggestaltung morgen, Kai Dieterich
unter Verwendung eines Motivs von © 123RF/victorias und
© iStockphoto/pashabo
Druck und Binden CPI – Clausen & Bosse, Leck
Printed in Germany

www.aufbau-verlag.de

Trust your instincts.

Erster Sicherheitshinweis
für Couchsurfer

VORSPIEL

Natürlich wusste ich, was synästhetisch bedeutet. Man schmeckte Blau, roch eine Durtonleiter oder hörte den Geschmack einer Wurst. Letzteres machte mir allerdings wirklich zu schaffen.

Der Auftraggeber wollte es noch *knackschmatziger* haben. So, dass die Endverbraucher am Radio auch mit vollem Tank und leerer Blase wie von selbst bei der nächsten Raststätte abfahren würden, um die unbändige Lust auf eine dieser eingeschweißten Würste zu befriedigen. Ich versprach bis Anfang nächster Woche Ergebnisse und legte das Telefon weg.

Kurz hielt ich inne, dann kletterte ich in meine schalltote Aufnahmebox, schloss die Tür hinter mir und riss die nächste Verpackung auf. Mit der Routine eines Akkordarbeiters entließ ich die in Kunstdarm gepresste Fleischmasse aus ihrem aromaversiegelten Gefängnis und führte sie zwischen meine Lippen. Ich spannte die Kiefermuskeln an, bis meine Zähne die Pelle platzen ließen und ins Wurstfleisch glitten. – SCHMATZ! –

Schnell spuckte ich das Wurstende in den Papierkorb. Dann hörte ich mir die Aufnahme an. – SCHMATZ! – Ich zögerte. Machte das wirklich Bock auf *Bocki*™, die geilste Bockwurst aller Zeiten? Ich klickte noch einmal zurück. – SCHMATZ! – Es klang noch immer zu wurstig. Ich brauchte mehr Biss, mehr Knack, nur funktionierte Möhre genauso wenig wie Kohlrabi und Paprika. Selbst wenn ich von all den aufgenommenen Gemüseklängen nur leicht dazumischte, wurde es zu rohkostig. Die Mitbewerber setzten auf das reine Knacken des Naturdarms, oft mit Hall stark verfremdet, als kaufe jemand Wurst, der eigentlich Möhren wollte. Ich brauchte beides: die gesunde Frische des Gemüses und die Lust am Fleisch. KNACK und SCHMATZ! Und die Zeit rannte davon.

Die Uhr auf dem Monitor raunte mir zu, dass ich mich von der Bockwurst losreißen musste, wenn ich nicht viel zu spät zum Kegeln kommen wollte. Aber noch konnte ich nicht. Ich spürte, dass ich kurz davor war. Es durfte nicht roh sein, aber auch nicht gekocht. Nicht Fleisch, nicht Fisch, nicht Gemüse. Da gab es etwas, doch ich kam nicht drauf. – SCHMATZ! – Noch einmal. – SCHMATZ! – Ja, da war etwas, ein Gefühl im Hinterkopf. – SCHMATZ!

»Denk nach, Dickie, denk nach! Du bist ganz kurz davor!«, murmelte ich und spürte die erlösende Idee schon in mir, fühlte die vorfreudig ausgeschütteten Endorphine meinen Körper durchströmen, sah meine Hände vor lauter Glück zittern, als all das plötzlich verschwand, das Paradies seine gerade noch weit offen stehenden Pforten wieder verschloss. DAS DURFTE NICHT WAHR SEIN! Wer klopfte da an meiner Wohnungstür? Warum stellte man bitte seine Klingel ab?!

Wissend, wie unsinnig alles Klagen war, schickte ich den Rechner in den Halbschlaf und ging durch den Flur, um Ingo hereinzulassen, der mich zum Kegeln abholte. Ich schluckte den Ärger runter und tätschelte mit flacher Hand die Freundesschulter. Kein Wort von dem so plötzlich unterbrochenen Fluss meiner so kostbaren Kreativität, davon, dass er mich um die Frucht von Stunden harter Arbeit brachte. Nichts. Kegeln war heilig, so lästig der Club-Termin gelegentlich auch war.

An diesem Novembertag wäre ich besser zu Hause geblieben. Kaum waren die ersten Kegel gefallen, ging es wieder einmal darum, dass ich dringend weibliche Gesellschaft brauche.

»Ich sag's dir, Dickie, das ist der Hammer«, rief Fissel und wischte sich den Bierschaum aus dem Bart. »Du siehst die Welt und kommst umsonst bei irgendeiner Alten unter!«

»Ich will nix von der Welt und von irgendeiner Alten sowieso nicht«, meinte ich und trank zügig mein erstes Bier.

»Du kannst sie dir ja vorher ansehen. Online stellen die alles rein. Für so ne Lady in Kamtschatka ist das ein Riesending, wenn einer von uns auf dem Sofa pennt. Die zweite Nacht liegst du dann spätestens bei ihr im Bett.«

Fissel hielt es selten länger als zwei Wochen in der Heimat, seit er das Couchsurfen für sich entdeckt hatte. Unermüdlich bereiste er die einsamsten Gegenden der Welt auf der Suche nach noch einsameren Frauen. Seinen Erzählungen zufolge mit Erfolg. Wir taten beeindruckt, solange er donnerstags zum Kegeln kam.

Wir, das war der Club, eine Handvoll Jungs, die es vor ein bis zwei Jahrzehnten aus allen Teilen des Landes in alle möglichen Teile der Hauptstadt verschlagen hatte, wo unsere Wege sich so intensiv kreuzten, dass wir donnerstagabends fast immer vollzählig am selben Ort zu finden waren: im Chinarestaurant Kanton 7 mit seinen beiden Bundeskegelbahnen, von denen wir eine besetzen. Neben uns spielten die »Netten Kegeletten«, allesamt Damen um die sechzig mit bewegter Vergangenheit, deren Spuren der Fröhlichkeit in ihren Gesichtern jedoch keinen weiteren Abbruch taten. Gelegentlich spendierten sie uns eine Runde Schlangenschnaps, ansonsten kam das Verhältnis einer friedlich schamlosen Koexistenz sehr nahe. So auch an diesem Abend, an dem ich meine reisefeindliche Lebensweise Fissel gegenüber so heftig verteidigen musste, dass ich mir schon wieder den Finger quetschte, weil ich die rücklaufende Kugel ganz vergessen hatte.

»Autsch! Scheiße!«

»Was denn?«

»Scheiß Sofasegeln!«

»Hier nimm nen Schluck«, meinte Attila und reichte mir sein halbvolles Glas.

»Keine Getränke auf der Bahn!«, sagte Klaus.

»Mund zu, kalt wird das Herz«, sagte Attila.

»Couchsurfen heißt das«, korrigierte Fissel, der zuletzt von einer Eroberung in einem Dorf bei Birmingham berichtet hatte. »Aber Sofasegeln klingt auch nicht schlecht. Irgendwie elegant-frivol.«

»Kann man die auch zu sich herkommen lassen?«, fragte Klaus.

»Wie jetzt? So callgirlmäßig?«

»Nee, nur zum Kennenlernen. Bei den Hotelpreisen und wo doch gerade jeder nach Berlin will. Du hast doch genug Platz in deiner Bude.«

»Aber kein Sofa und auch keine Couch.«

»Was ist da überhaupt der Unterschied?«

»Daran wird's schon nicht scheitern.«

»Besten Dank«, sagte ich und hämmerte die Kugel mit aller Wucht in die Rinne. »Aber ich habe anderes zu tun, als Frauen aus Kamtschatka zu bewirten.«

»Ach komm«, sagte Attila und legte mir die Hand auf die Schulter. »Die Idee ist genial! Das ist die Therapie für deine Gynophobie!«

»Für seine was?«

»Vergiss es. Wenn ich mir was nach Hause kommen lasse, dann eine Pizza, aber sicher keine Frau.«

»Guck mal«, sagte Fissel und hielt sein Smartphone in die Runde. »Die wär doch was für Dickie, oder nicht?«

Beim schlechten Empfang im Keller baute sich das unterbelichtete Bild einer jungen Frau nur sehr langsam auf. Am Leuchten ihrer Zähne erkannte man immerhin, dass sie lächelte.

»Ihr seid total bescheuert«, sagte ich. »Als würde irgendeine Frau freiwillig bei einem fremden Typen wie mir pennen.«

»Na siehste«, sagte Fissel. »Das sind doch nur Details, die wir dann klären werden.«

Tatsächlich war ich niemand, der durch ein außerordentlich ausschweifendes Sexualleben auf sich aufmerksam gemacht hätte. Ganz im Gegenteil. Nachdem ich mit meiner Klassenkameradin Gesa vor mittlerweile fast zwanzig Jahren am Rande einer Scheunenparty ein Kind gezeugt hatte, pflegte ich zunächst eine ängstliche Abstinenz, aus der ich irgendwann trotz umfassender Kenntnis diverser Verhütungsmethoden einfach nicht mehr herausfand. Die Jungs konnten machen, was sie wollten, mir gelang es noch nicht einmal im Vollrausch, aus Versehen eine Frau anzusprechen. Und sie gaben wirklich alles, die Freunde, der Club, Fissel, Attila, Klaus und Ingo, die auch an diesem Abend wieder auf mich einredeten. Ich erkannte zu spät, dass ich mich längst auf ihr Spiel eingelassen hatte. Aber was sollten sie tun? Sie konnten mich schließlich nicht zwingen.

Während ich nach der nächsten Kugel griff, sah ich im Augenwinkel die bildhübsche Kellnerin durch die Tür in der dunkel vertäfelten Wand treten, und beschleunigte meinen Anlauf.

»Die dreiundzwanzig extra kross!«, rief ich zum Knallen der fallenden Kegel, die ich mit meinem fünften Wurf doch noch erwischt hatte.

»Musst du so reinhauen?«, fragte Ingo. »Jetzt, wo du bald Damenbesuch kriegst, könntest du ruhig auch mal abspecken.«

»Du kannst mich mal«, sagte ich und setzte mich, zufrieden mit meinem Wurf, zurück an den Tisch. »Räum du erst mal die Kegel ab.«

»So 'n Wohlstandsbauch kommt international gar nicht so schlecht«, meinte Fissel. »Mich hat letztens eine gefragt, ob ich genug zu essen krieg. Das war in Island, glaube ich.«

»Kann ich bei dir auch ein neues Thema bestellen?«, wand ich mich verzweifelt an die Kellnerin.

»Du bist ja mal humorvoll«, sagte die. »Wetter geht immer. Wetter und Frauen, oder?«

»Siehste!«, rief Fissel ganz begeistert.

Die Kellnerin lächelte fast mütterlich und ließ uns allein, um sich bei den Damen auf Bahn zwei nach weiteren Wünschen zu erkundigen.

»Sag mal, hast du die gerade einfach angesprochen?«, fragte Ingo ungläubig.

»Wen jetzt?«

»Na, die Kellnerin. Du hast die einfach angesprochen, und dann auch noch humorvoll.«

»Noch ein Wort, und ich gehe«, sagte ich.

Mit einem Schulterzucken hob Ingo seine Hände in Unschuldsgeste in Richtung des gusseisernen Leuchters.

Der Rest des Abends war normal erträglich, ja, sogar ziemlich lustig, weil die Kegeletten es besonders fröhlich trieben und uns schließlich mitrissen. Schlangenschnapstrunken böllerten wir die Kugeln in gemischten Teams auf die zellulitös gedellten Dielen. Niemand nahm keinen ernst, weswegen sich alle amüsierten und wir eine Platte Frühlingsrollen nach der anderen verschlangen, so dass die fettigen Finger die Kugeln kaum noch halten konnten. Es lief so gut, dass ich erst weit nach Mitternacht, zu Hause vor dem Kühlschrank stehend, wieder an meine *Bockis*™ dachte, die da in ihrer Kiste lagen. Direkt vor meinen Augen stand außerdem ein Glas Gewürzgurken.

»Ich Schwachkopf!«, rief ich. »Direkt vor meiner Nase!«

Hastig schraubte ich den Deckel ab.

Wenn nur nicht ausgerechnet diese beiden Letzten ihrer Gurkenart bissweich waren! In jedem Glas gab es diese Nieten, die so gar nicht knackig waren, sondern, ja, schwachkonsistent wie konservierte Würstchen. *Bocki*™ war anders! Sollte zumindest anders sein. Nicht wie eine wirklich frische Naturdarm-Metzgerwurst, aber doch besser als die Konkurrenz im Supermarktregal und in der Werbepause. Mit mehr Biss! Mehr Knack! Mehr Schmatz!

Um bloß kein Stück Gurke zu vergeuden, stürmte ich sofort an meinen Rechner, fuhr ihn hoch, hockte mich in die Box und startete die Aufnahme. So nah wie möglich am Kondensatormikrofon biss ich so knapp wie möglich am Gurkenende ab. Fast ungebremst schlugen meine Schneidezähne aufeinander, dass es schmerzte. DAS WAR KEINE GURKE! Das war WASSER in GURKENFORM!

Ich biss und biss und biss, bis die erste Gurke komplett zermatscht an der Hot-Dog-Theke Karriere hätte machen können. Dann fummelte ich auch die allerletzte aus der trüben Brühe heraus, versuchte tastend ein Gefühl dafür zu bekommen, wie sie beschaffen war, presste dann meine Lippen um sie herum und ließ schließlich den Zähnen freien Lauf. Ein weiterer Biss ins Wasser.

Ich ließ mich zurückfallen in meinen kunstledernen Schreibtischstuhl und versuchte, mich zu beruhigen. Schließlich hatte ich noch das ganze Wochenende, um die richtige Gewürzgurke zu finden. Es ging nicht um das zirpende Knackknistern echten 99er Belugakaviars, sondern um einfache Grundlagen der ästhetischen Lebensmittelphysik.

Obwohl ich genau wusste, was mich erwartete, öffnete ich nach einigen Mut machenden Gedanken die Sound-Datei und lauschte dem unappetitlichen Schmatzen, das gar nichts Knackiges an sich hatte. Ein Angler, der durch Schlamm watet, die Stiefel mühsam mit den Zehen haltend. Kein Filter der Welt, nicht der ausgefuchsteste Effekt würde helfen können, wo die Geräuschsubstanz so ungenügend war.

Nur deshalb war ich dankbar für die Ablenkung, als ich sah, dass mir jemand geschrieben hatte: Fissel schickte die Adresse des Couchsurf-Portals. In jeder weniger verzweifelten Lage hätte ich die Mail einfach gelöscht. So aber, besoffen und von allen Gurken verlassen, klickte ich auf den Link und konnte nicht fassen, was ich da über mich erfuhr: Er hatte mich unter meinem richtigen Namen angemeldet, und dieser fünfunddreißigjährige Norbert Decker hatte schon jetzt ein knappes Dutzend hervorragender Bewertungen von ausschließlich weiblichen Mitgliedern unterschiedlichster Herkunft zwischen achtzehn und dreiunddreißig.

Wann hatte er das angestellt? Den Angriff musste er von langer Hand geplant haben! Das war hochgradig kriminell! Erst jetzt stellte ich fest, dass ich Fissel in Erinnerung kaum noch beim Kegeln sah, als wäre er irgendwann einfach verschwunden. Das letzte Bild zeigte ihn mit seinem Smartphone, als er uns diese Frau präsentierte, die er für mich gefunden hatte.

Es dauerte eine Weile, bis ich die Erinnerung an Fissels Verschwinden mit der Gegenwart auf meinem Monitor in Verbindung brachte. Die nächste E-Mail bestätigte dann aber meine schlimmsten Befürchtungen: Laura Barolli bedankte sich auf Englisch dafür, dass ich so spontan noch zugesagt hatte. Sie würde morgen gegen Mittag landen und so schnell wie möglich zu mir kommen. Warum tat Fissel mir das an? Zumal ich wirklich Wichtiges zu tun und außerdem auch gar kein Sofa hatte.

Wenn ein Bruchteil der Chinesen auch nur gelegentlich annähernd so viel Schlangenschnaps trank, wie ich es getan hatte, dann mussten wir uns nicht vor ihnen fürchten. Die Chinesen, das fühlte ich ganz deutlich, würden sich selbst daran hindern, uns zu unterjochen. In den wenigen Stunden Schlaf, die mir geblieben waren, hatten die Giftstoffe des Gebräus um meine Matratze herum eine Mauer errichtet, die ich niemals würde überwinden können. Nicht in diesem Zustand. Genauso würden die vom Schnaps geschwächten Chinesen auf Ewigkeiten Gefangene ihrer eigenen Wallanlage bleiben. Angst haben, das begriff ich plötzlich, musste man vor Menschen und Völkern, die keinen Alkohol tranken. Den Arabern! O kämpferische Sarazenen! Sie würden uns vernichten, bei Nacht und Nebel auf schwarz im Mondschein schimmernden Hengsten über die Straße von Gibraltar fliegen, während wir unseren Rausch ausschliefen. Und gleich ritten sie weiter gen Osten, wo Polen und Russen, vom Schnaps geschwächt, das gleiche Schicksal blühte. Alkohol war die Geißel der Menschheit. Schlangenschnaps. Korn. Vodka. Und nach dem Stößchen ein Stückchen Hering oder Gurke, hauptsache salzig, dachte ich in Erinnerung an einen russischen Abend bei Fissel, und plötzlich waren sie weg, die Ängste vor der nüchternen Horde, weil ich mich erinnerte. Nicht an den Schlangenschnaps der Kegeletten, sondern an meine Gurken.

Ich riss die Augen auf. Der Wecker zeigte schon fast Mittag. Das Wochenende stand vor der Tür. Wann schlossen die Läden, verdammt? Mit hektischer Lethargie versuchte ich aufzustehen, beschloss mit schweißbedeckter Stirn, mir endlich so ein richtiges Bett zu kaufen, aus dem man direkt auf die Füße fiel, weil ich, wenn noch nicht alt, dann doch nicht mehr der Jüngste war. Dann erinnerte ich mich daran, dass heute erst Freitag war und außerdem sogar am Wochenende nichts mehr nicht verfügbar war in dieser Stadt, aus der sie mit Gott auch längst den Ladenschluss vertrieben hatten.

Endlich unter der Dusche, fand ich trotz Kater zu einer ganz ausgeglichenen Vorfreude, da ich wusste, was zu tun war. Ich brauchte Gewürzgurken und würde sie mir besorgen, um dann ein wunderbar zurückgezogenes Wochenende mit ihnen zu verbringen. Schon hörte ich, wie das perfekte KNACKSCHMATZ! am Sonntagabend erklingen würde. Allein der Gedanke machte mir Lust. Ja, ich hatte BOCK AUF *BOCKI*™, die knackigste Bockwurst aller Zeiten!

In meinem graublauen Marineparker und mit dem Regenschirm eines Rentenversicherers machte ich mich nach einer Kanne Kaffee und drei schnell verzehrten *Bockis*™ auf den Weg in den Supermarkt. Grau hing der Novemberhimmel an den letzten analogen Fernsehantennen. Vielleicht freuten sie sich darüber, noch einmal gebraucht zu werden, da ohne sie der Himmel langsam zur Erde gleiten und alles unter sich begraben würde. Männer. Frauen. Würste. Gurken.

Vor dem Supermarkt angekommen, fummelte ich die Einkaufswagenmarke aus der Sicherungsklammer an meinem Schlüsselbund, steckte sie in den Verschlussmechanismus an der Lenkstange und riss den Wagen heraus aus der langen Kette glänzenden Metalls. Fast im selben Augenblick rauschte ein vollbärtiger Kerl in Funktionsjacke an mir vorbei und rammte seinen Wagen in die Schlange hinein. Wollüstig stöhnte er auf, noch einmal etwas leiser, als er den Stecker des Vorwagens in den Verschlussmechanismus an seiner Lenkstange führte. Nicht auszudenken, was so ein Mann mit einer Frau anstellte.

Ich dachte an meine Gurken und machte mich auf die Runde. Im Uhrzeigersinn, das schwache, linke Bein also außen und somit langsamer als ein Mittelstreckenläufer auf der Tartanbahn, der es mit dem starken, rechten Bein außen mit Uhr und Zeigersinn aufnehmen konnte, es sei denn, er war Linksfüßer. Schnell war ich dennoch, und selbst die besten Ladenflächengestalter der Welt hätten mich nicht aufhalten können mit ihren billigen Tricks. Nicht der Geruch der frisch gebratenen Hähnchen an der Fleischtheke, nicht das Lächeln der Frauen auf den Klopapierpackungen, nicht die strahlenden Farben des kalt bedampften Frischgemüses und auch nicht die diverse Eleganz des Alkoholregals verlangsamten meine Schritte. Nein, ich rauschte durch den Supermarkt, umkurvte Regale und Schikanen mit der Geschicklichkeit eines Rennfahrers, bog schließlich ein in die Boxengasse, ging runter vom Gas und kam punktgenau zum Stehen. Da stand mein Treibstoff: drei Reihen von je fast einem halben Meter neben Zuckermais und Rote-Bete-Kugeln.

Ein Glas der mit Salz, Essig, Dill oder sonst einem Kraut gewürzten Gurken nach dem anderen packte ich in den Wagen. Vor meinem inneren Auge sah ich kurz die spreewäldischen Gurkenfelder und fragte mich, ob Gurken denn wirklich im Wald wuchsen oder nicht doch wie Reis in seichtem Wasser? Da rief mich schon mein innerer Boxenchef zur Ordnung. Der Tank war voll. Die Reifen gewechselt. Die kurvigen Straßen Monte Carlos erwarteten mich.

Ich ignorierte, dass überhaupt noch andere auf der Strecke unterwegs waren, schnitt eine protestierende Mutter, die fast im Kühlregal landete, drängte mich zwischen einem Touristenpaar hindurch, wobei ich dem stark übergewichtigen Mann eventuell leicht in die gesundheitsbeschuhten Hacken fuhr, drückte aufs Gas und schoss in eine Kassenzufahrt rein, die gerade erst geöffnet wurde.

»Hey, wir warten hier schon länger!«, maulte ein Jogger in Thermoanzug aus der Nebenschlange.

»In England würd's so was nicht geben«, meinte eine sehr hübsche Hutträgerin. »Da gehört Anstehen zur Kultur.«

Die Kassiererin hatte trotz oder auch wegen ihrer jugendlichen Schönheit offenbar keine Ambitionen, eine Zweitkarriere in der Rennrichterbranche anzugehen, und zog kommentarlos die ersten Gurkengläser durch die Discobeleuchtung ihres Scanners.

»Ist das überhaupt noch eine haushaltstypische Menge?«, versuchte der Jogger nachzutreten.

»Ich glaube, man darf nur fünf von einem Artikel«, sagte die mit Hut.

Sie passten so gut zueinander, dass mir vor Neid fast die Tränen kamen. Warum passierte mir das nie? Musste man ein Arschloch sein, um Frauen an der Supermarktkasse kennenzulernen? Musste man immer einen gemeinsamen Feind haben, um zusammenzufinden?

»Als gäb's nichts Wichtigeres«, versuchte ich verschwörerisch in Richtung Kassiererin zu lächeln.

»Fürs Reden werd ich nicht bezahlt«, sagte sie.

Ich verfluchte mich. So ein Idiot! Natürlich nicht die Kassiererin, die doch auch nur eine Variante der Kellnerin war, die jeden Tag von jedem angesprochen wurde, der keine bessere Idee hatte. Der Jogger und die Hutträgerin tauschten unterdessen Telefonnummern aus. Ich zahlte und schob den Wagen hastig raus auf die Straße.

Ich wohnte schon zu lange in dieser Wohnung, um die Veränderung nicht zu spüren. Die zwei großzügigen Zimmer mit Küche und Bad hatte mir ein Sozialarbeiter untervermietet, der selbst auf einen Bauernhof ins Umland gezogen war. Vor fast zehn Jahren. Eine zumindest wohnungstechnisch gute Zeit. Jetzt stimmte etwas nicht.

Vielleicht lag es am Gewicht all der Gurkengläser, die ich hoch in den zweiten Stock geschleppt hatte, vielleicht waren es noch immer Nachwirkungen des Schlangenschnapses, vielleicht war es aber auch etwas ganz anderes. Unheimliches. Unfassbares. Jedenfalls spürte ich etwas hinter dieser Wohnungstür, die mir all die Jahre so sicherer Schutz vor der Welt und ihrer Unbill gewesen war. Da war etwas, was nicht sein sollte. Durch den Schlüssel hindurch erfühlte ich ein Weniger an Raum, das mir die Brust einengte. Flach und hektisch atmend zog ich die Tür zu mir, um den Schlüssel zu drehen und dann vorsichtig gegen das alte Holz zu drücken.

Das Schloss war unversehrt. Ich musste also nicht befürchten, einen toten Junkie auf meiner Matratze zu finden. Auch mein Equipment, der Rechner, das Mischpult, das Kondensatormikrofon, die schalltote Box, all das war sicherlich noch da. Und ich wusste ja auch längst, dass gar nichts fehlen würde, sondern dass etwas da war.

Ich ließ die Gurkengläser im Flur und die Wohnungstür offen und setzte vorsichtig einen Fuß vor den anderen. Das Schlafzimmer atmete unberührt den abgestandenen Dunst des Schlangenschnapses. Die Tür zum Arbeitszimmer war verschlossen. Sicher, dass sie vorhin noch offen gestanden hatte, drückte ich die Klinke runter, dann gegen das Holz und hörte das so vertraute Stöhnen der Angeln. Und dann?

Ich hätte alles gegeben für ein Flasche Schlangenschnaps. Wäre lieber mit der Frau, mit der ich ganz versehentlich ein Kind gezeugt hatte, noch ehe ich Auto fahren durfte, ja mit der wäre ich zu einem ihrer Squaredance-Wochenenden gefahren, zu denen sie mich immer wieder einlud, damit ich meinem Sohn endlich etwas näherkäme, der seinen neuen Papa noch immer nicht ganz akzeptierte. Ich hätte unter Beobachtung des ganzen Clubs jede beliebige Frau auf der Straße angesprochen, um das nicht erleben zu müssen, was mir plötzlich so klar vor Augen stand: EIN MINDESTENS ZWEI METER LANGES SOFA!

Fassungslos ging ich zu Boden.

Bezogen mit tiefrotem Samt, stand der mobilare Eindringling, eingekeilt zwischen dem alten Klavier meines Vermieters und der Wand, quer in dem Zimmer, in dem ich jetzt unbedingt arbeiten musste, um nicht auch meinen allerletzten Auftraggeber zu verlieren.

Ich hievte mich vor dem Rechner auf die Knie, hieb auf die Tastatur ein mit der unsinnigen Hoffnung, dass alles nur ein schlechter Traum sein möge. Aber natürlich hatten sie mich wirklich bei diesem Portal angemeldet und sich während meiner Einkäufe mit Ingos Ersatzschlüssel in meine Wohnung geschlichen, um mir ein Sofa aufzudrängen. Und sie hatten diese Laura Barolli eingeladen, bis Montag auf diesem Ding zu wohnen! Zu leben!

Of course you can live on my sofa!, hatten sie in meinem Namen geschrieben. Hatte ich geschrieben! ICH! Als wäre Schlafen nicht genug!

Ich stürmte ins Treppenhaus, hämmerte gegen Ingos Wohnungstür, der natürlich nicht da war. Ich wählte Fissels Nummer, dann die von Attila und Klaus, aber auch sie hatten Besseres zu tun, als den verdammten grünen Hörer zu drücken und ihrem Freund Dickie das Leben zu retten! Ich raste zurück zum Computer.

Ihr Flugzeug war längst gelandet.

Hektisch sah ich mich um.

Der Anblick konnte keiner Frau gefallen. Es war mir so egal, was sie mochte oder nicht, diese Frau, nur dass sie ja nichts dafür konnte, dass diese Arschlöcher sie zu mir eingeladen hatten. Nein, Laura Barolli war unschuldig! Sie würde hierherkommen und mit mir darauf warten, dass sich einer der Freunde meldete, um sie zu sich zu nehmen, damit ich meinen Job erledigen konnte. Laura Barolli würde nichts dagegen haben, schnell wieder auszuziehen aus einer Wohnung, in der es bis auf mehrere Dutzend Gläser Gurken und eine Kiste voller Bockwürste nichts zu essen gab. Verdammt! Ich wollte tot sein! Und raste doch schon wieder in den Supermarkt, um Putzzeug und weniger exotische Nahrungsmittel zu kaufen.

Zurück im Treppenhaus, hämmerte ich noch einmal gegen Ingos Tür.

»Mach auf, du Arsch!«, brüllte ich. »Bitte!«

»So kriegste keine Alte rum«, rief der Säufer von oben, und ich hörte, wie er ansetzte, die Treppe herunterzukommen, um sich mit mir im Leiden zu verbrüdern.

DAS NICHT! Schnell in die Wohnung! Dann lieber Laura Barolli auf dem Sofa.

Zwei Stunden später hatte ich alle Böden gewischt, Altglas und Müll in den Keller gebracht, Geschirr gespült und das

Bad gescheuert. Zuletzt bezog ich mein Bett neu und legte aufs Sofa frische Wäsche. Auch wenn Laura noch heute weiterziehen würde, sollte sie sich doch willkommen fühlen. Schließlich kam sie ganz allein von weit her zu einem vollkommen unbekannten Mann in die Wohnung.

Die Idee, etwas für sie zu kochen, hatte ich schnell wieder verworfen. Natürlich würde sie nach der langen Reise Hunger haben, nur würde ich einer Italienerin sicherlich keine Nudeln kochen und ihr auch keine glutamatigen Dosenravioli anbieten. Nein, wir würden zum Inder gehen oder zum Schwaben, das durfte sie entscheiden.

Ich war noch immer nicht zufrieden. Zu unruhig, um mich wieder an den Rechner zu setzen und wenigstens etwas zu erledigen, solange sie noch unterwegs war. Stattdessen räumte ich den Schreibtisch auf, verstaute Kabel und Mikroständer in der schalltoten Box, die ich mit Ingos Hilfe ins Arbeitszimmer gebaut hatte. Zuletzt hängte ich sogar ein Poster an die kahle Wand über dem Sofa. Das Filmplakat von *Außer Atem*.

Von mir selbst überrascht, bemerkte ich, dass ich mich langsam mit dem Monstrum arrangierte, das sie mir ins Zimmer gestellt hatten. Auch dieses Sofa war schließlich unschuldig und immerhin kein vergammeltes Ding vom Recyclinghof, sondern ein durchaus ordentliches Objekt. Irgendwo zwischen Backpacker-Hostel und Luxussuite, wobei ich weder das eine noch das andere aus eigener Erfahrung kannte. Jedenfalls hatte es eine Rücken- und zwei Armlehnen sowie eine ziemlich breite Sitzliegefläche. Sollte Laura Barolli nicht übertrieben großwüchsig sein, was bei einer Italienerin doch sehr überraschend wäre, würde sie bequem Platz finden, um sich auszustrecken, wenn es allen Wahrscheinlichkeiten zum Trotz doch so weit kommen sollte. Für diesen Fall allerdings musste ich unbedingt den Zimmerschlüssel finden. Alleine in der Wohnung eines fremden Mannes, sollte sie doch zumindest die Möglichkeit haben, sich einzuschließen. Ich fand ihn im Schreibtisch. Der Badezimmerschlüssel blieb allerdings unauffindbar, weshalb ich schnell noch einen Kartonboden zurechtschnitt, beschriftete und mit Schnur und Reißzwecke an der Badezimmertür befestigte. *Free* und *Occupied* boten sich international verständlich an. So würde es zu keinen Missverständnissen kommen.

Als ich endlich das Gefühl hatte, eine Frau in meiner Wohnung empfangen zu können, ohne dass sie sich vor lauter Ekel würde übergeben müssen, kochte ich Kaffee und riss die Fenster auf, um durchzulüften. Am straßenseitigen Ende des Arbeitszimmers blieb ich kurz stehen und atmete durch.

Die körperliche Arbeit hatte den Schlangenschnaps aus meinen Adern vertrieben, der Himmel hing nicht mehr ganz so grau und ganz so tief, das Verhalten meiner Freunde war zwar noch immer unakzeptabel, aber ich konnte mir immerhin vorstellen, dass sie es wirklich gut meinten mit mir. Letztlich war es doch kein Ding, ihnen den Gefallen zu tun und mitzuspielen. Später würde ich schon einen von ihnen erreichen und erklären, warum ich an diesem Wochenende keine freien Kapazitäten für Laura Barolli hatte, der sie also ein anderes Quartier besorgen müssten. Natürlich, hörte ich mich ihnen versichern, würde ich mich bald auch um mein Liebesleben kümmern, selbstredend konnte ich nicht ewig Angst haben, gleich noch ein Kind zu zeugen, nur weil ich eine Frau ansprach. Ich würde an meiner, wie Attila es nannte, gynophobischen Grundeinstellung arbeiten, nur war jetzt gerade nicht der passende Moment, so sehr mich die novemberlich verhüllten Reize der an meinem Haus vorbeieilenden Frauen auch beeindruckten.

Gerade in diesem Moment sah eine für die Umgebung so unpassende Schönheit auf eine Weise an den Häusern hoch, dass mir ganz anders wurde. Selbst aus dem zweiten Stock betrachtet, wirkten ihre Augen riesig und warm, strahlten die zerzausten schwarzen Haare, glänzten die vollen Lippen. Sie zog einen knallroten Rollkoffer hinter sich her und sah sich suchend um. Ich musste handeln, nur ging das nicht, da ich Besuch erwartete. Was brauchte man denn diesen Unsinn, Internet und Sofasurfen, wenn das Glück ganz von selbst vor der Tür stehen blieb?!

Ich versuchte, mich zu beruhigen, da ich mich gut genug kannte, um zu wissen, dass ich derartigen posttoxischen Verliebtheitsanwandlungen nicht trauen durfte. Emotionale Halluzinationen nannte Ingo das. Und wirklich wich das Gefühl von Liebe schnell dem von Panik, als sie ihre Schritte in Richtung der Haustür lenkte und aus meinem Blickfeld verschwand, woraufhin ich das Geräusch meiner Klingel vernahm.

Ich sah nur noch mein Spiegelbild im offen stehenden Fenster. Die Arbeit der letzten Stunden hatte Verheerendes angerichtet. Ich musste die Arme gar nicht heben, um festzustellen, dass ich stank. Wie ausgeleierte Hängematten hingen die Schweißflecke mir bis auf Höhe des Gürtels, den ich zur Jogginghose gar nicht trug.

Ich zitterte. Knie und Arme schlackerten. Ich wollte nur noch in mein Bett unter die Decke. Wer war ich denn, dass ich mit Hilfe krimineller Manipulationen eine Frau wie die da unten in meine Wohnung lotste? Sah ich nicht genauso aus wie der Perverse, den man hinter solchen Machenschaften vermuten würde? Ein Blick würde ihr genügen, um das

Spiel zu durchschauen und die Polizei zu rufen, ganz gleich, wie sauber jetzt die Böden waren.

Ich riss mich los von meinem Spiegelbild, eilte zur Tür, um den Summer zu drücken, dann ins Schlafzimmer. Was konnte ich überhaupt noch tun? Krank spielen? Einen Wasserrohrbruch simulieren? Vorgeben, dass ich gerade mein Fitnessprogramm absolvierte? Und das, wo ich doch längst hätte nach unten eilen müssen, um ihr den Koffer abzunehmen! Mittlerweile war sie sicher schon im ersten Stock.

Ich musste alle Geschütze auffahren, um zumindest abzulenken von meinem Zustand, und hatte keine bessere Idee, als den Smoking meines Großvaters aus seinem Kleidersack herauszufummeln und überzuziehen. Dann hastete ich ins Bad, um mir zumindest noch Wasser ins Gesicht zu werfen, als es schon an der Wohnungstür klopfte. Als SIE an der Wohnungstür klopfte. Als mein HERZ plötzlich klopfte, als wolle es IHR Klopfen übertönen. Alles klopfte! SIE und ES. HILFE!!! INFARKT!!! DEFIBRILLATOR!!!

Anstatt einfach umzukippen, ging ich wie ferngesteuert an die Tür und öffnete, und dann? – – –

Noch nie, in keinem Traum, keinem noch so schmutzigen oder sauberen Film, keinem Magazin oder Museum hatte ich so etwas gesehen.

»*You are* Dickie?«, fragte sie und zeigte lächelnd ihre Zähne. »*Are you okay?*«

»*Y … y … yeah*«, stammelte ich.

»*Nice costume.*«

»*Ähhh, yes. From my grandfather.*«

So standen wir uns gegenüber. Sie lächelte. Ich versuchte, ihr das irgendwie nachzumachen. Mit bescheidenem Erfolg.

»*Can I come in?*«

»*Yes* … *yes* … ja, bitte …«

»*Your grandfather didn't like shoes?*«

So herrlich duftend, dass ich nur mit Mühe bei Bewusstsein blieb, strich sie an mir vorbei in meine Wohnung hinein. Ich blickte an mir herab und sah meine rosa verwaschenen Tennissocken mit je einem großen Loch über dem dicken Zeh.

Irgendwie gelang es mir, die Wohnungstür zu schließen und sie in die Küche zu manövrieren, wo immerhin der Kaffee gerade durchgelaufen war. Sie musterte die Kanne interessiert und wollte gerne eine Tasse. Wir nippten im Stehen am viel zu heißen Gebräu, vollkommen gehemmt, bis ich ihr schließlich erklärte, dass ich gerade eine Art Kostümprobe machte für einen Kundentermin. Sie tat zumindest so, als verstünde sie. Ich bot ihr einen Stuhl an, und sie setzte sich. Dann verschwand ich schnell, um mich frisch zu machen.

Es konnte nur besser werden. Alles. Der Gipfel war passiert. Jetzt ging's rasant bergab, so unglücklich war der Gedanke. Als ich mich fertig umgezogen mit Deo imprägnierte, fiel mir ein, dass es vielleicht nicht die beste Idee war, einer Italienerin Filterkaffee anzubieten. Da ich daran aber auch nichts mehr ändern konnte, versuchte ich, mich freundlich anzulächeln, entfernte mit einem Stück Klopapier noch einige Zahnpastaflecken, die den Spiegel auf Stirnhöhe schmückten, und ging mit dem festen Vorsatz in die Küche, dass unsere zweite Begegnung noch besser werden würde als die erste.

Nur war die Küche leer.

Ihr Koffer weg.

Die Tasse voll.

Ich hielt mich am Türrahmen fest. So sehr ich meine Freunde verflucht hatte, so schäbig ich mir vorgekommen war, so wenig konnte ich glauben, dass sie SO schnell geflohen war. Dass die eine Frau, die sich nun doch einmal zu mir verlaufen hatte, sofort wieder verschwand.

»*I am here!*«, hörte ich sie da hinter mir, und noch nie hatten von weiblichen Stimmbändern ausgesandte Schallwellen zarter über meine Hörknöchelchen gestrichen.

Ungläubig wandte ich mich um. Sie stand in meinem Arbeitszimmer und betrachtete das Sofa. Sie fand es lustig, dass ich ihr wirklich ein Sofa anbot. Bis jetzt sei sie immer auf Matratzen oder sogar in Betten untergebracht worden. Das hier fand sie richtig romantisch, überhaupt die ganze Wohnung und die Straße und die Stadt.

»*You know, I feel so free!*«, lachte sie so offen, dass ich mitlachen musste.

Dann fragte ich sie, ob ihr der Kaffee nicht geschmeckt habe, und bot ihr an, vom Italiener um die Ecke einen richtig italienischen zu hohlen. Da lachte sie noch lauter, weil sie doch nicht nach Deutschland fahre, um italienischen Kaffee zu trinken.

»*I am so hungry!*«, sagte sie. »*I really would love to eat a* Wurst*!*«

»Eine Wurst?«

»*Si!* Ja! Bitte!«

Ich dachte ganz kurz an all die *Bockis*™ im Kühlschrank und verwarf den Gedanken sofort. Natürlich würde ich sie nicht mit eingeschweißter Bockwurst bewirten, zumal ich die noch brauchte, um weiterzuarbeiten, wenn sie wieder weg sein würde, woran ich gar nicht denken wollte. Nein, wir würden zu dem Schwaben gehen, zu dem Ingo seine Frauen immer ausführte, wenn er sie tendenziell dem Waldorf-Milieu zuordnete. Mit Backpackerinnen ging er zum Inder, damit sie ihm erzählen konnten, dass es in Indien ganz anders schmeckte. Für eher konservativ Bürgerliche hatte er den Italiener, da die offensive Art der libanesischen Kellner ihn richtig wohlerzogen wirken ließ.

Ich erklärte Laura, dass ich ihr gerne ein Restaurant zeigen würde. Sie war einverstanden, ließ ihren Koffer einfach so in meiner Wohnung und folgte mir die Treppe runter auf die Straße, wo sie neben mir herging, als sei das ganz normal. Es war unfassbar, und ich hatte Angst, zu stolpern, in Hundekacke zu treten, irgendetwas Dummes zu tun und den Zauber so zu zerstören. Aber wir liefen einfach weiter, bis sie ganz unvermittelt stehen blieb. Es wäre auch zu schön gewesen. Jetzt war sie aufgewacht, zu sich gekommen, würde sie sich als V-Frau des Sittenschutzes zu erkennen geben, die perverse Sofasurfer enttarnte.

Wir standen vor dem Schaufenster der letzten Fleischerei des ganzen Stadtteils. Ihre Augen strahlten.

»*Can we go here?*«

»Hier?«

»Ja, bitte!«

Zwei der drei Stehtische waren besetzt. Zum Schwaben war es wirklich nicht mehr weit. Ich konnte sie unmöglich in eine Fleischerei ausführen, diese Traumfrau von feinster italienischer Art.

»*I will invite you*«, sagte sie und drückte die Tür auf.

Fröhlich bimmelte die Glocke. Ich sah mich um wie ein Studienrat vor dem Sexshop und huschte ihr hinterher. Sie stand schon an der Theke und bestaunte die Auslage.

»*Is this all Wurst?*«, fragte sie die Verkäuferin.

»Wat is Wurst?«, fragte die zurück.

»*Yes*«, sagte ich schnell.

Laura sah mich an mit den Augen eines Kindes unter dem Weihnachtsbaum.

»*This is so beautiful! Che bellissimo! I want* Wurst!«

»*Which one?* Was haben Sie denn zum Mittag?«

»Knacker hart und weich, Wiener von Pute, Kalb oder Schwein, Frankfurter, Debrecziner, Bockwurst bio oder nicht, Blut- und Leberwurst frisch, Thüringer und Krakauer gebraten, Nürnberger genauso in der Schnecke oder nicht, Merguez vom Lamm, ne grobe Bio-Bratwurst vom Strauß und Landjäger vom Känguru.«

Wir schwiegen. Machte die Verkäuferin sich über die Frau an meiner Seite lustig? Die Männer an den Stehtischen kauten, ohne von ihren Tellern aufzusehen.

»*Eskimos have hundred words to say snow, Germans have hundred words to say* Wurst, *no?*«

»*And Italians?*«

»*We have thousand ways to say amore*«, lachte sie, wandte sich wieder der Auslage zu und zeigte auf die zur Schnecke gerollte Nürnberger.

»Sind aber vorgebraten«, sagte die Verkäuferin. »Mit Sauerkraut und Sättigungsbeilage?«

Ich nickte und bestellte für mich eine Bio-Bockwurst, während Laura schon zum offenen Kühlschrank ging und uns zwei Flaschen Bier holte. Mir kamen schon wieder die Tränen. Schnell sah ich aus dem Schaufenster. Der Himmel grau. Kaum Menschen unterwegs. Ich mit der schönsten Frau der Welt in einer Fleischerei. Gleich würden wir anstoßen. Alles, aber auch wirklich alles, was ich den vergangenen Jahren an Einsamkeit und Alleinsein hatte ertragen müssen, war es wert gewesen für diesen Moment. Niemals hätte ich mir vorstellen können, einmal so glücklich zu sein. Ich nahm eine Serviette vom Tresen, schnäuzte mir die Nase und ging rüber zu ihr.

»Prost!«, sagte sie und betonte wie Ost.

Sie reichte mir eine Flasche, und ich stieß mit ihr an.

Ich wollte meine Freunde umarmen und küssen für ihre Weisheit und Weitsicht, die mich das hier erleben ließen. Was war ich nur für ein undankbarer Mensch, welch missmutiger Zweifler, dass ich ihnen nicht vertraute? Wer kannte mich denn besser? Wen hatte ich überhaupt außer ihnen? Wie groß dieses Glück auch noch werden sollte, ich würde mich endlich bedanken bei ihnen, dafür, dass es sie gab.

Nachdem Laura im Anschluss an die Nürnberger noch eine Knacker, eine Kalbswiener und eine Debrecziner gegessen und mich zu zwei weiteren Bieren genötigt hatte, liefen wir einfach los. Sie wollte die Stadt sehen, und ich dachte nicht daran, die Zeit zu nutzen, um mich mit Gurken zu beschäftigen. Also führte ich sie durch den selbst laublos verwunschenen Park und hoch auf den Berg und zum Denkmal, von dem aus wir die Stadt überblickten.

»*This is so beautiful!*«, lächelte sie.

Ich wusste nicht, was genau sie schön fand an all den Mietskasernen, in deren Fenstern die ersten Lichterketten blinkten, und freute mich dennoch. Denn es war meine Stadt, die ihr so gut gefiel.

Zurück zu Hause wollte Laura sich kurz hinlegen. Sie war viel zu früh aufgestanden und wollte später gerne noch mal raus. Ich machte es mir in der Küche gemütlich mit Äpfeln, Rosinen, Mandeln, Honig und Vanillesoße, die ich auf dem Rückweg im Spätkauf besorgt hatte. Als die Bratäpfel im Ofen waren, machte ich mir einen Glühwein und versuchte, einen der Freunde zu erreichen.

Nur Klaus ging schließlich ran, meinte sofort, dass ihm

das leid tue. Er sei dagegen gewesen, das Ganze völlig illegal. Es dauerte eine Weile, bis ich ihn zum Schweigen gebracht hatte.

»Klaus, bitte! Es ist alles okay! Ich krieg das schon hin. Ich muss nur wissen, wo man heute tanzen kann.«

»Tanzen? Wer will denn tanzen?«

»Ich … also ja … also ich.«

Ich hörte nur noch ein Tuten in der Leitung und wählte noch einmal Klaus' Nummer. Die war besetzt. Dann klingelte mein Telefon.

»Du warst plötzlich weg«, sagte ich.

»Mann, Dickie Diggler, ist das geil! Du willst echt mit der Perle zappeln gehen?«

»Fissel?«, fragte ich.

»Ich bin so stolz auf dich! Wie ist sie denn? Ist untenrum schon was passiert?«

»Wir waren essen«, sagte ich. »Und später würde sie ganz gerne tanzen.«

»Beim Schwaben oder beim Inder?«

»Weder noch.«

»Wie jetzt?«

»Beim Metzger.«

»Was?«

»Sie wollte Wurst.«

Schweigen.

»Wow«, sagte er dann. »Die darfst du dir nicht durch die Hosenlappen gehen lassen. Mann, ist das geil! Mit einer Italienerin beim Metzger Wurst essen! Neue Wege zum Fremdenverkehr! Du bist pervers genial, Dickie!«

»Ist gut, ja? Ich wollte nur wissen, wo man freitagabends hinkann. Ich war halt lange nicht mehr richtig unterwegs.«

»Das ist sehr freundlich formuliert.«

Dann schwieg er, als müsse er sich selbst unter Kontrolle bringen. Er seufzte. Stöhnte. Räusperte sich.

»Im *Bergrausch* spielen sie deutsche Sachen, ich mein, wenn sie auf Wurst steht, könnte das doch passen.«

»So deutsche Sachen?«

»Nichts Nazimäßiges. Halt deutsche Texte, vielleicht zum Mitsingen. Ab wann kann man euch denn bestaunen?«

Jetzt dachte ich nach, weil genau das auf keinen Fall passieren durfte.

»Und sonst? Gibt's vielleicht noch was anderes? Nur weil sie Wurst isst, muss sie ja nicht gleich deutsche Lieder singen.«

Ich hörte mir noch ein paar Vorschläge an, verfluchte mich dabei schon wieder selbst, dass ich überhaupt angerufen hatte, tat dann aber begeistert, als er ein griechisches Restaurant erwähnte, in dem Freitags Neo-Sirtaki-House geboten wurde.

Wir lachten noch am nächsten Nachmittag, nachdem Laura wirklich eine Nacht, das heißt die kurzen Stunden zwischen sechs und zehn, auf meinem neuen Sofa verbracht hatte. Wenn Wurst eine musikalische Entsprechung hatte, dann war das *Bergrausch* dem sehr nahe gekommen, in dem wir schließlich doch gelandet waren. Nicht, dass ich irgendetwas von Musik verstanden hätte, aber lustig war das auf jeden Fall.

Entsprechend zerschlagen war ich jetzt, zumal der Schlangenschnaps in mir noch immer nicht ganz abgebaut war und meine Trommelfelle noch immer leicht spannten von der Beanspruchung der letzten Nacht. Mit Laura am Küchentisch sitzend, hätte ich aber auch eine Operation am offenen Herzen ohne Narkose ertragen. Es war so wahr, so wunderwahr wunderwahrbar! Ich fragte mich, was sie überhaupt in Berlin wollte, da sie nicht davon hatte ausgehen können, einen Gastgeber zu finden, der das ganze Wochenende mit ihr verbrachte, und antwortete mir, dass es sich einfach gut anfühlte. So gut, dass es sich ganz normal anhörte, als sie vorschlug, ins Kino zu gehen. Sie fragte wirklich, ob WIR INS KINO gehen wollten. Nicht ob ICH MIT IHR oder ICH ZUFÄLLIG LUST HÄTTE. Auch wenn ich nicht den Ansatz einer Erfahrung in Beziehungsdingen hatte, wusste ich doch, dass es sich so anfühlen musste, nicht allein zu sein. Kein Einzelwesen, sondern Teil eines Duetts, das perfekt harmonierte, so wie das Knacken der Gurken sich mit dem Schmatzen der Wurst vermischen würde, wenn ich wieder Zeit hätte für derartige Dinge.

Nach einem exzellenten Döner gingen wir ins Programmkino um die Ecke. WIR wollten UNS überraschen lassen! Ja, es war ganz egal, was sie zeigen würden, und dann doch eine Extraportion an Glück, als ich erfuhr, dass es ein alter französischer Liebesfilm war.

Das kleine Kino war fast leer. Wir hatten die letzte Reihe ganz für uns alleine. Die Sessel wirkten wie die Kinder meines Sofas, meinte Laura, und sie hatte recht, und wieder schien es selbstverständlich, dass wir uns an den Händen fassten, als die Saalbeleuchtung runterfuhr.

So saßen wir da und tranken unser kaltes Bier und drückten unsere heißen Hände, während auf der Leinwand zwei junge Menschen gegen alle Widerstände der Welt an ihre Liebe glaubten und dabei auch noch gut aussahen. Nur ihrem Schicksal sollten sie nicht entkommen.

In einer Bar tranken wir weiter Bier und genossen, dass es uns gab. Zum ersten Mal in meinem Leben erlebte ich, wie anders die Leute guckten, wenn man eine Frau wie Laura ausführte. Ich hoffte nur, dass keiner vom Club auftauchen würde, aber selbst das würde ich hinbekommen, so gut ging es mir. Während ich mich im Hinterkopf fragte, ob und, wenn ja, wann wir uns küssen würden und was dann womöglich noch folgen könnte, unterhielten wir uns über die unsinnigsten Dinge, als wollten wir uns einfach reden hören. Und nur deshalb fragte ich, was sie in Berlin vorhabe, was sie erwartet habe, ja, warum sie überhaupt gekommen sei.

»*Just like this. Just for fun, a last time*«, sagte sie.

Ich streichelte ihre Hand, wusste nicht, wie ich weiterfragen sollte. War sie krank? Unheilbar? Genoss sie in vollen Zügen, weil sie wusste, wie kurz sie noch zu leben hatte? Nur war es doch ihr gutes Recht, nicht darüber reden zu wollen, weshalb ich einfach zustimmte, als sie noch eine Runde bestellte und noch eine.

So fest wie möglich hielt ich sie an mich gedrückt, als wir uns später auf der Straße küssten. Dann zerrte sie mich hinter sich her nach Hause, riss mir, kaum in der Wohnung angekommen, Jacke, Hemd und Hose vom Leib, sodass ich selbst auch alle Hemmungen fallen ließ und jeden Gedanken an Gesa damals auf der Scheunenparty im Keim erstickte. So landeten wir auf dem Sofa, ich in den Boxershorts, deren vergilbtes Totenkopfmuster sie im Halbdunkel sicherlich nicht bemerkte, sie in so feiner Unterwäsche, dass mir der Anblick allein schon für Stunden des Glücks genügt hätte. Danach stand ihr der Sinn aber nicht, da sie meinen Kopf packte, mich küsste mit einer Heftigkeit, die mir plötzlich verzweifelt erschien. So sehr, dass ich nicht weiterkonnte. Dass ich wissen musste, was sie bedrohte. Welche Krankheit sie hatte. Ich wollte sie nicht benutzen, wie Fissel es sich ausgedacht hatte. Ich liebte sie wirklich. Und fragte.

»*It's time for le nozze*«, stöhnte sie.

»*Is this dangerous?*«

»*Il matrimonio?*«

»*What?*«

»*Dickie, shut up, please!*«

»*Laura, I have to know!*«

»*I will marry, Dickie, but it doesn't matter, really!*«

»*You want to marry me?*«

Der Sonntag war verwirrend. Ich ging spazieren. Sie ging spazieren. Wir trafen uns zum Mittagessen und trennten uns wieder, als hätten wir eine erste Beziehungskrise, ohne überhaupt eine Beziehung zu haben. Ich wollte mit ihr darüber reden, nur wusste ich nicht, worüber.

Als fühlten wir beide das gleiche, saßen wir am Abend dann wieder zusammen am Küchentisch, immer wieder lächelnd, unsicher. In mir wuchs eine Traurigkeit, die mich ertränken würde. Langsam tropfte der schwarze Trauerschleim in meine Lungen und nahm mir die Luft zum Atmen.

Ich wollte ihr sagen, dass sie den Fehler ihres und meines Lebens machte. Dass sie keinen anderen heiraten durfte, jetzt, wo wir uns begegnet waren. Nur wusste ich selbst, wie unsinnig das wäre, da wir uns gar nicht kannten. Wie schrecklich es wäre, wenn sie dann erführe, dass sie mir zugeführt worden war mit sehr eindeutigen Hintergedanken und jeder Menge krimineller Energie.

Mein Atem ging immer flacher, meine Hände waren eiskalt. Ich würde immerhin in ihren Armen sterben, tröstete ich mich, als mein Telefon klingelte und ich ihn packte, den allerletzten Anker. Es war mein Auftraggeber, der wirklich niemals nicht arbeitete.

»Hören Sie, ich bin ganz kurz davor!«, sagte ich.

»Ich muss jetzt wirklich etwas hören, Herr Decker!«

»Geben Sie mir bis morgen Abend, bitte. Dann schicke ich Ihnen den perfekten Knackschmatz, wirklich!«

Ich bettelte, log und phantasierte mit einer Energie, die ihn letztlich überzeugte. Laura hörte interessiert zu, bis ich auflegte.

»*What is* Knackschmatz?«, fragte sie.

»Das ist sehr kompliziert«, sagte ich. »*Really very complicado.*«

Ich sagte ihr nur, dass ich etwas erledigen musste. Dringend.

»*And I stole your time*«, lächelte sie mitleidig.

»Ist schon okay«, sagte ich.

Ich stand auf und sagte ihr, dass ich müde sei. Ihr Flugzeug ging um sechs Uhr dreißig. Ich wollte sie natürlich bringen und würde ihr vorher noch einen deutschen Kaffee kochen. Dann drehte ich mich um und ging in mein Schlafzimmer. Ich konnte den Anblick dieses möglichen Glücks nicht mehr länger ertragen.

Kaum wach, wusste ich schon, dass sie weg war.

Auf dem Küchentisch lag ein Zettel. *I stole one Bocki,* hatte sie geschrieben, darunter ganz klein *sorry for everything.* Ich ging sofort zurück ins Bett. Unter die Decke. Ich wollte nichts hören von Würsten und Gurken. Nie mehr.

Am Nachmittag kam ich zu mir und rief den Auftraggeber an. Ich würde liefern, natürlich. Eine plötzliche Krankheit, die schon fast kuriert war. Morgen, noch heute Nacht, würde ich das Geräusch schicken. Er würde nicht enttäuscht sein.

Ich setzte mich auf die unfassbar sauberen Dielen und

starrte das Sofa an. Zwischen uns war blanker Hass, wenn auch nur einseitig. Dieses ganze plüschige Ungetüm hatte mir etwas vorgemacht, mein Leben aus der Bahn und mich womöglich um den allerletzten Kunden gebracht.

Wütend riss ich die Schreibtischschublade auf und suchte das Teppichmesser. Meine Trauer war so groß, dass sie ein Ventil brauchte. Sonst wäre ich verloren. Würde ich nie wieder die Ruhe finden, um mit den Gurken zu arbeiten. Ratschend fuhr die Klinge aus und blitzte auf im Licht der Deckenlampe. Ich holte aus und stach ein auf das Monster, als ich es an die Tür klopfen hörte. Kurz darauf auch Ingos Stimme.

Ich hielt inne und erinnerte mich daran, dass dieses Sofa letztlich genauso unschuldig war wie Laura. Verantwortlich waren die Kumpel vom Club! Ich würde nicht für einen dummen Amoklauf ins Gefängnis gehen, aber ich musste etwas tun, um nicht gänzlich den Respekt vor mir zu verlieren. Nur fiel mir überhaupt nichts ein.

Ich ließ das Sofa und ging Ingo öffnen, der einen Träger Bier unterm Arm trug.

»Dickie! Was ist denn? War sie so anstrengend, die Perle?«

Ich drehte ab und schlurfte zurück ins Arbeitszimmer, setzte mich auf das Sofa, das noch leicht vor Angst zitterte und nach Laura duftete. Ingo folgte mir.

»Jetzt sag nicht, dass du traurig bist?«

Meine Hand fuhr über den Stoff.

»Ich fass es nicht! Dickie! Du bist verliebt!«

»Hör auf«, flüsterte ich.

»Was denn? Warum? Das ist doch wunderbar! Der Mönch wird rollig!«

»Bitte, Ingo.«

»Ja, was denn, Dickie?!«

»*Matrimonio*«, sagte ich.

»Mono was?«

»*Nozze.*«

»Du hast gekotzt?«

Er machte alles so lächerlich, dass mir die Tränen kamen. Weil sie mich nicht einfach in Ruhe ließen mit ihren Frauensprüchen und Verkuppeleien. Weil meine ganze Ausgeglichenheit weg war. Weil Laura wieder auf dem Sofa liegen sollte!

»Sie ist verheiratet, das heißt, sie wird bald heiraten.«

»Wie jetzt? Du heulst?«

»Anscheinend wollte sie nur noch mal raus.«

»Mensch Dickie! Du hast doch nicht geglaubt, dass gleich die Erste die perfekte ist! Die Nächste kommt bestimmt! Fissel meint, es hätte sich schon eine gemeldet, aus New York, mit nem vollkommen abgefahrenen Namen. Erogen oder so.«

»Ich muss jetzt erst mal arbeiten«, sagte ich und schnäuzte mir die Nase. »Wenn ich den Job versaue, bin ich arbeitslos.«

»Dann suchen wir dir halt ne Reiche.«

Ich sagte nichts und nahm das Bier, das er mir reichte.

»Wenn du bleiben willst, sei bitte still.«

Auf meinem Schreibtisch wartete das erste Glas Gewürzgurken. Der Vakuumverschluss knackte. Ich nahm es mit in die Box, startete die Aufnahme und biss in die zuoberst liegende Gurke. KNACK!, machte sie. Unfassbar! Erhaben! Rein! Der Klang war so perfekt, dass ich kein weiteres Glas Gurken würde öffnen müssen. Konnte es denn so einfach sein? Ich mischte das Geräusch zum Klang der Wurst und war völlig zufrieden. Das war KNACKSCHMATZ!!! Göttliche Harmonie! Mehr KNACKSCHMATZ ging nicht!!!

Ich musste grinsen, weil ich mich daran erinnerte, wie Laura mich danach gefragt hatte, was KNACKSCHMATZ bedeutete. Ich hatte ihr keine Antwort gegeben. Schnell öffnete ich das Mailprogramm, hängte die Audio-Datei an eine Mail und gab ihre Adresse ein. Betreff: *KNACKSCHMATZ*. Ich schickte die Nachricht ab und wischte mir mit dem Ärmel über die Augen. Ingo hatte sicher recht. Es war nicht sehr wahrscheinlich, dass immer gleich die erste Gurke auch die richtige war.

Ich hätte wissen müssen, dass man die Dinge auch anders sehen und hören konnte. Was die Freunde vom Club anging, überraschte es mich auch wirklich nicht, dass sie meine Einschätzung der Ereignisse vom Wochenende nicht teilten. Sie waren hin und weg begeistert, nachdem Ingo ihnen berichtet hatte. Mir war vollkommen klar gewesen, dass er natürlich nicht schweigen würde, obwohl ich ihn darum gebeten hatte. Das könne ich ihm nicht antun, hatte er gefleht. Diese Geschichte sei einfach zu gut, um nicht erzählt zu werden! Ich, Dickie Decker, voll verschossen gleich in die erste Sofaperle, und so weiter. Wie gesagt, mich darüber aufzuregen, hieße, über Regen im November klagen. Vollkommen unerwartet und entsprechend schmerzhaft traf mich hingegen, was mir mein Auftraggeber mitteilte, der mich Punkt eins nach acht am nächsten Morgen anrief.

»Decker, wir sind vielleicht auf dem richtigen Weg«, fing er gleich an zu reden, als sei er seit mindestens vier Stunden wach, von denen er zwei auf dem Laufband verbracht hatte.

»Was? Wie bitte?«, stammelte ich. »Ist die Datei nicht angekommen?«

Natürlich war sie angekommen, und er hatte sie noch gestern Abend über seine High-End-Anlage zu Hause laufen lassen. Ich sah ihn vor mir auf einem schwarzen Ledersofa. Die Boxen rahmten den Schrein seines High-End-Altars, die Wand dahinter indirekt beleuchtet, auf dem Couchtisch eine Plastikdose mit Salzstangen. KNACKSCHMATZ machten die Boxen, und ER fand, dass WIR VIELLEICHT auf dem richtigen WEG waren! ICH hatte IHM den absolut perfekten *Bocki*™-Sound geliefert!!! Der WEG war längst das ZIEL!!! Die Datei musste unterwegs beschädigt worden sein! Er hatte einen Hörsturz! Es gab keine andere Erklärung, aber er blieb dabei.

»Decker«, sagte er. »Ich will mich auch gar nicht in Ihre Arbeit einmischen. Sie sind der Fachmann, dafür werden Sie bezahlt. Ich kann nur sagen, dass Sie da etwas gefunden haben, was in die richtige Richtung geht, aber noch sehr viel besser werden kann. Knackschmatziger im Sinne von Verführung, verstehen Sie? Mehr Kurkuma, Moschus, subtile Erotik. Ich will sie zwischen den Zähnen spüren, wenn ich den Sound höre. Machen Sie weiter so!«

Es war nichts zu machen. Er war wahnsinnig und allein verantwortlich für diese Radiowerbung. Nur er bestimmte, wann er zufrieden war und ich die Rechnung stellen konnte.

»Wenn Sie mehr Würste brauchen, sagen Sie einfach Bescheid. Alles andere liegt ganz in Ihrem Ohr.«

Er lachte über seinen eigenen Witz, meinte dann noch, dass ich mir ruhig die Zeit nehmen solle, die ich als Künstler brauche, womit er mir zu verstehen gab, dass ich natürlich pauschal bezahlt würde. Es folgte noch sein sportfröhliches TSCHÜSSLE, ehe ich ihn endlich los war.

Neben meiner Matratze stand die Kiste mit den Gurkengläsern, von denen ich mich innerlich schon verabschiedet hatte. Aber der Weg war ja der richtige. Da hatte ich mich schon wieder zu früh gefreut.

Wenn der Wahnsinn meines Auftraggebers etwas Gutes bewirkt hatte, dann, dass ich kaum noch an Laura dachte. Natürlich hatte sie mir nicht geantwortet. Sie war Vergangenheit.

In den folgenden Tagen bestimmten *Bocki*™ und die Gurken mein Leben. Sogar Ingo ging ich aus dem Weg, dem ich durch die geschlossene Wohnungstür versicherte, dass alles in Ordnung sei. Die Existenz des Internets ignorierte ich genauso wie die Anrufe der anderen vom Club, vollkommen absorbiert von der Arbeit, die spätestens Mittwoch im schlammigen Treibsand einer finsteren Sackgasse festgefahren war.

Ich fand keine bessere Gurke als die allererste. Das Knackschmatzen blieb perfekt, egal wie ich die Aufnahme auch filterte oder komprimierte. Kein Effekt vermochte es, das Perfekte noch besser zu machen. Also musste es an der Wurst liegen, was ich nicht glauben wollte. Nein, DAS DURFTE NICHT SEIN! Ich wollte nicht noch einmal ganz von vorn anfangen! Und ich wollte es nicht mit meinem Gewissen vereinbaren müssen, *Bocki*™ selbst komplett in Frage zu stellen. Man konnte die Menschen doch nicht belügen! Es wäre Betrug, mit etwas ganz anderem für das Eigentliche zu werben! Heiser hörte ich Platon vor seiner Höhle lachen, und natürlich durchschaute ich mich schnell, wusste ich, noch während ich so herrlich vor mich hin moralphilosophierte, dass ich letztlich doch nur das Unvermeidbare vermeiden wollte. Denn wenn es wirklich am Schmatzklang der Wurst lag, blieb mir gar keine andere Wahl, als es mit anderen Würsten zu versuchen.

Mittwochabend beschloss ich, dass ich da durchmusste, ließ mir aber bis Donnerstagmorgen Zeit, dem Entschluss Taten folgen zu lassen. Dann stand ich mit feuchten Augen in der Fleischerei und kaufte alles, was sie an Brühwurst hatten. Ehe die Verkäuferin die seidendünne Kruste meiner Selbstbeherrschung mit irgendeinem Kommentar hätte brechen lassen können, rannte ich raus auf die Straße und nach Hause.

Zurück in meinem Arbeitszimmer, warf ich mich weinend aufs Sofa, weil das alles nicht wahr sein durfte. Ich konnte das nicht! Ich wollte das nicht! Allein der Gedanke an den Geschmack von Wurst ließ mich an Selbstmord denken. Nur deshalb, aus ganz allein nur diesem einen schrecklichen Grund bodenlosester Verzweiflung öffnete ich die Wohnungstür, als Ingo gegen Mittag klopfte.

»Du kommst aber schon heute Abend, oder?«, fragte er und sah mich ehrlich besorgt an.

»Unter einer Bedingung«, sagte ich und zog ihn hinter mir her durch die Wohnung.

Den Nachmittag verbrachte Ingo dann in meiner Box damit, in all die Würste hineinzubeißen. Zum Glück schützten mich die isolierten Wände auch vor dem Geruch, sodass ich nur mit dem vom großen Kondensatormikrofon übermittelten Geräusch, diesem so immer wieder anderen Schmatzen, zurechtkommen musste. Und das war schon nach ein paar Würsten so abstrakt, dass ich Laura wieder vergaß und gar nicht unzufrieden meine Arbeit machte.

»Bio-Bockwurst die Dritte. Achtung! Aufnahme! Und bitte!«, sagte ich.

»SCHMATZ«, machten Ingo und die nächste Wurst.

»Ja, das war gar nicht schlecht. Ich hätte es aber gerne noch mal, wenn du noch ein Stück hast. Vielleicht mit etwas mehr Gefühl. Ingo?«

»Dickie, bitte, ich muss gleich kotzen.«

»Reiß dich zusammen. Wir haben's gleich. Also? Bio-Bockwurst die Vierte. Und bitte.«

»SCHMATZ«, klang es ein kleines bisschen zarter, ja, gar nicht mal so schlecht.

»Super!«, sagte ich. »Willst du ’ne Gurke zur Abwechslung? Kaffee und Wasser, bevor wir mit der Putenwiener weitermachen?«

»Dickie«, jammerte er verzweifelt.

»Du wolltest, dass ich zum Kegeln komme.«

»Aber wir sind doch Freunde!«

Er schien wirklich zu leiden, aber er hatte mich auch nicht vor Fissels Machenschaften geschützt, hatte das ganze Theater erst möglich gemacht, indem er mein Vertrauen missbraucht und dem Sofa Zutritt zur Wohnung verschafft hatte. Drei Würste musste er noch. Jeweils vier bis sechs Takes. Das würde er schaffen. Als Gegenleistung würde ich ihn dann auch gerne zum Kegeln begleiten. Langsam konnte ich mich sogar wieder freuen auf meine Nummer dreiundzwanzig, Ente kross.

Wie üblich, waren die Kegeletten auf der Nebenbahn schon wild bei der Sache, als Ingo und ich beim Chinesen auftauchten. Was unseren Club betraf, waren wir die Ersten. Auch das war keine Überraschung, da wir viel zu früh aufgebrochen waren.

Ingos Leid war mir schließlich so nahegegangen, dass ich ihn vorzeitig erlöst hatte. Er wollte nur noch Bier, meinte, sein Mund sei so ausgedörrt, dass sein Kopf von innen her schrumpfe. Auch sein Bauch schmerzte verständlicherweise, weil er die Würste tatsächlich gegessen hatte! Ich konnte es noch immer nicht glauben, dass er sich das in meiner Box gegeben hatte.

»Ist halt Erziehung, von wegen Krieg«, stöhnte er, während wir auf die erste Runde warteten, die wir schon beim Durchqueren des Restaurants bestellt hatten.

»Was denn fürn Krieg?«, fragte ich verwirrt, da Ingo meines Wissens eine sehr wohlbehütete Kindheit verbracht hatte.

»Es war in Schlesien gewesien«, summte er. »Und auf der Flucht Essen gesucht und nicht gefunden, hungrige Stunden. Das sind die Gene, meine Scheene.«

Ich hoffte, dass es sich nicht um die ersten Anzeichen einer Vergiftung handelte. Er grinste, doch seine Augen flackerten bedenklich. Bei den Kegeletten räumte unterdessen jemand alle Neune ab, woraufhin laut johlend die erste Runde Schlangenschnaps ausgeschenkt wurde. Ich konnte mich noch so klein machen, es gelang mir nicht, unter dem Tisch zu verschwinden.

»Wer zu früh kommt, den bestraft die Freundin«, lachte eine der Wortführerinnen und knallte zwei Gläser auf unseren Tisch. »Und jetzt weg mit der Scheiße, ihr Vögel!«

Ingo grinste weiter nur dümmlich vor sich hin und kippte den Schnaps kommentarlos hinunter. Mich musste sie mindesten drei Augenblicke lang streng anstarren, ehe ich es ihm gleichtat. Kurz beneidete ich ihn um das Fundament, das die Würste in seinen Magen legten. Mich biss die Schlange so heftig in die nackte Schleimhaut, dass ich zusammenzuckte.

»Lerne leiden, ohne zu klagen«, sagte die Kegelette streng, um dann doch ziemlich nett zu lächeln.

Ihr Gesicht wirkte wie einem modernen Gemälde entsprungen, ihr Körper hätte jede Leinwand gesprengt. So schaukelte sie mit den leeren Gläsern in der einen, der noch fast vollen Flasche in der anderen Hand zurück zu ihren Freundinnen, denen ich alles erdenkliche Kegelpech an die Hände wünschte. Zum Glück kam da die Kellnerin und brachte die Biere.

Ingo blickte ungläubig und voller Ehrfurcht wie ein Hirte auf dem Felde, Jesus in der Wüste oder sonst irgendwie biblisch. Es war jedenfalls ein großer Augenblick, als er das Glas an die Lippen führte und trank. Ich begriff, dass jedes Leiden einen Sinn hatte, wenn es denn irgendwann ein Ende fand. Mich erlöste das Bier immerhin vom Beißen der Schlange. Mein wirkliches Leiden stand mir da aber noch bevor.

»Dickie the Diggler, der Sofa-Casanova kann wieder laufen und saufen!«, rief Fissel, als er wenig später durch die Tür trat.

Das Bier nahm die falsche Abzweigung, stürzte in meine Lunge, die sich verkrampfte in grässlichem Schmerz, der sich in keuchendem Husten entlud, auf das hin röhrtönend die Luft in mich fuhr, bis mir Ingo mit Kraft auf den Rücken hieb und ich wie ein Fisch im Springbrunnen Bier auf den Tisch spieh. Das Ganze war so wild, dass selbst die Kegeletten innehielten.

»Alles bestens!«, beruhigte Fissel sie. »Der Sofalover führt uns nur seine Verführungskünste vor.«

Ganz langsam kam ich zu mir, auch wenn ich nicht sicher war, ob ich da jetzt sein wollte. Auch den letzten Rest Bier hustete ich aus meiner Lunge heraus, weil ich dann doch noch etwas mehr erwartete als dieses schmerzvoll lächerliche Ende eines unerfüllten Lebens. Nein, so würde ich nicht gehen, nicht jetzt, nicht solange die Sache mit *Bocki*™ im sonst so leeren Raum meiner Tage stand.

»Sonst keiner da?«, kam Fissel endlich auf ein anderes Thema zu sprechen. »Ist diese Erogen denn noch nicht bei dir aufgetaucht?«

»Die was?«

»Ja was, die was?«

»Die was soll aufgetaucht sein?«

Fissel stand noch immer am Kopf der dunklen Holztafel und starrte mich an, als leide auch er an einer akuten Wurstvergiftung. Dann sah er zu Ingo rüber, der aber sein Bier so sehr genoss, dass er gar nichts mitbekam.

»Das ist jetzt nicht dein Ernst, oder?«, fragte er.

»Was denn fürn Ernst?«

Er dachte nach. Angestrengt. Ungewohnt unsouverän.

»Du liest aber schon gelegentlich deine Mails, oder?«

»Seit Montag nicht mehr«, sagte ich. »Ich hatte zu tun. Kannste Ingo fragen.«

»Sag jetzt, dass das nicht dein Ernst ist! Dickie!«

»Sag mal, Fissel«, klinkte Ingo sich ein ins Gespräch. »Wer ist denn dieser Ernst? Willst dem Dickie jetzt ne Hupe auf sein Sofa legen?«

»Ihr seid völlig bescheuert! Die Schnecke muss längst da sein, diese Erogen aus New York City! Ich mein, als Katholik geht man doch auch nicht kegeln, wenn der Papst nach Hause kommt!«

Ich nahm einen sehr großen Schluck, weil die Wirklichkeit hinter seinem Gefasel langsam immer deutlicher sichtbar wurde, wie ein Reiter, der im sonnigen Staub der Prärie immer näher kam. Der Reiter war böse, und es war zu spät, um zu fliehen.

»Hol dir doch selber deine Schnecke«, sagte ich. »Ich bin raus aus deiner Möbelgeschichte.«

»Du warst noch nicht mal richtig drin, Dickie! Du hast ja gleich alles vermasselt, kaum lag der erste Jackpot auf der Couch!«

»Wollen wir anfangen?«, fragte ich, stand auf und nahm meine Lieblingskugel, eine eher kleine, bordeauxrote.

»Dickie! Du musst jetzt nach Hause! Was glaubst du, was

das für ne Bewertung gibt, wenn du nicht da bist wie verabredet. Dann ist ein für alle Mal Schluss! Lob kann ich dir ohne Ende reinhacken, aber Verrisse kriegst du nicht weg. Die entwerten alles! Dann glaubt da keine mehr an dich!«

Ich zielte und nahm Anlauf. Die Kegel waren Frauen aus allen Teilen der Welt. Ich wollte nichts von ihnen wissen, würde sie gleich aus meinem Leben rausschießen und wieder meine Ruhe haben, um meine Ente kross zu bestellen. Mit federndem Schritt näherte ich mich dem die Anlaufbahn auf Schienbeinhöhe begrenzenden Gummiband, ging geschmeidig in die Knie, zog den rechten Arm an mir vorbei, wobei die Hand sich leicht in sich hineindrehte, ehe die Kugel mit dem genau richtigen Spinn aufs Holz aufschlug und sich fein rotierend ihrem Ziel näherte. Gebannt sah ich ihr hinterher, wie sie im richtigen Moment leicht schräg eindriftete und so von der Seite her kommend knapp neben dem Zentrum einschlug.

Der erste Kegel fiel.

Die Zeit stand still und mit ihr auch die Welt. Kein Geräusch war zu hören.

Ich hielt den Atem an, sah, wie die Kugel einerseits, der Kegel andererseits weitere Kegel zum Fallen brachten, die beim Aufprall auf die Bahn noch einmal hochfederten, ehe sie sich endgültig ergaben. Noch ein Kegel. Noch einer. Noch einer. Bis gar kein Weiß mehr in die Höhe ragte vor dem tiefschwarzen Schlund des Monsters, dem ich die Zähne ausgeschlagen hatte.

Konnte das wahr sein? Hatte ich mit dem ersten Wurf des Tages alle abgeräumt? Musste ich da Angst haben vor einer Frau, die Obdach suchte?

»Ich glaub's nicht!«, holte mich Fissel zurück auf die Bahn.

»Dass das noch einer von euch Käsekuchen hinbekommt!«, rief eine der Kegeletten und machte sich auch schon auf den Weg zu uns rüber, die Flasche in der Hand.

Ich spurtete zurück zum Tisch, um vor ihr da zu sein und ihrem Angriff zu entkommen.

»Wie heißt sie?«, fragte ich Fissel.

»Wer sie?«

»Na, die fürs Sofa, die Neue?«

»Oh Mann, was der Erfolg mit Männern macht«, grinste er.

Ich spürte den Atem der Schlangenschnapszuträgerin schon im Nacken und beschloss, dass ich längst genug wusste, um allein zurechtzukommen. Schnell nahm ich meine Jacke und stürmte in Richtung Tür.

»Alle Neune, aber Angst vorm Schnäpschen!«, hörte ich sie hinter mir rufen.

»Der braucht noch Nummer zehn«, sagte Fissel. »Ist jetzt auf den Geschmack gekommen.«

Ich ließ sie einfach reden und stürmte die Treppe hoch, durchs Restaurant und so schnell am großen Aquarium vorbei, dass die Fische mich für einen Engel halten mussten. Vielleicht war ich das ja auch: der Engel der sofalosen Frauen. Vielleicht hätte ich aber auch einfach alles getan, um nicht noch einen Schlangenschnaps trinken zu müssen. Nachdenken wollte ich darüber nicht.

Sie erkannte mich sofort und natürlich war nicht meine äußerliche Attraktivität dafür verantwortlich, dass diese Frau, die mir in meinem Treppenhaus entgegenkam, zu mir wollte. Mit so viel Verachtung würde niemand irgendeinen Fremden ansehen.

Wir waren stehen geblieben, auf Augenhöhe, wobei sie

noch zwei oder drei Stufen höher stand. Der alte Trick, dachte ich, ohne dass es mir wirklich half, so klein fühlte ich mich.

»Erogen?«, fragte ich unsicher. »Aus New York?«

»Nicht witzig«, sagte sie mit kaum hörbarem amerikanischem Akzent.

»Entschuldige?«

»Sexuelle Belästigung ist nicht witzig.«

»Ach so, klar«, sagte ich. »Aber du willst schon zu mir, oder? Zu Dickie Decker?«

»Zu deiner Couch.«

»Ja, klar«, sagte ich. »Dann komm doch erst mal mit. Wo's lang geht, weißt du ja schon.«

»Auch nicht witzig«, sagte sie und ging mir voraus die Treppe hoch.

Der Rucksack auf ihrem Rücken war so groß, dass er ihr auch gut als Hütte hätte dienen können. Kurz dachte ich an Lauras knallroten Rollkoffer, konzentrierte mich dann aber schnell wieder darauf, den Schlüssel aus der Hose raus und ins Schloss hinein zu fummeln.

Ich machte Licht und ließ ihr den Vortritt.

»*Voilà*, mein bescheidenes Zuhause!«

Sie machte keine Anstalten, einzutreten, und sah mich an mit einer Mischung aus Skepsis und Verachtung. Sie schnupperte.

»Du hast getrunken«, sagte sie.

»Ähm, ja, ein Bier, also noch nicht mal, und einen Schlangenschnaps beim Kegeln. Du kannst gleich gerne mitkommen, auch wenn da sonst nur Jungs sind. Dafür sind auf der Nebenbahn die Kegeletten, also nur Frauen, meine ich.«

Sie seufzte.

»Bevor ich da jetzt reingehe in deine Wohnung, möchte ich gerne etwas klarstellen. Verstehst du das?«

Ich versuchte, interessiert zu gucken, und nickte.

»Erstens«, sagte sie. »Ich werde nicht mit dir trinken. Zweitens: Ich werde nicht mit dir feiern. Drittens: Ich werde nicht mit dir schlafen. Viertens: Dein Verhalten bis jetzt ist unerträglich, aber ich werde nichts davon in meiner Bewertung erwähnen, wenn du dich von jetzt an ganz normal benimmst, wie ein erwachsener Mensch.«

Ich wollte sie fragen, was sie denn sonst vorhabe in Berlin, kam aber noch gerade rechtzeitig auf die Idee, dass ich jetzt besser schweigen sollte.

Am liebsten hätte ich sie einfach die Treppe runtergeworfen, so widerwärtig war mir ihre Art, so ungerecht erschienen mir ihre belehrenden Unterstellungen. Nur musste ich mich vielleicht in sie hineinversetzen. Der lange Flug. Das fremde Land. Das Warten im dunklen Treppenhaus. Vorurteile gegenüber den Deutschen und Angst vor alleinstehenden Männern. Ja, womöglich war sie verzweifelt, akzeptierte mein Sofa nur, weil es überhaupt keine andere Möglichkeit gab. Innerlich zitterte sie vor Angst, was sie mit ihrem rüpelhaften Auftreten nur zu überspielen versuchte. Zum Glück hatte ich den Zimmerschlüssel gefunden. Wie man die Badezimmertür von innen mit einem Stuhl verriegelte, würde ich ihr später zeigen. Ich verdrängte meine Aggressionen und lächelte.

»Ich habe verstanden«, sagte ich und ging ihr voraus durch die Wohnung, deren Zustand nur langsam in mein Bewusstsein drang.

War es möglich, dass man hier vor nicht einmal einer Woche einen skandinavischen Möbelkatalog hätte fotografieren können? Auf diesem Schlachtfeld? Mit Grausen sah ich ins Arbeitszimmer, wo Wurstreste und Verpackungen über Boden und Sofa verteilt lagen. Schon war meine Besucherin auf ein Wurstende getreten, das sich in den Flur verirrt hatte.

»Oh sorry«, stammelte ich und bückte mich schnell. »Das ist nur Wurst. Ein Auftrag. Kann aber bis Montag warten. Das Zimmer ist ja jetzt für dich, also, gleich. Ich räum nur schnell auf, wenn du solange vielleicht einen Kaffee willst oder ins Bad? Dann zeig ich dir schnell, wie du die Tür von innen mit dem Stuhl verbarrikadieren kannst, weil der Schlüssel einfach weg ist, ja?«

Ihr Blick war der einer Richterin. Diese brennende Verteidigerin der Todesstrafe hatte nur sehr wenig Interesse für die psychischen Probleme des Angeklagten. Aber sie blieb und ließ mich am Leben. Es musste wirklich schwer sein, in dieser wiedergeborenen Weltstadt eine Übernachtungsmöglichkeit zu finden.

»Ich warte«, sagte sie und blieb einfach im Flur stehen, ohne den Rucksack von den Schultern zu nehmen, als wolle sie sich noch die Option einer sofortigen Flucht offenhalten. Einer Flucht, die mir nur recht gewesen wäre, oder auch nicht, da ich plötzlich schon wieder wollte, dass auch sie sich wohl fühlte, weil auch sie nichts dafür konnte, dass sie hier bei mir stand und wir beide damit überfordert waren. Worte würden uns nicht weiterhelfen, dachte ich und stürzte ins Arbeitszimmer.

Sie beobachtete mich. Wie eine Forscherin. Ich versuchte zu lächeln. Wie ein Insekt. Erst als ich dazu ansetzte, das Sofa frisch zu beziehen, äußerte sie sich.

»Das ist nicht nötig«, sagte sie. »Ich habe einen keimfesten Schlafsack.«

»Ach was«, sagte ich ganz beschwingt von der körperlichen Arbeit. »Jetzt hab ich's ja schon fast.«

»Nein«, sagte sie. »Keine Bettwäsche.«

»Ooo-kay?!«, sagte ich fragend und bestätigend zugleich wie junge Frauen in amerikanischen Filmen, weil es jetzt einmal an mir war, an ihrer geistigen Gesundheit zu zweifeln.

Ich konnte es mir nicht verkneifen, mein Unverständnis mit einem leichten Schulterzucken zum Ausdruck zu bringen, worauf sie aber nicht weiter einging. Sie stand in der Zimmertür und schaffte es, ohne jede Regung deutlich zu kommunizieren, dass ich jetzt an ihr vorbeigehen sollte. Ihre Überneuronen hatten längst die Herrschaft über mein träges Hirn gewonnen.

»Ich lege dir den Wohnungsschlüssel auf den Küchentisch.«

Schweigen.

»Wenn du Hunger oder Durst hast, bedien dich einfach.«

Schweigenschweigen.

»Die Würste im Kühlschrank sind gar nicht so schlecht.«

Schweigenschweigenschweigen.

»Na dann«, sagte ich und ging wirklich einfach so an ihr vorbei, woraufhin sie ins Arbeitszimmer sprang und die Tür hinter sich zuschlug. Ich hörte, wie sich der Schlüssel im Schloss drehte. Ganz für mich allein suchte ich einen Gesichtsausdruck, der Verwunderung und Gelassenheit in sich vereinte, eine souveräne Ergebenheit angesichts der Rätselhaftigkeit des weiblichen Prinzips.

Mit Sicherheit würde ich auch an diesem Wochenende nicht arbeiten können, nur dass ich mir nicht vorstellen konnte, dafür vergleichbar entlohnt zu werden wie beim letzten Mal. Letztlich war das für mein Herz und Seelenheil aber sicherlich die bessere Alternative. Vielleicht würde sich ja jemand vom Club dazu überreden lassen, Samstag ins Stadion zu gehen. Ja, lieber wollte ich jetzt eine weitere Begegnung mit der Schnapsschlange riskieren, als hier darauf zu warten, dass meine Besucherin was auch immer tat. Außerdem hatte ich Hunger. Sie war selbst schuld, wenn sie sich Ente kross entgehen ließ.

Es dauerte eine ganze Weile, bis ich begriff, dass ich mal wieder den Morgen danach erlebte. Bedrohlich bedrängte die Chinesische Mauer meine Matratze und ließ nicht einmal Platz für den Gedanken an Flucht. Grund genug, mich noch tiefer unter die Decke zu verkriechen, wäre da nicht dieses undefinierbare Geräusch gewesen, das durch die Zimmertür hinter der Mauer drang. Noch eine Weile später erkannte ich das Rauschen meiner Dusche.

War ich schon aufgestanden? Stand ich im Bad und träumte vom Bett? War es dafür nicht viel zu trocken um mich herum? Nur langsam erinnerte ich mich, warum ich so viel Schlangenschnaps hatte trinken müssen. *Du hast sie wirklich Erogen genannt!,* war Fissel bei meiner Rückkehr regelrecht ausgeflippt. Ich hatte nicht gleich verstanden, dann aber, als ich erfuhr, dass diese zarte, junge, unsichere Frau in Wirklichkeit Emogène hieß, da trank ich freiwillig mehr als jemals zuvor.

Auch jetzt wollte ich gleich weitertrinken und dann auch wieder nicht. Nein, ich würde mich nicht verstecken. Es war meine Wohnung. Ich hatte Mist gebaut und würde mich entschuldigen. Außerdem brauchte ich Kaffee, wenn ich überleben wollte. Also hievte ich mich hoch und schleppte mich raus in den Flur.

OCCUPIED!!!, schrie mich das Pappschild von der Badezimmertür an. Sie hatte tatsächlich drei Ausrufezeichen ergänzt. Ich versuchte wieder so ein Na-und-Gesicht und ging weiter in die Küche.

Auf dem Tisch standen drei Tütchen mit fremdartigem Inhalt: grobschrotiges Mehl, rundliche Gelberbsen, schwarzblaue Samen. Immerhin zerstreute die Aufschrift meine Bedenken, dass es sich um chemische Drogen handeln könnte: ORGANIC stand da in großen Lettern. Die nähere Bezeichnung sagte mir nicht mehr, als dass es sich offenbar um etwas sehr Gesundes handelte.

Ich öffnete den Kühlschrank und griff wie von selbst nach einer *Bocki*™, riss sie auf und schlang sie hinunter, ehe ich mich daran erinnerte, wie ekelhaft das alles war. Schnell schob ich eine Gurke hinterher und setzte dann den Kaffee auf. Da meine Besucherin nicht wissen konnte, dass ich schon auf war, und möglicherweise unbedeckt durch den Flur huschen würde, lehnte ich die Küchentür an, um den Verdacht erst gar nicht aufkommen zu lassen, dass ich Interesse haben könnte an ihrer möglicherweise ja unverhüllten Erscheinung. Dann ließ ich mich auf einen der beiden Stühle fallen und lauschte dem Schlaflied, das Kaffeemaschine und Dusche für mich sangen.

Plötzlich ertönte ein Schrei, der mir das Blut so schnell gefrieren ließ, dass vom Kopfschmerz gar nichts mehr übrigblieb. Die Schmerzrezeptoren waren betäubt, alle Emotionen ausgelöscht, die Adrenalinspeicher in Nanosekundenschnelle geleert. Sie hatte geschrien, und sie schrie immer noch. Panisch!

Wer war bei ihr im Badezimmer? Wer war bei MIR im Badezimmer? Wer hatte sich in MEINE Wohnung geschlichen, um die mir Anvertraute zu belästigen?

Ich stürmte aus der Küche und wollte die Badezimmertür aufreißen. Die Klinke ließ sich nicht runterdrücken. Sie hatte tatsächlich den Stuhl daruntergeschoben. Und das trotz der Ausrufezeichen!!!

»Emogène!!!«, rief ich. »Was ist los?«

»No!«, keuchte sie. *»No! Please! No!«*

»Emogène! Du musst mir aufmachen! Sonst kann ich dir nicht helfen. *It's me, Dickie!*«

Während ich ihr weiter gut zuredete, rüttelte ich an der Tür in der Hoffnung, dass der Stuhl sich so bewegen ließe. Mit Erfolg. Plötzlich gab die Klinke nach. Ich zögerte. Konnte ich einfach so eindringen, ohne dass sie mich ausdrücklich darum bat? Nachdem ich sie so schamlos belästigt hatte? Ihr panisches Keuchen, unterbrochen von kurzen, spitzen Schreien, zerstreute meine Zweifel. Das war kein ritueller Morgengruß.

Ich riss die Tür auf.

Emogène kauerte nackt in der Dusche, den Wasserstrahl auf den Abfluss gerichtet, der Blick irre. Ich griff nach einem Handtuch und legte es um ihre knöchernen Schultern. Dann drehte ich das Wasser ab.

Im Abfluss klebten die Überreste eines langbeinigen Schneiders. Er hatte keine Chance gehabt im Kampf gegen den Wasserdruck einer deutschen Leitung. Als ich die Leiche packte und in die Toilette warf, schrie Emogène noch einmal auf. Dann Schweigen.

Schweigen.

Unschlüssig stand ich da, als wäre ich auf einem fremden Planeten gelandet, dessen Bewohner nicht unbedingt mit mir gerechnet hatten.

»Raus«, sagte die Außerirdische mit zitternder Stimme. »Raus hier, oder ich schreie.«

Ehe es noch einmal so weit kommen konnte, eilte ich in den Flur und schloss die Tür hinter mir. Der Geruch des Kaffees gab mir das Gefühl, wieder zurück auf meinem eigenen Planeten zu sein.

Durch das Küchenfenster sah ich, dass es zu schneien angefangen hatte. Ausgerechnet jetzt, da ich zum ersten Mal seit Jahren ins Stadion wollte. Das käme Klaus nur recht, um sich nicht an unsere Verabredung halten zu müssen. Die anderen hatten schon am Abend abgewunken. Von wegen Stadion im Winter, da könne man ja gleich Eulen nach Istanbul tragen. Dummerweise hatte Fissel mir angesehen, dass ich den Spruch nicht verstand. *Mann, Dickie, wo gehören die Eulen denn hin?* Er jedenfalls wollte nicht ins Stadion und Klaus auch nicht, wie er mir jetzt wie erwartet mitteilte.

Ich seufzte. Vor mir lag ein Wochenende mit einer zumindest eigenwilligen Frau in der Wohnung, die sicherlich nicht die nächste große Liebe würde, die mich von meiner Sehnsucht nach Laura kurieren könnte. LAURA? WARUM?? WARUM NICHT??? Warum lustwandelten wir beide nicht durch den abbruzzischen Olivenhain ihres Großvaters, an meinem knotigen Spazierstock ein rot-weiß kariertes Tuch, darin eingeschlagen salzloses Brot, nach Zedern duftender Ziegenkäse, grobe Wurst und feiner Wein?

Ich riss mich zusammen. Was brachte es, vergangenem Glück nachzuweinen, das es gar nicht gegeben hatte? Sie hatte billigen Sex gewollt, ein letztes Mal vor der Ehe.

Ernüchtert trank ich die erste Tasse Kaffee in einem Zug. So war meine Speiseröhre zumindest blutig vorgegart und ich endlich zurück in der Gegenwart meiner Küche, in die jetzt auch Emogène trat, beängstigend mager, mit einem Jogginganzug bekleidet. Mich keines Blickes würdigend, schmiss sie den Wasserkocher an.

»Tut mir leid«, sagte ich.

Sie erforschte das Fallverhalten der Schneeflocken vor dem Fenster.

»Hast du morgen schon was vor?«

Die Schneeflocken waren offenbar anders als die in New York. Sollte ich ihr das Fenster öffnen, damit sie eine Probe nehmen konnte?

»Ich dachte nur, weil ich ins Stadion gehe. Olympiastadion.«

»Olympia sechsunddreißig. Nazispiele.«

Reden konnte sie also noch, nur hatte das Insekt ihren Wortschatz sämtlicher Verben beraubt. Oder das Thema verlangte Stakkato. Dann wäre sie eine Dichterin.

»Morgen ist nur Bundesliga«, redete ich möglichst normal weiter. »Ganz gewöhnlicher Ligabetrieb, also Fußball. Meine Kumpels haben alle abgesagt, und ich dachte, na ja, so zur Wiedergutmachung wegen gestern könnte ich dich einladen.«

Der Wasserkocher brachte das Wasser mit diesem unsinnig lauten Rauschen zum Kochen.

»Warum hat man bei eurer Wiedergutmachung immer den Eindruck, dass es vor allem um euren Vorteil geht?«

Da waren auch die Verben wieder.

Der Wasserkocher würde gleich explodieren.

»Wer denn jetzt wir, bitte sehr?«

Ein letztes ohrenbetäubendes Rauschen, dann endlich blubberte das Wasser in unmittelbarer Nähe des Siedepunkts. Und schließlich klickte es.

Beim Abkühlen würde es leiser zugehen. Die Lautstärke hing also nicht unmittelbar mit der Wassertemperatur zusammen. Erhitzen war anstrengender als Abkühlen. Die akustische Beschaffenheit der Temperaturen hing also davon ab, von welcher Seite man sich ihnen näherte.

Plötzlich drehte sich Emogène um und legte los. Als habe der Wasserkocher sie gleich miterhitzt, kriegte sie sich gar nicht mehr ein angesichts meiner schier unfassbaren Ignoranz als Enkel der Nazigeneration, die jetzt hier auf Hipster-Weltstadt mache, als wäre nie etwas geschehen, und dabei ein Benehmen an den Tag lege, das sie sich niemals habe vorstellen können! Ich ließ sie schimpfen, gestattete ihr, mich fertig, runter, zur Minna und zur Sau zu machen, widersprach nicht einem ihrer unfassbaren Vorwürfe bezüglich meines miserablen Charakters, den sie anhand unserer wirklich nicht ausufernden Gespräche längst bestens zu kennen meinte.

Womöglich war ich eigentlich ein armseliger Masochist, der das brauchte, um sich zu spüren. Ich wollte leiden an den Frauen, weil ich Gesa damals alleingelassen hatte mit dem Kind, das sie hatte bekommen wollen. So fühlte und dachte ich, als sie mir als Alternative zum Stadionbesuch vorschlug, sie zu einem Vortrag zu begleiten. Irgendjemand müsse sich schließlich darum kümmern, dass diese einst so großartige Kulturnation nicht komplett vor die Hunde gehe. Ich hatte noch nie auch nur gehört von der Universität, deren Namen sie nannte. Für die war sie tatsächlich aus New York hierhergereist.

»Du musst mitkommen«, sagte sie schließlich. »Wenn du keine tödliche Bewertung von mir willst.«

Das war Erpressung. Andererseits hatte ein wohltemperierter Saal durchaus auch Vorzüge gegenüber einem eiskalten Fußballstadion.

»Und was genau wird da gegeben?«, fragte ich vorsichtig.

Sie ließ mich einfach sitzen, womöglich um gleich die Bewertung zu tippen, auf die hin niemals wieder eine Laura zu mir finden würde. Dabei hatte ich nur gefragt und war richtig erleichtert, als sie wieder auftauchte und mir ein Buch vorlegte, dessen Titel mir vielleicht auch ohne jeden Schlangenschnaps um einiges zu kompliziert gewesen wäre:

FREUD IN THE WAVES: PSYCHOANALYTICAL ISSUES ON THE PHENOMENON OF COUCHSURFING

»Ooo-kay?!«, fragsagte ich, doch sie überhörte die Anspielung.

»Das Symposium beginnt um 9 Uhr 30. Du solltest heute also deinen Alkoholismus etwas besser kontrollieren.«

Immerhin wusste sie, was sie wollte, und das war offensichtlich kein letzter Sex vor der Ehe. Alles andere schien mir eine erträgliche Perspektive zu sein, und ohnehin lag morgen noch in weiter Ferne. Also sagte ich zu, woraufhin sie jedes Interesse an mir verlor.

Konzentriert desinfizierte sie einen meiner Becher und einen Teelöffel mehrfach mit heißem Wasser. Dann nahm sie die Tüten vom Küchentisch und rührte den Inhalt an. Ich wollte ihr sagen, wie sehr es mich freute, dass wir uns jetzt doch halbwegs verstanden, doch da war sie schon weg.

Weit entfernt hörte ich, wie sie sich in meinem Arbeitszimmer einschloss, nahm einen Schluck vom mittlerweile etwas weniger heißen Kaffee und war gar nicht unzufrieden. Irgendwie hatte ich mein Hausrecht verteidigt und gleichzeitig mit ihr Frieden geschlossen, zumindest insofern, als Frieden die Abwesenheit von Krieg bedeutete. Die schalltote Welt meiner Box lag unerreichbar hinter der Zimmertür verschlossen. Die unzähligen Wurst-Takes, für die Ingo seine Magenschleimhaut geopfert hatte, lagen auf der Festplatte meines passwortgeschützten Rechners. Kegeln würden wir erst am Donnerstag wieder. Einkaufen interessierte mich nicht. Es gab keinen Grund, nicht einfach wieder ins Bett zu gehen, was wiederum ein guter Grund war, genau das zu tun.

Die Lichtverhältnisse draußen waren nichtssagend. Als ich wieder aufwachte, wusste ich deshalb nur, dass es noch nicht wieder dunkel war. Oder nicht mehr? Hatten die Schlangen mich womöglich einen ganzen Tag lang aus dem Rennen genommen?

Die plötzliche Aufregung tat mir nicht gut, aber die Sorgen ließen sich nicht verdrängen. Ich musste wissen, und dafür musste ich aufstehen. Das hatte Attila gemeint, als er von der inneren Motivation eines Philosophen gesprochen hatte, der gegen sich selbst zu sich gefunden hatte, und zwar über die Klärung der Welt um ihn herum. *Von allen Schulen des Lebens lohnt allein die des Handelns, besucht zu werden!*, hatte er etwas pathetisch verkündet. So blieben mir seine Worte in Erinnerung und unterstützten mich bei dem Unternehmen, auf die Füße zu kommen und mein Zimmer zu verlassen. Ich musste herausfinden, wo genau in Raum und Zeit ich mich befand.

Das Badezimmer schien frei zu sein, vorausgesetzt, das Schild sagte die Wahrheit. Ich überprüfte das, um meine schmerzhaft volle Blase zu leeren. Mein Klopfen blieb unbeantwortet. Über der Toilette selbst hing ein Zettel, der mir neu war:

HINSETZEN!!!

Da waren sie wieder, die Ausrufezeichen. Ich gehorchte.

Wieder auf den Beinen, hielt ich meinen Kopf kurz unter warmes Wasser und trocknete mich anschließend ab. Eine stockige Duftwolke umfing mich. Schnell verließ ich das Bad.

Ich lauschte, näherte mich leise dem Arbeitszimmer und lauschte weiter.

Nachdem sich der Spülkasten wieder gefüllt hatte, herrschte beunruhigende Stille. So geräuschlos lebte niemand, der nicht gerade Unmengen an Schlangenschnaps zu verarbeiten hatte. Auch keine Emogène.

Als Gastgeber war ich verpflichtet, mich zu kümmern. Ja, wie stünde ich da, wenn ihr etwas passiert war? Ich sah schon den Artikel in der Zeitung:

TÖDLICHES SURFEN

Leiche der vermissten Touristin nach Tagen entdeckt. Verdächtiger flüchtig.

(Berlin, 28. 11. 2013) Nicht der Jagdtrieb eines Hais wurde einer jungen Surferin aus New York City zum Verhängnis, sondern die Skrupellosigkeit ihres Gastgebers. Der arbeitslose Geräuschemacher Dickie D. (35) hatte sich das Vertrauen der aufstrebenden Jungwissenschaftlerin mithilfe krimineller Manipulationen am unter jungen Menschen beliebten Onlineportal erschlichen. Im Zimmer der Toten sichergestellte Aufzeichnungen lassen keinen Zweifel daran, dass Dickie D. sein nichtsahnendes Opfer zumindest psychisch schwer missbraucht und so in den Selbstmord getrieben hat. Die Leiche wurde erst Tage später entdeckt, nachdem die Familie des Opfers entsprechende Nachforschungen in die Wege leitete. Der Bürgermeister kondolierte persönlich den Angehörigen, schloss jedoch gleichzeitig aus, dass es sich um einen touristenfeindlichen Akt handeln könne. »Berlin liebt seine Gäste!«, sagte er. Allerdings sei Vorsicht geboten bei nicht vom Tourismusverband registrierten Übernachtungsangeboten. Dickie D., der in Fachkreisen kurzzeitige Berühmtheit erlangte durch die Nachvertonung des Hanuta-Knirschens, ist unterdessen flüchtig. Seine Angehörigen waren zu keiner Stellungnahme bereit.

So weit durfte es nicht kommen, weshalb ich nicht etwa einfach die Klinke herunterdrückte, sondern zuerst nach alter Schule an die Zimmertür klopfte. Die Klopfschwingungen übertrugen sich durch das Holz in den Raum hinein und hallten von den Zimmerwänden wider.

Keine Reaktion.

Nichts.

Ich presste mein Ohr an die Tür und klopfte noch einmal, um mir das Zimmer akustisch zu erschließen, wie eine Fledermaus. Aufrecht im Raum stand Emogène mit Sicherheit nicht. Das hätte ich gehört, und das war im Falle eines Unglücks auch nicht wahrscheinlich. Dann hing sie also auch nicht an der Decke. Wäre sie nicht ganz so mager gewesen, hätte ich mir zugetraut, sie auch auf dem Boden liegend zu erklopfen. So, wie sie war, könnte ich sie aber nicht von einem Stuhl unterscheiden. Und doch war da etwas, das die Schallwellen eindeutig brach, mitten im Raum.

Ich klopfte immer wieder, bis das Zimmer ein Meer voller Wellen war, in denen etwas trieb, was da nichts sein sollte. Verstört und aufgeregt versuchte ich mir vorzustellen, was ihr zugestoßen war. Kurz davor, laut nach ihr zu rufen, hörte ich aber plötzlich hinter mir etwas, was wiederum gar nicht zu der Vorstellung passte, die ich mir gerade von der Welt machte.

»Geht es dir gut?«, hörte ich ihre Stimme aus der ganz falschen Richtung. »Dickie?«

Da kam mir die Erkenntnis, gelang mir die Zuordnung der Reflexion: DAS SOFA brach die Schallwellen!

Ich war stolz und doch auch etwas erschrocken darüber, dass ich seine Existenz erkannt und vorher komplett vergessen hatte.

»Verdrängt«, sagte Emogène, nachdem ich ihr meinen Auftritt erklärt hatte.

Sie hatte die Zeit genutzt, um einzukaufen, und bat mich nun ins Arbeitszimmer, wo ich mich gleich aufs Sofa legen sollte. Es beruhigte mich ungemein, dass sie keine Anstalten machte, sich zu mir zu legen.

»Du hast die Couch verdrängt«, wiederholte sie ihre Diagnose.

Sie selbst hatte in meinem Schreibtischstuhl Platz genommen, sodass ich mir den Nacken verrenken musste, wenn ich sie sehen wollte.

»Die Couch ist ein Medium, über das du zu einem weiteren Ich finden kannst, vor dem du dich aber fürchtest. Du lädst mich ein, bei dir zu wohnen, um mich gleich darauf schlecht zu behandeln, verstehst du? Das ist eine klassische *Défense inconsciente,* man könnte sagen, eine Angst vor dem eigenen Wissen. Denn ursprünglich war da ja die Idee, Menschen zu dir kommen zu lassen, um mehr über dich zu erfahren.«

Ich wollte ihr sagen, dass sie da wirklich auf dem Holzweg war, nur schien es mir noch zu riskant, sie in die wirklichen Hintergründe unseres Aufeinandertreffens einzuweihen. Also schwieg ich und lauschte dem, was sie noch zum Thema Couchsurfen zu sagen hatte.

»Die klassische Psychoanalyse ignoriert, dass der Mensch ein *eo ipso* soziales Wesen ist. Sie fokussiert ihn von Anfang an paradox als neurotischen Einzelgänger im Familienkontext ohne Veranlagung zum Guten. Im Prinzip ist das Dekadenzkitsch, doch stecken ein paar gute Ansätze dahinter. Man muss die Dinge nur drehen, im nicht-lacan'schen Sinne spiegeln, was aber erst heute möglich ist. Bislang haben immer die Besitzer der Couch beobachtet. Durch die

Couchsurf-Bewegung gibt es nun aber die Möglichkeit, die Verhältnisse umzukehren. Interessant sind nicht diejenigen, die eine kostenfreie Übernachtung suchen. Ihre Motivation ist klar. Viel spannender sind all diejenigen, die so wie du vollkommen fremde Menschen in ihr geschütztes Zuhause holen, in ihre Heimlichkeit, wie Freud es formulieren würde. Warum willst du, dass ich sehe, wie du lebst? Mit diesen Wurstresten auf dem Boden? Den leeren Vormittagen, die du, von Alkohol geschwächt, im Bett verbringst?«

Sie schwieg. Noch einmal versuchte ich, den Kopf auf dem schmerzenden Nacken zu drehen. Was reimte sie sich da zusammen? Was würde sie sagen, wenn ich ihr beichtete, dass ich all das tat, weil meine Freunde meinten, dass ich sie so dazu kriegen würde, mit mir auf dem Sofa zu schlafen?

Sie sah an mir vorbei aus dem Fenster.

Vielleicht würde sie mich fragen, ob ich denn wirklich keine andere Wahl gehabt hatte? Ob ich nicht einfach weiter hätte kegeln und sie vor der Tür stehen lassen können? Ob ich nicht meine E-Mails hätte lesen und ihr einfach absagen können?

»Verstehst du?«, fragte sie schließlich.

Ich fühlte eine hilflose Traurigkeit und wollte alles tun, um nicht vor ihr zu weinen. Ein Husten vortäuschend, setzte ich mich auf und hustete und hustete und stand endlich neben dem Sofa. Sie schaute weder mitleidig noch herablassend. Sie schien eine ganz andere Person zu sein als die unserer ersten Begegnungen. Vollkommen souverän. Stark. Vielleicht sogar schön.

»Das ist ganz normal, dass du dich jetzt in mich verliebst«, sagte sie. »Eine klassische Übertragung.«

Ich stürmte aus dem Zimmer zurück in mein Bett und

biss in mein Kissen, bis meine Kiefer schmerzten. Nie wieder durfte ich dieses Zeug trinken! Nie wieder eine Frau in meiner Wohnung aufnehmen! Für andere mochte das ein Vergnügen sein, mir aber fehlte eindeutig das nötige Rüstzeug.

Der Sand war noch warm von der Sonne, die ein paar letzte rosarote Flecken an den Himmel warf. Ich saß einfach da, die Arme um meine Beine geschlungen, wie es nachdenkliche junge Frauen in weiten Schlabberpullis machen, und blickte hinaus auf das spiegelglatte Meer. Und doch war ich unruhig, ängstigte mich diese Ruhe, was ich erst verstand, als sie plötzlich durchbrochen wurde von ihrem Kopf, dem ganz nackt auch ihr Körper folgte.

»COME IN!«, lachte Laura mir zu, die viel länger getaucht war, als ich es jemals für möglich gehalten hätte.

Erleichtert sprang ich auf und riss mir die Kleider vom Leib, um gleich bei ihr zu sein, als ich hinter mir etwas hörte. Anscheinend war jemand in einer der Strandkabinen eingeschlossen. Ich wollte zurückrennen und helfen, als mir einfiel, dass ich nicht nur ganz nackt war, sondern auch schon eine deutliche Erektion vor mir hertrug.

»COME IN, DICKIE!«, rief Laura immer wieder, doch ich musste zurück, weil der Eingeschlossene immer heftiger klopfte.

Ich wusste nicht, wieso, doch ich spürte, dass Laura nicht auf mich warten würde. Trotzdem konnte ich nicht anders, als mich hastig wieder anzuziehen und zur Strandkabine zu eilen und die Klinke zu drücken, woraufhin ein nackter alter Mann mit schwarzem Zylinder an mir vorbeistürzte in Richtung Meer. Aber es klopfte immer weiter, und endlich wachte ich auf.

Verwirrt suchte ich eine Uhr. Es war Punkt acht. Ging es um *Bocki*™? War das wieder der Auftraggeber? Was machte er in meiner Wohnung? Hatte ich wieder einen Termin verschlafen?

»Aufstehen!«, hörte ich mit panischer Erleichterung ihre Stimme, Emogènes Stimme, die Stimme, die ich fürchtete und jetzt gerade doch so herrlich fand. »Du musst noch duschen, wenn du mich begleiten willst.«

Weil du mich begleiten musst, hätte es heißen müssen, aber was waren schon Worte? Alles war besser als der Traum, dem ich mit ihrer Hilfe entkommen war. Alles außer einer weiteren Sitzung im Arbeitszimmer. Es sprach also wirklich nichts dagegen, einen Blick auf dieses Symposium zu werfen.

Mein Wille war reines Handeln. Ich sprang auf und eilte durch den Flur und bemerkte erst im Bad, dass ich nackt geschlafen hatte. Wahrscheinlich hatte ich mich im Traum ausgezogen.

»Entschuldige!«, rief ich. »Das war wirklich nicht mit Absicht.«

»Das ist ekelhaft!«, schimpfte sie.

Die Zimmertür knallte. Nicht die Wohnungstür.

Ich hoffte, dass sie mich dennoch mitnehmen würde, und duschte, so schnell es ging, ohne dabei auf ein Mindestmaß an Sauberkeit zu verzichten. Dann parfümierte ich mich mit dem Stockgeruch des Handtuchs, anschließend mit einem *Eau de Toilette,* das Fissel mir von einer seiner Reisen mitgebracht hatte. *Mehr als die Hälfte aller Frauen geht zu mehr als fünfzig Prozent nach der Nase,* hatte er mir erklärt. *Mit der entsprechenden Ausrüstung hast du also eine Chance, wenn du schweigst und sie im Dunkeln ansprichst.* Ja, das war witzig, natürlich, und ich hätte nicht gedacht, dass mir dieses Geschenk noch einmal nützen würde. Man konnte nie wissen, wie die Geschichten endeten.

Auf dem Weg zur U-Bahn kommentierte Emogène meine morgendliche Nacktheit mit nichts weiter als einem sehr ausdauernden Schweigen. Ich musste an einen Film denken, den Attila mir einmal gezeigt hatte. Ein schwedischer Film, in dem nicht viel gesprochen wurde. Die Liebe hatte jedenfalls kein leichtes Spiel, und die Hauptdarstellerin war blond. Während ich noch überlegte, warum es in diesem so stillen Film mit der Liebe nicht klappte, erreichten wir unser erstes Zwischenziel. Gerade noch rechtzeitig kam ich zurück aus Schweden, um auch für Emogène einen Fahrschein zu lösen, den sie dann ablehnte.

»Komm schon. Was soll ich denn jetzt mit zwei Fahrscheinen?«

»Nimm einen für die Rückfahrt.«

»Ich habe schon entwertet.«

»Selber schuld«, sagte sie und steckte Münzen in den Automaten.

»Dann komme ich nicht mit.«

»Na und? Ist deine Bewertung.«

»Na und? Ist deine Bewertung«, machte ich sie etwas kindisch nach.

Sie sah mich an, als stünde ich schon wieder nackt vor ihr, hier auf dem Bahnsteig, während die Bahn in unsere Richtung einfuhr. Dann zuckte sie mit den Schultern, brach ihren Kartenkauf ab, nahm die Münzen und stieg mir voraus ein, ohne ein weiteres Wort zu verlieren.

Ich fühlte mich ein bisschen wie ein kleiner Junge, der mit seiner Mutter in die Stadt fahren durfte. Natürlich würde ich ihr von solchen Gedanken oder Gefühlen niemals auch nur im Ansatz berichten. Nicht einmal auf meinem Sofa, das meines gar nicht war.

Den Vormittag verbrachte ich auf einem unfassbar ungemütlichen Stuhl in einem vollkommen überheizten Raum unter permanenter Beobachtung meiner Sofasurferin, DIE MICH BEWERTEN WÜRDE!!! Also hielt ich still, obwohl ich kein Wort von dem verstand, was durchgängig auf Englisch vorgetragen wurde. Warum hielten sie ihr Symposium nicht in England ab, in den USA, Australien oder in Ghana, wenn sie sowieso nur Englisch reden wollten? Da fühlte man sich ja als Einheimischer vollkommen fremd, und das, obwohl ich noch am letzten Wochenende hervorragend zurechtgekommen war mit meinen Englischkenntnissen. War diese Psychoanalyse denn so viel komplizierter als die LIEBE? Konnte etwas überhaupt komplizierter sein als die LIEBE? Letztlich redeten sie hier aber vermutlich nur über das Phänomen, sie lebten es nicht. Da waren sie wieder, die beiden sich belauernden Füchse, Denken und Handeln.

Zwischen zwei Vorträgen, gegen Ende des Vormittags, gelang es mir kurz, ihrer Aufsicht zu entkommen, um mir einen Kaffee zu besorgen.

»Ich kann mich sonst kaum konzentrieren«, sagte ich.

»Du bist ein Suchtmensch«, sagte sie. »Das entfernt dich von deinen wirklichen Bedürfnissen. Du musst aufpassen.«

»Ja«, sagte ich und lief los.

Der Kaffee, den sie mir in einen Plastikbecher pumpten, ließ mich unabhängig von allem sprachlichen Unverständnis an der Intelligenz der versammelten Wissenschaftler zweifeln. Wie konnte man meinen, Menschen helfen zu können, wenn man sich selbst derart Abartiges antat? Das sprach für die Kompetenz meiner persönlichen Referentin, die noch nicht einmal den Hagebutten-Beuteltee akzeptieren wollte, den ich ihr mitbrachte.

»Es tut mir so leid um Europa«, sagte sie mit Blick auf das graurote Gesöff.

Ich erwartete Ausführungen zu weiteren Zusammenhängen zwischen kulturellem Niedergang und alltäglichen Verhaltensweisen, als schon der nächste Vortragende auf das Podium trat. Kaum am Pult angekommen, klopfte er so ungeschickt auf das Mikro, dass sich eine Rückkopplungsschleife zu den Lautsprechern aufbaute. Verglichen mit dem Fiepen war der Geschmack des Kaffees eine göttliche Wohltat.

Zitternd presste Emogène sich die Hände auf die Ohren. Auf erste erboste Kommentare folgte panisches Gekreische. Kein Techniker war in Sicht. Verständnislos standen zwei dürre Männer mit Stahlrandbrillen am Mischpult und machten alles noch schlimmer. Emogène wurde immer blasser, ihre Lippen liefen blau an, wie in der Wanne schien sie abwesend, unter Schock.

Ich sprang auf, stieß Hagebuttenbeuteltee und Kaffee um, dass es nur so spritzte, und balancierte auf den Rückenlehnen der Stühle zum Gang und rannte zum Mischpult, um die Lautstärke herunterzudrehen. Die beiden Wissenschaftler starrten mich an.

Der Saal kam zur Ruhe, obwohl es immer noch fiepte, nur merklich leiser und näher, direkt an meinem Ohr. In meinem rechten Ohr.

Panisch verordnete ich mir Gelassenheit. Das würde vorbeigehen. Meine Ohren waren mein ganzes Kapital, so bescheiden das auch war. Mit diesem Fiepen wäre *Bocki*™ nicht zu meistern. Während der Saal weiter zurück in die Normalität fand, riss ich mich aus meinen Gedanken und sah nach Emogène. Sie saß auf ihrem Stuhl, als wäre nichts geschehen.

Nachdem schließlich ein Haustechniker aufgetaucht war, konnte der Verursacher meiner akuten Hörstörung mit seinem Vortrag loslegen. Ich verstand nichts, und es dauerte etwa zehn Minuten, bis ich begriff, dass er nicht auf Englisch, sondern auf Französisch vortrug. Ich ließ mir die Erkenntnis nicht anmerken und versuchte dem erfrischend abwechslungsreichen Singsang mit all seinen nasalen Turbulenzen zu folgen. Chancenlos. Der Schweiß stand mir auf der Stirn. Meine Finger fummelten am Ohr herum, als könnten sie das Fiepen rauslocken. Ich wurde immer nervöser.

»Das ist der Entzug«, hörte ich Emogène sagen.

»Nein«, sagte ich. »Das ist ein Tinnitus.«

»Dein Unterbewusstsein pfeift dich zurück.«

»Das ist nicht witzig.«

Ich stand auf, quetschte mich durch die Sitzreihe und verließ den Raum. Sollte sie mich bewerten, wie sie wollte. Selbst mein guter Wille hatte nicht uneingeschränkt Kredit bei meiner Selbstachtung.

Draußen schneite es wieder, und ich lief einfach los mit der dummen Hoffnung, dass mein Fiepen einen Dümmeren finden würde, ein schöneres Ohr, ein besseres Zuhause.

So hell der Schnee die Stadt erscheinen ließ, so dunkel waren meine Gedanken. Wieso ließ ich sie so mit mir umgehen? Was bildeten die sich ein, mir einfach irgendwelche Frauen in die Wohnung zu schicken, die dann nicht nur mein ganzes Leben durcheinanderbrachten, sondern mich auch physisch derart verletzten, dass ich gar nicht mehr würde arbeiten können? Ich betrieb dieses Couch-Hotel ja nicht einmal gewerblich! Das hieß, ich war von nun an nicht einmal Berufsinvalide, sondern einer von diesen Vollidioten, die sich in ihrer Freizeit ruinierten. Paraglider! Bungeejumper! VORTRAGSBESUCHER!!!

Es war zum Heulen, und genau das hätte ich getan, wäre die Angst vor all dem gefrorenen Wasser in den Augen nicht so groß gewesen. Also gab ich alles, um meine Trauer in Wut zu konvertieren. Die Wut auf die Freunde reichte nicht aus. Ich brauchte mehr. Mehr Gefühl! EMOGÈNE!!! ICH HASSTE SIE!!! DREI AUSRUFEZEICHEN!!!

Die neu gefundene Stimmung gab mir immerhin Kraft. Ich lief und lief und spürte erst dann, dass ich meine Zehen nicht mehr spürte, als ich sie nicht mehr spürte. Da dämmerte es schon, und ich rannte los, nach Hause.

Bemüht, mit den Zehen aufzutreten, um sie am unwiederbringlichen Abfrieren zu hindern, stieg ich schließlich die Treppe hoch, neidisch auf die Nachbarn, aus deren Wohnungen es köstlich nach Essen duftete. Vor meiner Wohnung angekommen, zögerte ich kurz, ob ich nicht erst mal bei Ingo klopfen sollte. War er nicht doch ein Freund? Der mir helfen könnte? Würde er mir das Fiepen abnehmen? Er, dem so etwas doch nichts ausmachte? Zum Glück zögerte ich und hörte so, dass er nicht alleine war. Fissels Stimme war auch mit Tinnitusbegleitung unverkennbar und das Letzte, was ich jetzt gebrauchen konnte.

Ich steckte den Schlüssel ins Schloss meiner Tür, zog sie zu mir heran, um sie gleich wieder von mir wegzudrücken. Das übliche Manöver mit einem ganz unüblichen Ausgang: Es war MEINE Wohnung, die DUFTETE! Halluzinierte meine Nase als Ausgleich für mein akustisches Leiden diese Herrlichkeit in mich hinein?

Vorsichtig, um all das nicht zu schnell zu zerstören, schloss ich die Tür hinter mir. Es brannte Licht. Die Tür zum Arbeitszimmer stand offen. Aus der Küche drangen Geräusche, die ich für das Köcheln einer Suppe gehalten hätte, wenn das nicht so abwegig gewesen wäre. Ich schaute trotzdem nach und sah Emogène am Herd stehen und konzentriert in meiner Pfanne rühren, ohne aufzublicken.

»Hunger?«, fragte sie in Richtung Pfanne.

»Piep«, sagte mein Ohr.

»Sie ist schuld!«, sagte mein Verstand.

»Ja«, sagte ich.

»Eine ayurvedische Heilsuppe«, sagte sie. »Es war nicht leicht, die Zutaten zu finden.«

»Ist das Symposium denn schon vorbei?«

Sie rührte weiter, immer weiter.

Die Suppe, die sie mir wenig später servierte, übertraf alle meine Erwartungen. Es schmeckte und wirkte und war einfach nur herrlich und noch schöner, weil auch sie kräftig zuschlug und schlürfte und wir irgendwann sogar lachten über uns und alles andere. Ja, sogar mein Fiepen schien mir bald ein freundlicher Begleiter.

Besser hätte es mir nicht gehen können, als es an der Tür klopfte. Wir hatten viel zu laut gelacht, um so zu tun, als wären wir nicht da. Als wäre ich nicht da. Ich bat Emogène, ruhig zu sein, schloss die Küchentür und öffnete die zum Treppenhaus, wenig überrascht und dennoch sehr erschrocken, Ingo und Fissel vor mir stehen zu sehen.

»Tut mir leid, aber ist gerade ganz schlecht«, sagte ich.

»Mensch Dickie, läuft's schon wieder so gut?!«

»Nicht, dass das Sofa unter dem Verkehr zusammenbricht!«

»Bitte«, sagte ich. »Es ist nicht das, was ihr jetzt denkt.«

»Ach nee? Ist das hier jetzt ein Drehbuch oder was? Jetzt rück schon raus, Dickie? Wie erogen ist Emogène?«

Ich schlug ihnen die Tür vor der Nase zu.

Emogène stand längst im Flur. Jetzt würde es auch nichts mehr bringen, wenn ich mich entschuldigte.

»Deine Freunde?«, fragte sie.

»Es ist nicht das, was du denkst«, sagte ich.

»Du wiederholst dich, Dickie, aber entscheidend ist sowieso nur, was DU denkst, verstehst du?«

Was auch immer Emogène mir hatte sagen wollen, was auch immer sie von mir dachte, was auch immer geschehen war, ich war überrascht und enttäuscht, als sie Sonntagmorgen mit ihrem gepackten Rucksack auf dem Rücken im Flur stand.

»Du gehst schon?«, fragte ich.

»Wie abgemacht. Zwei Nächte«, sagte sie. »Mein Flug geht heute Mittag.«

»Noch einen Kaffee vielleicht?«

Sie schwieg.

»Oh, tut mir leid. Noch einen Tee?«

Eine Stecknadel im Heuspeicher eines landwirtschaftlichen Großbetriebs wäre leichter zu finden gewesen als das Lächeln in ihrem Gesicht. Ich war mir trotzdem sicher, dass ich es ganz kurz hatte aufblitzen sehen.

»Meine Bewertung wird dir nicht schaden«, sagte sie. »Du kannst sicher noch ein paar Sitzungen vertragen.«

»Mhm«, machte ich und nickte.

»Wenn du mit dem Zwischenmenschlichen weiter bist, solltest du dich auch ums Berufliche kümmern. Such dir lieber Geschäftsreisende als Partygäste aus. Das könnte helfen. Diese Wurstgeräusche sind ekelhaft.«

»Ja, klar«, sagte ich, verwundert, dass sie das Passwort meines Rechners geknackt hatte.

»Aber erst mal die Frauen«, sagte sie. »Wenn du da weiter bist, hast du es fast geschafft.«

»Hoffentlich«, grinste ich.

»Ganz sicher, und jetzt muss ich los, und bitte schick mir nicht diese Knackschmatzgeräusche.«

»Nein, mache ich sicher nicht«, sagte ich.

So kurz, wie sie vorhin gelächelt hatte, zögerte sie jetzt, während wir uns gegenüberstanden.

Klein und zerbrechlich wirkte sie unter ihrem riesigen Rucksack. Ich sah sie panisch in der Wanne knien, dann am Kopfende des Sofas sitzen, dann im Hörsaal zittern und an meinem Herd stehen. Der Kloß in meinem Hals kletterte immer höher. Ich wollte nur nichts falsch machen. Nicht jetzt noch. Zum Schluss. Aber ich konnte nicht anders wollen und nahm sie ganz einfach und drückte sie an meine Brust, und der Kloß war ein Luftballon, prall mit Wasser gefüllt, der auf Höhe der Augen zerplatzte.

»Du musst dringend duschen«, sagte sie mit einem Zittern in der Stimme, das noch leichter war als ihr Lächeln und Zögern, doch ich hörte es durch all die Tränen hindurch.

Sie machte sich los und verschwand aus der Wohnung. Als die Tür ins Schloss gefallen war und ihre Schritte im Treppenhaus verklungen waren, hörte ich, dass ich kein Fiepen mehr hörte.

NORDISCHE VERSUCHUNG

Wenn die Stille ein Geräusch war, dann nur insofern, als ein Geräusch still sein konnte, womit es aufhörte, ein Geräusch zu sein. Also rein faktisch, aktuell, in dem Sinn, dass kein Geräusch sein konnte, wo keine Schallwellen nachzuweisen waren. Rein physikalisch hatte das emo-generierte Fiepen, wie ich meine innere Pein posthum getauft hatte, also nie existiert. Exakt wissenschaftlich unterschied es sich in nichts von der Stille, die mich seit ihrem Weggehen umfing, nur war die Wirkung eine andere. Das rein innerliche Geräusch tauchte meine Stirn noch immer in kalten Schweiß, wenn ich mich auch nur ansatzweise daran erinnerte. Da mied ich seit Jahren jede öffentliche Veranstaltung mit potentieller Lärmbelastung und beschnitt mich so um einige der den Berichten meiner Freunde zufolge wirklich vielversprechenden Orte in Sachen Partnerschaftsanbahnung, um jetzt auf einem psychoanalytischen Symposium mein Allerheiligstes zu riskieren! O UNSINNIGE ABDRIFT VOM RECHTEN WEG!!!

Es war Montagmorgen. Seit mittlerweile zweieinhalb Stunden saß ich in der schalltoten Box und unterzog meine Ohren einer Inspektion, deren Gründlichkeit einen Schweizer Uhrmacher an seiner Gewissenhaftigkeit hätte zweifeln lassen. Auch nach dem siebten Durchlauf verzeichnete der von der Deutschen HNO-Liga zertifizierte Hörtest keinerlei Hörsenkung. Die Geräusche, die mein inneres Sensorium aufzeichnete, waren also auch jetzt noch gelegentlich Interferenzen sonstiger Körpertätigkeiten wie Blutfluss, Zellteilung, Knochenzersetzung und was es sonst noch gab. Ja, es konnte nach medizinischem Ermessen keinen Zweifel geben: ICH WAR GESUND! Und ich würde mich noch gesünder fühlen und endlich wieder arbeiten können, sobald die stetige Bedrohung weiterer unangemeldeter Frauen aus meinem Leben verschwunden wäre.

Nach Abschluss der letzten Untersuchung kletterte ich aus der Box heraus, um mich an meinen Rechner zu setzen. *Bocki*™ musste sich noch einen Augenblick gedulden. Erst einmal würde ich mein intimstes Privatleben vor dem Zugriff des Bösen in Sicherheit bringen. Vielleicht sollte ich auch noch das geringste Risiko ausmerzen und mein Leben komplett trennen vom großen Datenmeer, das letztlich ursächlich verantwortlich war für alles, was geschehen war. TECHNIK WAR NIEMALS UNSCHULDIG!

Was hätte Fissel denn anrichten können ohne dieses Internetportal? Was dachten die sich weit weg im schönen Kalifornien dabei, solche Waffen zu entwickeln, mit denen dann auf mich geschossen wurde? Wie gut, dass ich mich selbst vor weiteren Angriffen in Sicherheit bringen konnte, indem ich mich einfach abmeldete von der Veranstaltung. Dickie Decker würde seinen Auftritt als Gastgeber des globalen Lumpen-Jetsets beenden. ES WAR NICHT WUNDERSCHÖN UND DESHALB ZEIT ZU GEHEN!

Erst einmal musste ich mich allerdings anmelden und in die Tiefe des Systems tauchen, da so ein Austritt auch hier sehr viel schwieriger vonstattenging als ein Beitritt. Das hatten Mitgliedschaften und Abonnements so an sich, womit sie sich deutlich unterschieden von allem, was ich bislang mit Frauen erlebt hatte. Ich gab meinen Namen ein sowie das Passwort, das Fissel mir zur Verfügung gestellt hatte und das ich sofort durch ein anderes ersetzte. Schon fühlte ich mich etwas sicherer, aber nicht sicher genug. Was, wenn ich meine Meinung in einem Moment der Schwäche ändern würde? Hatte Emogène mich nicht gewarnt vor meinem Suchtverhalten?

Ich war unsicher, sah dann die eingehende Nachricht von meinem Auftraggeber, der sich nach neuen Ergebnissen erkundigte, und zögerte nicht mehr. Es war höchste Zeit! Ich durfte mich nicht länger ablenken lassen und klickte mich raus aus der Sofageschichte.

Plötzlich sah ich Laura und Emogène vor mir. Die im Halbdunkel leuchtenden Zähne. Die strahlend braunen Augen. Unter den Fotos stand:

WILLST DU DIESE MENSCHEN WIRKLICH NIEMALS WIEDERSEHEN?

Das war nicht fair! Das war das allerletzte Argument, das mir gefehlt hatte, um diese Schweinebande zu entlarven! Sie wollten mich süchtig machen! Aber das würde ihnen nicht gelingen! NIEMALS!!!

Wer war ich denn, vor einer Internetplattform Reißaus zu nehmen? Ich würde in die Schlacht ziehen und ihnen beweisen, dass sie mich so nicht kriegen würden! Die konnten sich bald einen neuen Job im San Fernando Valley suchen! Oh ja, das war so eine Stimmung, die mir richtig guttat, auch wenn ich da längst wusste, was wirklich dahintersteckte. Sie zeigten mir nämlich nicht nur die beiden Fotos meiner verflossenen Sofanutzerinnen, sondern ließen neben Emogènes Bild auch ein kleines Zeichen blinken, das darauf hinwies, dass sie mich bewertet hatte.

»Na gut, ihr Säcke, die Runde geht an euch«, murmelte ich, als ich begriff, dass ich angemeldet bleiben musste, um die Bewertung zu lesen. »So leicht werdet ihr mich nicht mehr los, und das werdet ihr bereuen!«

Aus Kalifornien kam keine Reaktion auf meine Drohung, wobei ich gar nicht sicher war, ob sie tatsächlich in Kalifornien saßen, wo man doch auch ohne Internet am Strand von schönen Frauen quasi überrannt wurde. Vielleicht saßen sie in Montana? Oder Alaska? Oder Bielefeld? Das würde ich später recherchieren. Erst einmal musste ich wissen, was Emogène geschrieben hatte. Auf Englisch. Ich übersetzte mit automatischem Hilfsmittel, da ich meinen Sprachkenntnissen nicht vertraute.

Im Rahmen eines Symposium-Besuchs zu psychoanalytischen Ausgängen des Sofasurfens verbrachte ich zwei Nachte in Berlin bei Dickie Deckers Platz. Die Versorgung mit veganen Lebensmitteln in der Umgebung der Unterbringung ist schwierig wie fast überall in Europa. Die hygienischen Verhältnisse in der Unterbringung sind erträglich, aber sehr europäisch (vergesst nicht Insektenspray und Desinfektionsmittel!!!) Diese äußeren Mängel sind aber zu vernachlässigen gegenüber der Erscheinung des Gastgebers …

Ich wollte nicht weiterlesen.

Wie konnte sie mir das antun? Das Messer in den Tisch rammen, von dem sie vorgestern noch gegessen hatte? Eine ayurvedische Heilsuppe! Das also war der Dank dafür, dass ich sie vor dem langbeinigen Schneider und der kurzwelligen Rückkopplung gerettet hatte! Was war ich nur für ein Idiot, dass ich mich nicht gleich abgemeldet und endlich angefangen hatte, all die Schmatzgeräusche zu klassifizieren!

Ich las doch weiter.

… Dickie hat mir auf seine Art gezeigt, dass meine Analyse der Couchsurfing-Gastgeber aufbaut auf falschen Prämissen. Es war nicht Dickie selbst, der sich angemeldet hat, sondern er wurde von seinen Freunden angemeldet, die gemerkt haben, dass er nach Gesellschaft verlangt hatte. Und sie waren recht! Dickie ist ein bisschen verloren, er braucht eine Weile, um an Besuch zu gewöhnen, aber dann ist er einer der großartigsten Menschen (one of the most awsome persons!), die ich in all den Jahren begegnet habe. An alle, die bereit sind, ein kleines Abenteuer zu wagen, kann ich Dickie als Gastgeber uneingeschränkt empfehlen. Seine Couch ist wie aus einem alten französischen Film, woran man gleich erkennt, dass er ein Romantiker sein muss. Sexuelle Belästigung ist nicht zu befürchten.

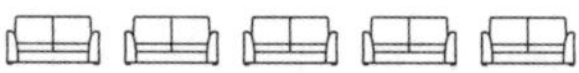

FÜNF SOFAS! UND DAS BEI MEINER ALLERERSTEN ECHTEN BEWERTUNG!!! ICH BRAUCHTE SICHER KEINEN FISSEL!!!

Ungläubig starrte ich auf den Monitor, bis der Stolz langsam der Frage wich, was mir diese Sofas denn bringen würden, abgesehen von weiteren ungebetenen Gästen, die jetzt auch noch mit Insektenspray und Desinfektionsmittel anrücken würden. Die netten Worte hätte sie mir schließlich auch persönlich sagen oder zur Not schreiben können. Das musste doch nicht jeder lesen, und der Computerfreak schon gar nicht, dessen Name jetzt auf meinem Telefon blinkte. Ich drückte dennoch den grünen Hörer, um nicht weiter nachdenken zu müssen.

»Mann Dickie«, rief Fissel so laut, dass ich das Telefon auf Armeslänge von mir streckte, um nicht schon wieder mein

Gehör zu riskieren. »Du musst doch nicht das Passwort ändern! Ich komm da eh rein, wenn ich will.«

»Was denn fürn Passwort?«, fragte ich.

»Ach diese Unschuldsnummer«, seufzte er. »Ich hab mir fast gedacht, dass du sie auf die Tour rumkriegst. Kondom in der Hand und über Landhausmöbel reden, richtig? Und dann schreibt sie noch, dass nix gelaufen ist! Ich meine, habt ihr das abgesprochen? Seid ihr jetzt so was wie Sexkomplizen, die's gemeinsam auf Jungfern abgesehen haben?«

»Sie hat das ganz allein geschrieben, und ehrlich gesagt finde ich es nicht so toll, dass jetzt die ganze Welt denkt, dass ich hier lebe wie ein Bettler in Bengalen.«

»Die sind viel sauberer als du denkst. Hygiene ist da überlebensnotwendig, was bei dir ja nicht der Fall zu sein scheint, zumindest was die Fortpflanzung angeht.«

»Ja, Fissel«, sagte ich, weil es die letzte Ausfahrt vor der Klippe war, die ins unendlich flache Meer seiner Schwanzonaden stürzte. »Ich find's auch toll. Aber ab jetzt suche ich sie mir selber aus, okay?«

»Oh Mann, das ist der neue Dickie!«, rief er begeistert. »Dann lass ich dich mal los jagen. Das nächste Wochenende kommt so sicher wie gekegelt.«

»Ja, nur ein bisschen später«, ergänzte ich.

»So isses, Dickie!«, schloss er das Gespräch und legte auf.

Jetzt war die Stille wirklich ein Geräusch, ein sanftes Summen, das ich zum Schweigen brachte mit zwei letzten Klicks, die nötig waren, um mich abzumelden und den Rechner in den Schlaf zu schicken.

Unmöglich konnte ich mich jetzt um *Bocki*™ kümmern. Ich hatte Hunger, und ich wollte herausfinden, was es mit dieser Suppe auf sich hatte.

Auf einer Einkaufstüte aus braunem Packpapier standen Name und Adresse eines Geschäfts am anderen Ende der Stadt. *Sharikulinari* im afrikanischen Viertel. Wenn mich nicht alles täuschte, lag das in Wedding. Im Wedding. Aufm Wedding. Jedenfalls Wedding.

War sie wirklich aus New York nach Berlin gekommen, um da hinzufahren, anstatt sich weitere Vorträge anzuhören? Zu einem Laden, der sein Logo im Kartoffeldruckverfahren auf alte Papiertüten presste? Zweifellos hatte sie diese Suppe gekocht, die mir, vorsichtig ausgedrückt, ziemlich gutgetan hatte. Und wie sonst sollte sich die Tüte in meine Küche verirrt haben?

Also machte ich mich auf den Weg, auf dem ich mich jetzt noch befand, nach fast einer Stunde. Im Schneeregen.

Das Wetter konnte mir keine Furcht einjagen, da ich ja wusste, dass mich am Ende des Tages diese Suppe erwarten würde. So schritt ich fröhlich durch die immer unwirtlichere Umgebung, bis ich der allerletzte Mensch war und zumindest die Adresse gefunden hatte.

Eine unbeleuchtete Industrieruine zeigte sich von ihrer schlechtesten Seite. Auch die Häuser in der Umgebung schienen unbewohnt. Mutig wagte ich mich in den finsteren Schlund der Toreinfahrt. Mir schauderte. Alles drängte zur Flucht. Die Suche nach der Heilsuppe versprach Unheil. Ein paar ruhige Stunden in der Box oder am Rechner mit den Schmatzgeräuschen schienen plötzlich verheißungsvoll. Nur war ich sicher nicht durch die ganze Stadt gelaufen, um jetzt aufzugeben. Wenn sogar diese kleine Frau vom anderen Ufer des Atlantiks das geschafft hatte! DREI-AUSRUFEZEICHEN-EMOGÈNE!!! Und plötzlich war Licht am Ende des Tunnels.

Mit großen Schritten ließ ich auch die letzten Meter der Finsternis hinter mir, bis ich vor einer notdürftig geflickten Glastür stand, die ich ohne weitere Bedenken einfach aufdrückte. Eines dieser Windspiele, Ursache so vieler Nachbarschaftskriege, klimperte uneingeschränkt fröhlich, weil es niemanden störte. Noch bevor es wieder verstummte, hatte ich die Tür hinter mir geschlossen.

Der große Lagerraum war nicht überheizt, aber doch wesentlich wärmer als die Winterluft draußen. Anscheinend planlos standen große Jutesäcke auf dem Boden herum. An den Wänden türmten sich dicht bepackte Regale. Hinter einem gigantischen Schreibtisch saß ein sehr schlanker Mann, dessen Äußeres dafür sprach, dass zumindest einer seiner Vorfahren indischer, pakistanischer oder auch bengalischer Abstammung hätte gewesen sein können. Die Stimmung in der Halle war so zart, dass ich sogar ganz vorsichtig und korrekt dachte.

»Wenn ich Ihnen nicht helfen könnte, wären Sie am falschen Ort«, sagte der Mann und sah mich so offen an, dass ich meinte, in seine Seele zu blicken. Ich sah nichts Böses.

»Das klingt vernünftig«, sagte ich.

»Gönnen Sie der Vernunft eine Pause«, sagte er freundlich bestimmt. »Sie kommen wegen ihrer Freundin aus Amerika.«

Herzrasen! Kontakt mit Übersinnlichem!! FLUCHT!!!

»Sie war sicher, dass Sie kommen würden.«

Erleichtert atmete ich weiter. Sein Wissen hatte nichts Paranormales an sich. Emogène hatte einfach noch sehr viel mehr im Schilde geführt, als ich vermutet hätte. Der Mann griff hinter sich in ein Regal, in dem aufgereiht einige der bedruckten Papiertüten standen.

»Einmal Heilsuppe Nummer drei«, sagte er. »Sie hat bereits bezahlt.«

Ich zögerte, sah dann aber keine andere Möglichkeit, als zuzugreifen, da er mir die Tüte über den Schreibtisch reichte.

»Und was ist das genau?«

»Pastinaken, Petersilienwurzeln, Mungobohnen, Steinsalz, veganer Ghee, Trikatu, Kurkuma und ein paar weitere Gewürze, die aber gar nicht so wichtig sind. Entscheidend ist nicht was, sondern wie Sie kochen.«

Ich sah sie an meinem Herd stehen. Voll konzentriert. Ohne aufzusehen. Rührend.

»Sie meinen …?«

»Ich weiß«, lächelte er. »Aber nehmen sie trotzdem den Bus oder die Bahn. So eine Suppe kümmert sich nicht um Erkältungen, wenn Sie verstehen.«

»Sie meinen, dass man mit Kanonen nicht auf Spatzen schießt?«

»In diesem Fall hätten Sie immerhin eine Chance, zu treffen.«

Da er sich ohne weiteren Kommentar wieder in seine Lagerpapiere vertiefte, verabschiedete ich mich und lief glücklich verwirrt zurück durch den nachtschwarzen Schlund auf die Straße. Kein Ort der Stadt war weiter von der nächsten Bushaltestelle entfernt. Es war, als suchte ich eine Oase in Alaska, doch immerhin schneeregnete es nicht mehr, und nach gut zwanzig Minuten Fußmarsch saß ich in einem Doppeldecker.

Ich genoss den sandigen Duft der überhitzten Luft. Ganz vorn im Obergeschoss. Die Tüte von *Sharikulinari* stolz auf meinem Schoß, fühlte ich mich unbesiegbar. Hoch thronte ich über dem dichten Verkehr, eskortiert von all den noch nicht Erleuchteten bis hinein in den Tiergarten, wo ich den Kopf neigte, um den goldstrahlenden Engel auf seiner Säule zu grüßen.

Derart beschwingt kam ich zurück in meine Wohnung. Ich verlor keine Sekunde und machte mich an die Arbeit. Mit meinem stumpfen Küchenmesser schnitt ich die Zutaten so klein, wie ich es von Emogènes Suppe her in Erinnerung hatte, gab sie in die große Pfanne und stellte den Herd an. Dann begann ich zu rühren, während die Zutaten losdampften, Flüssigkeit köchelte, alles etwas trocken wurde, woraufhin ich nach eigenem Ermessen Wasser zugab, was wohl kaum schaden würde und mir außerdem eine sehr sinnvolle Ergänzungszutat für eine Suppe zu sein schien, die man vermutlich nicht außer Haus erwerben musste. Ich vertraute auf die Qualität des Leitungswassers und mein Gefühl und machte mir möglichst gesunde Gedanken.

Ich dachte an weise Heilerinnen, die das Leiden von den geplagten Menschen nahmen durch ihren Blick, ihre Gedanken, ihre Stimme. Auch sie wirkten also synästhetisch. Ich aber verführte die Menschen, anstatt sie zu heilen. War es nicht Zeit, ein neuer Mensch zu werden? Hatte Emogène nicht gesagt, dass ich mich beruflich neu orientieren solle? Konnte ich es schaffen, mit Tönen zu heilen und diese Welt ein wenig besser zu machen, anstatt Menschen dazu zu bringen, *Bockis*™ in sich hineinzustopfen?

Ich rührte und rührte, ein glückseliges Lächeln um den Mund, Tränen in den Augen, die vom kondensierenden Dampf der Heilsuppe hinweggeschwemmt wurden. O DU SUPPE! DU HEILENDE SUPPE!! DU ALLES HEILENDE SUPPE!!!

Meine Ekstase näherte sich ihrem Höhepunkt, und auch wenn die Suppe noch nicht ganz der ähnelte, die Emogène gekocht hatte, fühlte ich, dass es Zeit war. Ich füllte einen Suppenteller, stellte ihn auf den Küchentisch und verneigte mich vor ihm wie ein Schüler vor seinem Meister in einem alten Karatefilm. Dann aß ich, langsam und zielstrebig, auch einen zweiten und einen dritten Teller, so groß war mein Hunger nach dem Tag unterwegs, bis nichts mehr übrig war von diesem Zauberschmaus, der mich schon wenig später satt und glücklich schlafen ließ.

Die Winde, die mich weckten, entfuhren den Tiefen meiner selbst. Draußen war finstere Nacht. In embryonaler Stellung liegend, wollte ich nichts lieber, als zurückzukehren in den Bauch meiner Mutter, wo Ernährung unabhängig und schmerzfrei eine Selbstverständlichkeit gewesen war. Keine *Bockis*™, keine Heilsuppen, nur reiner Mutterkuchen.

Hin und her wälzte ich mich im Fruchtwasser der durchgeschwitzten Laken. Entspannte und spannte die Bauchmuskeln, ohne den Gang der Winde irgendwie beeinflussen zu können. Sie stürmten und stürmten, wie es ihnen gefiel, über das schutzlose Land meines Innern hinweg und endlich aus mir hinaus. Sollte ich irgendwann einmal wirklich eine Frau aus meiner Wohnung vertreiben wollen, hatte ich das passende Rezept gefunden, auch wenn das Leiden an ihr unvorstellbar sein müsste, um diese Tortur freiwillig vorzuziehen. Als wäre der rein körperliche Schmerz nicht genug, umfing mich zugleich der Gestank einer im Moor verwesenden Hyäne, der aber doch nicht schlimm genug war, um mir das Bewusstsein zu nehmen. Kein Folterinstrument konnte es mit meiner Suppe aufnehmen, die alle Sinne gleichzeitig peinigte. Ich hörte den Gestank, roch die Schmerzen und schmeckte das Knallen der Fürze. Was wollte mein Folterknecht? Alles hätte ich gestanden, jeden verraten, um diesem Schrecken ein Ende zu bereiten. Ja, ich war, ich war bereit, bereit zu sterben. Nur die Gelegenheit fehlte. Denn tödlich war die Suppe nicht. Deshalb harrte ich aus und verfluchte den Tag meiner Geburt, leidend von Stunde zu Stunde, und erst gegen Morgen entschliefen die Winde.

Große Teile des folgenden Tages verbrachte ich schlafend. Die übrigen Stunden saß ich ermattet in der Küche, trank gezuckertes heißes Wasser und legte mich wieder ins Bett, das ich erst am Morgen darauf wieder verließ, jetzt allerdings wirklich geheilt von der misslungenen Heilung und so voller Tatendrang, dass ich schon mittags sämtliche von Ingo eingeschmatzten Wurstgeräusche sortiert hatte.

Vollauf zufrieden mit mir und meinem Leben lief ich schnell in den Supermarkt und steckte mir zu Hause gleich eine Pizza in den Ofen, um nur wieder an die Arbeit zu kommen. Jetzt galt es, die Wurst zur Gurke zu bringen, um dem Auftraggeber endlich etwas zu liefern. Bei aller künstlerischen Freiheit, die er mir hatte gewähren wollen, fragte der nämlich doch sehr regelmäßig nach, wie es denn nun um *Bocki*™ stand. Sonst schrieb mir niemand. Bis jetzt. NICHT JETZT! NICHT JETZT!! BITTE!!!

Es war eine Nachricht, und sie handelte von einem Sofa, und es kam noch schlimmer: Als hätte eine Frau alleine nicht schon genug Schaden angerichtet, meldeten sich gleich zwei auf einmal. ZWILLINGE! AUS SCHWEDEN!! NORA UND HEDDA!!!

Hej Dickie! We want to come and party in Berlin! Maybe you can join us and show how it rocks? Kisses from Sweden.

WAS? WIE BITTE?? WARUM???

Ich sah mir ihre Profilbilder genauer an. Nora lag im Bikini am Strand. Verschwindend klein trieben die dreieckigen Flöße des Bikinis auf dem endlos wogenden Meer ihres Busens. Hedda trieb selbst auf einer Luftmatratze in einem türkis schimmernden Pool. Auch wenn der Fotograf offenbar am Beckenrand hatte stehen bleiben müssen, war nicht zu übersehen, wie leicht auch sie bekleidet war. Das konnte alles gar nicht sein.

Ich schrieb ihnen, dass ich leider nur eine zusätzliche Schlafmöglichkeit hätte. Die Antwort kam sofort.

Do you think we have problem to find a bed? We bring sleeping pads for the worst case.

Ich riss mich zusammen, das heißt, ich setzte meine Phantasie auf Diät. Ich wollte nicht noch mehr erfahren. Ich musste nachdenken.

Im Sinne ihrer letzten Zeilen war ihre ganze Übernachtungsanfrage völlig unsinnig, was ich ihnen ganz einfach hätte schreiben können. Das allerdings klang etwas beleidigt, von wegen SUCHT EUCH DOCH EIN ANDEREN! Vielleicht brauchten sie einen sicheren Zufluchtsort, so offen all die anderen Betten ihnen auch stehen mochten. Für ihr Gepäck zum Beispiel. Zum Schminken. Oder auch einfach, um nicht mit irgendjemand ganz Beliebigem mitgehen zu müssen. Ihren Profilangaben zufolge waren sie schließlich gerade einmal achtzehn Jahre alt.

Durfte ich den beiden Mädchen im Wege stehen, wenn sie mal richtig feiern wollten? Wer war ich denn? Wenn ich jetzt absagte, hieß das doch nur, dass ich mir selbst etwas erhoffte. ICH!!! MIT DIESEN KINDERN!!!

Für den Fall, dass ich sie wirklich zum Tanzen würde begleiten sollen, um ein bisschen aufzupassen, hatte ich die frequenzgleich dämmenden Ohrstöpsel. Außerdem roch ich, dass die Pizza anbrannte. Und ich musste weiterarbeiten. Und ich schickte ihnen meine Adresse. Auf mich konnten sie sich verlassen.

Den Nachmittag verbrachte ich damit, die Wohnung aufzuräumen und zu putzen und dabei das Hochgefühl meiner edlen Gesinnung zu genießen. Meinem Auftraggeber schrieb ich, dass ich gut vorankam, und zwar auf dem richtigen Weg.

Glücklich erschöpft lag ich am Abend dann schließlich im Bett und sah fern. Eine Liebeskomödie, so angenehm vorhersehbar, dass ich nicht folgen musste.

Auch am Morgen darauf sah ich keine Möglichkeit, mich weiter mit *Bocki*™ zu beschäftigen. Denn natürlich wollte ich nicht schlechter aussehen als die Kumpel vom Club, wenn Nora und Hedda am Abend wie verabredet beim Kegeln vorbeikommen würden, um sich den Schlüssel abzuholen. Also setzte ich mich ausgiebig mit dem bescheidenen Inhalt meines Kleiderschranks auseinander. Da ich den Smoking nicht noch einmal strapazieren wollte, blieben nur eine Menge T-Shirts mit unterschiedlichsten Aufdrucken, vom Logo einer israelischen Biermarke bis zum handgemalten John-Lennon-Porträt – gemeinsam war allen Exemplaren die mehr oder weniger starke Verfärbung der Achselpartien. Dann gab es noch die schwarzen T-Shirts.

Zu Mittag aß ich eine Pizza aus dem Ofen und spielte mit dem Gedanken, mir etwas Neues zu kaufen, von dem ich allerdings nicht hätte sagen können, wie es hätte aussehen sollen. War ich bereit, mich von einem Verkäufer beraten zu lassen? Würde jemand, der wusste, wie man wirklich gut aussah, in einem Kleidergeschäft arbeiten? Stünden dem nicht Türen zu ganz anderen Karrieren offen? Vielleicht sollte ich lieber einen meiner Freunde fragen.

Meine Verzweiflung wuchs, und ich liebäugelte schon wieder mit dem Smoking, in dem ich mein Äußeres zumindest ironisch würde brechen können, als ich mich an das Holzfällerhemd erinnerte, das ich gelegentlich als Kopfkissenbezug verwendete. Einen Versuch war es wert, und ja, das stand mir gar nicht schlecht. Darauf konnte man aufbauen.

Mit Einbruch der Dunkelheit hatte ich es dann geschafft. Zum Hemd trug ich Jeans, Turnschuhe und eine asymmetrische Frisur, für die ich keine zehn Minuten brauchte. Ich betrachtete mich im Spiegel, und man hätte schon mindestens Mitarbeiter eines Stadtmagazins sein müssen, um zu erkennen, dass ich nur vorgab, eine Trendgestalt zu sein. Und überhaupt: Was wussten junge Schwedinnen schon, was in Berlin gerade in war?

Nach einer weiteren ausgiebigen Bestäubung mit Fissels Eau de Toilette legte ich frisches Bettzeug aufs Sofa und verließ dann endlich die Wohnung, um gleich vor meiner Haustür dem Tod ins Auge zu blicken. So vorfreudig war ich die zwei Stufen hinuntergesprungen, dass meine Füße davonrasten und meine Beine gleich mit sich rissen. Maßloser Schmerz fuhr durchs Steißbein auf direktem Weg ins Hirn und brachte es grell zum Leuchten. KNACKSCHMATZ machte das Rückgrat, als es auf die Stufenkante schlug. Der geschmolzene Schnee vom Vortag war gefroren.

Reglos lag ich auf dem Boden, kaum verwundert, dass ich von der Kälte nichts spürte, da ich tot war oder doch wenigstens gelähmt von der Bruchstelle an, aufwärts und abwärts.

UND DAS JETZT! Wo ich mich so auf Ente kross und meine beiden nordischen Besucherinnen gefreut hatte! Dann hörte ich die Haustür gehen und fürchtete die Rettung.

»Mensch Dickie! Kannst du immer noch nicht wieder normal laufen?«, hörte ich Ingo fragen, dessen Hände es auch sein mussten, die mich kurz darauf packten und auf die Füße stellten.

»Die könnten hier ruhig mal streuen«, murmelte ich und rieb mir den Steiß, der allen Schmerz wieder auf sich gezogen hatte.

»Aber die armen Pfötchen vom Trötchen!«, imitierte Ingo die Nachbarin aus dem Hochparterre, die aus Liebe zum Tier jeden Winter Politik machte gegen den Einsatz von Salz. Sand wiederum schloss der Eigentümer aus, da durch den das Linoleum im Treppenhaus unnötig abgerieben werde.

»Scheißtrötchen«, schimpfgrinste ich und nahm dankbar den Arm, den Ingo mir bot.

Wie zwei griechische Kindheitsfreunde, die sich im Rentneralter auf ihrer Heimatinsel wiedergefunden hatten, liefen wir aufeinander gestützt durch die Straßen zum Kegeln, und Ingo verkniff sich tatsächlich jeden weiteren Kommentar zu den Ereignissen auf meinem Sofa. SEINEM Sofa. Jedenfalls dem Sofa, das in meinem Arbeitszimmer stand.

Ich erzählte ihm von Nora und Hedda, und auch ihm schien das ganz selbstverständlich, dass ich mich um sie kümmern wollte.

»Man weiß ja nie, in wessen Hände die hier sonst geraten würden«, sagte er.

»Fissel zum Beispiel«, meinte ich.

»Das will man sich nicht vorstellen.«

»So naiv wie die sind! Da solche Bilder reinzustellen!«

»Was denn für Bilder?«, fragte er, und ich versuchte, ihm den Auftritt der beiden möglichst neutral zu beschreiben, wobei ich bewusst etwas untertrieb.

Er sah mich an, als sei ich vielleicht doch auf den Kopf gefallen, und tatsächlich klang das Ganze ja ziemlich schlecht ausgedacht.

»Und diese Zwillinge holen dann gleich den Schlüssel beim Chinesen?«

»Ja, gegen neun, wenn das Glatteis ihnen nicht in den Weg kommt.«

Schweigend gingen wir weiter.

»Sie haben heute Morgen den Bus genommen. Von Göteborg.«

Wir liefen weiter Arm in Arm.

»Wenn's doch zu eng wird, gibt es auch noch mich«, sagte er, als wir am Ziel unseres Spaziergangs waren. »Du weißt doch, dass ich immer gerne helfe, oder?«

»Ja, klar, aber ich glaube, das krieg ich schon hin. Ich hab ja jetzt schon ein bisschen Erfahrung.«

Er klopfte mir auf die Schulter und grinste.

»Mensch Dickie, wer hätte das gedacht?«

»Was denn?«, fragte ich, aber da war er schon durch die Tür im Restaurant verschwunden.

Ich folgte ihm und grüßte nach dem Wirt auch die Fische, die ihrerseits ganz aufgeregt hin und her schwammen. Schon von der Treppe aus hörte ich, dass die Kegeletten einen besonders lustigen Abend verbrachten. Der Anblick ihrer Tafel jenseits der hüfthohen Bahntrennung bestätigte den Eindruck. Da türmte sich das reichhaltige Angebot eines *Büffets der Großen Mauer*, das sie zu besonderen Anlässen auffahren ließen und das im Wesentlichen aus allen Speisen bestand, die es wert waren, gegessen zu werden. Entsprechend erschreckend war die Anzahl der Schlangenschnapsflaschen, von denen ich heute auf keinen Fall auch nur kosten durfte. Auch nicht unter Zwang! Ich hatte Verantwortung übernommen und würde dazu stehen!

Ich fühlte mich stark und erwachsen, grüßte mit dem Wissen um meine bevorstehende Abstinenz sehr freundlich hinüber, hängte dann meinen Parka über einen der Stühle, um eine erste Kugel zu werfen. Ingo stand schon vorn an der Bahn, holte Schwung und räumte ab. GLEICH MIT DEM ERSTEN WURF!

Die Kegeletten waren baff, holten kurz Luft, um dann umso lauter loszukreischen. Ich blieb ganz ruhig und schüttelte freundlich lächelnd den Kopf, als sie mir ein Glas reichten.

»Ich trink heut nicht, also nur Bier«, sagte ich.

Die Schnapsreichende starrte mich an.

»Mit Antibiotika macht nichts«, sagte sie. »Meint meine Apothekerin.«

»Genau!«, schrie jemand hinter ihr.

»Nein, bitte, wirklich nicht«, sagte ich.

»So schlimm?«

Ich lächelte, plötzlich tatsächlich mit einer ganz leichten Trauer in mir.

»Die Leber«, sagte sie und kippte das Glas selbst. »Das wird schon wieder.«

»Klar«, sagte ich. »Ist ja wohl nicht der letzte Donnerstag.«

»Das weiß man nie, aber Hoffen ist das neue Wissen, sagt der Klassenlehrer meiner Enkeltochter.«

Dann eilte sie auch schon zurück ans Büffet.

Für die Beziehung zwischen unseren Kegelclubs war die Unterhaltung um einiges zu lang gewesen. Da musste man aufpassen. Sonst verwischten die Grenzen, weshalb auch ich endlich an die Kugeln trat. Ingo erwartete mich, sein Blick schon wieder verwirrt.

»Mensch, Dickie, wie siehst du denn aus?«

»Wieso?«

»Na, die Klamotten, also das Hemd! Das ist ja mal so richtig fesch!«

»Fesch?«

»Na ja, halt anders. Anders als so'n schwarzes T-Shirt. Irgendwie bunter.«

»Dein Pulli ist auch klasse«, sagte ich, weil ich etwas zurückgeben wollte, so nah fühlte ich mich ihm nach unserem Spaziergang.

»Olle Klamollen«, grinste er. »Aber nicht ganz umsonst.«

»Steht dir super.«

»Na komm«, sagte er grinsend. »Genug gesülzt. Du weißt, was ich gerade vorgelegt hab.«

»Schaff ich eh nicht«, gönnte ich ihm den Erfolg.

»Ganz egal.«

»Ist ja eh nur zum Spaß.«

»Na, kathologisch.«

Ohne mir groß Gedanken über seine heute doch etwas eigenwilligen Wortspielereien zu machen, nahm ich die bordeauxrote Kugel und warf sie so kraftlos in die Rinne, dass sie sich über die Bahn schleppte wie ein schwer asthmatischer Läufer bei Smog im Hochsommer. Immerhin kam sie an.

Ich war heute wirklich gar nicht bei der Sache. Immer wieder blitzten die Bilder von Nora und Hedda vor mir auf, wobei das Setting der Aufnahmen meinem Arbeitszimmer deutlich ähnelte. Ich schämte mich, als ich sie sich im Bikini auf dem Sofa räkeln sah, an einer Gurke lutschend.

Nora oder Hedda?

AUTSCH!!!

VERDAMMT!!!

DER ZEIGEFINGER!!!

Ich schämte mich und akzeptierte die Strafe. Zum Glück trat dann auch schon die Kellnerin mit unseren Bieren an den Tisch, ihr dicht auf den Fersen Attila und Klaus. Bis auf Fissel waren wir also komplett, und auch er würde noch kommen. Schnell kühlte ich den Finger im Bier, das ich anschließend in wenigen Zügen leerte. Plötzlich fühlte ich, wie schön es war, Freunde zu haben. Ohne sie wäre ich nichts. Ein einsames Nichts. Ganz verloren. Da durften sie auch gerne über meine Karos lästern.

»Trägt man das wieder?«, fragte Attila. »Ein bisschen wie James Dean, oder? In *Denn sie wissen nicht, was sie tun.*«

»Patrick Swayze in *The Outsiders*«, meinte Klaus.

»Danke«, sagte ich und erklärte ihnen, warum ich heute definitiv keinen Schlangenschnaps trinken würde.

Es verschlug ihnen die Sprache.

Fassungslos sahen sie Ingo an.

»Wenn das mal nicht der Jackpot ist«, seufzte der.

»Doppeljackpot«, sagte Klaus. »Das hätte ich dann so doch nicht erwartet.«

»*Ex Nortis Sex*«, sagte Attila. »Da bin ich ja mal gespannt auf den Abend.«

Die Stimmung in der folgenden Stunde erinnerte ein bisschen an einen Heilignachmittag. Ganz fröhlich und aufgeregt warfen wir unsere Kugeln mit der gleichen Unaufmerksamkeit, mit der man früher das weihnachtliche Nachmittagsprogramm im Fernsehen verfolgt hatte. Die

Beschäftigung war nebensächlich und diente ausschließlich der Überbrückung der Zeit. Selbst Fissel, der etwas später auftauchte, ließ sich von der Harmonie anstecken. Nicht eine Anspielung auf Emogène oder darauf, dass ich das Passwort geändert hatte. Das war Vergangenheit. Das Wesentliche lag in der Zukunft, wobei sie sich doch nicht so weit mitreißen ließen von meiner Stimmung, dass auch sie die Schnäpse ausgeschlagen hätten.

Ich blieb hart und genoss trotzdem jeden Moment, und zwar so sehr, dass ich die Zeit vergaß.

»Sag mal«, meinte Fissel, nachdem er sicherlich seinen fünften Schnaps gekippt hatte. »Wollten die beiden nicht um neun hier sein?«

Er hatte recht. Die Uhr über der Tür zeigte schon fast halb zehn. Ich hatte sie vergessen.

»Nicht, dass was passiert ist bei dem Glatteis!«, teilte ich meine plötzlich aufblühenden Sorgen mit meinen Freunden.

»Ach was! Die nehmen doch 'n Taxi.«

»Ob die sich so was leisten können, als Studentinnen?«

»Wenn nicht Schülerinnen!«

»Hast du denn nicht die Handynummer? Oder die der Eltern?«

»Nein, warum sollte ich? Es war doch alles fest verabredet!«

»Na, wird schon nichts passiert sein, oder?«

»Ach was!«

»Unsinn!«

»Vielleicht ruf ich mal schnell beim Busbahnhof an und frag, ob sie schon angekommen sind.«

Erleichtert sah ich, dass der Empfang auf der Kegelbahn auch heute für kein verständliches Gespräch reichen würde.

So nah mir die Freunde waren, wollte ich diese Geschichte lieber ohne sie erledigen. Ja, bei aller guten Laune war ich nicht mehr sicher, ob es eine gute Idee gewesen war, die Mädchen hierher zu bestellen, anstatt sie zu Hause zu erwarten. Das erschien mir jetzt doch reichlich egoistisch gedacht, als wollte ich sie vorführen wie Trophäen. Ich würde mir Zeit lassen und sie so vielleicht im Restaurant abfangen können. Das wäre sicherlich die mit Abstand eleganteste Lösung.

Ich blieb gleich hinter dem Aquarium stehen, das den Zugang zu den Kegelbahnen vom restlichen Restaurant trennte. Hier war der Empfang bestens. Zwei der großen weißorangefarbenen Fische verfolgten sich, nicht mit allzu bösen Absichten. Sonst hätten sie längst eine Möglichkeit genutzt, sich zu ermorden. Für zwei sich übelwollende Lebewesen war der Lebensraum des Aquariums zu klein. Also spielten sie, vielleicht aus Liebe.

Ehe ich zu tieferen Erkenntnissen gelangen konnte, hatte mich die Dame von der Auskunft mit dem Zentralen Omnibusbahnhof verbunden. Es meldete sich ein Mann, nicht allzu freundlich. Ich fragte ihn nach den beiden Reisenden aus Göteborg.

»Nora und Hedda Gabler?«, fragte er.

»Ja.«

»Sicher, dass die nicht aus Norwegen sind?«

»Ähm, wieso?«

»Oder wollen Sie die Theaterkasse?«

Ich verstand nicht, was er wollte.

»Sie sind aber schon der Zentrale Omnibusbahnhof, oder?«

»Was ja nicht heißt, dass ich mich hier von jedem Literaturstudenten verarschen lassen muss, oder?«

Dann legte er auf. Leicht verärgert und in keiner Weise beruhigt, was das Schicksal der mir anvertrauten Mädchen anging, lief ich zurück am Aquarium vorbei und die Treppe hinunter.

Die Stimmung auf den Bahnen hätte jeder Freibierdiskothek auf Mallorca zur Ehre gereicht. Und doch beruhigten sich meine Freunde, als ich zurückkam, und erkundigten sich. Auch sie anscheinend in Sorge.

»Na komm, jetzt trink halt einen, dann kommen sie bestimmt!«

»Und wenn nicht, ist doch auch egal.«

»Was hat er denn?«, fragte eine der Damen.

»Wartet auf zwei Schwedinnen.«

»Gleich zwei?!«

»Zwillinge«, sagte Klaus.

»Du lieber Mann, die stillen Wässerchen.«

»Da solltest du jetzt aber wirklich einen trinken!«

»Wer hätte das von ihm gedacht?!«

So ging es immer weiter, und nachdem Attila noch einmal beim Busbahnhof angerufen und erfahren hatte, dass um die Zeit gar kein Bus aus Schweden eintraf und ich auf Fissels Smartphone meine E-Mails gecheckt und nichts Neues von den beiden gefunden hatte, fand ich immer weniger Argumente, mit denen ich meine Abstinenz weiter hätte verteidigen können.

Ab halb elf biss dann wieder ein Schlangenschnaps in den Schwanz des anderen, und ich war froh, ein paar ruhige Tage in meiner Wohnung vor mir zu haben. Was sollte ich denn auch mit zwei Mädchen machen? Hatten die Freunde nicht vollkommen recht, wenn sie mich hin und wieder foppten, weil ich ernsthaft daran gedacht hatte, die beiden bei mir aufzunehmen?

»Kaum laufen gelernt und schon zu Olympia«, meinte Fissel.

»Ich hätt ihm doch geholfen!«, lallte Ingo. »Wozu hat man denn schließlich Nachbarn?«

»Jedenfalls hätten die nicht lange widerstehen können, bei diesem Karohemd!«

Ich ließ sie reden, weil sie sich immer wieder selbst einkriegten. Mit Hilfe des Schnapses begriff ich, was ich in den letzten beiden Wochen durchgemacht hatte. Ich dachte an Laura und Emogène und konnte den Freunden nichts übelnehmen, da sie doch alles erst ermöglicht hatten. Selbst Fissel meinte es gut mit mir. Nach fast zwanzig Jahren auf dem Trockenen war es einfach an der Zeit gewesen, wieder einmal ins Wasser zu springen, und dass es mit dem Schwimmen nicht gleich so perfekt klappte, war vollkommen normal. Ich war zurückgeblieben, zumindest geistig behindert in Liebesdingen, und eine Reha brauchte ihre Zeit. All das wollte ich Ingo sagen, der neben mir auf der Bank saß und mir die Hand tätschelte.

»Mensch, Dickie, jetzt mal im Ernst«, kam er mir zuvor. »Du dachtest jetzt wirklich, dass da zwei achtzehnjährige Schwedinnen kommen, oder?«

»Halt's Maul, Ingo!«, hörte ich Attila rufen. »Und jetzt komm werfen!«

»Ich wollt ja nur mal sichergehen«, sagte Ingo und stand auf.

»Ich glaub, er hat's geglaubt«, sagte Klaus. »Auf jeden Fall.«

»Natüllich hat er!«, rief Fissel, schob die Schnapsgläser zusammen und schüttete auf sie ein, als gieße er einen vertrockneten Garten. »Die geile Sau kriegt ihren Sack nicht leer!«

»Halt's Maul, Fissel!«, sagte Attila, aber sein guter Wille war nur ein Tropfen Frischwasser im vergifteten See unserer Freundschaft.

»Das kommt davon, wenn man alles für sich will!«, setzte Fissel nach.

Einen nach dem anderen sah ich sie an und wollte nicht glauben, dass sie mir so etwas hatten antun können. Mein Wissen aber war so stark, dass der Glaube keine Chance hatte. Der Wille sowieso nicht. Ich stand auf, zog meinen Parka über das Hemd und machte mich auf den Heimweg.

Still standen die beiden Fische nebeneinander und blickten aus dem Aquarium heraus, als bräuchten sie keine Worte, um sich zu verstehen. Ich betrachtete sie und fühlte, wie sich meine Wangen spannten. Um mich endlich weinen zu lassen über mich und meine traurige Lächerlichkeit.

Sanft strich mir die Schaumstoffinnenverkleidung der Box übers Haar, so knapp war der Raum hier bemessen. Wir hatten die aus Spanplatten gezimmerten Außenwände damals mit mehreren schallisolierenden Platten verstärkt, an denen wiederum die schallbrechenden Noppenformationen befestigt waren. Was auch immer man hier drinnen äußerte, blieb ganz für sich alleine, ohne Reflexion von was auch immer. Es gab keinen besseren Ort auf der Welt. Keinen geschützteren. Sichereren.

Nichts drang von außen zu mir herein. Kein Klingeln oder Klopfen. Kein Rascheln eines unter der Tür hindurchgeschobenen Zettels. Kein Eingangssignal einer E-Mail. Kein Husten irgendeines Nachbarn. Keine Toilettenspülung. Nichts.

Ich hatte mir diese absolute Quarantäne verordnet, um keinen weiteren zwischenmenschlichen Infekt zu riskieren, der mein sicheres Ende bedeutet hätte. Meine Abwehrkräfte waren der Welt nicht gewachsen. Sogar das kleine Plexiglasfenster in der Tür hatte ich zugeklebt und versuchte jetzt, nach und nach auch das Denken einzustellen. Wenn ich doch einmal rausmusste, verschloss ich meine Sinne, um schnell zu erledigen, was keinen Aufschub erlaubte.

So verbrachte ich den Rest der Woche nach dem Verrat meiner Freunde und noch ein paar Tage mehr, bis sich langsam eine gewisse Langeweile bemerkbar machte, die ich als sicheres Anzeichen meiner Genesung interpretierte. *Wer Hunger hat, ist auf dem Weg der Besserung*, hatte meine Mutter mir mit auf den Weg durchs Leben gegeben, ohne eine mögliche Fresssucht ihres Sohnes in Erwägung zu ziehen. Ich nahm meinen Zustand jedenfalls so ernst, dass ich trotz aller Langeweile bis Donnerstagabend aushielt. Ich gab ihnen keine Chance, mich aus der sterilen Umgebung herauszulocken.

Stolz über meine erfolgreiche Selbstkur lag ich dann endlich in meinem Bett, als Ingo gegen Mitternacht nach Hause kam. Besoffen stolperte er die Treppe hoch und verharrte auf dem Absatz zwischen unseren Wohnungen. Ich hörte die Metallklappe vor dem Briefschlitz quietschen.

»Wenn ich morgen nix von dir höre«, lallte er. »Dann ruwich die Polisei, du beleidigter Scheißer!«

Dann fiel die Klappe mit einem nur kurz nachhallenden Knall.

Sollten sie sich doch Sorgen machen! Mich würden sie nie wieder verletzen. Ich freute mich jetzt schon darauf, den alarmierten Polizisten zu öffnen und mich über den neugierigen Nachbarn zu beschweren.

Die Sonne sonnte. Die Heizung heizte. Die Stimmung stimmte. Mir war nach Scherzen zumute! Ich flog aus dem Bett in die Küche, warf die Kaffeemaschine an und riss den Kühlschrank auf voller Lust auf die Freunde, mit denen ich mich schon längst wieder hätte beschäftigen müssen. Meine wirklichen Freunde! Da lagen sie, meine *BOCKIS*™! Sofort befreite ich eine von ihnen aus ihrer Vakuumverpackung und biss ein erstes Stück ab. Wie das knackschmatzte! Ein Genuss war das! Wie hatte ich mir das schlechtreden können?

Sehr wohlgelaunt saß ich nur Minuten später mit einer großen Tasse Kaffee und einem letzten Rest *Bocki*™ am Rechner und arbeitete mich rein in all die Klänge. Ich drehte und schraubte an den Parametern, filterte und komprimierte und versank ganz im Rausch des Schmatzens. Und da begegnete mir der perfekte Klang schließlich so vollkommen unerwartet, wie es letztlich immer der Fall war, wenn etwas plötzlich stimmte. Es war eine Frankfurter im Naturdarm, dritter Anbiss, also etwa im Mittelteil. Ich öffnete die Gurkendatei und mischte die Klänge ab. Es konnte keinen Zweifel geben: SO MUSSTE *BOCKI*™ KLINGEN!!!

Ich nahm die Kopfhörer von den Ohren und ließ den Klang über die Monitorboxen laufen. So saftig schmatzte es in den Höhen, so klar konturiert riss der Darm unter dem Druck der Zähne, die dann so elegant durch die Fleischmasse glitten, dass mir die Tränen kamen. Das alles hätte ich so viel früher haben können! Darauf wartete mein Auftraggeber jetzt seit wie vielen Tagen schon?

Panisch öffnete ich das Mailprogramm und war eher verstört als erleichtert, als ich keine einzige neue Nachricht von ihm fand. Ohne noch mehr Zeit zu verlieren, schickte ich ihm den neuen Klang mit aufrichtig begeisterten Worten.

Dann wartete ich.

Und wartete.

Wartete und warf zum Zeitvertreib einen genaueren Blick in mein Postfach, in dem seit der letzten Nachricht von Nora und Hedda kein einziges Schreiben mehr eingegangen war. Ich überprüfte den Spamordner, aber noch nicht einmal irgendeines der vielen Angebote für Geldgeschäfte in Nigeria oder Potenzmittel aus Indonesien datierte auf die letzte Woche. Ich überprüfte die Internetverbindung, die Einstellungen des Mailprogramms, informierte mich über Cyberattacken und andere mögliche Verwerfungen im Datenverkehr der letzten Woche. Nichts. Kein Hinweis. Man hatte mich vergessen.

Die Sache wurde nicht besser, als nach einer guten halben Stunde die Antwort meines Auftraggebers kam.

Eigentlich gar nicht schlecht, Decker. Aber nur keine Hektik. Die Werbephase wurde verschoben. Auf nächstes Jahr. Wir haben also jede Menge Zeit. Wir telefonieren. Tschüssle!

Immer wieder murmelte ich den Text vor mich hin. Mit schwankendem Oberkörper. Ich konnte die Botschaft dennoch nicht glauben. War das eine Verschwörung? Von ALLEN gegen EINEN? Nicht eine Anfrage von irgendeiner Sofasurferin? Niemand meldete sich mehr! NIEMAND!!! Obwohl ich in BERLIN lebte!!!

Hektisch loggte ich mich im Portal ein und las immer wieder meine Bewertungen, an denen sich nichts geändert hatte. Norbert Decker war weiter als lupenreiner Fünfsofaextraklassegastgeber geführt. Was war denn los? Waren wir im Krieg? Hatte es einen Anschlag auf Touristen gegeben? Hatte Fissel mich aus Rache in eine Ecke des Portals versetzt, in der mich niemand finden konnte? Ich suchte und suchte und fand doch keine Erklärung. Die Welt schien mich wirklich vergessen zu haben.

Ich klickte mich durch die Nutzer und stellte fest, dass neben Nora und Hedda auch Laura nicht mehr zu finden war. Emogène immerhin schien weiter fleißig zu recherchieren, zuletzt in Mexiko. Ich wollte nicht glauben, dass der letzte mir wohlgesonnene Mensch eine New Yorker Psychologiestudentin war. Nur deshalb und weil mir die Aussicht auf eine Begegnung mit zwei besorgten Streifenpolizisten nicht mehr ganz so amüsant zu werden versprach wie noch am Vorabend im Bett, stand ich auf und ging öffnen, als es wenig später klopfte.

Ich schlich durch den Flur und riss die Tür so schnell auf, dass ich noch einen kleinen Rest Erleichterung in seinem Gesicht erhaschte.

»Was gibt's?«, fragte ich.

»Arschloch«, sagte Ingo.

»Komm rein«, sagte ich.

Wir setzten uns in die Küche und tranken Kaffee. Es war nicht mehr das Gefühl, das es einmal gewesen war. Ich hätte ihm gerne verziehen, aber es ging nicht. Ich fühlte mich wie einer der Fische im Aquarium, nur dass ich ganz alleine war. Vorsichtig klopfte Ingo an die Scheibe, aber ich wusste einfach nicht, wie ich mit ihm hätte reden sollen.

»Mensch, Dickie«, sagte er irgendwann. »Ich glaub, ich hab gestern ein bisschen viel von der Schlange. Nächstes Mal biste doch wieder dabei, oder?«

Ich überwand meine Stummheit und murmelte irgendetwas unverfänglich Halbbestätigendes, das ausreichte, um ihn zu beruhigen. Jedenfalls stand er auf, langsam und unaufhaltsam, so wie Statuen bei Revolutionen stürzen, nur eben umgekehrt. Er hob seine Hand noch zum Gruß, ehe er in den Flur und aus der Wohnung verschwand. Meine Gefühle wollten nicht glauben, dass er nicht für immer nach Patagonien, sondern lediglich nach nebenan ging, um seinen Schlangenschnapsrausch auszuschlafen.

Es war Freitagmittag. Ich hatte keinen Auftrag, und unter den dreieinhalb Millionen Bewohnern dieser Stadt gab es nicht einen, mit dem ich morgen ins Stadion hätte gehen wollen. Was hielt mich überhaupt hier? Warum fuhr ich nicht irgendwohin, um meine Sounddatenbank zu erweitern? Geräusche gab es überall mehr als in dieser Wohnung.

Stille. Das Rauschen der Klospülung meiner Nachbarn. Stille. Der Strom in der Leitung? Elektrosmog? Dann ein kurzes, verheißungsvolles, kaum wahrnehmbares, rätselhaft unglaubliches TA-DING. Halluzination? Wunschtraum? Wahnsinn?

Ich hatte den Kopfhörer ausgestöpselt. Die Monitorboxen waren aktiviert. Ich träumte nicht! Es gab jemanden, der an mich dachte! Ich betete zu Gott, der doch nur ein Versprechen dafür war, dass diese Welt ein kleines bisschen besser werden konnte, als sie war, und rannte ins Arbeitszimmer und las, ungläubig:

CHRISTA WURSTER
Übernachtungsmöglichkeit.

Hatten sie denn immer noch nicht genug? Mussten sie weiter nachtreten, da ich doch schon am Boden lag? Und wenn nicht? Wenn es ein Zufall war? Eine Schicksalsfügung? Ein doofer Nachname?

Ich atmete tief durch, verdrängte alle Aggressionen und suchte eine objektive Haltung. Dann öffnete ich die Nachricht:

Sehr geehrter Herr Decker,
in einer Notsituation wende ich mich an Sie mit der Bitte, bei Ihnen übernachten zu dürfen.

Mit freundlichen Grüßen
Christa Wurster

Ihr Profil sagte gar nichts und war erst heute angelegt worden. Kein Alter, keine Interessen, kein Wohnort. Fest stand nur, dass es Christa Wurster um einiges schlechter ging als Norbert Decker, da der immerhin eine Wohnung hatte und nicht bei Wildfremden um Obdach betteln musste. Wenn es sie überhaupt gab.

Widerwillig griff ich zum Telefon.

»Dickie!!! Der verlorene Sohn!!! Und ich dacht schon, du wärst beleidigt!«, meldete sich Fissel in Fortississimo.

»Steckst du hinter Christa Wurster?«, fragte ich.

»Wo steck ich was? Was fürn Wurster?«

»Die Couchsurferin Christa Wurster. Hast du dir die auch ausgedacht?«

»Dickie, komm runter! Das mit den Pornozwillingen war nur ein Scherz! Du darfst dich da jetzt ganz alleine austoben.«

»Also bist du's nicht?«

»Sag mal, Dickie! Seh ich so aus, als würde ich mir eine Christa Wurster ausdenken? Traust du mir das zu? Ist diese Welt nicht so schon schlimm genug?«

Er hatte recht, und es hätte wirklich nicht zu ihm gepasst.

Noch immer unsicher, antwortete ich Christa Wurster nicht sofort, sondern lief erst einmal runter in den Supermarkt, um die in den Tagen meiner Genesung aufgebrauchten Reserven nachzufüllen. Das wenig überzeugende Ergebnis meiner ersten und letzten veganen Phase in Erinnerung, packte ich den Einkaufswagen voll mit all dem, wonach meine Sinne verlangten. Ich befriedigte meine niedersten Bedürfnisse und empfand eine kindliche Freude daran, auf jedes noch so leicht zu durchschauende Werbeversprechen reinzufallen. Mein Glück war das eines nicht vollkommen bescheuerten Pilgers, der das heilige Wasser genoss, und zwar TROTZDEM!!! O du Tiefkühlpizza, die du natürlich niemals so aussehen würdest, wie sie dich auf den Karton gedruckt hatten! Du herrlich eingeschweißte Rindsroulade mit Rotkohl und Kartoffelklößen, denen nur übelste Häretiker nachsagten, dass sie nach nichts als feuchter Pappe schmeckten! Nie wieder Oberschicht durch Fleischverzicht! O Cola, Fanta, Sprite, ihr göttlichen Säfte, die ihr euch behauptetet gegen all den Unglauben der Gebildeten! Ihr zuckersüßes Weihwasser der Kathedrale des Konsums! Kommet zu mir, in meinen Einkaufswagen! Ihr seid die Mächte, von denen wunderbar geborgen ich Christa Wurster empfangen würde, wenn sich zwischenzeitlich nicht doch noch jemand anderes gemeldet hatte.

Meine Verzückung beruhigte sich erst an der Kasse wieder, als ich mich fragte, inwiefern ich mir den Luxus des gelebten Glaubens überhaupt leisten konnte. Wenn die Kassiererin mit dem Scanpiepsen der Kasse eine bestimmte Botschaft übermitteln wollte, morste sie nämlich eine mittellange Kurzgeschichte. Doch was war ein Glaube ohne Vertrauen?

Ich reichte ihr meine Karte und sah kurz darauf den Bon aus der Maschine fahren, weiß wie ein Zeichen der Absolution. Erst als die Kassiererin mich anstarrte, fühlte ich das verzückte Lächeln in meinem Gesicht. Ich wollte ihr danken für das Glück, das mir in ihrem Tempel widerfahren war, riss mich dann aber noch gerade so eben zusammen. Es war schließlich und hoffentlich nicht das letzte Mal, dass ich hier einkaufen ging.

Zurück in der Wohnung, bremste ich meine Neugier und verstaute zunächst die Tiefkühlprodukte. Dann nahm ich eine zimmerwarme Zweiliterflasche Cola und ging an den

Rechner. Und wirklich, es hatte noch jemand geschrieben. José Perez de la Cruz fragte, ob er eine Woche bei mir unterkommen könne, eventuell auch länger und in Begleitung seiner Freunde Pedro und Alexandro. Ich sah mir sein Profil an und brauchte einen Moment, um zu begreifen, dass er anders als Christa Wurster nicht etwa noch gar keine Bewertung, sondern von einem halben Dutzend Gastgeber noch nicht ein einziges Sofa erhalten hatte. NULL SOFAS FÜR SPANIEN! In den Kommentaren war viel die Rede von durchgefeierten Nächten, vollgekotzten Badezimmern, verwüsteten Küchen. Eine Frau berichtete von einem improvisierten Stierkampf in ihrem Wohnzimmer, bei dem ihre Deutsche Dogge schwere psychische Schäden erlitten habe. Noch immer renne sie gegen jeden sich ihr bietenden roten Gegenstand. Zumindest konnte man José nicht vorwerfen, dass er versucht hätte, sein Profil zu schönen. Ich überlegte, ob ich ihm einen Kontakt zu Fissel vermitteln sollte, verwarf diesen Unsinn aber sofort und schrieb endlich Christa Wurster, dass ich den ganzen Tag zu Hause sei und sie einfach vorbeikommen solle. Mein Sofa hatte ich ihr reserviert.

Nach zwei Spinatpizzen und einem knappen Liter Cola genoss ich den vielleicht schönsten Mittagsschlaf meines Lebens. Ich lief durch die dunklen Straßen einer mediterranen Stadt. Nach und nach erkannte ich, dass der Himmel zwischen den Giebeln leicht spiegelte, wie ein Fenster in der Dämmerung, und ich sah, dass ich verfolgt wurde, und ich fühlte, dass sie es sein musste. Ich roch sie und verlangsamte meine Schritte, damit sie mich schneller erreichen würde. Endlich spürte ich ihre Hand in meiner und ließ mich zur Seite ziehen vor die alte Holztür eines windschiefen Hauses. Laura hob ihre Hand und drückte die Klingel, und noch ehe ein Geräusch erklang, wusste ich, dass es meine Klingel sein würde, weil ich nicht tief genug schlief.

Ich schüttelte den leichten Schlaf ab und stand auf, als es schon wieder klingelte. Jemand hatte es offenbar eilig, in meine Wohnung zu kommen. Ich hoffte, dass ich mich nicht noch einmal mit einem der Menschen würde auseinandersetzen müssen, die bis vor wenigen Tagen meine Freunde gewesen waren, und war entsprechend erleichtert, als ich durch den Türspion einige graue Haarsträhnen im Licht der Treppenhausbeleuchtung strahlen sah. Ich strich mir die Haare aus der Stirn und öffnete.

Sie trug einen Mantel. In ihrer Hand einen Koffer, dessen Muster mehr wert war, als alle meine Klänge zusammen je einbringen würden. So wenig ich mich im Universum der Couchsurfer auch auskannte, war ich doch sicher, dass sie kein typisches Exemplar war.

»Frau Wurster? Christa Wurster?«

Sie nickte. Stumm.

»Kommen Sie doch bitte«, sagte ich, trat zur Seite und wies mit der Hand in Richtung Arbeitszimmer.

Sie wollte sich die Füße abtreten, bemerkte dann aber, dass ich nicht den entsprechenden Türvorleger bereitliegen hatte, und ging mit gesenktem Blick an mir vorbei.

Ich schloss die Tür und folgte ihr.

»Das wäre dann Ihr Zimmer«, sagte ich. »Das Bettzeug bring ich noch. Ich hatte nicht so früh mit Ihnen gerechnet.«

Ich erwartete weder Erklärung noch Entschuldigung noch Begeisterung noch sonst irgendeine menschliche Regung. Schon gar nicht erwartete ich aber, dass sie sich aufs Sofa fallen ließ und aus ihrem Mantel eine Packung Zigaretten hervorholte. Ganz weiße waren es. Ganz dünne.

Mit freundlichem Namen.

Ich schluckte.

Nikotin, Teer, Arterienverstopfung, Sauerstoffunterversorgung, Gehörschädigungen. *Ein Sänger, der raucht, ist ein dummer Sänger. Ein Klangmeister, der raucht, ist einfach nur dumm,* hatte ich gelernt. Wer mehr erreichen wolle, als bei Rockfestivals seinen Beitrag zur Vertaubung der Jugend zu leisten, solle bloß die Finger vom Tabak lassen.

Ich holte ihr eine Untertasse aus der Küche, auf die sie abaschen konnte.

»Wollen Sie vielleicht einen Kaffee? Oder Tee?«, fragte ich.

Sie schüttelte den Kopf und zog gierig an ihrer Zigarette.

Mir tränten schon jetzt die Augen, und es kratzte vom Rachen her hoch bis an die Innenseite meiner Trommelfelle. Die ersten Gehörhärchen starben.

»Na, dann kommen Sie erst einmal an«, sagte ich. »Wenn Sie was brauchen, finden Sie mich ja sicher.«

Aufglühend knisterte der Tabak.

So schnell wie möglich, ohne dabei unhöflich zu wirken, verließ ich das Arbeitszimmer und schloss die Tür hinter mir. Ich stellte mir vor, wie es wäre, mit José und seinen Freunden bei Ingo einzufallen und seine Wohnung zu zerlegen, aber dafür war es jetzt natürlich zu spät.

Christa Wurster war offenbar nicht Fissels Phantasie entsprungen, was die Sache nicht unbedingt leichter machte. Sicher war nur, dass sie dieses Sofa ziemlich dringend gebraucht und ich meine Cola auf dem Schreibtisch vergessen hatte. Also nahm ich die Fanta aus dem Kühlschrank, dazu eine Tüte Chips mit authentisch mexikanischem Fiesta-Flavour und legte mich aufs Bett, um das Nachmittagsprogramm auf redaktionelle Mängel hin zu überprüfen.

Nach einer Weile und vielen unambitionierten Programmwechseln stellte ich fest, dass die Streitparteien in einer der Gerichtsshows ziemlich genau so aussahen, wie es in meiner Wohnung roch. DER RAUCH DRANG BIS IN MEIN ZIMMER! Ich fühlte mein Hörvermögen mit jedem Atemzug abnehmen, kam hastig auf die Beine und riss das Fenster auf.

Fröstelnd verkroch ich mich unter der Decke und verbot mir jeden Gedanken daran, wie schlecht sich die Wirklichkeit dieses Wochenendes gegenüber dem Traum meines Mittagsschlafs machen würde, als schon wieder jemand klingelte.

Hustend tastete ich mich durch den Flur, um zu öffnen. Draußen stand Ingo, jetzt etwas ausgeschlafener, wenn auch nicht viel.

»Sag mal, Dickie, rauchst du etwa?«

»Und wenn?«

»Oder brennt es bei dir?«

Der Gedanke lag nahe angesichts der relativen Rauchdichte, die in meinem Flur herrschte. Dennoch fand ich nicht, dass Ingo sich zwangsläufig mit den Luftverhältnissen in meiner Wohnung beschäftigen musste.

»Ist nur was angebrannt«, sagte ich.

»Na dann«, sagt er.

»Ich muss jetzt wirklich«, sagte ich. »Lüften und so.«

»Ja klar. Sag Bescheid, wenn du Hilfe brauchst.«

»Mach ich.«

Noch während das Türschloss einschnappte, drückte ich mich mit aller Kraft ab und stürzte durch den Flur zum Arbeitszimmer, dessen Tür ich aufriss, ohne auch nur ans Anklopfen zu denken.

Der Rauch war so dicht, dass ich nicht bis zum Sofa sehen konnte. Hastig tastete ich mich vor, fühlte, dass da reglos etwas Menschliches saß, sah erst jetzt dieses Glühen knapp unter Kniehöhe und riss mir mein T-Shirt vom Leib, um die Flammen zu löschen. Dann machte ich das Fenster auf und das Licht an und hörte sie atmen und erblickte sie schließlich. Christa Wurster schlief sitzend auf dem Sofa, dessen Bezug auf der Größe einer Schallplatte schwarz verkohlt war. Wie paradox auch ich als Mensch funktionierte, las ich daran ab, dass ich ihr hustend in den Mantel griff, um mir eine ihrer Zigaretten zu nehmen. Mit weichen Knien nahm ich die halbvolle Colaflasche und zog mich zurück in die Küche.

Im Schrank fand ich eine Flasche hochprozentigen Rum, aus der ich einen guten Schuss direkt in die Cola gab. Mit zitternden Händen verschüttete ich eine Menge. Dann trank ich und gab mir Feuer, woraufhin aber erst einmal der an der Flasche herunterrinnende Rum entflammte. Kurz in Panik, löschte ich schnell mit einem Küchentuch. Dann steckte ich die Zigarette an und rauchte. Hustete. Würgte. Beruhigte mich wieder und nahm noch einen Schluck, verwundert und neugierig zugleich. Die Zigarette verlieh meinem Drink eine ganz besondere Note. Sommerlich. Fröhlich. Exotisch. Wie konnte etwas frischer werden, indem man es mit Rauch kombinierte?

Vor dem nächsten Zug betrachtete ich die Zigarette genauer und entdeckte die pastellgrünfarbene Schrift, die fein geschwungen darauf hinwies, dass der Tabak mit Minze verfeinert war. Ich begriff: Aus Versehen hatte ich mir einen exzellenten Cuba libre gemixt! Der Aggregatzustand der Aromen war unerheblich, vorausgesetzt, sie waren mit unterschiedlichen Sinnen wahrnehmbar. WAR DAS DAS ERSTE DECKERSCHE GESETZ??? War es dann möglich, dass die richtigen Hochfrequenzwellen des Schmatzens direkt auf die Geschmacksnerven einwirkten und so den Speichelfluss stimulierten? Wie drängte es mich in mein Arbeitszimmer! Wie dankbar musste ich zugleich der Dame sein, die es besetzte! DANKE, CHRISTA, DU MUSE MEINER WISSENSCHAFT!, wollte ich rufen, zähmte dann aber den Forscher in mir, um meiner Rolle als Gastgeber gerecht zu werden.

Ich würde mich mit einem Abendessen bei ihr bedanken. Es war schon nach sechs, und sie würde sicher Hunger haben, wenn sie denn irgendwann aufwachte. Vorsichtig entfernte ich die Aluminiumdeckel von den beiden Rouladen-Menüs und schob sie in den Ofen. Dann trank ich den Rest meines Longdrinks und deckte den Tisch und holte mir endlich ein frisches T-Shirt. Dem Geruch nach war Christa mittlerweile aufgewacht und genoss die erste Zigarette.

»Wenn Sie wollen, können wir gleich essen!«, rief ich durch den Flur.

Auf eine ganz eigenartige Weise war ich wirklich erleichtert, als sie kurz darauf in der Küchentür auftauchte. Den Mantel hatte sie abgelegt. Darunter trug sie eine lange Perlenkette, einen beigefarbenen Pullover und eine weiße Bluse. Sie wirkte vollends wie eine großbürgerliche Dame, und es war mir peinlich, welch unwürdigen Fraß ich ihr servierte. Daran allerdings ließ sich jetzt nichts mehr ändern. Ich bat sie, sich zu setzen, und holte ein Essen aus dem Ofen, das meine Großmutter, wenn überhaupt, nur im Bombenhagel auf Basis von Kartoffelschalen und Schuhsohlen so hinbekommen hätte. Aber was war schon die Wirklichkeit, wenn man Träume hatte? Schnell zeigte ich Christa die Verpackung unseres Abendessens, damit auch sie wusste, wie hervorragend das eigentlich schmeckte.

Auch wenn sie weiterhin schwieg, versuchte ich immer wieder, ein wenig Konversation zu betreiben. Ich war es gewohnt, mit meinen Worten bei Frauen nicht sofort Begeisterung hervorzurufen, und blieb beharrlich, vielleicht ja auch, weil ich in diesem Falle den Erfolg nicht fürchten musste. Die Zeugung weiteren Nachwuchses stand hier nicht zur Debatte, weshalb ich neben Wetter, Essen, Kultur und Sport fast alles ansprach außer Krankheit, Politik und Religion. Sie zeigte keine Reaktion. Immerhin lief sie auch nicht weg, und sie aß die Roulade und trank im Anschluss einen der neu kreierten Drinks. Die Minze steuerte sie gern bei.

»Und sind Sie öfter hier?«, versuchte ich es schließlich noch einmal. »Also ich meine, in Berlin?«

»Zum ersten Mal seit siebenunddreißig Jahren«, sagte sie.

Schnell überprüfte ich das Funktionieren meines Gehörs durch leichtes Kratzen an den Ohrmuscheln. Die Maschine war in Ordnung. Wenn ich nicht halluzinierte, hatte sie gesprochen. Schnell schenkte ich uns beiden noch einen Cuba libre ein.

»Und? Gefällt es Ihnen? Hat sich doch einiges verändert, oder?«

Sie trank und zog gierig an ihrer Zigarette.

»Die Stadt ist jünger, ich bin älter.«

Hinter dem matt tönenden Schirm ihres Augapfels sah ich es kurz schimmern. Ansonsten gab es kein Indiz dafür, dass diese Frau irgendein Interesse an einem Gespräch mit mir haben könnte, abgesehen davon, dass sie in meiner Küche saß und mit mir trank, was dann doch wieder eine Menge war. Ich nahm allen Mut zusammen und hakte nach, unterstützt von weiteren Longdrinks, die ihr zu schmecken schienen.

Nach und nach erfuhr ich, dass sie in Berlin als Referendarin gearbeitet habe, als junges Ding, den Kopf voller Flausen. Noch vor ihrem Examen fand sie aber den Richtigen, der kurz darauf nach Witten-Herdecke berufen wurde, wo er gut vier Jahrzehnte und fünf Kinder später Gefallen an einer Krankenschwester im Alter ihrer jüngsten Tochter fand. Davon durfte sie aber gar nichts wissen.

»Und da dachte ich dummes Ding, ich fahre zurück nach Berlin in mein eigenes Leben, als wäre so etwas möglich.«

Auch ihr Mann schien nicht der Meinung, dass sie das Recht zu derartigen Extravaganzen habe, und hatte ihr kurzerhand das Konto gesperrt, weshalb ihr schon nach drei Nächten das Geld fürs Hotel ausgegangen war. Der Portier hatte ihr dann den Tipp mit dem Internetportal gegeben und ihr geholfen, mich zu kontaktieren. Als ich mich daran erinnerte, wie lange ich sie hatte warten lassen mit meiner Antwort, musste ich gleich noch eine Zigarette wegziehen, um mein Gewissen zu benebeln.

Trotz aller weiteren Bemühungen meinerseits hatte Christa Wurster kein Interesse an weiteren Geständnissen. Schließlich kannten wir uns auch gar nicht. Was sollte sie mir ihr Innerstes offenbaren, nur weil sie eine Nacht auf meinem Sofa schlief? Wie viel mehr Kraft musste es sie kosten, ihre Würde zu wahren!

Am Ende wünschte ich ihr höflich eine gute Nacht, erleichtert, dass Laura nicht aus Witten-Herdecke zu mir gekommen war, um mich zu sich zu holen. Man musste unbedingt gut auf sich aufpassen.

Für einen Mann in den vermeintlich besten Jahren schlief ich relativ viel. Verglichen mit Christa war ich jedoch ein Frühaufsteher. Als sie gegen Mittag noch immer kein Lebenszeichen von sich gegeben hatte, öffnete ich leise die Tür und sah sie friedlich auf dem Sofa schlafen. Wenn ich noch Zweifel am Sinn der illegalen Einwanderung dieses

Möbelstücks gehabt hatte, waren die durch diesen Anblick zerstreut.

Ich ließ ihr einen Zettel auf dem Küchentisch, auf dem ich sie bat, ruhig das Telefon und alles andere auch zu benutzen, und verließ meine Wohnung, um meine Gedanken an dem Punkt fortzusetzen, an dem ich unmittelbar vor dem Abendessen aufgehört hatte. Da die Wirtschaft erst einmal das Interesse an meinen Fähigkeiten verloren hatte, sollte ich mich nach langer Abstinenz vielleicht wirklich wieder der Wissenschaft widmen. Die Arbeit der letzten Wochen durfte nicht umsonst gewesen sein!

Ziellos herumirrend, plante ich DIE PHÄNOMENOLOGIE DES KNACKSCHMATZENS*, basierend auf streng empirischen Forschungen zur Wirkung der Schallwelle auf den Geschmackssinn. Ich begriff, dass ich mich damit möglicherweise recht weit in den Bereich der Metaphysik vorwagte. Schließlich war die Verbindung von KNACK und SCHMATZ ein Sinnbild für die Möglichkeit der perfekten Harmonie zwischen zwei vollkommen entgegengesetzten Dingen. Die Synthese des Sinnlichen! Die Synergie des Sensuellen? DIE SYNÄSTHESIE DES SENSIBLEN!!!

»Hey, Norbert!«, riss mich eine bekannte Stimme aus den klugen Gedanken. »Warte doch mal!«

Flucht war unmöglich. Attila eilte zwischen den Autos hindurch auf mich zu. Ich versuchte, mich abzulenken, indem ich in meinen Erinnerungen recherchierte, wann mich das letzte Mal jemand Norbert genannt hatte. Nicht Norbert Decker, wie es im offiziellen Umgang immer wieder vor-

* Vgl. Norbert Decker, »Die Phänomenologie des Knackschmatzens«, in: Attila Asbeck: *Schriftlichkeiten meiner Freunde 1 – Die Berliner Jahre, S. 12–25.* Erscheint vorbehaltlich Druckkostenzuschuss voraussichtlich 2017 im Selbstverlag.

kam, sondern nur NORBERT! Die Stimme meines Grundschullehrers stieß schmerzhaft von innen an meinen Hörnerv.

»Was gibt's denn?«, fragte ich.

»Nichts Besonderes«, sagte er und lief einfach neben mir her, beanspruchte den Platz für sich, den doch meine Gedanken brauchten. »Dachte nur, du hättest vielleicht Lust, ins Stadion zu gehen.«

»Bei dieser Kälte?«

»Wir können uns ja richtig anziehen und ein paar kleine Fläschchen in die Unterhose.«

Ausgerechnet Attila! Der Fußballfeind!

»Klasse Idee«, sagte ich, weil er wirklich nett guckte. »Aber ich hab echt keine Zeit.«

»Verstehe«, sagte er. »Wieder so eine Sofasurferin?«

»Nicht das, was ihr denkt.«

»Ich denke gar nichts, solange ich nichts weiß.«

»Ist doch auch ganz egal.«

Er fasste mich am Unterarm und blieb stehen, sodass auch ich stehen bleiben musste, weil ich ihn nicht hinter mir herziehen wollte wie einen störrischen Hund.

»Dickie, bitte«, sagte er. »Es war nur ein Scherz. Wir sehen uns doch am Donnerstag?«

Man hätte denken können, dass sie ohne mich keinen Gottesdienst feiern konnten. Der Hühnerstall war aufgeschmissen, weil ich gehacktes Huhn mich nicht weiter piesacken lassen wollte. Fehlte nur, dass sie unter meinem Fenster eine Serenade sangen, um mich zum Kegeln zu verführen. Bis dahin waren es zum Glück noch viele Tage, die ich ganz der Wissenschaft widmen würde, sobald mein Arbeitszimmer wieder frei wäre. Das sagte ich Attila, und damit kriegte ich ihn, den alten Bildungsbürger.

»Toll«, sagte er. »Ich wusste immer, dass das dir nicht reicht mit der Werbung.«

So trennten wir uns schmerzlos harmonisch und gingen unserer Wege. Weit hinten im Mund schmeckte ich etwas Herb-Süßes, versuchte vergeblich, dem Geschmack eine Klangfrequenz zuzuordnen, und wusste doch, dass so die Freundschaft schmeckte.

Mein Blut bis zum maximalen Sättigungsgrad mit Sauerstoff angereichert, stieg ich am späten Nachmittag wieder das Treppenhaus hoch. Auf einer Hand balancierte ich ein Papptablett mit zwei Stück Kuchen.

Schon im ersten Stock fiel mir auf, dass etwas ganz und gar nicht stimmte. Durch das Haus klangen leise die ungewohnten Töne eines Klaviers, das wiederum in etwa so wohltemperiert war wie ein Topf kochenden Wassers. Dennoch war es nicht zu überhören, dass der oder die Spielende das Instrument beherrschte. Bei aller Schrägheit war die Sehnsucht greifbar. Die Trauer eines nicht gelebten Lebens.

Ich nahm zwei Stufen auf einmal und war mir sicher, dass die Töne aus meiner Wohnung kamen. Konnte es sein, dass dieser Schrotthaufen an Draht und Holz noch so gut klang? War es möglich, dass Christa Wurster das alte Klavier des Sozialarbeiters befreit hatte von all den Kisten und Büchern und was sonst noch dort seinen Platz gefunden hatte, da es mir niemals mehr als eine Ablage gewesen war? Vor der Wohnungstür hielt ich inne und lauschte. Es klang von fern und doch eindeutig aus der Wohnung, genau so lang, bis ich den Schlüssel umgedreht und die Tür einen Spalt weit geöffnet hatte. Dann Stille. Als hätte ich einen Knopf gedrückt.

Die Tür zum Arbeitszimmer war verschlossen, was einerseits erklärte, warum das Instrument so fern geklungen hatte, andererseits die Frage aufwarf, wie sie mein lautloses Kommen hatte bemerken können.

»Hallo!«, rief ich. »Ich bin zurück. Spielen Sie doch ruhig weiter.«

Keine Reaktion. Kein Geräusch. Nichts.

Ich stellte den Kuchen auf den Küchentisch und kochte Kaffee. Dann klopfte ich an die Zimmertür. Da sie nichts von sich hören ließ und ich sie sicher nicht erklopfen wollte, warnte ich sie schließlich vor und trat ein.

Christa Wurster saß auf dem Sofa, und zwar genau so, dass ihr Mantel, den sie schon wieder trug, den Brandfleck gerade nicht berührte.

Sie hatte gelüftet. Es war, als hätte nie jemand geraucht. Das Klavier stand wie immer in seiner Ecke, voll beladen mit genau den Dingen, die auch sonst darauf lagen. Vor dem Sofa stand ihr gepackter Koffer.

»Sie können ruhig spielen«, sagte ich verwirrt. »Sie haben doch gespielt?«

Sie schwieg wieder. Wie bei ihrer Ankunft, nur dass sie nicht mehr rauchte.

»Ich habe Kuchen mitgebracht«, sagte ich, um endlich der leicht unheimlichen Situation zu entkommen. »Schwarzwälder Kirsch und Herrentorte.«

»Ich reise ab«, sagte sie tonlos.

»Ist etwas passiert?«, fragte ich. »Habe ich etwas Falsches gesagt?«

»Ich nehme gerne ein Stück Kuchen«, sagte sie und stand auf.

Wir waren uns in der Nacht zwar nicht direkt um den Hals gefallen, diese plötzliche Abkühlung war aber dennoch verwirrend.

Ich folgte ihr in die Küche, wo sie zur Kaffeekanne griff und uns einschenkte. Sie war es auch, die den Kuchen aufgab, als sei sie hier die Hausfrau oder besser: die Dame des Hauses, deren Personal sich absentiert hatte.

Wir setzten uns und aßen schweigend. Immer wieder musste ich sie ansehen, so wenig begriff ich, was vorgefallen war. Erleichtert sah ich die beiden Verpackungen des Rouladen-Menüs im Altpapier stecken. Und die leere Flasche Rum. Geträumt hatte ich das alles also nicht.

»Soll ich Ihnen Geld geben für das Ticket?«

»Danke. Es ist alles geregelt. Haben Sie vielen Dank.«

»Fahren Sie zurück? Nach Hause?«

Sie trennte ein hauchdünnes Scheibchen von dem Stück Herrentorte ab und führte das Gäbelchen zum Mund, ohne Kopf, Hals oder Rücken auch nur um einen einzigen Grad aus der Vertikalen zu bewegen. Sie kaute so unauffällig, als fröne sie einem höchst unanständigen Laster. Noch während sie dasaß, verschwand sie bereits aus der Wohnung.

Der ganze Auftritt Christa Wursters, von ihren ersten Zeilen bis zum letzten Zucken ihres Kiefermuskels, war so eigenartig, dass ich darauf bestand, sie zum Bahnhof zu begleiten. Ich wollte nicht allein zurückbleiben mit der Erinnerung an dieses Verlöschen. Ich wollte Fakten sehen. Etwas Wirkliches.

Also trug ich ihren Koffer durch die Straßen, durch die ich heute schon einmal mit ganz anderen Gedanken gelaufen war, und führte sie runter zur U-Bahn. Sie schien nichts mehr zu sehen von der Stadt, in der sie noch gestern an ihre glückliche Zeit hatte anknüpfen wollen! Nicht einmal der Bahnhof Friedrichstraße, der mit all seinem Weihnachtsschmuck wirkte wie ein hilflos pubertierendes Mädchen, ließ sie auch nur den Blick heben. Wo war sie hin, die Sehnsucht nach dem Kurfürstendamm? Nach dir Berlin, Berlin, du ewig junge Stadt, in die es Menschen aus der ganzen Welt zog, auch wenn sie keine wilden Jahre hier verbracht hatten? Was hatte dieser Ehemann für eine Macht über sie, dass er das Leuchten, das nach all den Zigaretten kurz in ihren Augen zu sehen gewesen war, so schnell hatte löschen können? War Liebe wirklich so gefährlich?

Sie ging einfach stumm weiter, stieg mit mir in die S-Bahn und kurz darauf wieder aus. Eisig pfiff der Wind durch den Hauptbahnhof sein ganz eigenes Lied vom Tod aller Träume. Die automatische Bahnansage verkündete zehn Minuten Verspätung, Nachspielzeit eines längst entschiedenen Spiels. Nebeneinander standen wir da und schwiegen, bis der Zug uns die Sicht auf das blank polierte Glas der Bahnhofswand nahm. Die Tür seufzte sich auf. Ich reichte Christa ihren Koffer. Sie sah mich so regungslos an, dass mir plötzlich klar wurde, was hinter der Fassade für Kriege toben mussten.

»Machen Sie's gut, Christa«, sagte ich.

»Ja«, sagte sie. »Haben Sie recht vielen Dank.«

Piepend schloss sich die Tür, und der Zug rollte an. Immer schneller und unaufhaltsam in Richtung Westen.

Zurück vom Bahnhof, starrte ich das Klavier an, räumte die Sachen runter und klappte es auf. Die Töne entsprachen nicht im Entferntesten dem, was ich vorhin gehört hatte. Drehte ich durch? War das alles zu viel, um es alleine durchzustehen?

Ich fragte meinen Stolz, ob er sich nicht schon einmal ohne mich hinlegen wolle, und ging dann endlich klingeln bei Ingo.

»Mensch, Dickie!«, rief der, als wäre überhaupt nichts geschehen.

»Tschuldige, dass ich störe«, sagte ich. »Aber hast du vorhin jemanden Klavier spielen hören?«

»Klavier?«

»Ja, bei mir in der Wohnung? Am Nachmittag?«

»Das hätte ich gehört, Dickie. Das olle Ding steht doch gleich an der Wand zu mir. Aber ist echt alles in Ordnung?«

»Ich weiß auch nicht. Ist vielleicht doch ein bisschen viel in letzter Zeit.«

»Ach Dickie, alter Einstein, komm halt rein. Attila meinte schon, du wärst wieder ins Reich des Geistes abgetaucht. Da muss man aufpassen, dass man nicht hängen bleibt.«

»Ja, klar«, sagte ich und folgte ihm vor den Fernseher.

»Porno oder Fußball?«, fragte er.

»Ach, gern was ohne Frauen«, murmelte ich.

»Du sagst es, Dickie«, grinste er und wählte ein belgisches Zweitligaspiel. »Die Weiber und der Suff, die reiben einen uff.«

»Ja«, sagte ich. »Vielleicht.«

»Absolut sicher«, sagte er und stand noch einmal auf, um uns ein Bier zu holen.

Der Abend auf Ingos Sofa hatte mich nach all den Stürmen behutsam zurück in die Flaute meines alten Ichs geschaukelt, das mich nun wieder gemütlich durch den Tag brachte. Was brauchte man mehr als ein bisschen Fußball und Bier am Abend und tagsüber ein Arbeitszimmer?

Kaum saß ich am Rechner, um die ersten Züge meiner Phänomenologie des Knackschmatzens zu skizzieren, als eine E-Mail meine neue alte Haltung bestätigte: Eine Großbrauerei kaufte die weltweiten Lizenzrechte an einem Kronkorkenzischen, das ich vor Jahren aufgenommen hatte. Mit dem Geld würde ich bis Weihnachten durchkommen. Vor lauter Begeisterung sah ich erst auf den zweiten Blick, dass es sich um eine Weizenbrauerei handelte. Das Zischen hatte ich für ein Pils entwickelt. Hatten sie sich geirrt? Sollte ich schlafende Hunde wecken? Oder war es lächerlich, Werbung mit einer solchen Gewissenhaftigkeit zu betreiben, wenn doch ganz andere Aufgaben auf einen warteten? Ich zögerte nur kurz, dann bestätigte ich den Lizenzkauf verbindlich und schickte gleich die Rechnung hinterher.

Mein Ziel war es, das Knackschmatzen in seiner ganzen Rätselhaftigkeit zu begreifen, und ich machte mich gleich an die Grundlagenforschung. Erst einmal galt es, die geräuschgenerierenden Stoffe zu analysieren. Die Beschaffenheit von menschlichem Zahn sowie die akustischen Verhältnisse der Mundhöhle waren erschöpfend erforscht. In entsprechende Formeln mussten hier nur noch Zahnstand und weitere Kopf- und Kiefermaße eingetragen werden, um die entsprechenden Faktoren zu generieren. Blieb also die Wurst, mit der ich mich zu meiner eigenen Verwunderung noch gar nicht intellektuell beschäftigt hatte. Die mir zur Verfügung stehenden Exemplare von *Bocki*™ steckten in Dummie-Verpackungen ohne jeglichen Aufdruck. Den Auftraggeber selbst wollte ich lieber nicht kontaktieren.

Gleich zu Beginn meiner Recherche musste ich feststellen, dass schon über die Herkunft der Bockwurst ein wilder Streit tobte. Wie bei so vielen erfolgreichen Würsten kämpften auch hier mehrere Landsmannschaften um die Urheberschaft, in diesem Falle nahmen es die Münchner mit den Berlinern auf. Die Süddeutschen meinten, bereits 1827 Bockwurst zum Frühstück verzehrt zu haben.* Die dürftige Quellenlage ließ mich an der Seriosität der These zweifeln, zumal die angeführte Berliner Geschichte so unglaublich klang, dass sie wahr sein musste:

> *Als Erfinder der Bockwurst gelten der Berliner Gastwirt Robert Schol(t)z und der Berliner Fleischer Benjamin Löwenthal bzw. deren Gäste. Zur Auftaktsfeier des Wintersemesters 1889 bot der Gastwirt Scholz seinen Gästen im Gegensatz zur sonst üblichen groben Knacker/Knobländer die feinen Brühwürste des jüdischen Fleischers Löwenthal an, die nur aus Kalbs- und Rindsbrät bestanden. Dazu wurde das Tempelhofer Bock, ein regionales Bockbier, angeboten. Angeblich wurde die (bis dahin unbekannte) Wurstsorte von den Gästen Bockwurst genannt. In der Folgezeit wurde sie zum typischen Imbiss in Berlin und Umgebung.***

* Vgl. Johann Andreas Schmeller: *Bayerisches Wörterbuch.* Sammlung von Wörtern und Ausdrücken. Theil 1: Enthaltend die Buchstaben A, E, I, O, U, B, P, D, T, F, V. Cotta, Stuttgart u. a. 1827, S. 151.

** www.wikipedia.org, Eintrag: »Bockwurst«, Zugriff am 14. 12. 2012.

Die echte Bockwurst bestand also nur und absolut aus Kalb und Rind! Die deutsche Bockwurst war Produkt jüdischen Fleischereihandwerks! Weder war ich übermäßig an Geschichte interessiert, noch verstand ich mehr von Religion als jeder andere Durchschnittsmensch, aber mir war klar, dass das nicht jeder wusste und dass die Beschaffenheit der wahren Bockwurst einiges zum Thema Identität zu sagen hatte, nur hatte das nichts, aber auch gar nichts mit meinen Studien zu tun. In der Verordnung des Bundesjustizministeriums über Fleisch und Fleischerzeugnisse fand ich detailliertere Informationen, auch wenn die mir nur insofern weiterhalfen, als ich begriff, dass in so einer Bockwurst wirklich fast alles drinstecken konnte. Leicht angeekelt erkannte ich, dass ich auf diesem Weg nicht weiterkam und auch nicht weiterkommen wollte.

Ich öffnete den Ordner mit den Schmatzgeräuschen und tauchte ab ins Reich der beim Platzen des Naturdarms fein zirpenden Höhen und der beim Durchbiss der Fleischmasse sanft ächzenden Mitten. Wurst für Wurst entlockte ich ihnen ihr Geheimnis, verließ den Schreibtisch nur zum Schlafen und Essen, bis ich schließlich den letzten Take der Bioschweinebockwurst einzelfrequent dargestellt hatte.

Stolz betrachtete ich all die Diagramme, Tabellen und Funktionen. Stolz und ungläubig, dass ich das wirklich geschafft hatte. VIER TAGE KONZENTRIERT AM SCHREIBTISCH! Ja, es waren wirklich vier Tage gewesen, woraus sich ableiten ließ, dass heute Donnerstag war. Die Erkenntnis führte mich aus dem Reich der reinen Forschung hinaus und zurück in die Wirklichkeit meiner Wohnung.

Zur Belohnung mixte ich mir ein großes Spezi. Dann schaltete ich mein Telefon an und las, nicht ohne eine kleine

Prise Rührung, dass auch Fissel mein Kommen zum Kegeln wünschte, auch wenn er das auf seine Weise ausdrückte:

Lass es uns mit den Kugeln austragen. 18 Uhr.

Und so kam es dann wirklich: Ab Punkt sechs ließen wir die Kugeln sprechen auf der Bundeskegelbahn eins im Chinarestaurant Kanton 7 in Berlin, Heimatstadt der einzig wirklichen Bockwurst! Die Kegeletten auf Bahn zwei begriffen schnell, dass uns heute nicht nach Spaßen zumute war. Auch wenn wir das meistens vergaßen, war Kegeln letztlich ein Kampf. Und den wollten wir beide ausfechten, bis die anderen gegen sieben auftauchen würden. Manche Dinge regelte man besser gleich von Mann zu Mann, und den Verrat mit Nora und Hedda rächte ich auf angemessene Weise. Mit einem Rest an wissenschaftlicher Skepsis sah ich ganz genau hin, ob Fissel mich nicht einfach gewinnen ließ und mich so noch weiter erniedrigte, aber der Schweiß auf seiner Stirn, die heraustretenden Adern, sein verzweifeltes Stöhnen, ja, sein Monieren der Oberflächenbeschaffenheit unserer Bahn, all das waren eindeutige Indizien dafür, dass er mir ehrlich und wider Willen Satisfaktion gewährte.

Nachdem auch Attila, Klaus und Ingo eingetrudelt waren, verbrachten wir endlich einmal wieder einen ganz normalen Kegelabend. Natürlich wurde auch geredet, nur schaffte es, abgesehen von seltenen Jauchzern der Kegeletten nebenan, nicht einmal eine Anspielung auf eine Frau in unsere Runde. Ich wusste, fühlte und glaubte, dass zumindest mein Leben sich so wesentlich angenehmer gestalten ließe. Das weibliche Prinzip überforderte mein System. Was die anderen in ihrer Freizeit machten, war ihre Sache.

Da ich ein letztes Bier bei Ingo abgelehnt hatte, überschritt ich die Schwelle meiner Tür noch vor Mitternacht in auffällig nüchternem Zustand. Glücklich war ich trotzdem oder gerade deshalb. Mit den Frauen hatte ich auch den Schlangenschnaps dauerhaft aus meinem Leben verbannt. Nicht müde genug, gleich ins Bett zu gehen, setzte ich mich mit einer Fanta an den Rechner.

Die ungelesene Nachricht in meinem Postfach zeigte mir, wie wenig WISSEN, GLAUBEN und FÜHLEN zum entsprechenden HANDELN führten. Ich wollte sie wirklich löschen! Ich glaubte nicht an solche Spielereien! Ich fühlte die Gefahr! Und doch klickte ich auf die fett gesetzten Buchstaben des Absenders OLGA AGLOFEJEW mit dem eindeutigen Betreff: ***COUCH IN BERLIN?!*** Warum ließ ich es nicht einfach sein? War ich nicht Herr meiner Hände? Schnell schob ich derartig pathetisches Gejammer dem womöglich doch etwas erhöhten Alkoholpegel in die Schuhe, um ganz nüchtern zu lesen, was diese Frau genau von mir erwartete.

Olga Aglofejew wollte eigentlich eine Freundin besuchen, die aber erst Sonntag aus dem Urlaub zurückkommen würde, weshalb sie nun ein Bett für eine Nacht suchte.

You can be sure that it's only a one night stand ;-)

Ich ließ mich gegen die ächzende Lehne meines Schreibtischstuhls fallen, folgte meinem Blick, der über das Sofa glitt und auf Christa Wursters Brandmal verharrte. Wenn ich den verkohlten Stoff ausschnitt und ein Handtuch unter das Bettlaken legte, würde man nichts bemerken. Zumindest nicht, wenn man nur für eine Nacht bliebe. Man. Sie. Olga.

Ich hob die Hände gen Himmel, um sie dann auf den Tisch fallen zu lassen. Ergeben setzte ich die Finger auf die

Tasten und schickte Olga meine Adresse. Die edle Tat erschöpfte mich so sehr, dass ich mit dem Wissen ins Bett ging, schon wenig später zu träumen.

Der Biergeruch war so intensiv, dass ich noch nicht einmal durch ihn hindurchhören konnte. Von Sehen konnte keine Rede sein, da ich die Augen geschlossen hielt. Es roch weder allzu herb noch wirklich süßlich, nein, es ließ sich nicht einordnen. Nur das Gefühl des Bieres konnte ich immer klarer definieren. Nur wenig kühler als die Zimmertemperatur schmiegte es sich eindeutig feucht an meine rechte Wange. Ja, es war flüssig und, soweit ich das beurteilen konnte, arm an Kohlensäure, da es nicht prickelte und in der Nähe des langsam wieder hörenden Ohres nicht knisterte oder sonst irgendwelche Töne von sich gab. Absolut sicher konnte ich da nicht sein, da der Geräuschpegel um mich herum merklich anstieg.

»Jawoll, und hoch die Krüge!«, unterschied sich ein prägnanter Tenor.

»Auf Kaiser und Kamele!«

»Und dass die Sonne niemals untergehen möge!«

Grölende Zustimmung. Begeisterung. Klatschen. Dann das Klackern von Krügen, die aneinanderstießen.

»So ein Schwachsinn«, sagte jemand, der sich unmittelbar in meiner Nähe aufhalten musste, wesentlich leiser.

»Sei still, Wilfried«, zischte ein anderer. »Des Kaisers Ohren sind überall.«

»Ist doch wahr! Wann soll man denn dann potieren und poussieren? Wenn immerzu die Sonne scheint auf dieses Spießerreich!«

»Lass gut sein! Du weißt doch, wie sie sind, wenn sie getrunken haben.«

»Mein Gott, ist dieses Land nicht traurig! Wie gern wollt' ich jetzt in Paris die Seine entlangspazieren, die Hand des trauten Fräuleins inspizieren. Weißt du, Theodor, weißt du, was das ganz eigentliche Problem an der Situation ist?«

»Was meinst du denn?«

»Jetzt hier! All dieses Reden von Paris, vom Vaterland, all dieses sinnliche Geschwafel …«

»Psst!«

»… ich mein ja nur, ganz selbstkritisch: Wir lassen uns zu stark vom Unwirklichen leiten. Von Idealen, Träumen, Phantasien! Dabei liegt dem doch meist etwas ganz einfaches zugrunde. Ich habe zum Beispiel jetzt wirklich Durst und Hunger.«

»Du meinst, sie lieben den Kaiser, weil sie eigentlich Hunger haben?«

»In etwa, ja. Nicht den Hunger der Armen. Einen einfachen Hunger. Einen, den man ganz leicht stillen könnte.«

»Aber?«

»Du weißt, doch, was mein Vermieter …«

Sie schwiegen kurz, sodass das Grölen der Masse wieder deutlicher wurde. Dann räusperte sich der zur Ruhe Mahnende.

»Nur wenn du mir versprichst, keine zersetzerische Rede mehr zu führen.«

»Herr Meister Scholz, wir hätten gerne noch mal zwei!«, schrie da der Hungrige sofort.

»Drei«, hörte ich mich selber sagen. »Ich würd dann doch mal eins probieren.«

»Ach nee, schau an, Herr Studiosus Decker kehrt zurück ins Reich der Trinkenden!«

»Dann also drei!«, wurde bestellt.

Endlich gelang es mir, meine Augen zu öffnen und mich

aufzusetzen. Die beiden Männer an meinem Tisch trugen altmodische schwarze Uniformen und kleine Hüte mit kurzen Schirmen. Ich wischte mir mit dem Ärmel das Bier aus dem Gesicht und versuchte, freundlich und gar nicht überrascht zu gucken, als auch schon eine junge Frau mit drei Krügen an den Tisch trat.

»Sagen Sie, junges Fräulein, hätten Sie denn nicht noch was zu Beißen da für mich?«, fragte der Hungrige.

Sie hob entschuldigend die Schultern.

»Muss er doch wissen, dass bei Semesteranfang schnell allet leerjefressen is.«

Auch ich spürte, dass ich Hunger hatte.

»Gibt es denn wirklich gar nichts?«

»Nur noch für morgen Mittag, is aber allet roh und unjekocht.«

»Und da sind keine Würste bei?«, fragte ich weiter, weil ich begriff, was ich hier miterleben durfte.

»Na ja, na schon, also zum Beispiel diese Rindswurst …«

»… vom Fleischer Löwenthal!«

»Wo weiß er dis denn her?«

»Is doch egal«, rief der hungrige Mitamtischsitzer. »Wir nehmen drei, oder doch besser sechs!«

Diesmal zuckte sie eher skeptisch mit den Schultern und rauschte davon in ihrem herrlichen Kleid.

»Ne kalte Rindswurst wollt ihr essen?«, fragte derjenige, der würde zahlen müssen.

»Warum denn nicht? Warum soll alles immer bleiben, wie es ist?«

Und schon kam sie zurück und stellte einen Teller mit sechs rotbraun leuchtenden Würsten in unsere Mitte, die ich jedoch gar nicht mehr beachten konnte, da ich sie jetzt erkannte: LAURA! Sie lächelte mich traurig an.

»Warte«, rief ich. »Ich muss Ihnen noch etwas sagen!«

»Solang die Finger schweigen, jerne«, sagte sie und beugte sich zu mir hinab.

»Diese Wurst«, flüsterte ich. »Sie wird später einmal der Deutschen liebstes Stück sein. Man wird sie Bockwurst nennen, wegen dem Bier, verstehen Sie?«

Sie sah mich an wie einen Irren, dann lachte sie laut los. Meine Begleiter schauten verwundert, trauten sich aber erst dann zu fragen, als sie hinfortgeeilt war zu anderen Gästen.

»Bockwurst, sagst du?«, fragte der eine.

»Letztlich nicht unsinniger als Bockbier. Da ist ja auch kein Bock drin.«

»Man hat halt Bock drauf«, sagte ich, woraufhin sie mich völlig verständnislos anglotzten.

»Warum auch nicht?«, sagte der Hungrige schließlich, griff nach der ersten der sechs Würste und biss hinein, dass es so herrlich knackschmatzte, und seine Augen strahlten.

»Was ist dir denn?«, rief sein Freund ängstlich.

»Probier! Schnell, Theodor! Und dazu einen Schlock vom Bock! Das ist das Schönste, was ich je erleben durfte! Ich werde noch gleich heute Nacht eine Ode verfassen! O, Ode an die Bockwurst!!!«

Nach und nach blieb auch den Umstehenden Wilfrieds Verzückung nicht mehr verborgen, und sie bestellten ihrerseits von den Würsten, die Laura ihnen ungläubig servierte, so ekstatisch war der Genuss. Ich selbst hatte gerade erst meinen ersten Bissen getan, als ich ihren Blick spürte, der mich freundschaftlich und vielleicht auch etwas intensiver in meinem Nacken kitzelte. Das Glück durchströmte mich, stieß wohlig warm von innen in die Fingerspitzen, die freudig vibrierten. Mir war klar, dass ich aufwachen würde, doch ihr Blick reichte aus, um mich dem Tag ohne sie fröhlich entgegensehen zu lassen. Ich spürte, dass wir uns so oder so noch einmal wiedersehen würden.

Später am Vormittag, nachdem eine ausgiebige heiße Dusche auch äußerlich den Schlaf von mir genommen hatte, sah ich mir das Sofa noch einmal genauer an. Der Brandfleck roch nach wie vor sehr übel, was mich kaum überraschte, da die Polster mit Pferdehaar gefüllt waren. Darauf konnte man natürlich niemanden schlafen lassen, was bedeutete, dass ich meiner Durchreisenden mein Bett würde anbieten müssen, was sie wiederum aber doch zweifellos als ganz unangebrachte Annäherung verstehen könnte. Oder aber ich würde das Sofa einer ausgiebigeren Reparatur unterziehen müssen, als ich es in der Nacht noch geplant hatte. Olga auszuladen schied als dritte Alternative aus, da sie zweifellos längst unterwegs war.

Ich holte das Teppichmesser aus dem Schreibtisch, um das abgestorbene Gewebe zu entfernen und die Wunde weiträumig zu säubern. Wie bei einem Torfbrand hatte das Feuer sich unterirdisch wesentlich weiter gefressen als von außen ersichtlich. Büschel für Büschel schnitt ich verkohltes Pferdehaar aus dem Innern, nachdem ich die verbrannte Außenhaut entfernt hatte. Am Ende des Eingriffs lagen auf der kompletten linken Hälfte des Sofas die Federn blank. Ich verfluchte mich, dass ich nicht alles einfach so gelassen hatte, wie es gewesen war. Jetzt aber gab es kein Zurück.

Stundenlang lief ich durch die Stadt, ehe ich zumindest halbwegs passende Materialien gefunden hatte. Dann stopfte und stopfte ich und versuchte auch dann noch ruhig zu bleiben, als ich die Wunde vernähen musste, wobei schon beim ersten Stich klar war, dass man hier kaum von einem

Kunstfehler würde sprechen können. ES WAR EIN DESASTER! Ich hatte den Frankenstein der Inneneinrichtung erschaffen! Das einzig Tröstliche daran war, dass eine Frau, die auf diesem Sofa schlafen würde, es sich garantiert auch würde vorstellen können, an meiner Seite zu leben. ABER WOLLTE ICH SO EINE FRAU???

Das Klingeln traf mich unerwartet, und ich ging nur deshalb nicht zu Boden, weil ich da schon die ganze Zeit über gesessen hatte. Im Schneidersitz. Mit eingeschlafenen Beinen stand ich auf und versuchte mit letzter Kraft zu hoffen, weil mir nichts anderes blieb. Ich wollte Olga helfen, und ich würde es schaffen und schleppte mich durch den Flur und öffnete die Tür zu einer kurzen gemeinsamen Zukunft.

Ich wusste, dass ich es geschafft hätte, weil ich so schlecht nicht war. Aber man gab mir gar keine Chance: WARUM??? WAAA-RUM??? WARUM STAND DA EIN MANN VOR MEINER TÜR???

»Challo«, sagte er und fuhr sich durch die auf wenige Millimeter gekürzten blonden Haare. »*Are you* Dickie? Dickie Decker?«

»Ja … äh … *yes«,* stammelte ich und erinnerte mich daran, wie Laura mich genau das Gleiche gefragt hatte. »*Can I help you?«*

»*Well«,* grinste er. »*I'm Olga. Nice to meet you.«*

Tja, und dann ging er einfach an mir vorbei in meine Wohnung rein. Ich schloss die Tür, weil mir nichts Besseres einfiel.

»Schöne Wohnung«, sagte er und grinste wirklich freundlich.

»Danke«, sagte ich.

Er schaute in die Küche, ins Schlafzimmer, ins Arbeitszimmer. Dann sah er mich an. Offen. Wirklich nett.

»*I know, what you think*«, sagte er. »Du wolltest süße Frau, vielleicht ein bisschen Sexiness …«

»Nein, wirklich …«

»*Hey, I also am a man! No problem! And, you can believe me, I am sorry, that I don't have tits and don't think I'm being a pervert assfucker!!!*«

»*Listen! Please! This is a misunderstanding!*«, rief ich, damit er aufhörte.

»*Miss Understanding? You say I am what?!*«, sagte er plötzlich aggressiv.

»*No!* Nein! Verdammt! Können wir nicht bitte Deutsch reden?«

»Ist nicht so gut.«

»Klingt gut genug.«

»Besser mit Vodka. Hast du?«

Schlimmer konnte es ohnehin nicht mehr kommen.

Ich kletterte auf einen der Küchenstühle und holte die Flasche vom Schrank, die Fissel mir aus Kamtschatka mitgebracht hatte. Ich reichte sie Oleg hinab. Er hob anerkennend die Augenbrauen, schraubte den Deckel ab und nahm einen sehr ordentlichen Schluck. Dann reichte er mir die Flasche.

»Weißt du, Mann«, setzte er in fast akzentfreiem Deutsch erneut an. »Die Frauen reisen, wohin sie wollen, und kriegen dafür auch noch Sex. Und wir? Keiner will uns und zum Sex schon gar nicht, und zu Hause gibt es bald gar keine Frauen mehr. Ist das Gleichberechtigung?«

Ich fragte mich, ob er das Migrationsverhalten seiner Landsfrauen nicht etwas einseitig darstellte, wollte mich aber bestimmt auf keine Diskussion einlassen. Stattdessen nahm ich einen Schluck, was er lautstark begrüßte.

»Ich bleibe nur, bis ich eine Frau gefunden habe, versprochen«, sagte er dann.

»Ich dachte, eine Nacht«, sagte ich. »Das geht jetzt wirklich nicht.«

»Das war *One-night-Olga*«, grinste er. »Ich bin Oleg. Kleiner Unterschied, aber nicht ohne Bedeutung.«

Während ich mit welchem bösen Geist auch immer um meine Fassung rang, schaute er sich um und holte zwei Gläser aus dem Schrank, die er zur Hälfte aus der Flasche füllte.

»Sag mal«, wandte er sich dann wieder an mich. »Hast du vielleicht Gurken?«

Entweder brachte der Vodka die psychedelisch beglückenden ätherischen Öle der kamtschatkaschen Kartoffel genau in diesem Augenblick in genau die richtige Region meines Hirns, oder es war einfach der Moment gekommen, an dem ich keine Lust mehr hatte, weiter zu leiden, oder aber die Wirkung des Vodkas bedingte dieses Gefühl. Jedenfalls spürte ich ein Grinsen in meinem Gesicht, als ich in mein Schlafzimmer ging, um die Kiste mit den Gurken zu holen.

»Oh Gott!«, sagte Oleg, als ich sie vor ihn auf den Küchentisch stellte. »Ich glaube nicht, dass dafür eine Flasche reicht!«

Es war nur den positiven gesundheitlichen Folgen meiner Schlangenschnapsabstinenz zu verdanken, dass ich an diesem Freitagnachmittag überhaupt noch die Dämmerung erlebte. Und es dämmerte wirklich früh unter den tiefhängenden Dezemberwolken, wie ich feststellte, als ich rausmusste, um Nachschub zu holen. Gelegentlich suchte ich an einer Hauswand oder einem der parkenden Autos Halt, weil ich für so einen Ausflug schon lange zu besoffen war. Schließlich sei es nicht seine Schuld, dass ich so viele Gurken im Haus habe, hatte Oleg argumentiert. Ich wollte nur nicht widersprechen, da er dann sofort wieder damit losgelegt hätte, dass ich ja nur die unschuldige Olga habe verführen wollen, ich dreckiger alter deutscher Bock! VON WEGEN BOCK!!!

Ansonsten war dieser männliche Olga-Ersatz schon nach den ersten Drinks gar keine schlechte Gesellschaft. Er hatte Deutsch studiert, zwei Semester sogar in Deutschland, in Kaiserslautern, um genau zu sein, wobei mir das nicht wirklich etwas sagte. Oleg hatte es da richtig gut gefallen, nur hatte er nach dem Examen zurückgemusst, weil sonst ja jeder kommen könne, hatte man ihm erklärt. Sein Land brauche ihn, mit seinen Sprachkenntnissen! Und mit genau diesen schlug er sich seit ein paar Jahren schon als Übersetzer durch, wobei der Alkohol ihm zusehends zusetzte, ohne den sein Deutsch einfach nicht gut genug war. *Und trotzdem nicht eine Frau, die mich heiraten wollte!*, hatte er geschimpft auf den Mangel an weiblichen Führungskräften in deutschen Unternehmen mit Russlandkontakten. Von seinen Kolleginnen halte sich kaum eine länger als ein paar Monate in dem Job, und wenn, war sie wirklich sehr kompliziert und hässlich.

Zweifellos übertrieb er ein wenig, aber es machte Spaß, ihm zuzuhören. Letztlich ging es ihm nicht anders, als es mir in den letzten Wochen ergangen war. Als ich gemeint hatte, durch eine einzige Frau ans Ziel zu kommen. Nur dass Oleg wirklich ein Ziel hatte und dass er so fest davon überzeugt war, es zu erreichen, dass der Gedanke, ihn nicht bei mir übernachten zu lassen, sich gar nicht fassen ließ. Ihm würde es zumindest nichts ausmachen, auf Frankensteins Sofa zu schlafen. Danach drängte ihn allerdings erst einmal noch nichts als meine ganz stillen Gedanken.

Auch die zweite Flasche versickerte in unseren Rachen

wobei wir mittlerweile abwechselnd in Gurken und *Bockis*™ bissen. Olegs Toasts widmeten sich schon seit Längerem ausschließlich weiblichen Körperteilen, wobei mir nicht klar war, ob sie alle der einen Traumfrau zuzuordnen waren oder nicht eher einen ganzen Harem repräsentierten. Auch um endlich die Unterstellung aus der Welt zu schaffen, dass ich irgendwelche sexuellen Absichten einer wie auch immer gearteten Olga gegenüber gehegt haben könnte, toastete ich meinerseits auf meine große Liebe, zu der ich Laura kurzerhand erklärte. Das respektierte er. Da war er sogar etwas neidisch, wie mir schien. Traurig stimmte ihn das aber nicht. Eher entfachte jedes Wort von Laura das Feuer des Tatendrangs in ihm nur weiter. Ich ahnte, was sich da zusammenbraute, und wusste doch nicht, was ich machen sollte. Am Ende rief ich Fissel an.

»Was willst du?«, schrie der mir fast den Hörer aus der Hand.

»Na ja, halt einen Club, wo deutsche Frauen hingehen, die sich für Russen interessieren.«

»Meinst du, dass du als Russe mehr Glück hast?«

»Unsinn! Es ist doch nicht für mich.«

Jetzt schwieg er. Dachte nach. Orientierte sich. Seufzte.

»Mann, Dickie, krass!«

»Was denn?«

»Du hast da jetzt nicht wirklich eine aus Lesbos auf dem Sofa sitzen, oder?«

Er klang ehrlich mitleidig. Ich sagte nichts. Vielleicht genügte ihm das für seine Phantasien. Und tatsächlich nannte er mir nach ein paar weiteren Seufzern einen Laden: RASPUTINS KELLER.

Oleg sah ich erst am Mittag des folgenden Tages wieder. Nach einem kurzen Mittagsschlaf liefen wir durch die Straßen, die ihn nicht übermäßig interessierten. *Erst Frau, dann Land*, sagte er immer wieder und dann am liebsten Kaiserslautern.

Ich hatte es schon bei unserem gestrigen Besuch nur kurz ausgehalten in dem dann doch sehr freizügigen Treiben in einem Kreuzberger Hinterhof. Er hatte einem guten Dutzend Frauen immerhin näherkommen können und war ganz sicher, mir nicht mehr viel länger auf dem Sofa liegen zu müssen.

Ich beruhigte ihn. Er solle nur nichts überstürzen bei der Wahl der Richtigen. Er solle sich ganz wie zu Hause fühlen.

Am Abend brachte ich ihn, auch nach einer weiteren Flasche Vodka allen seinen Überredungsversuchen trotzend, nur noch bis zur Wohnungstür und gab ihm einen Schlüssel. In vorfreudiger Erinnerung war er schon wieder hin und weg. Weit nach Mitternacht knallte die Wohnungstür. Er kicherte wie irre. Völlig besoffen. Und irrte sich in der Tür.

Plötzlich hockte er gleich neben meiner Matratze.

»Hey Dickie«, flüsterte er. »Bist du wach?«

»Jetzt schon«, murmelte ich.

Im Bad ging die Toilettenspülung. Hörte ich doppelt? Zwei Menschen, wo nur einer war? War mein Gehirn zersetzt vom Alkohol der letzten beiden Tage?

»Kannst du schlafen auf dem Sofa?«

»Natürlich kann ich da schlafen. Jeder kann da schlafen.«

»Gut«, sagte er. »Danke.«

Anstatt mich endlich in Ruhe zu lassen, blieb er weiter da hocken und sah mich erwartungsvoll an.

»Was denn noch?«

»Mach schnell, bitte! Sie denkt, dass es ist meine Wohnung.«

»Sie?«

»Gwendolin.«

»Gwendolin.«

»Ja. Sie ist die Richtige, aber sie hat Angst, dass ich nur hier bin, um eine deutsche Frau zu finden.«

»Ja? Und?«

»Deswegen habe ich gesagt, dass ich hier wohne. Du bist mein Couchsurfer.«

»Ich?«

»Ja.«

»Und woher komme ich?«

»Das ist egal! Mach schnell!«

Es war wie in einer dieser Fernsehserien, die Licht in die Grauzone des Paranormal bringen. Fremdbestimmt sah ich mich aufstehen und somnambul durch meine Wohnung schweben, ins Arbeitszimmer, wo ich mich, ohne auch nur einen Augenblick zu zögern, aufs Sofa legte. Oleg war mir gefolgt.

»Danke«, flüsterte er und schloss die Tür hinter sich.

Ich wollte nichts wissen. Einfach wieder einschlafen. Kaum hatte ich aber die richtige Position auf dem Sofa gefunden und meine Nase gegen den Brandgeruch desensibilisiert, als ich sie hörte. Panisch krabbelte ich zum Schreibtisch und suchte die frequenzgleich lärmsenkenden Stöpsel für meine Ohren. Selbst die halfen aber nicht wirklich. Jeder Tinnitus klang wie Musik, verglichen mit diesem Gekreische. Verzweifelt fuhr ich den Rechner hoch und suchte den Ordner mit Naturgeräuschen. Das Kopfhörerkabel reichte nicht bis zum Sofa. Ich zog und zerrte, bis ich mir

Rücken und Nacken verriss. Dann endlich legte ich mich auf den Boden, zur Endlosschleife eines Südtiroler Gebirgsbachs, die ich auf Lautstärke eines mittelgroßen Düsenjets abspielte, mindestens zweiundachtzig Dezibel.

Als es dämmerte, wusste ich nicht, ob ich überhaupt geschlafen hatte. Gerädert stand ich auf, um Kaffee zu kochen. Dumpf drückte in meinen Ohren die Hörerinnerung an all das Rauschen. Die Kaffeedose war leer.

Ich klopfte bei Ingo, der überraschend schnell aufmachte und auch nicht allzu frisch aussah. Kopfschüttelnd holte er mir ein unangebrochenes Päckchen aus der Küche.

»Ich weiß, es geht mich nichts an, Dickie«, murmelte er und beäugte mich ungläubig. »Aber geht's vielleicht auch ein bisschen leiser?«

Ich nahm den Kaffee und versuchte wieder diese Kopfbewegung, die weder Bestätigung noch Widerspruch ausdrückte.

Zurück in meiner Küche, hörte ich sie oder ihn oder auch beide zusammen in meinem Bad duschen, während ich endlich einen Kaffee trank, um meiner Müdigkeit Herr zu werden. Das Koffein wirkte immerhin so gut, dass ich mir sicher war, nicht zu träumen, als wenig später mein Bademantel in die Küche gelaufen kam, in ihm eine Frau, blond und so groß, dass kein Stück Stoff verschwendet war.

»Hallo«, sagte sie und sah sich um. »Weißt du, wo Oleg den Tee hat?«

Ich trank schnell einen Schluck Kaffee, um bloß nichts Unbedachtes zu sagen.

»Vielleicht da drin?«, sagte ich dann und wies auf den Hängeschrank mit dem Geschirr.

Sie schaute nach und fand natürlich genauso wenig Tee,

wie sie in allen anderen Schränken der Küche Tee finden würde, weil es so etwas wie Tee hier gar nicht gab. Dann traf mich ihre ganze Aufmerksamkeit.

»Und wo genau kommst du her?«, fragte sie. »Auch aus Russland?«

»Nein!«, sagte ich etwas zu schnell. »Nein, ich bin aus Rumänien.«

»Du sprichst ja super Deutsch.«

»Ja, danke.«

Sie sagte irgendetwas, das Polnisch und zugleich Portugiesisch klang, und sah mich mit einem Ausdruck an, der mir fast Angst machte. Als erwarte sie etwas von mir. Lob? Bestätigung? Eine Zusage zu was auch immer? Schnell trank ich auch den Rest meines Kaffees und lächelte.

»Mein Rumänisch ist fast weg«, sagte ich. »Wir sind mit elf schon ausgewandert, also ich. Meine Eltern waren da schon älter.«

»Ach so«, lächelte sie. »Bekomme ich denn einen Kaffee, wenn's wirklich keinen Tee gibt?«

Ich schenkte ihr ein und erlebte das Ganze noch immer mit dem Gefühl, Zeuge und zugleich Akteur eines unwirklichen Ereignisses zu sein, das aber sicher kein Traum war. Das wusste ich, auch wenn ich nicht wusste, warum ich das wusste. Da saß Walküre Gwendolin, trank dafür, dass sie eigentlich nur Tee mochte, ganz fröhlich einen Kaffee nach dem anderen und erzählte mir von ihren Reisen durch den wilden Osten, für die sie jetzt leider kaum noch Zeit habe, von wegen Arbeit, weil auch Lehrer ja nicht so viel Urlaub hätten, wie man so allgemein annehme.

Ich nahm gar nichts an und ließ sie gerne reden, weil ich so nicht Gefahr lief, Oleg zu verraten, auch wenn der sich für mein Gefühl etwas viel Zeit ließ mit dem Aufstehen. Die

Zeit dehnte sich aus. Sie redete und redete und redete plötzlich nicht mehr.

»Und?«, hörte ich sie fragen.

»Und?«, fragte ich.

»Na, hat er dir schon was von sich zu lesen gegeben?«

»Mir?«, versuchte ich Zeit zu gewinnen. »Einem Couchsurfer?«

»Mhm«, machte sie. »Da ist natürlich was dran. Vielleicht hat er dich ja nur eingeladen, um an dir herumzurecherchieren. Und dann veröffentlicht er das, und alle lesen, was du hier angestellt hast. Schon verrückt, mit so nem Schriftsteller zu leben, oder?«

»Keine Ahnung«, sagte ich. »Vielleicht schreibt er ja auch über was ganz anderes. Geistergeschichten oder Gedichte.«

»Mir ist das ja grundsätzlich nicht geheuer, also Fiktion an sich. Ich kann noch nicht mal fernsehen, also Filme, das macht mich völlig fertig. Das war schon so, als ich ganz klein war. Ich halt mich lieber an die Fakten.«

»Gibt eh zu viele Geschichten«, meinte ich. »Zu viel Musik und zu viele Geschichten. Ist alles zu weit weg vom Leben.«

Ihr Blick ließ mich erzittern.

SIE WAR EIN GEIST!

»Denkst du das wirklich?«, fragte sie ganz aufgeregt.

»Was jetzt genau?«

»Dass du auch nicht an diese ganzen Geschichten und Lieder glaubst? Dass du lieber bei den wirklichen Dingen bleibst? So wie sie sind, so schön?«

Ich musste nachdenken und gönnte mir noch einen Kaffee.

Dachte ich das wirklich? Und wenn ja, was dachte ich mir dann dabei, hier mit Olegs Eroberung anzubändeln, während er noch in meinem Bett schlief? O Schlafes Mangel, auf welchen Abweg führtest du mich?!

»Keine Ahnung«, sagte ich im allerletzten Moment. »Also so Liebesfilme finde ich schon klasse.«

Erleichtert sah ich das Leuchten in ihren Augen erlöschen. Ich stand auf, um meinerseits endlich zu duschen. Oleg bat ich höflich darum, sich selbst um seine Freundin zu kümmern.

Ich war nicht allein und hätte tagsüber doch in Ruhe arbeiten können, wenn ich nachts nicht permanent am Schlafen gehindert worden wäre. So verbrachte ich die meiste Zeit eher kontemplativ vor dem Monitor. Ich bewunderte, was ich in der letzten Woche geschaffen hatte, ohne es zu verstehen. Meine intellektuellen Fähigkeiten reichten nicht mehr aus, mich in die Phänomenologie des Knackschmatzens hineindenken zu lassen.

Mein Arbeitszimmer und die Wohnung verließ ich nur dann, wenn ich sicher sein konnte, Gwendolin nicht zu begegnen. Bei einem dieser Ausflüge lief ich Ingo in die Arme, der versuchte, eine Paketlieferung aus dem Schlitz seines Briefkastens zu entfernen.

»Mensch Dickie! Und mir sagst du gar nichts? Und Fissel erzählst du's sofort?«

»Was erzähle ich dem?«

»Mensch, tu doch nicht so! Ich gönn dir das doch! Und ich denk, du guckst Pornos! Komm, lass dich drücken!«

Und dann ließ er ab von seinem Paket, das gar nicht in den Schlitz hätte hineinpassen dürfen, und nahm mich in den Arm, um mich anschließend wie so ein Oberonkel an den Schultern zu fassen und auf Armeslänge vor sich hinzuhalten.

»Du musst aber trotzdem ein bisschen schlafen, wenn ich das sagen darf. Du siehst nicht gut aus!«

»Ja«, sagte ich. »Wollt ich jetzt eh gleich mal versuchen.«

»Wenn's gar nicht geht, komm ruhig zu mir.«

»Danke, Ingo. Ich hab ja noch das Sofa.«

»Das kannste sagen, Dickie! Mann, du bist echt 'ne Nummer!«

Ich legte mich sofort zurück aufs Sofa. In meinem Bett erholte sich Oleg. Gwendolin hatte sich längst auf den Weg in die Schule gemacht.

Wie schaffte sie es, nach diesen Nächten noch zu unterrichten? Kinder nicht nur zu ertragen, sondern ihnen auch noch etwas beizubringen? Bruchrechnung. Dezimalzahlen. Gaußsche Normalverteilungen. Dinge, die für mich nur noch Worte waren, seit ich nicht mehr in meinem Bett schlafen durfte. Ich war dabei, mein Hirn zu ruinieren. Alkohol war nichts gegen diese Foltermethode. Beim besten Willen und trotz aller selbstüberlistender Tricks gelang es mir nicht, auf dem Sofa zu schlafen. Tagsüber nicht und nachts noch weniger. Es war unmöglich. Ich fühlte mich, als sei ich als jemand anderes zu Besuch bei mir. Alles blieb unheimlich.

»Noch eine Nacht, dann glaubt sie mir«, beruhigte mich Oleg, nachdem ich ihm aufrichtig mein Leid geklagt hatte. »Ich habe ihre Wohnung schon gesehen! Ein Palast! Mit sieben Katzen!«

Es war Mittwoch, wir saßen in der Küche und tranken Kaffee. Ich mochte ihn wirklich. Von allen Couchsurfern stand er mir sicherlich am nächsten, verwirrte er mich am wenigsten, was sicherlich auch daran liegen mochte, dass er ein Mann war. Nur schlief er leider nicht auf meinem Sofa.

»Dickie! Bitte! Stell dir doch vor, du wärst jetzt ich und sie wär diese Laura! Noch eine Nacht! Versprochen!«

Oleg merkte alles. Jeden Gedanken, ehe er auch nur angedacht war. Und er wusste zu viel.

Ich sah ihn durch den Kaffeedampf hindurch an und hätte ihn am liebsten in den Arm genommen, fest an mich gedrückt, um ihn dann aus dem Fenster zu werfen. Stattdessen tat ich nichts, auch dann nicht, als er die Flasche aus dem Eisfach holte und uns zwei Gläser vollschenkte.

»Auf die Liebe!«, sagte er.

»Auf die Liebe«, gähnte ich.

Dann tranken wir und ließen die Gurken knacken.

Der Messias war sicher nicht sehnsüchtiger erwartet worden als ich am Donnerstagabend beim Kegeln. Sie wussten nichts, aber das machte sie nur noch neugieriger, was ich wiederum ignorierte. Auch wenn ich ihnen Olegs Auftauchen nicht anlasten konnte, waren sie doch ursächlich verantwortlich für meine schon fünf Nächte schwärende Schlaflosigkeit.

»Mensch, Dickie, gut tut dir das aber wirklich nicht!«, sagte Ingo.

»Sechs Tage ohne Schlaf sind tödlich«, sagte Klaus.

»Und Nächte«, präzisierte Attila.

»Und ich denk noch, er hat Besuch aus Lesbos.«

Ich lenkte meine müden Beine zur Bahn und griff nach der bordeauxroten Kleinen und grüßte sogar nett in Richtung der Damen. Müde und glücklich. Ich hatte es geschafft! Noch heute Nacht würde ich wieder in meinem Bett schlafen.

Oleg war wirklich zu Gwendolin gezogen, nachdem er, von mir entsprechend informiert, ihren letzten Zweifel beseitigt hatte, indem er sich als dokumentarischen Schriftsteller in der Tradition des sozialistischen Realismus zu erkennen gab. Nur schreibe er noch weniger fiktiv, also letztlich vollkommen wirklich. Teilweise seitenlang über die Struktur eines Blattes und seine chemische Zusammensetzung. Gab es denn etwas Schöneres als diese Welt, so wie sie war? Nach einer letzten Nacht, in der sie das Natürliche noch einmal wilder als je zuvor gefeiert hatten, war er mit ihr gegangen.

Zum Abschied hatte ich sie noch einmal gesehen, einen Kopf größer als Oleg, den Arm um seinen Hals. Ihm versicherte ich, dass ich allein zurechtkommen würde in seiner Wohnung. In ein paar Tagen ginge ja sowieso mein Zug zurück. Dann würde er schnell einen Nachmieter suchen, denn zwei Wohnungen zu zahlen sei doch wirklich nicht vernünftig. Das hatte sie gesagt. Da hatte er glücklich gelächelt, und ich hoffte, dass sie das nicht auch noch übernehmen würde, die Nachmietersuche für meine Wohnung, die ich doch noch bewohnen wollte, wenn auch in Zukunft lieber wirklich aaaaaaall – »AUA!!!!!!! NEIN!!!!!!!!!!!!! AUAAAAAAAAAAAA!!!!!!!!!!!«

»Schnell! Bier!«, hörte ich Ingo rufen.

»Einen Schnaps!«, rief eine der Kegeletten.

»Einen Arzt!«, schrie Klaus, da ich mittlerweile zu Boden gegangen war, mit dem schmerzenden Finger wild in der Luft herumwedelnd, als dirigiere ich ein wahnsinniges Orchester.

Endlich kam Ingo und tauchte das gepeinigte Fleisch in ein randvolles Glas, aus dem ein paar kühlende Tropfen auf meine glühende Stirn fielen. Ich wollte beichten, hatte nicht mehr die Kraft, zu schweigen vor ihnen, wie sie um mich herumstanden und mit ihren Köpfen das Dach eines Stadions bildeten, anstelle des Himmels dazwischen die holzvertäfelte Decke.

»Das glaub ich nicht«, sagte Ingo.

»Ich auch nicht«, sagte Klaus.

»Ein trojanisches Pferd!«, sagte Attila.

»Schwachsinn!«, sagte Fissel.

»Es ist aber so.«

»Und dieser Oleg bumst die Gwendolin in deinem Bett?«

»Jetzt nicht mehr, aber er ist wirklich nett.«

»Mann, so nett wäre ich auch mal gerne!«

»Mensch, Dickie!«, sagte Ingo mitleidig, als hätte ich ihnen gerade mitgeteilt, dass hinter meinem Bierbauch ein bösartiger Tumor steckte. »So eine Scheiße!«

Er half mir auf und nahm mich fest in seinen Arm. Er streichelte mir sogar die Schulter.

»Du hättest doch zu mir ziehen können!«

»Und ihn allein in meiner Wohnung lassen?«

»Warum denn nicht?«

»Na, weil er sich nicht auskannte und ich ihm helfen musste, wenn er mal was nicht finden konnte. Sie musste ihm doch glauben, dass er bei mir zu Hause war.«

»Oh Mann«, seufzte selbst Klaus.

»Du bist zu gut für diese Stadt.«

»Die Unschuld vom Lande.«

»Das war dann ja mal richtig die Eunuchen-Karte«, meinte Fissel. »Das wünscht man seinen ärgsten Feinden nicht.«

»Ja, danke«, sagte ich und trank mein Bier. »Es geht schon wieder, wirklich.«

»Er ist traumatisiert«, meinte Klaus.

»Womöglich war sie auch noch hübsch, die Gwendolin.«

»Wollen wir weiterspielen?«

»Oh Mann, fünf Nächte Vollgas! Man darf den Russen niemals unterschätzen.«

»Sagte Napoleon zu Hitler.«

»Mann Dickie, und du hast nicht mal zugeguckt?«

»SCHLUSS JETZT!«, sagte ich. »SONST GEH ICH SOFORT SCHLAFEN!«

»Oh, sorry, tut mir leid. So eine Scheiße aber auch.«

»Allzu lang solltest du nicht machen heute.«

Ich beschäftigte mich NICHT weiter mit *Bocki*™, auch nicht mit der Phänomenologie des Knackschmatzens. Übersprungshandlungen waren das, über den Abgrund zwischen einer Besucherin und der nächsten. Ein Verdrängen all der Niederlagen. Wenn ich zwischen zwei meiner sehr ausgedehnten Schlafphasen einmal aus Versehen einen Blick auf den Monitor warf, schienen mir all die Diagramme und Tabellen nichts weiter als Produkte eines ernsthaft kranken Hirns zu sein. Ein in sich logischer Wahnsinn.

So konnte es nicht weitergehen, das war sicher, weshalb ich mich innerlich vorbereitete auf die Zündung der nächsten Phase meines Fluges in die Weiten des Couchsurf-Universums. So würde ich mich nicht verabschieden aus der Community! Mit Oleg und Gwendolin in MEINEM Bett und mir selbst auf dem SOFA. NEIN, SO NICHT! Fraglich war, ob Olegs 5-Sofa-Bewertung mir dabei behilflich sein würde, zu einem rühmlicheren Ende zu finden. Er würde sie vergraulen, all die Frauen, mit denen ich vielleicht ja doch halbwegs zurechtkommen könnte. Wer wollte den bei einem HEILIGEN wohnen??? Doch wohl nur eine NONNE!!! Oder aber es würden sich ernsthaft Heiratswillige melden, die ich dann gar nicht mehr loswürde, wenn es doch nicht passte. Nur deshalb schrieb ich ihm mit der Bitte darum, mich zumindest etwas interessanter darzustellen.

Minuten später erfuhr die Community, dass ich als Model arbeitete und demnächst in einer internationalen Kinoproduktion eine tragende Nebenrolle spielen würde *(a very supporting act)* und trotzdem ein ganz normaler, netter Typ sei, und außerdem sehr sportlich. Ja, das klang besser, das war im Sinne meiner nächsten Stufe, die ich nicht kampflos erreichen würde.

Anders, als bei meinen letzten Versuchen, mich neu zu erfinden, hatte ich diesmal ein Ziel vor Augen. Oleg hatte ein Bild von mir gezeichnet, dem ich entsprechen würde! Eilig sprang ich auf, um meine Turnschuhe und Sportsachen zu suchen. Ich würde mir die Vorschusslorbeeren verdienen. In meinem Studio, dessen Mitgliedschaft zum Glück fast unmöglich zu kündigen war.

Wenn meine männlichen Mitstreiter noch gelegentlich mitleidig oder amüsiert guckten, sahen die Frauen einfach durch mich hindurch, was bei meiner Körpermasse wirklich nicht so leicht war. Nach einer Weile entdeckte mich aber ein Trainer, der derart aufgeblasen wirkte, dass er jeden Augenblick abzuheben drohte. Ich saß auf einer der Maschinen und suchte physiopsychologisch die Erinnerung an meinen Brustmuskel.

»Wollnwa nich erstma Schneeräumen, bevor wa anfangen zu asphaltieren?«, fragte er und schaute nett.

»Entschuldigung?«

»Ich glaub, du gehst erst mal ein bisschen strampeln. Muskelaufbau kommt dann später.«

»Ooo-kay?!«, mimte ich nach langer Zeit einmal wieder eine amerikanische Jungschauspielerin.

»Mach lieber Stepper. Bei dem Gewicht geht's sonst auf die Gelenke.«

Es dauerte einen kurzen Moment, ehe ich begriff, dass man mir schon wieder sagen wollte, was ich zu tun hatte. Zahlte ich dafür seit Jahren Unsummen an Beitrag?

»Sag mal«, setzte ich an. »Darf ich vielleicht auch einfach so, wie ich will?«

Da schaute er zumindest mal verdutzt. Dann grinste er.

»Krankenversichert?«

Ich nickte, ein wenig eingeschüchtert.

»Na dann viel Spaß beim Orthopäden.«

Kaum hatte er sich abgewandt, ging ich vorsichtshalber zwanzig Kilo runter. So drückte sich das Ganze schon viel leichter. Ich wusste doch wohl selbst am besten, was mein Körper brauchte.

Meine Laune hätte kaum besser sein können, als ich nach absolviertem Sportprogramm zurück nach Hause kam und mir ein halbes Kilo Steak in die Pfanne haute. Proteinzufuhr war mindestens genauso wichtig wie Fettverbrennung. Ohne Steine konnte man schließlich kein Haus bauen. Dazu machte ich mir einen kleinen Gewürzgurkensalat und fühlte mich schon wie ein völlig neuer Mensch. Nicht einmal die nächsten Nachrichten vom Portal konnte mich verunsichern: Neben einem halben Dutzend Spaniern fragte Anu aus Estland an, ob sie am übernächsten Wochenende mein Sofa haben könne. Das war nun wirklich neu, dass jemand so weit im Voraus buchte. War mein Wert derart gestiegen dank Olegs Lobeshymnen? Oder war Anu gar kein Frauenname? Versteckte sich da ein estnischer Oleg?

Ich war hellwach und selbstbewusst genug, der Sache auf den Zahn zu fühlen, da Anu ihrem Profilbild zufolge wirklich sehr hübsch war und mit ihren langen, blonden Haaren und ihrem reinen Lächeln bestens zu meinem neuen Lebenswandel zu passen schien. Ich leitete die Nachricht weiter an Olgas Adresse und bat Oleg, mich anzurufen.

Zwei Minuten später klingelte das Telefon.

»Sitzt du eigentlich nur vorm Computer?«, fragte ich ihn.

»Ich bin mit ihrem Smartphone, wenn sie in Schule ist«, sagte er offenbar noch ganz nüchtern. »Ist verboten in Unterrichten.«

»Und sonst? Läuft alles gut?«

»Zu viel Rasputins Keller, aber so ist es.«

»Ja«, sagte ich. »Und Anu?«

»*Seems good, no?*«

»Ich möchte sicher sein, dass sie sich nicht als Mann entpuppt.«

»Entpuppt?«

»Herausstellt, so wie du.«

»*Don't worry*«, lachte er.

»Wieso?«

»Weil Estland ist EU.«

»Aha.«

»Ist Reisefreiheit, verstehst du? *No more reason for transsexual couchsurfing.*«

Ich versuchte zu verstehen, zermarterte mir das Hirn mit dem einzigen Ergebnis, dass ich nicht begriff, wie dieser Grenzverkehr tatsächlich funktionierte. Warum sollte sich ein Este nicht genauso wie ein Russe oder Franzose meine Gastfreundschaft erschleichen wollen?

»*Because you wouldn't invite a girl from Estonia, wenn du willst easy sexiness.*«

»Warum nicht?«, fragte ich ehrlich verwirrt, weil ich wirklich keinerlei Vorstellung hatte von Estlands Frauen. Noch nicht einmal ein Vorurteil.

»*Because she is free to say no!*«

Wenn das Bild, das Oleg sich vom deutschen Mann machte, der Wirklichkeit auch nur entfernt nahekam, lebte ich umgeben von skrupellos geilen Monstern, neben denen Fissel wie ein kastrierter Klosterschüler wirkte. Ich jedenfalls hatte noch eine etwas höhere Meinung von mir, auch wenn ich nicht ganz abstreiten konnte, dass die Reize von Nora und Hedda einen gewissen Eindruck hinterlassen hatten. Olga hatte ich wirklich nur in ihrer Not aushelfen wollen.

All das waren aber Frauen gewesen, die es gar nicht gab, sozusagen fiktive Wesen, weshalb mein so oder so geartetes Verhalten letztlich irrelevant war. Eines dieser moralischen Gedankenspiele von wegen WENN DU WÜSSTEST, DASS DAS FLUGZEUG GLEICH ABSTÜRZT, und deine Sitznachbarin ist so unglaublich attraktiv. Mit der realen Anu aus Estland hatte das nichts zu tun, und darum war es ursprünglich ja auch einmal gegangen. Dass ich einfach ein paar nette Frauen kennenlernen sollte.

Mit Hilfe so vieler guter Gründe fiel es mir leicht, Anu zu antworten. Auch sie sollte mein Sofa haben, allerdings nur, wenn sie persönlich und allein anreisen würde. So viel Verbindlichkeit musste sein, wobei das wieder ziemlich anzüglich klang, wenn man die Umstände nicht kannte. Ich versuchte, ihr mein Misstrauen anhand der Oleg-Olga-Verwicklung zu erklären. Anstelle einer russischen Frau sei ein russischer Mann aufgetaucht, der sich meines Bettes bemächtigt hatte, um darin mit einer deutschen Frau vorehelich zu verkehren, bis die ihn endlich zu sich in die Wohnung geholt habe. Klang das nicht eher nach einer sehr umständlichen Ausladung? War es nicht sehr bedenklich, derart kriminelle Energie zu unterstellen, nur weil ihre Heimat im Osten lag? Musste ich mich andererseits nicht absichern dagegen, noch einmal mein Leben zu riskieren? Ich zweifelte doch ihre Antwort ließ nicht lange auf sich warten.

Funny! This sounds really russian! but we are not like this!!!
cu next friday, Anu.

Das allerdings klang sehr sympathisch.

Die folgenden beiden Tage verbrachte ich im Fitnessrausch. Zweimal täglich zog ich los, wobei mich schnell verwirrte, dass ich damit alles andere als ein Sonderfall war. Niemand staunte, lobte mich, schaute begeistert. Kaum einer der hier Trainierenden schien weniger als sein halbes Leben zwischen Cross-Stepper und Brustpresse zu verbringen. Allerdings waren sie alle, von ihrer körperlichen Verfassung her zu urteilen, schon wesentlich länger dabei als ich. So fit und stark ich mich sehr bald schon fühlte, blieb die Veränderung doch noch verborgen.

Am dritten Tag ging ich der Sache wissenschaftlich auf den Grund. Silbern metallisch glänzte die Personenwage *Slimmy Plus*, zu der man mir im Elektromarkt geraten hatte. Mit Körperfettgehaltanzeige sowie optimaler Netzwerk-Konnektivität war sie genau das, was ich brauchte. Vorsichtig schälte ich sie aus der Verpackung und positionierte sie neben dem Schreibtisch. DA-DIMM frohlockte der Rechner nur Sekunden später, als er sie über Infrarot entdeckt hatte. So einfach konnte das sein, wenn man zueinander passte. Die schalltote Box musste in die hinteren Bereiche des Arbeitszimmers weichen.

Nach meiner zweiten Trainingseinheit des folgenden Tages verfügte ich über erste belastbare Zahlen, da ich mich auch unmittelbar nach Installation der Anlage schon vermessen hatte. Körpergewicht und Körperfettanteil lieferte *Slimmy Plus* von ganz alleine, den Umfang von Bauch, Brust, Oberarm und Unterarm vermaß ich mit einem flexiblen Maßband und tippte sie von Hand ein. Da meine Körpergröße aller Voraussicht nach konstant bliebe, solange ich beim Stemmen keine zu großen Gewichte wählte, verfügte ich so über alle relevanten Daten, um meinen *Extended Body Mass Index* (EBMI) berechnen zu lassen. Da ich auch heute wieder ein großes Steak zu Mittag gegessen hatte, korrigierte ich den Bauchumfang etwas nach unten, um das Ergebnis nicht zu verfälschen, das leider dennoch ein sehr gutes Stück weit über meinen vielleicht zu optimistischen Erwartungen lag: Der EBMI war bis auf die zweite Stelle hinter dem Komma zum Vortag unverändert.

Die exakte Kenntnis meiner physischen Beschaffenheit machte es mir nicht gerade leichter, meine neue Lebenseinstellung gegenüber dem Ritual des wöchentlichen Kegelns zu positionieren. Einerseits eine vom Deutschen Sportbund anerkannte Wettkampfsportart, verführte das Rahmenprogramm des klassischen Kegelns zu auffällig gesundheitsschädigendem Verhalten. Dabei konnte ich noch froh sein, dass wir bei einem Chinesen spielten. Anstelle von Schlachterplatten und Wursttellern gab es immerhin deutlich schonender gegarte Speisen, oft sogar mit Sojaanteil.

Die Situation am Donnerstagabend war also nicht hoffnungslos. Wenn ich mich einerseits sportlich verausgabte, andererseits die Ente kross ganz ohne Kohlenhydrate bestellte, könnte der Abend meinen EBMI vielleicht sogar noch weiter nach unten drücken. Auf Alkohol musste ich dafür natürlich verzichten.

»Wie jetzt?«, fragte Ingo.

»Er ist traumatisiert«, sagte Klaus.

»Man muss doch auch nicht immer diesen Schlangenschnaps saufen«, meinte Attila.

»Noch sind die Damen eh nicht da.«

»Auch kein Bier«, sagte ich. »Alkohol gleich Zucker gleich Kohlenhydrate.«

»Sag mal, bist du jetzt Chemiker?«

Schweigend trat ich an die Bahn. Die kleine bordeauxrote Kugel ignorierend, schnappte ich mir eine der ganz großen schwarzen. Ich spürte ihr Gewicht gar nicht, lief an, zog durch und knallte sie auf die Bahn. Mit irrer Geschwindigkeit ging das schwarze Rund sofort in die Rinne. Mit einer Kraft, wie ich sie hier noch niemals hatte wirken sehen. Kaum war die Kugel zurück, griff ich schon wieder zu.

»Vorsicht mit den Fingern!«, rief Klaus, da hatte ich das Ding schon längst gepackt.

»Mann, Dickie«, seufzte Fissel.

»Jetzt lass ihn halt«, sagte Attila.

Dann hörte ich nichts mehr, weil ich schon wieder anlief und das Ding losschickte, dass die Bohlen Funken warfen und der ganz rechts außen stehende Kegel zu Holzstaub zerstoben wäre, wenn sie ihn nicht knapp verfehlt hätte. Erst die Rückwand im schwarzen Schlund bremste den Lauf des Geschosses.

»Du machst was?«, fragte Ingo besorgt, als ich nach einem guten Dutzend Würfen die Bahn geräumt hatte.

»Sport«, sagte ich.

»Heißt das, du hast jetzt noch nen Kegelclub?«

»Du spielst uns fremd?«

»Und alles nur wegen des Russen!«

»Nein«, sagte ich. »Ich mache richtig Sport, also auch körperlich. Im Studio.«

»Aber doch hoffentlich nicht da, wo du dir damals die Schulter ausgerenkt hast?!«

»Das war ein Missgeschick.«

»Mensch, Dickie«, sagte Ingo und legte mir schon wieder den Arm um die Schultern, als hätte ich mir sonst was eingefangen. »Du musst dich doch nicht selbst bestrafen!«

»Genau! Du konntest nichts dafür!«

»Das hat damit gar nichts zu tun«, beendete ich ihre ungefragte Einmischung. »Ich mache Sport, weil es mir guttut.«

»Oh Mann, was dir guttut, das kann ich mir schon vorstellen«, sagte Fissel, der nach zwei Würfen in die Rinne aufgegeben hatte, um gierig wie ein Tier sein Bier zu saufen.

Zum Glück erschien in diesem Moment die Kellnerin, und alles Interesse an meinem Lebenswandel war schnell vergessen. Erst als sie mir die Ente kross bestellten, musste ich einschreiten.

»Hört mal, ich bin wirklich schon alt genug« sagte ich und griff nach der Karte.

»Ja, aber du nimmst immer Ente kross«, sagte Klaus.

»Man wird sich wohl auch unter Freunden mal verändern dürfen«, sagte ich.

»Aber so plötzlich?«

Ich ging nicht weiter darauf ein und wandte mich direkt an die Kellnerin. Die Blicke der anderen ignorierte ich.

»Entschuldigen Sie«, setzte ich an. »Ist Ente weißes Fleisch?«

»Eher braun«, lächelte sie.

»Braun«, wiederholte ich, um Zeit zu gewinnen, da ich nicht sicher war, wie braunes Fleisch zuzuordnen war im Ernährungsplan, den ich mir erstellt hatte. Mittags rotes, abends weißes Fleisch war die in den Foren gängige Meinung. »Ist braun denn eher rot oder eher weiß?«

Sie sah mich an, als habe sie noch nie etwas davon gehört, dass Fleisch überhaupt eine Farbe hatte. Als habe bis jetzt immer ein Vorhang aus Panade zwischen ihr und dem toten Tier gehangen, weil sie noch nie einen Schritt in die Küche gesetzt hatte.

»Ente ist Geflügel, also weißes Fleisch«, schaltete sich Attila ein.

»Aber trotzdem doch viel dunkler als beispielsweise Huhn.«

»Ja, so wie braun eben ist.«

»Nicht viel heller als ein Steak, oder?«

»Es geht aber doch um den rohen Zustand, und da ist kein genießbares Fleisch braun!«

»Ja, weiß aber doch wohl auch nicht, außer so Pansen oder Hirn.«

»Und die Thymusdrüse.«

»Und Kalb?«

»Das ist wie Rind.«

»Nur heller.«

»Jünger halt, aber das gleich Tier.«

»Mensch bleibt schließlich auch Mensch.«

»Was bitte?«

»Nur Pute, Huhn und Schwein, wenn's gar ist.«

»Das heißt, beim Rind wird roh geguckt und bei den anderen erst nach dem Kochen?«

»Wie willst du es denn machen? Hellrotes oder dunkelrotes Fleisch?«

»Warum denn nicht? Wie soll man sonst beim Einkaufen sehen, was das Richtige ist? Ich meine, was ist das denn für ein Schwachsinn, weißes Fleisch zu bestellen und zu erwarten, dass man rosarote Hähnchenbrüste kriegt!«

»Als decke sich der Signifikant jemals genau mit dem Signifikaten!«, seufzte Attila.

»Wer deckt hier wen?«

»Wollen Sie nicht einfach Hähnchen nehmen?«, fragte die Kellnerin.

Das wäre natürlich die einfachste Lösung gewesen, nur hatte ich wirklich Appetit auf meine Ente und ärgerte mich, dass ich überhaupt etwas gesagt hatte. Zumindest war Ente ja wirklich Geflügel und somit abends besser als Rind oder Schwein.

»Ich nehm die Ente«, sagte ich. »Nur ohne Reis, wenn möglich.«

»Na also«, sagte Fissel. »Und ein Bier dazu, damit sie schwimmen kann.«

Ehe ich noch einmal hätte widersprechen können, war die Kellnerin schon aus dem Raum verschwunden. Die Nachbarbahn war unbesetzt. Zumindest vor dem Schlangenschnaps war ich also in Sicherheit. Ein Bier mehr oder weniger würde mich schon nicht aus der Form bringen.

Freitagmorgen nahm ich mir frei und kompensierte das fehlende Training mit den Ballaststoffen einer Karottensuppe von der Feinkosttheke des Supermarkts. Dem Preis nach zu urteilen, herrschte auf den Weltmärkten extreme Möhrenknappheit. Dem glücklichen Wiederverkauf des Bierzischens sei Dank, würde ich mir aber auch ein gesundes Leben noch eine Weile leisten können.

Was *Bocki*™ anging, hüllte sich mein Auftraggeber weiter in Schweigen. Angesichts meines zu absolvierenden Sportpensums war mir das nur recht. Arbeit und Sport, das passte wirklich nicht beides in ein Leben. Deswegen gab es die Sportförderung, deren Talentscouts noch nicht auf mich aufmerksam geworden waren und auch niemals auf mich aufmerksam würden, wenn ich mich gehen ließ.

Am Nachmittag schwitzte ich endlich den letzten Rest der am Ende doch etwas zahlreichen Biere auf dem Cross-Stepper aus. Wie hätte ich widerstehen sollen an einem so schön ruhigen Abend, da die Kegeletten auf Tour im Harz waren, wie wir später herausfanden. Zum ersten Mal seit langem hatten wir ernsthaft in Teams gegeneinander gespielt und nur so nebenbei getrunken. Ja, sie hatten sich anstecken lassen von meinem Sportsgeist! So nett es war, dass sie sich um mich hatten kümmern wollen, brauchten sie doch genauso meine Hilfe, meine Ideen, meine Inspiration. Endlich drehte sich das Gelaber einmal nicht um die immer gleichen Themen, sondern aller Jubel und alles Leiden betraf allein die Zahl der Kegel, die da fielen.

Das unverhoffte Glück hielt an, als ich auch Samstag früh und spät wieder im Studio war, einen Berg nach dem anderen auf meinem Stepper erklomm und Muskeln konturierte, die jahrelang nur deshalb nicht komplett verschwunden waren, weil sie den letzten Ausgang nicht gefunden hatten. So verfolgte ich am Abend angenehm ermattet die Wiederholung eines Fußballspiels und schlief schon wieder ganz zufrieden.

Später spielten vier Männer Fahrradfußball, und ich war mir sicher, zu träumen. Fahrradfußball gab es schon lange nicht mehr im wirklichen Fernsehen. Oder hatte diese Nischensportart ihren Platz im Spätprogramm gefunden? Und selbst wenn dem so wäre, warum war ich dann aufgewacht? Weder das Publikum noch die Schiedsrichter machten besonderen Lärm. Ich wollte weiter über Fahrradfußball nachdenken, nur konnte ich mich nicht länger selbst betrügen. An den Lenkstangen der Sporträder waren beim besten Willen keine Klingeln zu entdecken. Dennoch klingelte es schon wieder. An meiner Wohnungstür.

Da außer Ingo niemand um diese Uhrzeit stören würde, warf ich nur meinen Morgenmantel über und öffnete und wusste endlich sicher, dass ich doch träumte. Es war ein Traum, für dessen Mangel an Subtilität ich mich sogar im Schlaf schämte. Die Frau vor meiner Tür sah aus wie Laura. Die kurzen Haare, die vollen Lippen, das zarte Lächeln.

»Hallo Dickie«, sagte sie.

»Ha … hall … lo«, stammelte ich. »Es ist schon spät, oder?«

War sie es wirklich? Warum sprach sie Deutsch? Konnte es sein, dass sie meine Sprache gelernt hatte? Für mich? Um zurückzukommen anstatt zu heiraten? Auch sie hatte also die Liebe gefühlt!

»Ich bin Fritzi«, beendete sie zumindest eine Ebene meines Traums. »Ich hatte doch geschrieben, dass es spät werden könnte.«

»Geschrieben?«

»Meine Nachricht heute, hast du sie nicht bekommen? Wegen der Nacht auf deinem Sofa.«

Eine Couchsurferin? So eine Couchsurferin? Um Mitternacht vor meiner Wohnungstür?

So standen wir da, viel zu lange, was wieder für die Wirklichkeit sprach, zumal mir eindeutig kalt wurde im Treppenhaus. Steckte Fissel dahinter? Ingo? Oder ich selbst im Fitnessrausch der Hormone? So konnte ich sie jedenfalls nicht da stehen lassen. Selbst wenn ein Missverständnis vorlag. Selbst wenn ich träumte. Was war schon eine Nacht? Das hatte ich auch bei Olga gedacht, aber hier lag der Fall doch anders. Fritzi war eindeutig eine Frau, sehr freundlich und dazu so unfassbar schön. Im Fitnessstudio wäre sie eine von denen gewesen, die es sogar schafften, durch mich hindurch zu GEHEN. Hier bei mir auf der Schwelle fragte sie, ob ich sie denn nicht vielleicht hineinlassen wolle.

»Ja … klar … natürlich«, stammelte ich mal wieder und trat zur Seite.

Ich bat sie erst einmal in die Küche, da ich natürlich nichts vorbereitet hatte. Wie auch, da ich ja gar nicht hatte wissen können, dass jemand kommen und diese Jemand dann auch noch so eine Frau sein würde? Sie wollte erst einmal ins Bad.

Kaum hatte sie die Tür hinter sich zugezogen, spurtete ich zum Schrank, riss frische Wäsche aus dem bedrohlich leeren Fach und bezog das Sofa. Dann trieben mich die Zweifel an der Wirklichkeit des hier Erlebten an den Rechner, den ich aber gerade erst aus dem Schlaf geweckt hatte, als sie schon wieder aus dem Bad trat. Eine Erscheinung, die jeden Blick in mein Postfach überflüssig machte. Sie war ein Traum, wenn auch noch immer kein besonders origineller.

Anscheinend müde, hatte sie sich schon umgezogen und trug einen schwarz und rot glänzenden Pyjama, der selbst im dürftigen Licht, das aus dem Badezimmer in den Flur fiel, wenig mehr verbarg als eine vielleicht zwei Wochen nicht geputzte Fensterscheibe, auf die sich der zarte Blütenstaub einer Linde gelegt hatte.

Sie beachtete mich gar nicht und wandte sich in Richtung Küche, die Hüften wiegend. Leise raschelte der Stoff auf ihrer nackten Haut.

Ich riss meine rechte Hand vors Gesicht und ich konnte sie sehen. Ein Wachtraum also, in dem ich selbst bestimmen konnte, was ich machte, auch wenn sich jetzt die Frage stellte, inwiefern so ein Wachtraum sich vom Wachsein unterschied, abgesehen von den Rahmenbedingungen natürlich. Wie auch immer, wo auch immer ich gerade war, ich musste wissen, was hier vor sich ging, zumal es in der Küche plötzlich knallte. Womöglich hatte sie sich aufgelöst! Ein Spuk!

Ich eilte durch den Flur, blickte durch die Tür und der Traum ging weiter. Aus einer Magnumflasche Champagner füllte sie in zwei kristallene Kelche, die definitiv nicht aus meinem Geschirrschrank stammten. Sie ließ den Schaum in sich zusammenfallen, goss nach und reichte mir dann eines der Gläser.

»*Chinchin!*«, lächelte sie mit blendenden Zähnen.

»Ja … Prost … Danke«, sagte ich. »Aber ich trinke eigentlich gar nicht mehr.«

»Bist du krank?«

»Nein, nein, aber ich mache Sport, um fit zu werden.«

»Als hättest du das nötig! Komm schon, nur einen Schluck zum Anstoßen.«

Das hatte sie sehr nett gesagt.

Ich nahm ihr das Glas ab und nippte daran, um nicht unhöflich zu sein.

»Soll ich dir nicht erst mal das Sofa zeigen?«, versuchte ich dann, der Rolle Herr zu werden, die ich in diesem Traum zu spielen hatte.

»Klar«, sagte sie. »Gerne.«

Also führte ich sie ins Arbeitszimmer und zeigte ihr das Sofa. Die letzte saubere Bettwäsche zeigte das blau-weiße Wappen des hauptstädtischen Ballsportclubs. Wie eine sehr erfahrene Couchsurferin trat diese Fritzi vor, warf die Decke zurück und setzte sich auf das Sofa, als teste sie die Federung. Sie schien skeptisch.

»Also wenn's dir zu ungemütlich ist, kann ich dir auch das Bett beziehen.«

»Wir können die Decke mit rüber nehmen«, lächelte sie. »Ich bin auch Hertha-Fan.«

»Nee, echt jetzt?«

»Schon immer gewesen.«

»Und das, obwohl du gar nicht aus Berlin bist?«

»Na ja, so weit ist es auch wieder nicht nach Brandenburg.«

Endlich wurde alles wieder so unwirklich, dass ich mich entspannt darauf einlassen konnte.

»Du kommst aus Brandenburg und machst Urlaub in Berlin?«

»Gibt doch wohl auch genug Berliner, die es umgekehrt machen.«

»Allerdings«, sagte ich. »Ich aber nicht. Ich verlass die Stadt eher selten.«

»Selten?«

»Also, eigentlich nie.«

Während wir so ganz normal daherplauderten, trug ich Kissen und Bettdecke ins Schlafzimmer, machte den Fernseher endlich aus und zog schnell noch ein frisches Spannbetttuch auf die Matratze. Dann stieß ich gegen sie, die anscheinend gleich hinter mir gestanden hatte.

»Massage?«, fragte sie.

»Was bitte?«

»Möchtest du eine Massage? Ich mach das gerne.«

»Ach … weißt du«, suchte ich einen Ausweg. »Also lieber nicht. Ich mach grad wie gesagt viel Sport. Fühl mich auch so topfit.«

Sie seufzte.

»Und was würdest du gerne machen?«

»Schlafen?«, fragte ich.

»Und den Champagner wegschütten?«

Da hatte sie recht. Mein ganzes Verhalten ließ einiges zu wünschen übrig angesichts der Tatsache, dass ich ja selbst bestimmen konnte, was ich machte, wie mir der Anblick meiner Hand noch einmal bestätigte.

»Ein Gläschen könnten wir natürlich trinken. Dann schläft man später ja auch besser.«

So landeten wir am Küchentisch und redeten trinkend über unseren Fußballclub, ein Thema, das mir so geläufig war, dass ich problemlos zeitgleich über die Situation nachdenken konnte, in die ich da geraten war. Wenn das wirklich ein Wachtraum war, und jeder Blick auf und durch ihren Pyjama hindurch sprach eindeutig für diese These, dann müsste ich auch ihr Handeln mit meinem Bewusstsein steuern können. Was sollte ich diese äußerst charmante Frau, die Laura wirklich überraschend ähnlich sah, was sollte ich sie machen lassen, jetzt, da sie mir gerade erzählte, dass sie mehr als einen der Spieler persönlich hatte kennenlernen dürfen?

»Kinder«, lachte sie. »Aber schon ziemlich gut bei Kasse.«

»Na klar, bei den Gehältern.«

»Und völlig unabhängig von der Leistung!«

»Wahnsinn!«, sagte ich, nahm einen Schluck und versuchte, meine Blicke unter Kontrolle zu halten.

Anders, als ich es der Traumfigur soeben befohlen hatte, fing sie nicht an, das Hertha-Lied zu singen.

»Sag mal, kann's sein, dass du gar keinen Bock hast?«

»Wie … wieso Bock?«, stammelte ich.

»Ich mein, gefall ich dir gar nicht?«

»Ja, doch, also, na klar.«

»Aber?«

»Aber?«

»Denkst du, ich zieh mir diesen Fummel an, um drin zu sterben?«

Und da fing sie wirklich an, sich das Oberteil über den Kopf zu ziehen, und ich war sicher, dass es kein Traum war.

Allerdings wusste ich auch, dass mir zum Verständnis der Situation mindestens eine ganz entscheidende Information fehlte, die aus dem E-Mail-Wechsel hervorgehen musste, den wir meiner Meinung nach niemals geführt hatten. So gut mir mein neuer Lebenswandel tat, wusste ich auch ohne *Slimmy Plus* und in Unkenntnis meines aktuellen EBMI, dass eine Frau wie diese Fritzi nicht einfach so um Mitternacht bei mir vorbeischauen würde, um das zu tun, was sie hier gerade tat.

Und wenn sie doch ganz einfach eine brandenburgische Nymphomanin mit etwas eigenwilligen Vorlieben war? War ich mit der viel fremderen Laura nicht auch fast auf dem Sofa gelandet? Hatte mein zögerndes Zweifeln mir nicht da schon alles verdorben?

Trotzdem. Hier stimmte irgendwas nicht. Die Frau spielte ganz sicher nicht in meiner Liga.

»Tut mir echt leid«, sagte ich mit der wenigen Luft, die mir blieb. »Aber ich glaub, da liegt ein Missverständnis vor.«

»Du machst es dir aber auch wirklich gerne schwer«, seufzte sie mit einer Nuance Mitleid in der Stimme.

»Na ja, wir kennen uns doch gar nicht.«

»Das geht manchen nach zwanzig Jahren auch nicht anders.«

Ich musste an Christa Wurster denken und gab ihr recht und war trotzdem froh, dass sie ihr Oberteil erst einmal wieder überzog. Dann versuchte ich, ihr meine Situation anhand der Lage unseres Fußballclubs zu erklären.

»Du musst halt an den Aufstieg glauben«, meinte sie. »Dann klappt's auch in der Champions League.«

»Ja, oder eben nicht, von wegen Größenwahn und Wiederabstieg.«

»Und was soll dir passieren?«

»Weiß nicht, aber vielleicht können wir einfach weitertrinken?«

»Ganz wie du willst«, lächelte sie. »Ich hab bis morgen Zeit.«

»Ich hätte auch noch was zu essen da. Bockwurst und Gurken, Lust?«

»Klar, warum nicht.«

Sosehr das allem widersprach, was ich bislang gehört, gelesen und gedacht hatte in Sachen menschlicher Sexualität, ich war erleichtert. Die Gewissheit, keinen Sex zu haben, beschwingte mich in einer Weise, die ich vom genau gegenteiligen Moment erwartet hätte. Ganz fröhlich stand ich auf und holte ein Glas Gurken und zwei *Bockis*™ aus dem Kühlschrank.

»Senf?«, fragte ich.

»Nee, danke«, sagte sie.

»Na dann«, sagte ich.

Sie biss zuerst in die *Bocki*™ hinein, und der Klang, den ihre Zähne erzeugten, war schöner als alles, was ich bisher gehört hatte. Es knackschmatzte ganz ohne Unterstützung einer Gurke.

Natürlich lenkte ich nur wieder ab von meinen eigentlichen Bedürfnissen, aber das war mir jetzt egal. Als ich sie bat, gleich noch einmal hineinzubeißen, sah sie mich für den Bruchteil einer Sekunde leicht verwirrt an, erfüllte mir dann aber gerne meinen Wunsch, so wie sie mir dann auch ins Arbeitszimmer folgte, weil ich plötzlich nicht anders konnte. Ich stieß *Slimmy Plus* zur Seite, zog die Box in Position, verkabelte das Kondensatormikrofon und bat sie, Platz zu nehmen. Sie atmete tief durch.

»Du weißt, dass jemand weiß, dass ich bei dir bin, oder?«,

fragte sie etwas unsicher. »Ich mein', das wird jetzt nix Perverses, oder?«

Ich nickte nur, riss eine frische *Bocki*™ auf und reichte sie ihr in die Box hinein.

»Keine Sorge, dauert nicht lang«, sagte ich, schloss die Tür und setzte die Kopfhörer auf. »Achtung: Fritzi die Erste. Und bitte!«

Was ich dann hören durfte, war noch viel schöner, als ich es je erwartet hätte. Mit einem Schlag war alles klar: DAS PROBLEM WAR NICHT DIE WURST! DAS PROBLEM WAR DER BEISSER!!! Die ganzen Formeln über Zahnbeschaffenheit und Mundinnenraum-Akustik galten nicht für außergewöhnliche Menschen! Ich konnte es nicht fassen, so nahe lag die Lösung. Auch für Fotos suchte man schließlich ganz besondere Modelle!

Zur Sicherheit ließ ich sie noch drei Takes einbeißen, dann machte ich die Tür zur Box schnell wieder auf. Sie wirkte etwas verstört und meine euphorische Ekstase schien sie nicht zu beruhigen. Ich half ihr hoch und setzte sie aufs Sofa. Dann holte ich den Champagner aus der Küche und erklärte ihr so ruhig, wie es mir möglich war, die Geschichte mit *Bocki*™ und dem perfekten Klang, aus der sich zwangsläufig die Erzählung meiner Sofaabenteuer ergab, die sie auch endlich wieder lachen ließ.

»Vielleicht machst du dir einfach ein bisschen zu viele Gedanken über richtige Kombinationen, anstatt einfach zu leben, wie es dir gerade passt«, meinte sie. »Du kannst doch selbst bestimmen, mit wem du es aufnehmen willst. Du weißt doch, der Pokal hat seine eigenen Gesetze.«

Möglich, dass da was dran war. Ihre Knackschmatz-Performance sprach jedenfalls dafür, dass die Gedanken, die ich mir über die Welt machte, nicht unbedingt der Welt entsprachen. Nach all der Aufregung war ich aber zu müde, um weiter darüber nachzudenken.

Wie abgemacht, nahm sie das Bett, ohne mich noch einmal zum Mitkommen aufzufordern. Ich blieb auf dem Sofa, auf dem man wirklich sehr gut schlafen konnte.

Ich hatte keinen Kater. Ich fand keine Magnum-Flasche. Ich war ich. Von Kelchen keine Spur. Auch von Hertha-Bettwäsche auf Decke oder Kissen nicht. Von irgendeiner Fritzi in meinem Bett schon gar nicht. Nichts!

Mit einem schweren Anflug von Panik stürzte ich zurück ins Arbeitszimmer und an den Rechner. Keine Nachricht von irgendeiner Fritzi. Auch im Portal keine Fritzi aus Brandenburg.

So viel und unsinnig ich sonst auch immer träumte, wollte ich das nicht glauben. Was war das denn noch für ein Leben, wenn Träume so wahrhaftig waren? WO WAR DENN DA DER UNTERSCHIED???

Nervös klickte ich mehrmals auf die falschen Ordner, ehe ich einen unbeschrifteten fand, der heute Nacht erstellt worden war. Natürlich war sie hier gewesen! Sie hatte das Bett abgezogen, die Flasche und die Gläser wieder mitgenommen. Ein Service, den man von einer Frau dieses Kalibers wohl erwarten konnte. Wahrscheinlich hatte sich Fissel wieder in mein Profil hereingehackt und mir ein Callgirl vorbeigeschickt, ohne aufs Geld zu gucken. Ja, das war peinlich, lächerlich, bescheuert, aber eben doch real. Er machte sich anscheinend wirklich Sorgen um mich. Und wenn ich meine E-Mails überprüft hätte, nachdem sie hier so einfach aufgekreuzt war?

Jedenfalls stand die Box an ihrem alten Platz und in dem namenlosen Ordner lagen genau die vier Takes, die wir aufgenommen hatten. Ich setzte die Kopfhörer auf und lauschte. Das Knackschmatz der Wurst hatte eindeutig ein nicht zu fassendes Etwas, das keiner seiner Vorgänger gehabt hatte. Ja, das war das akustische *Je-ne-sais-quoi*, von dem der Künstler unter unseren Professoren immer gesprochen hatte, wenn er behauptete, dass die Essenz des Klanges physikalisch nicht darstellbar sei. Auch wenn ich mich längst um meinen Körper hätte kümmern müssen, blieb ich noch sitzen. Ich mischte den ersten Take noch etwas sauberer ab und schickte ihn meinem Auftraggeber. Erst dann machte ich mich auf den Weg.

RITTERFESSELSPIEL

Anu Tofer gab es anscheinend wirklich. Mit absoluter Höchstverbindlichkeit schrieb sie schon Montagmorgen, wann genau sie am Freitag bei mir zu erscheinen gedenke. In der Fahrplanmaske der Verkehrsbetriebe hatte sie sich genau die Verbindung herausgesucht, die sie nach ihrer Landung in Schönefeld ganz sicher erreichen würde. Sie würde den Regionalexpress nehmen, dann die U-Bahn, dann 400 Meter laufen und schließlich bei mir klingeln. Wenn man ihre Worte so las, war ihre Zukunft verlässlicher als meine Gegenwart. Als die vergangenen Wochen sowieso: Entweder meine Karriere als Gastgeber im globalen Couchsurfer-Verbund hatte dazu geführt, dass ich nicht mehr zwischen Traum und Wirklichkeit unterscheiden konnte, oder aber ich war so weit gesunken, dass meine Freunde mir eine Edelprostituierte nach Hause schickten. Dann lieber Anu Tofer, die mich im Falle irgendwelcher unvorhersehbaren Ereignisse umgehend von Planabweichungen in Kenntnis setzen würde, vorausgesetzt, ich schickte ihr meine Telefonnummer, was ich natürlich umgehend tat. Anu Tofer wusste, was sie wollte. Eine Frau der Tat, die das Maß der Dinge kannte. Ein Mensch, wie er nicht besser hätte zu mir passen können. Wie ich hielt sie nichts von Klangessenzen jenseits des physikalisch Darstellbaren von wochenlangem Herumlungern in einer Wohnung, körperlichem Verfall, ziellosem Kegelvergnügen. *Slimmy Plus* stand längst wieder auf ihren Platz unmittelbar neben den Schreibtisch. Wenn mein neuestes Knackschmatzen den Auftraggeber überzeugen sollte, umso besser. Wenn nicht, würde ich auch das verkraften. Bis jetzt jedenfalls hatte er nichts von sich hören lassen. Nichts, was mich von der Bestimmung meines Ausgangs-EBMI hätte ablenken können, der mit 73,457 im Wesentlichen dem Stand von Samstagabend entsprach. Bis Freitag würde ich die 70 unterschreiten.

Um mich vor der Versuchung des Donnerstagabends in Sicherheit zu bringen, verabredete ich bei Ankunft im Studio sofort einen Termin mit meinem Trainer, der sich mir mittlerweile als Alex vorgestellt hatte, so beeindruckt war er von meiner Hartnäckigkeit. Als habe er mich in eine worauf auch immer verschworene Gemeinschaft aufgenommen, wurde ich plötzlich auch von anderen gegrüßt. Nicht, dass die Frauen besonderes Interesse gezeigt hätten, aber es gab doch eine ganze Reihe Kerle, vor denen ich noch vor wenigen Tagen Reißaus genommen hätte, die jetzt teils nickten, teils die Hand hoben, manchmal sogar eine geballte Faust zum Checker-Gruß in meine Richtung drehten, während wir einen neuen Trainingsplan erstellten.

Der allgegenwärtige Schweißgeruch. Das Keuchen der sehr schmalen Mädchen auf den Steppern. Das Stöhnen der sehr breiten Männer an den Gewichten. Mit einem Mal erschien mir das Studio wie ein Zuhause. Eine Schicksalsgemeinschaft, zu der auch ich jetzt gehörte. Ich spürte Glück und Energie in mir wachsen. ICH WÜRDE DIE 70 KNACKEN! ICH WÜRDE ES SCHAFFEN!! ICH!!!

»Na gut, mein Bester«, sagte Alex und klopfte mir auf die Schulter. »Dann würd ich sagen, bis Donnerstag täglich zweimal drei Stunden Ausdauer. Gewichte nur zum Ausgleich. Ernährungsmäßig weißt du Bescheid: Meide die Kohlenhydrate …«

»… wie der Zander die Angel.«

»Du sagst es, und jetzt los mit dir!«

Mit erhobenem Kopf schritt ich zwischen den Mittrainierenden hindurch zur Umkleide, wo ich zum ersten Mal keinen Gedanken daran verschwendete, beim Wechseln des Hemds meinen Bauch einzuziehen. Wie hatte Fritzi es noch formuliert? DU MUSST AN DEN AUFSTIEG GLAUBEN! Und genau das tat ich: Ich glaubte an die 70er-Marke, und ich wusste, dass mit Anu Tofer endlich eine ganz normale Frau bei mir übernachten würde, mit der ich mich ganz normal würde unterhalten können, ohne fiesfisselige Absichten.

Am Montagabend sagte ich Ingo für Donnerstag ab. In den folgenden Tagen kommunizierte ich nur noch mit meinem EBMI, da auch mein Auftraggeber sich nicht meldete.

Montagabend: 73,453
Dienstagmorgen: 73,454
Dienstagabend: 73,1
Mittwochmorgen: 72,6
Mittwochabend: 71,892
Donnerstagmorgen: 72,0

Ich kontrollierte noch einmal sämtliche Maße.

72,0

Ich unterbrach die Infrarotverbindung zwischen Rechner und *Slimmy Plus*, um sie gleich neu zu installieren.

72,0

Drei Tage hatte ich fast ausschließlich auf dem Laufband verbracht und meinen EBMI um gerade einmal 1,453 Punkte nach unten gedrückt. Selbst freundlich kaufmännisch gerundet ergab das höchstens eine glatte 2. DAS KONNTE DOCH NICHT SEIN! ICH HATTE FALSCH TRAINIERT! Ja, plötzlich war ich sicher, dass dieser Luftkissen-Alex mich ganz bewusst falsch eingewiesen hatte, um mich für meine anfängliche Aufmüpfigkeit zu bestrafen.

Ich war verraten und verloren. Wie sollte ich ein ganz normales Wochenende mit Anu Tofer aus Estland verbringen, wenn ich ihr vollkommen fettleibig gegenübertreten würde? Ich musste an den Aufstieg glauben, der in meinem Fall der Abstieg meines EBMI war, und ich hatte keinen anderen Trainer als Alex.

Er erwartete mich am Tresen, als ich Punkt 19 Uhr aus dem Schneeregen ins Studio trat.

»Es klappt nicht!«, rief ich, noch ehe wir uns fest die Hand gedrückt hatten. »Ich bin bei 72,0.«

»Und du hast keine …«

»Nein, ich habe nichts als Suppe und Salat gegessen!«

Er sah mich an und schien ernsthaft besorgt, was mich zumindest von meinen Zweifeln an seiner Integrität als Trainer befreite, nur brachte mich das körperlich nicht weiter. Dann schickte er mich in die Umkleide.

»Okay«, sagte er, als ich zurückkam, und schaute jetzt freundlich und ernst zugleich wie ein Kinoheld, der die Welt/den Patienten/das Raumschiff nur mit einem besonders riskanten Manöver retten kann.

HELD

Wir müssen da rein/Wir müssen Kyroban injizieren/Wir müssen den Strorkat-Antrieb aktivieren.

DER BEGLEITER DES HELDEN

(panisch)

Da rein?!/Kyroban?!/Den Strorkat-Antrieb?!

DIE BEGLEITERIN DES HELDEN

Das können wir nicht tun! Das ist viel zu riskant!

HELD

Wir haben keine andere Wahl.

DER BEGLEITER DES HELDEN

Ich kann das nicht!

HELD

Reiß dich zusammen! Wenn das nicht klappt, sind wir verloren.

DIE BEGLEITERIN DES HELDEN

(guckt ängstlich und doch voller Bewunderung)

DER BEGLEITER DES HELDEN

(unterdrückt seine Tränen, presst die Lippen aufeinander)

HELD

Seid ihr so weit?

DER BEGLEITER/DIE BEGLEITERIN

Ja.

HELD

Gut, dann wollen wir mal …

Ich folgte ihm die Treppe hoch in den Freihantelbereich, die heilige Halle des Studios, in die ich mich noch nie zuvor hineingewagt hatte. Hier standen ausschließlich Männer, neben deren Unterarmen meine Oberschenkel wie Säuglingsfinger wirkten. Auf ihrer Haut vereinten sich sämtliche Heldenmythen der Weltgeschichte in blau-bunten Gemälden. Ehrfürchtig schritt ich hinter Alex her.

»Wenn du die 70 knacken willst, brauchen wir Umfang. Die Reduktivität deines Gewichts reicht nicht aus. Dein Fett ist hartnäckig, was aber kein Grund zum Verzweifeln ist«, sagte er und blieb an einem der Trainingsplätze stehen. »Bist du bereit?«

»Ja«, sagte ich und presste die Lippen sofort wieder aufeinander, um sie am Zittern zu hindern.

Er reichte mir eine Langhantel. Fest schlossen sich meine Hände um das kühl glänzende Metall. Ich sollte meine Arme langsam anwinkeln. Sie zeigten beharrlich in Richtung Boden, sosehr ich mich auch anstrengte, weil er mich immer weiter antrieb, immer weiter. Ich sollte bloß nicht aufgeben, das Blut in meine Arme jagen. Es musste schmerzen! Er wollte mich schreien hören! Das war noch gar nichts! Wollte ich wirklich oder nicht? War ich Mann oder Möschen? Wollte ich runter unter 70? Ja?? WOLLTE ICH DAS???

»Dann streng dich an!«, sagte er und sein Flüstern klang lauter als jedes Schreien. »Streng dich an, du Sau!«

Und ich gab alles. Ich stöhnte, vergaß die Welt um mich herum, die nur noch seine Stimme war. Ich wusste, dass die Felsen sich neigten und jeden Moment auf uns hinunterstürzen würden. Das Herz des Patienten stand still. Monoton verkündete das Piepen das Ende unserer Bemühungen. Der Strokat-Antrieb brachte das Raumschiff aus dem Gleichgewicht. Gleich würden wir brennen.

BEGLEITER DES HELDEN

Wir sind verloren!/Wir haben ihn verloren!/Ich will nicht sterben!

HELD

Macht schnell!/Komm zurück, verdammt!/Beweg dich, Baby!

Und meine Arme bewegten sich! Ich spürte längst nichts mehr und sah doch, wie sich die Unterarme Zentimeter für

Zentimeter aus der Senkrechten in Richtung Horizontale bewegten.

BEGLEITER DES HELDEN
Es reicht nicht!
BEGLEITERIN DES HELDEN
(ungläubig euphorisch)
Doch! … Doch! … Es … es … es klappt!!! Wir schaffen es!!!!

Der HELD betritt die unterirdische Halle und dreht den Stein, der die Welt im Innersten zusammenhält in die weltrettende Position. Rhythmisches Piepen signalisiert das Überleben des Patienten. Das Raumschiff rast in stabiler Position zwischen den Sternen hindurch. Dazu MUSIK! Streicher, Bläser, Orgel, ein mindestens philharmonischer Chor! Um die Lippen des Helden ist ein leichtes Lächeln zu erahnen. Seine Begleiter fallen sich weniger selbstbeherrscht in die Arme.

»Na also«, hörte ich Alex sagen. »Und das jetzt noch zehnmal.«

Ich lag im Bett und wusste, dass ich die 70 geknackt hatte. Ober- und Unterarme fühlten sich an, als sei eine Horde übergewichtiger Rinder auf ihnen in Panik geraten. Sie glühten. Sie schmerzten. Sie machten mich glücklich, auch wenn sie mir beim Aufstehen von meiner Matratze keine Hilfe waren, da sie sich nicht mehr beugen ließen. Ich holte Schwung und kam auch so auf die Beine. Im Arbeitszimmer versuchte ich das Maßband mit den Zähnen um den Bizeps zu legen. Erfolglos. Natürlich reichte allein der Anblick der Arme aus, um mich wissen zu lassen, dass ich es geschafft hatte, aber ich brauchte Zahlen. Ich wollte es schriftlich, wissenschaftlich, exakt.

Im Bad ließ ich mir kaltes Wasser über die Arme laufen, was den Schmerz nach einer Viertelstunde tatsächlich so weit linderte, dass mir mit Mühe eine Neuvermessung der entscheidenden Partien gelang. Ich gab die neuen Daten ein und aktualisierte mit *Slimmys* Unterstützung auch Gewicht und Körperfettgehalt. Und dann musste ich weinen, so glücklich war ich, dass wir es geschafft hatten. DASS ICH ES GESCHAFFT HATTE! Und zwar wie! Ich wollte mir selbst in die schmerzenden Arme fallen.

69,46!!!

Ich küsste den Monitor, hüpfte durchs Zimmer, sprang am Ende sogar auf das Sofa, ohne das ich niemals so weit gekommen wäre. Nur ihm hatte ich es zu verdanken, dass ich den Antrieb gefunden hatte, mich neu auszuprobieren. AN DEN AUFSTIEG ZU GLAUBEN! Ich hüpfte, dass die Federn glücklich quietschten, vorsichtshalber aber nur auf der nicht geflickten Seite. So sehr hatte ich mich unter Kontrolle. Schließlich mussten auch Sofa und Wohnung perfekt in Form sein für meine korrekt anständige Besucherin.

Es war kein reines Vergnügen, mit zwei nahezu gelähmten Armen aufzuräumen und zu putzen, aber die positive Energie des Erfolges trug mich durch den Tag und schließlich in den Waschsalon.

Da fand ich sogar Freude daran, der Wäsche nach 70 Minuten Waschgang weitere 57 Minuten beim Trocknen zuzusehen, bewegungslos auf einem der orangefarbenen Hartplastikschalensitze sitzend, von dem ich nur zweimal aufstand.

Einmal zwecks Überführung der Wäsche in den Trockner und einmal, um mir gleich nebenan im Spätkauf eine Flasche zuckerfreien Matetee zu kaufen. Aus der wollte ich dann aber gar nicht trinken, da ich meine Arme nicht unnötig bewegen wollte. Ganz ruhig stand die Flasche neben meinen Füßen auf dem kleinteilig gekachelten Boden, wo ich sie unberührt zurück ließ, als die Wanduhr mir mitteilte, dass ich in kaum mehr als einer Stunde mit dem Besuch Anus zu rechnen hatte. Wenn sie mit Verspätung gestartet wäre, hätte sie mich bereits informiert. Das konnte nur bedeuten, dass sie pünktlich in 52 Minuten bei mir klingeln würde, vorausgesetzt der öffentliche Nahverkehr verkehrte planmäßig.

Nachdem ich das Sofa unter Schmerzen mit der vom Trocknen noch ganz warmen Wäsche frisch bezogen hatte, recherchierte ich schnell, ob mit drastischen Verspätungen zu rechnen war. Alles lief jedoch genau so, wie sie es vorhergesagt hatte. Ich musste mich beeilen, um trotz meines Handicaps rechtzeitig geduscht und ordentlich angezogen zu sein. Schließlich war sie nicht die erste Couchsurferin, die ich empfing, und ich hatte aus dem bisher Erlebten durchaus gelernt.

Mein Digitalwecker zeigte 16:43, als ich den zweitobersten Knopf des Karohemdes schloss – den obersten würde ich offen lassen. Genau in dieser Minute hielt ihre U-Bahn. Die Türen öffneten sich. Sie trat heraus auf den Bahnsteig und wandte sich sofort in die richtige Richtung, da sie auch das zuvor herausgefunden hatte. Ohne bei ihr zu sein, wusste ich doch genau, was sie tat, wie sie die Rolltreppe erreichte und bis ins Zwischenstockwerk fuhr, wo jemand sie fragte, ob sie einen Fahrschein abzugeben habe. Sie ignorierte das. Sie hatte nur ein Ziel, dem sie sich jetzt über die letzte Treppe hoch auf die Straße weiter näherte, bis sie sich einreihte in den spätnachmittäglichen Fußverkehr auf der Hauptstraße, von der sie jetzt links abbog, um dann eventuell an der Fußgängerampel zu warten. Sekundengenau ließ sich das doch nicht nachvollziehen.

Schnell eilte ich ins Bad, formte meine Haare mit etwas Gelwax möglichst ordentlich, ohne dabei langweilig zu erscheinen, und versuchte abschließend einige letzte therapeutische Übungen mit meinen Armen, um später den guten Eindruck meines EBMI nicht mit allzu hölzernen Bewegungen zu zerstören. Und es ging wirklich schon viel besser. Der Geist gab dem Körper zurück, was er von ihm an Hilfe erhalten hatte. Die Abteilungen harmonisierten miteinander. ICH FUNKTIONIERTE. SIE FUNKTIONIERTE. ES KLINGELTE.

Um exakt 16:47 atmete ich tief durch und ging einer weiteren Frau die Tür zu meiner Wohnung öffnen. Wenn ich auch nichts von dieser Begegnung erwartete, wusste ich doch, wie viel ich mir von ihr erhoffte. Ich glaubte an den Aufstieg!

»*Hi, I am Dickie!*«, rief ich, kaum hatte ich sie erblickt, damit sie nicht wieder diese Frage stellen konnte, ob ich auch ich sei. »*You must be Anu.*«

»*Yes, I am*«, lachte sie ganz gesund zwischen dem Wasserfall ihres blond am zarten Kopf hinunterfließenden Haares hindurch.

»*So, please, come in!*«, lachte ich zurück und nahm ihr die Reisetasche ab, die von der Eleganz her zu einer Dame und von der Größe her zu einem Eishockeyspieler passte.

Ich schloss die Tür hinter uns und zeigte ihr den Weg ins Arbeitszimmer, den sie aber nicht antrat, ohne vorher ihre

Schuhe auszuziehen und die Winterjacke aufzuhängen, für deren Kapuzenrandbefellung eine ganze Sippe Nerze hatte sterben müssen. Dann folgte sie mir zum Sofa, an dem sie anscheinend nichts auszusetzen hatte. Ja, Anu schien zufrieden, wollte weder von meinem neu erworbenen Tee noch Kaffee, später gern etwas essen gehen, aber nur, wenn es mir nichts ausmachte. Sie käme auch allein zurecht.

Erst einmal wollte Anu eine Stunde Yoga machen, wobei ich ihr natürlich auch Gesellschaft leisten könne. Ich hätte unbedingt ablehnen müssen, da ich mich grundsätzlich und mit meinen gestählten Armen sowieso nicht in der Lage für Gymnastik welcher Art auch immer fühlte. Ihre positive Ausstrahlung ließ mir aber gar keine Wahl. Ich machte mit.

Kaum fünf Minuten nach ihrer Ankunft lagen wir auf den Dielen. Mit welchen unerschlossenen Kraftreserven auch immer versuchte ich hoch in die Kobra zu kommen, in der sie schon längst verharrte. Regelmäßig ruhig atmete sie hinein in ihren Gertenkörper. Mir assistierte sie aufmerksam und ohne jeden Spott, bis mir zumindest zwei der einfachen Figuren im Ansatz glückten. Auch für sie sei es ein langer Weg gewesen, sagte sie. Man dürfe nur nicht aufgeben.

»*You have to believe in the … the …* also den Aufstieg, *you know*?«, bestätigte ich ganz begeistert.

»*Absolutely!*«, sagte sie. »*Like this we Estonians made our way back to Europe.*«

Da ich schon Oleg gegenüber nicht mit geopolitischer Kompetenz hatte glänzen können, versuchte ich erst gar nicht, auf diesen Vergleich einzugehen. Vielmehr interessierte mich sowieso, was sie für einen Wochenendtrip alles in ihrer gigantischen Tasche verbarg. Ich traute mich nicht, einfach zu fragen, und suchte eine subtilere Herangehensweise.

»*And what are your plans?*«, fragte ich. »*For the weekend?*«

»*It's a secret*«, sagte sie. »*Maybe I can tell you later.*«

»*Wow!*«, sagte ich mit möglichst authentischer Begeisterung. »*That's really interesting!*«

Ich dachte an Laura wie an ein anderes Leben, als wir später an der um diese Zeit längst geschlossenen Fleischerei vorbeigingen. Anu hatte sich schon im Vorfeld für ein vor Kurzem eröffnetes Restaurant entschieden, in dem sie gerne essen wollte. Wir fanden es wenige Straßen weiter.

LIVELONG – HEALTHY FOOD leuchtete die grün-violette Neonschrift über den großen Scheiben, hinter denen schon eine Menge Menschen in sehr hellem Licht an sehr hohen Tischen saßen. Anu ging voraus und sorgte auch gleich dafür, dass der von ihr reservierte Platz für uns geräumt wurde.

Kaum hatten wir es uns auf den Barhockern gemütlich gemacht, fuhr sie fort, über das ihr anscheinend sehr wichtige Thema Gesundheit zu reden. Gesundheit von Menschen, Dingen und von Völkern sowieso. Ich konnte ihr insofern folgen und zustimmen, als ich am eigenen Leib erlebt hatte, dass mein gesünderer Lebenswandel mir auch in anderen Bereichen zugutekam, was ja letztlich nur logisch war. Natürlich lebte es sich besser in einem Haus, das auf gesunden Pfeilern stand und nicht auf den vermorschten Stämmen kranker Bäume, wie sie es formulierte.

So weit waren wir uns einig, als die Vorspeise serviert wurde: zwei Schüsselchen mit viererlei gedünsteten Sprossen in Sojamilch. Als sie dann aber anfing, mir ihre Sicht des Mittelalters zu erklären, fürchtete ich zunächst, ihrem Englisch nicht mehr ganz folgen zu können, zu unverständlich war mir der plötzliche Themenwechsel, der sich wenig später aber schon als Fortführung des Gesundheitsthemas entpuppte: Unsere Sicht des Mittelalters sei eine Projektion unserer heutigen Lebensart, die deutlich dekadent sei. Nur deswegen projizierten wir Sauferei, Herumgehure *(wild fucking around with everybody)*, Gewalt und Dummheit auf die Vergangenheit. Tatsächlich sei das Mittelalter eine Epoche der Reinheit gewesen, die von nur wenigen bösen Ritterschaften *(evil Ritterschafts)* zerstört worden sei, zumindest da, wo sie herkomme. Aufmerksam hörte ich zu und konnte mir das verwundert-skeptische *OOO-KAY?!* nicht verkneifen, worüber sie einfach hinwegging. Sie dozierte einfach weiter, bis wir jeder ein Stück Ingwer-Pastinaken-Dinkel-Quiche bekamen. Dazu tranken wir Wasser aus einer Privatquelle im Riesengebirge.

Natürlich war das alles ziemlich schräg und anders als das, was ich sonst so kannte. War es aber schlechter als ein Mittagessen in der Fleischerei mit schon drei Bier am hellichten Tage? Ich glaubte nicht und genoss es, Anu so einfach ansehen zu dürfen, während sie voller Engagement erklärte, was wann wieso wozu gekommen war vor siebenhundertsechsundsiebzig Jahren. **776!** Endlich wieder eine Zahl, was sie auch immer sagen wollte.

So klar und geradlinig verlief der Abend, dass es nur schlüssig war, als sie um ganz genau neun Uhr erklärte, jetzt gleich ins Bett zu müssen.

»*I have to get up early*«, sagte sie. »*Very early.*«

»*Your secret*«, sagte ich verschwörerisch.

»*Exactly. I will tell you tomorrow night.*«

Wir zahlten getrennt und liefen zügig nach Hause.

Als sei es eine Selbstverständlichkeit, gingen wir zusammen ins Bad, um uns die Zähne zu putzen. Skeptisch beäugte sie meine Zahnpasta und bot mir von ihrer an. Die schmeckte salzig, was ich aber nicht kommentierte. Anschließend reichte sie mir von ihrer grobwollenen Zahnseide und wünschte mir zuletzt mit einem Lächeln eine gute Nacht mit viel gesundem Schlaf. Dann zog sie sich zurück ins Arbeitszimmer. Ohne abzuschließen.

So seltsam das alles war, hatte ich mich doch mit keiner meiner Besucherinnen so ausgeglichen gefühlt. So unaufgeregt und geborgen. Anu war sich ihrer Meinungen und Einstellungen sicher. Sie hatte eine Stabilität, die ich auch haben wollte. Und dennoch war sie rätselhaft, hatte sie dieses *secret,* das mich keine Ruhe finden ließ, bis ich mir meinen Wecker auf fünf Uhr stellte und ihn unter das Kopfkissen legte. Sie sollte nur nicht denken, dass ich sie überwachen wollte.

Das Piepen, das meinen traumlosen Schlaf beendete und mich meine noch immer schmerzenden Arme wieder spüren ließ, kam unerwartet, war aber nichts verglichen mit dem, was ich wenig später durch das Schlüsselloch meiner Schlafzimmertür beobachtete. Im Flur meiner Wohnung stand eine mittelalterliche Erscheinung, die meiner estnischen Besucherin sehr ähnlich sah. Nur trug die zu ihren blonden Haaren jetzt einen dunkelbraunen Lederpanzer, darunter einen bodenlangen grauen Rock. Darüber warf sie gerade einen Übermantel aus grobem Stoff, unter dessen Kapuze auch ihr Haar verschwand. Das also hatte in ihrer Tasche gesteckt.

Plötzlich wandte sie sich genau mir zu. Ihre blauen Augen fixierten die Schlafzimmertür auf Klinkenhöhe. Sie hob die rechte Hand und führte sie in Schlangenbewegungen von sich fort. Dazu murmelte sie Unverständliches. Hatte sie mich bemerkt? Oder meinte sie, mit meinem schlafenden

Körper zu kommunizieren? Auf jeden Fall stand sie eindeutig da. Die Idee, dass hier schon wieder etwas nicht ganz stimmte mit der Wirklichkeit, verwarf ich sofort, da ich viel zu dringend auf die Toilette musste. So gut wirkten die ungewohnt gesunden Sprossen.

Kurz darauf verließ Anu die Wohnung. Ich stürzte ins Badezimmer. Auf dem Klo sitzend wagte ich einen ersten Versuch, die eben erst verschwundene Erscheinung in meinem Flur mit dem in Einklang zu bringen, was ich von Anu erwartet und gestern auch gesehen hatte. Wäre da nicht ihr Vortrag beim Abendessen gewesen, hätte ich alles als weiteren Spuk abtun können. So aber bestand eine deutliche Kontinuität zwischen der Yoga-Anu und ihrer mittelalterlichen Wiedergängerin.

Ich war nicht bereit, bis zum Abend zu warten, um hinter ihr *secret* zu kommen. Im vollen Bewusstsein der Tatsache, dass ich eines Gastgebers unwürdig handelte, öffnete ich kurz darauf ihre Tasche. Gleich obenauf lag eine Klarsichthülle, darin der Ausdruck einer Nahverkehrsverbindung für GENAU JETZT! NACH SPANDAU!! NACH HINTER SPANDAU!!!.

HELD

(leise, mit einem Lächeln)

Bingo!

Ganz aufgeregt angesichts meiner Entdeckung, versuchte ich zu verstehen: Warum reiste eine Frau wie Anu nach Berlin, um gleich am nächsten Tag in einem solchen Aufzug nach Spandau zu fahren? Um diese Uhrzeit? Gab es keine reizvolleren touristischen Ziele? Museen? Clubs? Dampferfahrten? Attraktionen, für die Jahr für Jahr viele Millionen

Menschen aus der ganzen Welt in diese Stadt kamen, die sogar Hollywood immer häufiger als Kulisse diente? Und sie fuhr morgens um halb sechs nach Spandau?

Allein der Umstand, dass ich keinen Moment daran zweifelte, dass ich herausfinden würde, was Anu da draußen vorhatte, ließ mich nicht daran zweifeln, dass ich genau das machen würde. *Slimmy Plus* und das Studio mussten heute ohne mich auskommen. Ich hatte einen Auftrag und keine Zeit zu verlieren. Auch nicht mit dem Vergnügen einer frühmorgendlichen Dusche.

Schnell zog ich mich an, nahm ausnahmsweise eine *Bocki*™ für sofort und eine als Proviant für den Weg und verließ kaum eine halbe Stunde nach Anu meine Wohnung. Ich folgte ihrer Spur bis zur U-Bahn und stieg an der Friedrichstraße um, die zu dieser Tageszeit genauso trostlos aussah wie Christa Wurster selbst, als ich sie hergebracht hatte. Nach einer endlosen Fahrt erreichte ich den Bahnhof zu Spandau, wo ich allerdings eine Stunde auf den Bus warten musste, den sie wenige Minuten zuvor von hier aus genommen hatte. Um die Wartezeit zu verkürzen, gönnte ich mir ausnahmsweise einen Kaffee und ein Croissant in einem Backshop im Bahnhofsgebäude. Gut getarnt als ganz normaler Kaffeetrinker und Croissant-Verzehrer beobachtete ich das Treiben auf dem Bahnhofsvorplatz. Nach und nach erschienen immer mehr Gestalten in altertümlichen Kostümen. Sie trafen sich an der Haltestelle, von der auch mein Bus abfahren würde.

Ein bedrohlich wirkender Hüne mit eisernem Brustpanzer, Helm und Hellebarde steuerte in Begleitung eines eher schmächtigen Jungen im Bärenpelz direkt auf den Backshop zu. Ich tat nicht interessierter als jeder andere auch, der zwei Menschen in diesem Aufzug auf sich zukommen sehen würde. Sie bestellten jeder einen Pott Kaffee und Mettbrötchen, der eine ohne Zwiebeln, und begaben sich dann an den meiner Fensterposition nächstgelegenen Stehtisch.

»Und, Volquin?«, fragte der Hüne. »Gestern auch schon in der Schlacht gewesen?«

»Nee, musste arbeiten. Ich brauch den Job beim Baumarkt unbedingt. Heut mach ich ausnahmsweise krank.«

»Egal«, winkte der andere ab. »Wichtig ist heute. Wenn der Schlachtplan sitzt, sitzt er.«

»Genau. Damit rechnen die nicht.«

»Wie auch? Das Heidenpack!«

»Denken die echt, wir kommen, um uns abschlachten zu lassen!«

»Idioten halt.«

»Na, aber so was von. Wie heißen die noch gleich?«

»Samaiten oder so.«

»Wie das schon klingt.«

»Aber nur nicht den Feind unterschätzen! Wie letztes Jahr.«

»Kein Wort von letztem Jahr.«

Dann widmeten sie sich schweigend ihren Brötchen. Ich genoss mein Frühstück und fragte mich, warum sich bis noch gar keine Französin bei mir einquartiert hatte. Mit dem letzten Bissen Croissant verbot ich mir, weiter darüber nachzudenken. Das brachte mich nun wirklich nicht weiter.

Satt und voller Tatendrang lief ich schließlich zur Haltestelle. Volquin und sein großer Partner folgten mir kurz darauf. Der Bus hielt drei Minuten später und fuhr pünktlich nach Plan.

Ein Nieselregen bestäubte die schwach befahrenen Straßen Spandaus, ohne ihnen im grauen Licht der Dämmerung zusätzlichen Glanz zu verleihen. Durch die am Fenster nach hinten kriechenden Tropfen hindurch sah ich die Bebauung immer dünner werden, bis wir schließlich auf der Landstraße zwischen Feldern hindurchfuhren. Meine Mitreisenden wurden merklich aufgeregter. Als ich feststellte, dass außer mir nur der Busfahrer halbwegs zeitgemäß gekleidet war, wurde ich meinerseits etwas unsicher. Mindestens zwei Dutzend Männer, teils mit sehr echt wirkenden Waffen ausgerüstet, beäugten mich skeptisch.

Beim Erreichen der Zielhaltestelle blieb ich sitzen. Kaum war der Bus wieder angefahren, stand ich auf und ging nach vorne zum Fahrer.

»Entschuldigen Sie«, ignorierte ich die Aufforderung, während der Fahrt kein Wort an ihn zu richten. »Wissen Sie, was hier los ist?«

»Bekloppte halt«, murmelte der. »Gibt doch eh nur Bekloppte hier.«

»In Spandau?«

»Ist schon Brandenburg.«

»Ach so«, murmelte ich.

»Und selbst?«, überraschte er mich.

»Ja?«

»Die Endstation ist aufm Acker und Kartoffeln gibt's bestimmt nicht mehr.«

»Ach so … na ja, vielleicht könnten Sie mich auf dem Rückweg ein bisschen vor der letzten Haltestelle rauslassen?«

»Mhm«, machte er. »Also doch auch bekloppt.«

»Ich such 'ne Freundin«, sagte ich.

»Wer tut das nicht«, stellte er fest und starrte geradeaus durch den immer dichter fallenden Regen, den Kopf kaum merklich schüttelnd.

Nach einigen Minuten bog er rechts ab auf einen frisch asphaltierten Weg in die Felder hinein und hielt schließlich an einem nagelneuen Wartehäuschen. Die Frauenstimme vom Band verkündete das Erreichen der Endstation und forderte zum Aussteigen auf.

»In zwanzig Minuten geht's retour«, sagte der Fahrer und ließ die Türen auseinandergleiten. »Der Verbleib im Fahrzeug ist sozusagen untersagt.«

Er stieg gleich nach mir aus und steckte sich im Schutz des Wartehäuschens eine Zigarette an. Das Plakat auf der noch von der Nacht her beleuchteten Anzeige warb mit einem sehr eleganten Mann für eine sehr luxuriöse Uhrenmarke. Der Busfahrer rauchte und hatte offenbar kein Interesse an einer Fortführung unseres Gesprächs.

Zurück am Ziel meiner Reise, lief ich langsam in Richtung des Waldes, auf den ich sie vorhin hatte zugehen sehen. Schwarz hoben die Bäume sich ab vom Grau des Himmels. Nimmermüde fielen die Tropfen auf mich nieder. Immer tiefer versanken meine Schuhe im Morast des Feldes, aus dem sie sich mit einem Schmatzen lösten, das ich zu gerne aufgenommen hätte, nur für den Fall der Fälle.

Irgendwo in diesem Wald steckte Anu, und ich war mir alles andere als sicher, ob sie in guter Gesellschaft war. Womöglich trug das etwas unheimliche Setting seinen Teil dazu bei, dass meine Phantasie immer wildere Haken schlug, aber zu meiner Neugier gesellte sich aufrichtige Besorgnis um die mir anvertraute Frau. Natürlich klang das unsinnig, mittelalterlich, archaisch, aber war es nicht doch so, dass ich verantwortlich für ihr Wohlergehen war? Für sie, die unter meinem Dach geschlafen hatte? Würde man nicht mich zur Rechenschaft ziehen, wenn ihr etwas zustoßen sollte? Zugleich genoss ich das Spiel, dieses Gefühl, stark zu sein in meinem durchtrainierten Körper.

Am Waldrand angekommen suchte ich mir einen tauglichen Stock, wofür auch immer. Die Faust fest um mein Schwert geschlossen, schlich ich hinein in die Finsternis, Deckung suchend hinter Büschen und Bäumen, jeden noch so kleinen Ast meidend, dessen Knacken mich hätte verraten können. Instinktiv wiederholte meine freie Hand die Schlangenbewegung, die Anu in Richtung meines Zimmers ausgeführt hatte. Sofort spürte ich den Kontakt zu ihr. Die Schläge meines Herzens ließen mein Trommelfell zittern wie Pauken beim Wettstreit der Ritter. Anu war in Gefahr! Ein Blick auf mein Telefon zeigte mir, dass ich mit keiner Hilfe von außen rechnen konnte. Wir waren weit weg von der Stadt. Weit weg auch von Spandau. Der nächste Bus kam frühestens in einer Stunde.

Ich lief weiter und fand bald die ersten deutlichen Zeichen dafür, dass ich auf dem richtigen Weg war: Lederlappen mit farbigen Zeichen hingen an einzelnen Bäumen. Noch vorsichtiger schlug ich mich durchs Unterholz, bis ich erste Stimmen vernahm.

Ich ging zu Boden und robbte weiter und unterschied immer klarer die gesprochenen Worte.

»*Fratres miliciae Christi de Livonia!*«, rief ein Mann voller Pathos. »Wir haben uns versammelt, weil die dreckigen Heiden noch immer die Waffen nicht strecken.«

Ein Chor von Männern brüllte.

Ich nutze den Lärm, um ein gutes Stück weiterzukommen, bis ich sie durch einen letzten Busch hindurch erblickte: Sicherlich fünfzig Männer standen auf einer Lichtung versammelt. In ihrer Mitte erhöht der Redner. In seiner Hand ein Schwert, das sogar das wenige Licht des Waldes zu einem Blitzen in sich bündelte. Begeistert pries er die Baltischen Ritterschaften und die christliche Mission an, um dann die heidnischen Kulte zu schmähen. Die gelte es auszumerzen, damals wie heute.

»Denn«, so schrie er in den Wald hinein. »Das Übel ist längst nicht ausgerottet. Es gedeiht mehr denn je in diesen Tagen! Die heidnischen Stämme des Ostens brauchen eine Lektion!«

Das erneute Johlen der Männer klang schon weniger bedrohlich. Wie lächerlich es war, mit durchnässten Kleidern in einem Brandenburger Wald zu liegen und mittelmäßig talentierten Rollenspielern bei ihrer Freizeitbeschäftigung zuzusehen!

»Über Jahrhunderte«, setzte der Redner schon wieder an. »Über Jahrhunderte hat der Deutsche Orden die Niederlage akzeptiert, weil nur sie uns zur Unterordnung hat zwingen können, uns unterzuordnen. Die Schmach, liebe Schwertbrüder, die Schmach gehört getilgt!«

Es ging immer weiter und weiter, und ich konnte den Gedanken nicht länger verdrängen, dass ich gar keinen Beweis dafür hatte, dass Anu überhaupt hier war. Wieso war ich so sicher? Warum hatte sie ihren Fahrplan dann liegen lassen? Womöglich war sie ja zu einem ganz anderen Rollenspiel gefahren. Was wusste ich denn, was in Spandau und anderen Randbezirken an so einem Samstagmorgen getrieben wurde? WARUM WAR ICH DENN BITTE NICHT BEIM SPORT?!

Vorsichtig zog ich mich zurück, bis ich mich hinter dem nächsten Busch endlich vom nassfeuchten Boden erhob. Ich passte weiterhin auf. Letztlich konnten die Schwertbrüder nichts dafür, dass ich mich hierher verirrt hatte. Was sollte ich aus Frust den Spielverderber spielen und in die Hauptversammlung reinrufen, ob das hier die Geschlossene auf Freigang sei und wo denn bitte der Betreuer sich verstecke?

Gerade fasste ich meinen Stock so, dass er mir nur noch als Wanderstab diente, und machte mich auf den Rückweg zur Bushaltestelle, als ich die Männer plötzlich ganz aufgeregt durcheinanderrufen hörte.

»Ein Verräter!«

»Ein Spion!

»Fasst ihn, Schwertbrüder!«

Sofort hob ich den Stock und suchte Deckung hinter einem Baum. Musste ich jetzt doch ihr Kinderspiel mitspielen und noch mehr Zeit frierend im Wald verbringen?

Niemand schien mir zu folgen. Beruhigt hätte ich weiterziehen können. Aber ich spürte Anu.

SCHLANGENBEWEGUNG!

KONTAKTAUFNAHME!!

HILFE!!!

Es konnte kein Zweifel bestehen. Anu war in Gefahr.

Sofort warf ich mich wieder auf den Boden und robbte vor auf meine Spähposition.

»Eine Ungläubige!«

»Heidenschlampe!«

»Hängt sie auf!«

Ich verdammte mich für meine Neugier. Lieber wäre ich für alle Zeiten unwissend geblieben, als mit ansehen zu müssen, wie sie hoch auf das Podest gezerrt wurde, zum Anführer der Irren, der sich kaum noch einkriegte.

»Seht ihr, wie dreist der Ost-Heide geworden ist?! Weil wir ihn untätig gewähren lassen! Weil sie immer gewinnen dürfen, wie sie historisch niemals gewonnen haben! Bringt sie fort, legt sie in Ketten! Wir werden sie verhören, wenn wir das hier erledigt haben.«

Er stieß Anu so brutal in den Rücken, dass mir ernsthafte Zweifel daran kamen, ob diese Rollenspieler nicht vielleicht doch ernsthaft verwirrt waren. Zwei der Ritter schleppten meine Besucherin noch weiter weg von mir in den Wald hinein. Ich zögerte keine Sekunde, zog mich geordnet zurück und schlug einen weiten Bogen um die Lichtung.

Unterdessen fiel der Regen mit biblischer Kraft auf die Wipfel der Tannen. Nichts war zu hören als sein brandendes Rauschen. Wenn überhaupt, konnte ich mich auf meine Augen verlassen. Ich spähte hinein in die Finsternis, verfluchte vor Kälte zitternd mein Schicksal und ging doch weiter und weiter.

Ich fand sie erst lange nach Mittag, mit knurrendem Magen und einer schrecklichen Laune. Sie saß an einen Baum gefesselt, vor ihr der Ritter mit dem Bärenfell, den ich schon aus dem Backshop kannte. Seine Ordensbrüder grölten weiter auf der Lichtung. Anu zitterte am ganzen Körper. Das war kein Spiel mehr, und wenn doch? Wenn ich mich jetzt vollkommen lächerlich machte, von wegen Filmset in New York und ich so KANN ICH IHNEN HELFEN, und so ein Superregisseur dann LOS VERPISS DICH AUS DEM BILD, was dann? Ich würde damit leben müssen wie mit so vielen anderen Niederlagen.

Langsam trat ich hinter meinem Baum hervor und tippte dem Kleinen mit meinem Schwert auf die Schulter. Von angstvoller Panik ergriffen, fuhr er herum.

»Psst!«, sagte ich. »Sonst erfährt das alles dein Chef im Baumarkt.«

»Aber …«

»Und jetzt mach sie frei!«

Vollkommen verwirrt schaffte er es kaum hoch auf die Beine. Ich stieß ihn zu Anu hin und drückte ihn hinter dem

Baum in die Knie. Er fiel wehrlos zu Boden und fummelte hektisch an den Schnüren herum. Ich sondierte die Lage. Von der Lichtung her schien keine Gefahr zu drohen. Anu starrte mich ungläubig an.

»Störe ich dich?«, fragte ich. *»Do I disturb?«*

Sie schüttelte heftig den Kopf. Dann riss sie ihre endlich befreiten Arme nach vorn. Ich half ihr hoch, zog meine Jacke aus und legte sie ihr um die zitternden Schultern. Mit heiserer Stimme erkundigte sie sich nach der Uhrzeit.

»The next bus comes in fifteen minutes«, sagte sie.

»Dann sollten wir zusehen, dass wir hier verdammt schnell verschwinden.«

»Sorry?«, fragte sie.

»Und du hältst die Klappe«, zischte ich in Richtung des Ritters, der noch immer hinter dem Baum kauerte. »Sonst ist nichts mehr mit Baumarkt.«

Ehe er auf die Idee kommen konnte, dass wir gegen ihn und seine Freunde nicht den Hauch einer Chance hätten, wenn er sie jetzt zur Hilfe riefe, liefen wir los in Richtung der rettenden Landstraße.

»It's the preparation of the battle of Schaulen, on September 22nd of 1236«, erklärte mir Anu am Küchentisch.

Nach einem heißen Bad hatte sie ausnahmsweise aus medizinischen Gründen ein Glas Glühwein akzeptiert. Alle zwei Jahre werde die Niederlage des Ritterordens gegen die samaitischen Kräfte nachgespielt an Originalschauplätzen. Zwar sei sie auf dem Papier Estin, von den ethnischen Wurzel her aber den in Litauen ansässigen Samaiten verbunden, für die sie deshalb auch kämpfe. Bislang habe der Deutsche Ritterorden die Niederlage als notwendigen Bestandteil seiner Geschichte begriffen, aber es gebe eine starke revisionistische Minderheit, die eine Umdeutung der Geschehnisse propagiere.

»*The dirty middle-ages are threatening the age of purety!*«, sagte sie verzweifelt.

Man wisse nur nicht sicher, wann der Ritterorden Ernst machen werde, weshalb man sich nicht auf den Angriff vorbereiten könne. Wenn so ein Rollenspiel plötzlich faktische Kraft entwickle, sei es meist schon zu spät, einzugreifen. Deswegen sei sie hier, um den Orden auszuspionieren, was ihr letztlich aber nicht gelungen sei. Angesichts ihrer doch eher bescheidenen Kenntnisse der Feindessprache war das nicht allzu überraschend. Ich sah sie an, schlürfte einen Schluck Glühwein und beglückwünschte mich noch einmal zu meiner morgendlichen Lust auf eine Tasse Kaffee im Backshop.

»*They want to win next year*«, sagte ich.

»*But how do you know?*«

Ich berichtete ihr, was ich am Morgen in Spandau gehört hatte. Sie glaubte mir und wollte die Nachricht sofort an ihren Stammesführer schicken, der die notwendigen Schritte in die Wege leiten würde.

Voll konzentriert tippte sie auf ihrem Telefon herum, um die Verschwörung der Schwertbrüder aufzudecken. Ausgerechnet diese Frau, die so berechenbar, so zuverlässig aufgetreten war. Die Frau, mit der ich mir ein ruhiges Leben ganz gut hätte vorstellen können. So wie sie da saß, die Haare glänzend, die Wangen gerötet, die Augen ganz funkelndes Blau, hätte ich sie am liebsten sofort gebeten, für immer bei mir zu bleiben, mich zu heiraten, mit mir gesunde Kinder zu zeugen und großzuziehen. Doch sie schrieb diese Nachricht. Sie kämpfte in einer vor 776 Jahren ausgefochtenen Schlacht. Sie hatte einen Schaden, der selbst mir viel zu groß war.

Als sie später aus Dank noch einmal mit mir essen gehen wollte, lehnte ich ab mit dem Hinweis auf eine sich anbahnende Erkältung. Ich bestellte mir eine Pizza und fragte sie, wann sie abreisen werde.

»*7:15. First flight tomorrow. My mission is accomplished. The Samaitans will always honor you for what you've done.*«

Ich nahm die Hand, die sie mir reichte, betrachtete sie und musste plötzlich lachen über meine überhebliche Verständnislosigkeit. Für wen hielt ich mich denn? War ich mit meinem Knackschmatzen etwa weniger bekloppt als sie mit ihren Rittern? Das Problem bestand doch nur darin, die passende Kombination zu finden, was ich ihr weiterlachend dann erklärte. Verständnislos sah sie mich an, und ich entschuldigte mich und musste doch weiterlachen und lachen und fragte sie prustend, ob sie nicht auch eine Pizza wolle. Einfach so, eine große mit allem drauf, was sie wolle. Sogar Tofu konnte man neuerdings haben. Aber Anu war nicht nach Lachen und nach Pizza schon gar nicht.

DIE HERKUNFT DER GURKE

So fern die Ereignisse im Vorfeld der Schlacht von Schaulen auch in der Vergangenheit lagen, ihre Folgen reichten über all die 776 Jahre hinweg bis in mein Bett und in meinen Körper hinein. Ein verschwitztes Hemd nach dem anderen wechselte ich und trank gezuckertes Wasser, wann immer ich die Kraft dazu fand. Mal mehr, mal weniger klar, machte ich mir Gedanken darüber, ob die Rettung der schönen Anu denn nun der würdige Abschluss meiner Karriere in der Couchsurf-Bewegung war oder nicht. Wenn ich zu einem Schluss kam, verbarg der sich gleich wieder hinter Fiebernebeln.

Oleg gegenüber, der mich Sonntagabend neugierig anrief, sprach ich von einem durchaus erfolgreich verbrachten Wochenende, im Verlaufe dessen es, wie von ihm prognostiziert, zu keinerlei Eheanbahnung gekommen sei. Auch seine diesbezüglichen Ambitionen waren merklich abgekühlt, worüber er aber nicht weiter mit mir reden wollte. Noch nicht. Mir war das nur recht, da er mich so ganz bald wieder entließ in meine Nachgedanken, die erst verstummten, als ich einschlief. Da ahnten die Kommissare im Fernsehen noch nicht mal, wer die Leiche war. Vom Mörder ganz zu schweigen.

Ein fiebrig angeheizter Vormitternachtstraum beförderte mich auf eine vielfarbig blinkende Bühne, auf der mich – vor begeistert klatschendem Publikum – eine sehr spärlich bekleidete Frau begrüßte. Ich erkannte Laura sofort. Sie wies mir den Weg zu einem Pult, hinter dem ich mich in Position brachte, während die letzten Takte der Begrüßungsmelodie verklangen.

Laura lächelte noch breiter als zuvor und fing an zu reden. Ich verstand nichts, weil sie ganz offensichtlich Italienisch sprach. Das klang sehr schön und melodiös und erinnerte mich an die libanesischen Kellner im Restaurant, die fleißig Italienisch in der Volkshochschule lernten. Nur half mir das hier gar nicht weiter, da mir die soeben hoch im überhitzten Raum verklungene Sprachmelodie deutlich signalisierte, dass sie eine Frage gestellt hatte. Vermutlich mir. Dafür sprach ihr erwartungsvoller Blick. Die von den Rängen aus auf die Bühne schwappende Energie sowieso.

Alle starrten mich an und doch nicht, da sie durch mich hindurchsahen. Auch Laura zeigte jetzt mit ihrer Rechten hinter mich.

»*Alora,* Dickie! *Salsiccia o cetriolo*?«, rief sie.

Ich gab mir also einen Ruck, drehte mich um und sah einen riesigen Bildschirm. Auf dem Studioboden davor blinkten abwechselnd zwei Felder. Das eine zeigte eine Wurst, das andere eine Gurke. Auch an der Wand bauten sich Pixel für Pixel zwei Bilder auf, die jeweils an eines der Bodenfelder anschlossen.

»*Salsiccia o cetriolo!*«, rief Laura immer engagierter. »*Devi determinarti!*«

Auch ohne sie zu verstehen, begriff ich, dass ich mich entscheiden musste, auf eines der beiden Felder zu springen, nur erkannte ich nicht einmal im Ansatz, wen oder was die Bilder darstellen könnten.

Vermutlich sank mein Preisgeld mit jeder Sekunde, und der Ehrgeiz packte mich, weil ich ihr zeigen wollte, dass ich die Antwort wusste. So würden wir wieder zusammenfinden! Wenn ich in diesem italienischen Fernsehquiz bestehen würde, könnte alles gut werden zwischen uns.

Bald schon trat Trauer an die Stelle des weiterhin nicht befriedigten Ehrgeizes, da ich nicht wusste, was zu tun war, und auch nicht einfach nur raten wollte, welches Feld das richtige war. Das durfte ich hier nicht riskieren! Hilflos sah ich mich nach ihr um, doch Laura zeigte auf das sich weiter aufbauende Bild, während das Publikum lauter und lauter schrie, jetzt auch schon spöttisch lachend, weil ich so gar nicht wusste, was ich machen sollte.

Ich sah Laura an, dann noch einmal die Wand, an der gar nichts mehr blinkte. Wie auf dem Boden waren auch hier eine Wurst und eine Gurke abgebildet. Ein penetrantes Piepen verkündete meine endgültige Niederlage. Laura zuckte mit den Schultern.

Ich fragte Laura, warum sie mir nicht auf Englisch geholfen hatte.

»*In Italian we have thousand ways to say amore*«, sagte sie. »*But you don't understand, Dickie.*«

Ich lief auf sie zu, weil ich verstehen wollte. Was steckte hinter meinem Auftritt bei dieser Show? Und warum erniedrigten sie mich immer weiter mit diesem Null-Punkte-Verlierer-Piepen, das mich schließlich aufweckte.

Ich begriff, dass der Wecker schuld an meiner Niederlage war. Schnell raubte ich ihm seine Batterie. Er würde mich nicht noch einmal daran hindern, mit Hilfe meiner Träume mehr über mich zu erfahren. Was bedeutete es, wenn Wurst zu Wurst und Gurke zu Gurke führte? Ich wollte weiterschlafen, um noch einmal aus meinem dunklen Zimmer zurück ins Fernsehstudio zu finden, aber die folgenden Stunden hinterließen überhaupt keinen Eindruck.

Bei Tageslicht kam ich wieder zu mir, und zwar mit dem vielversprechenden Gedanken, mir einen Kaffee zu kochen. In den kommenden Tagen würde ich ohnehin nicht an meinem EBMI arbeiten können, ohne eine Herzmuskelentzündung zu riskieren. Ehe ich dem Gedanken jedoch Taten hätte folgen lassen können, klingelte mein Telefon.

MUTTER MEINES SOHNS stand auf dem Display, so abgespeichert für den Fall, dass mir etwas zustoßen und jemand direkten Kontakt zu meinem einzigen Nachkommen suchen sollte. Warum rief Gesa mich um diese Uhrzeit an? An einem Montagmorgen um halb zehn? Ich verdrängte meine Kaffeelust, drückte das grüne Telefon und meldete mich möglichst schlechtgelaunt.

»Herr Decker, so geht das nicht!«, verzichtete sie ganz auf eine Begrüßung.

Seit ihrer einseitigen Wiederkontaktaufnahme vor einigen Jahren flankierte sie ihre Versuche, mich zu Besuchen ihrer Squaredance-Wochenenden zu überreden, mit regelmäßig vorwurfsvollen Anrufen, wenn ich Weihnachten oder Joschis Geburtstag vergaß. Vorwürfe, für die ich wenig Verständnis hatte, weil ich dieses Kind nie gewollt hatte, das sie mir in der Scheune abgerungen hatte.

»Was denn?«, fragte ich trotzdem. »Was geht nicht weiter?«

»Du hast wieder nicht angerufen!«

»Ist denn schon Weihnachten?«

»Nein, aber gestern war Joschs Geburtstag!«

Wie jedes Jahr brauchte ich auch jetzt einen Moment, um zu begreifen, wie nahe sich die Geburt meines Sohnes und die des Mensch gewordenen Gottes waren. Was sollte man von so einer Karnevalszeugung erwarten? Und warum erinnerte sie mich NACH dem Geburtstag, da es doch eh zu spät war?

»Ist er nicht langsam aus dem Alter raus?«, fragte ich.

»Aus dem, in dem man einen Vater hat? Er ist gerade einmal achtzehn!«

»Da retten andere Männer schon Frauen und Kinder.«

Sie seufzte.

Die Energie der ersten Aufregung war verpufft.

Sie suchte Inspiration und fand sie in Erinnerung an irgendeine Vorabendserie.

»Machst du es dir da nicht ein bisschen leicht?«

»Läuft es denn nicht mit René?«

»André, aber trotzdem nein. Nichts läuft mit dem.«

»Das tut mir leid.«

»Spar dir dein Mitleid für dich selber. Wir kommen dich besuchen.«

»Was? Wie jetzt? Du und André?«

»Dein Sohn und ich, weil er noch nicht alleine nach Berlin soll. Er will dich kennenlernen, also mal richtig.«

»O weh!«

»Ich habe ihn schon vorbereitet auf das, was ihn erwartet.«

»Und er will trotzdem kommen?«

»Ja, er will das, und ich finde, dass es nicht ganz verkehrt ist, auch wenn ich jetzt vor Weihnachten Besseres zu tun habe, als drei Tage in diesem Drecksloch von Stadt zu verbringen.«

»O Mann«, sagte ich. »Habt ihr denn schon ein Hotelzimmer?«

»Er will zu dir, kapiert? Zu Papa nach Berlin und nicht in ein unverschämt überteuertes Hotel. Wir bringen Isomatten mit. Donnerstagabend, halb zehn Hauptbahnhof.«

»O Gott«, sagte ich. »Das ist doch sicher nur ein Scherz, oder?«

»Vergiss es.«

»Aber ich gehe kegeln, also donnerstags, und hab schon letztes Mal gefehlt.«

»Dann lass den Schlüssel beim Nachbarn.«

»Der geht auch kegeln.«

Sie seufzte noch einmal, das gleiche enttäuschte Seufzen, mit dem sie damals in der Scheune meine wirklich sehr frühzeitige Ejakulation kommentiert hatte. Unsere ganze Geschichte war die einer Enttäuschung, wobei ich doch nicht schuld daran war, dass sie im Rausch etwas in mir gesehen hatte, was ich einfach nicht bieten konnte!

Nur war das lange her, und es war schäbig, dass ich sie so behandelte, nachdem ich all den wildfremden Frauen aus aller Herren Länder den roten Teppich ausgerollt hatte. Ich wusste nicht, warum, aber so wollte ich nicht weitermachen.

»Ihr braucht keine Isomatten«, sagte ich. »Ich kann gut auf dem Sofa schlafen.«

»Herr Decker hat ein Sofa?«, fragte sie ungläubig.

»Warum soll ich kein Sofa haben?«

»Ich weiß nicht«, sagte sie. »Ich hätte nicht gedacht, dass du eines hast, so wie ich dich kenne.«

»Wie du mich kennst?«

»Mhm«, machte sie, als stelle sie sich und ihre Allwissenheit wirklich kurz in Frage. »Wenn das mit dem Kegeln wirklich wichtig ist, können wir auch die U-Bahn nehmen.«

»Ach was«, sagte ich. »Bleibt einfach auf dem Bahnsteig stehen. Ist schließlich alles ganz schön groß hier. Ich finde euch dann irgendwie.«

»Na gut«, sagte sie ruhig.

»Und grüß Josch schön und sag ihm, dass es mir leidtut, ja? Die Party holen wir nach.«

Dann suchte und fand ich ein schnelles Ende, ehe ich es mir anders überlegen konnte.

Wider besseren Wissens fühlte ich mich gut. Wann, wenn nicht jetzt, nach den lehrreichen Erlebnissen der letzten Wochen, würde ich es auch mit meinem Sohn und seiner Mutter aufnehmen können? In Sachen Besuch war ich regelrecht hochtrainiert! Man musste sich mit den Dingen auseinandersetzen, die einem Angst machten, und dazu war ich mittlerweile in der Lage. Was von Frauen zu erwarten war, hatte ich in den letzten Wochen schließlich zur Genüge erfahren.

Blieb als Furchtmacher der Sohn. Die Frucht der Liebe. Das Ding, das ich mit ihr gemacht hatte. WAR ES WOMÖGLICH SCHÖN, EIN KIND ZU HABEN? WAR ICH NICHT LANGSAM ALT GENUG, DAMIT LEBEN ZU KÖNNEN? MIT IHM?? MIT JOSCHI??? War es nicht so viel sinnvoller, sich mit dem Sohn zu beschäftigen, den man schon hatte, als irgendeine Frau zu suchen, um dann womöglich noch ein Kind zu zeugen?

Die Fragen waren rhetorisch, und ehe ich meine Meinung hätte ändern können, sprang ich aus dem Bett und unter die Dusche, um auch den letzten Rest der Krankheit von mir zu waschen. Die allerdings erwies sich leider sehr schnell als weitaus hartnäckiger, als ich es in der Euphorie der Tat gedacht hatte: Mein Körper verweigerte dem Geist die Gefolgschaft. Ohne Vorwarnung verengte er sämtliche den Sehnerv mit frischem Blut versorgenden Arterien, so dass ich plötzlich blind unter dem auf mich niederstürzenden Wasser stand und hilflos Halt suchte am seifig glitschigen Schlauch der Dusche, bis ich endlich die Brausenleitstange zu fassen bekam und mich vorsichtig auf den Grund der Wanne gleiten ließ. Es kam zum Showdown …

KÖRPER

Haben wir uns verstanden, du Pisser?

GEIST

Ja … ja, natürlich.

KÖRPER

Was bist du ohne mich?

GEIST

Alles?

Mir wurde schwindelig. Übelkeit fuhr wie ein Sturm durch meinen Magen. Alle Gliedmaßen zitterten.

GEIST

Nein! … Nichts … nichts bin ich ohne dich.

KÖRPER

Na also. Ich wusste doch, wir würden uns verstehen.
Und jetzt bring mich ins Bett, verdammt.

GEIST

Aber der Sohn! Unser Sohn!

KÖRPER

MEIN Sohn, du Pisser, und jetzt los.

Ängstlich suchte ich den Wasserhahn und konnte langsam zumindest wieder schemenhaft das Bad erkennen. So hievte ich mich über den Wannenrand und kroch durch den Flur zurück ins Schlafzimmer und unter die Decke. Ich versuchte, einen Plan zu machen, wie es mir gelingen könnte, mich als halbwegs anständigen Typen zu präsentieren, wenn sie Donnerstag auftauchen würden, der Sohn und seine Mutter. Ohne meinen Körper, so viel war sicher, hatte ich keine Chance. Alles Weitere würden wir später besprechen.

Gefangen im Fierberwahn, meinte ich mehrfach, es an der Tür klopfen und klingeln zu hören, doch das war weit entferntes Vogelzwitschern am Rand der Felder von Verdun. In mir tobte eine Schlacht, wie ich sie lange nicht erlebt hatte. In den wenigen lichten Momenten begriff ich, dass mein Körper keine andere Wahl hatte, als mich zu maßregeln, damit ich ihm die Ruhe gab, die er zum Kämpfen brauchte. Ein Regiment nach dem anderen wurde angegriffen und musste verteidigt werden. Bomben ließen mein Hirn erbeben, Bajonette gruben sich in meine Innereien, Giftgas stieg auf und lähmte die Glieder. Keine Friedenstruppen waren in Sicht, die UNO noch ein Traum verrückter Menschenfreunde. Ungebremst traf der Wahnsinn der Völker aufeinander. Beruhigend war nur, dass es noch keine Waffe gab, die allem ganz und gar ein Ende hätte bereiten können.

Mein schnauzbärtiger Geschichtslehrer schwebte in meinem Zimmer und redete pathetisch wie ein Schwertritter im Wald vom Segen der Abschreckung, der solche Kriege heute schon im Keim ersticke, so wie man früher Ehen beieinandergehalten habe durch Androhung grausamer Konsequenzen. Prompt wurde er von einem Schrapnellgeschoss zerfetzt, bespritzte alles um mich herum mit Blut, das ich niemals würde entfernen können, bevor die Gäste kämen. Wenn sie noch zu mir finden würden.

Was, wenn ich nicht die Erde war, sondern ein Acker in Nordfrankreich? Konnte dieser sinnlose Krieg mich dann nicht doch komplett vernichten? Über Jahrzehnte hinweg als verseuchte Steppe brachliegen lassen? Musste ich etwas unternehmen, anstatt den Dingen einfach ihren Lauf zu lassen? Aber ich konnte nichts tun, und die Bomben wurden immer größer. Immer lauter schlugen sie in mir und der Wohnung ein, bis ich begriff, dass die Entscheidung nahte.

Mit Schrecken spürte ich einen Frieden in mir, da ich an Joschi dachte, der weiterleben würde. In dem ich weiterleben würde, selbst wenn nur körperlich, da ich ihm sonst nichts hatte geben können. Hieß das, dass ich nun Abschied nahm? Ohne noch einmal geliebt zu haben? Ohne überhaupt? War hier denn keine Krankenschwester, die mich im Schützengraben Zitternden versorgen konnte?

»Laura!«, schrie ich, weil ich nur an sie denken konnte. »LAURA!!!«

Und wirklich spürte ich wie durch ein Wunder plötzlich Kühle auf der Stirn, wusste ich, dass ich nicht ganz allein war. Wie konnte sie wissen, dass ich hier war, in Verdun, in meiner Wohnung, in meinem Körper? Sie fasste mich am Handgelenk, gab mir zu trinken, zog meine Augenlider hoch. Verschwommen sah ich sie, über mich gebeugt, hörte ich ihre immer tiefere Stimme.

»Jetzt geht's schon wieder«, sagte sie, die mich an jemanden erinnerte.

»Kann er denn hierbleiben?«, fragte ein Sanitäter.

»Gib ihm genug Flüssigkeit und die Tabletten, dann ist er übermorgen wieder fit.«

»Das heißt, morgen kein Kegeln?«

Mir ging es wirklich besser, sogar so gut, dass es mir plötzlich wieder richtig schlechtging. Wenn morgen gekegelt wurde, bedeutete das, dass auch der Sohn und die Mutter nur noch einen Tag auf sich würden warten lassen. Ich wünschte mich zurück nach Verdun, da ich begriff, wie lange diese Schlacht gedauert hatte, bis Ingo eingegriffen und mit seinen Arztfreund gekommen war, in den sich Laura nach und nach verwandelte.

»Ich muss sofort aufstehen«, krächzte ich, was ich hatte rufen wollen.

»Kaum hört er kegeln, ist er wieder munter«, lachte Ingo.

»Du solltest lieber mal 'ne Pause machen«, sagte der Arztfreund.

Ich stöhnte und verkroch mich mit meiner Verzweiflung hinter meinen Augenlidern. Gesa würde mir keine Entschuldigung abnehmen. Selbst ein Hirntumor im Endstadium wäre für sie nur ein Vorwand. Es gab keinen anderen Ausweg. Ich musste bis morgen gesund werden. Ich konnte IHM unmöglich bis übermorgen Zeit geben. Also musste ich verhandeln, nachdem Ingo und der Arztfreund endlich gegangen waren. Auch SEINE Ressourcen schienen zu MEINEM Glück begrenzt.

KÖRPER

(erschöpft)

Bin ich denn kein Teil von dir? Sind wir nicht eins?

GEIST

Wie jetzt? Gibst du auf?

KÖRPER

Ich könnte mich nur noch umbringen.

GEIST

Ziemlich unsicher, was dann übrigbliebe.

KÖRPER

Maximale Pyrrhussieg-Gefahr. Für alle Beteiligten.

GEIST

Was hättest du denn gern als Gegenleistung
für so ein bisschen ganz normales Funktionieren?

KÖRPER

Ruhe. Oder einfach mal wieder …

GEIST

Was?

KÖRPER

Na das halt.

GEIST

Verstehe. Es ist schon ziemlich kompliziert.

KÖRPER

Einmal bis jetzt! In 35 Jahren!

HERZ

Und das ganz ohne Liebe!

GEIST

Du halt die Klappe. Du gehörst zu mir.

KÖRPER

Von wegen! Ganz eindeutig mein Gebiet.

ICH

Bitte! Bitte hört auf zu streiten! Seht ihr denn nicht, dass es so nicht weitergeht?

KÖRPER/GEIST/HERZ

Na, das sagt ja mal der Richtige!

ICH

Ich werde mich ändern, wenn wir das mit dem Sohn und seiner Mutter schaffen.

KÖRPER

So schlecht war die gar nicht. Also damals zumindest.

HERZ

Bloß nicht!

GEIST

Auf keinen Fall!

ICH

Danach, versprochen. Dann kümmere ich mich um euch alle.

Sie schwiegen, was ich hoffnungsvoll als Einwilligung interpretierte. Und wirklich: Der Körper blieb schmerzfrei; der Geist wurde klar; das Herz klopfte ruhig vor sich hin. Ich hatte es geschafft. Noch eine Nacht Ruhe würde ich mir und ihnen gönnen, dann die Wohnung, diese Hauptstadtrepräsentanz meiner selbst, vorbereiten müssen auf diesen genauso unerwarteten wie unnötigen Besuch der Provinzvergangenheit, aus der ich doch das Beste machen wollte. Denn natürlich musste sich etwas ändern. So konnte das nicht weitergehen.

Bei seiner Abendvisite erkannte ich Ingo sofort und auf Anhieb, doch meine Freude hätte kaum größer sein können, wenn ich ihn nach diesem vorsichtigen Klopfen und leisen Stochern des Schlüssels im Schloss der Wohnungstür für Laura gehalten hätte. Einerseits lag das natürlich daran, dass mir die erzwungene Bettruhe nicht ansatzweise so viel Spaß machte wie jedes freiwillige Herumlungern. Die Aussicht auf menschliche Gesellschaft allein aber hätte mich innerlich nicht so jubeln lassen, wie ich es tatsächlich tat, als Ingo noch nicht einmal in mein Schlafzimmer getreten war und lediglich fragend nach mir gerufen hatte. Das ganz entscheidend begeisternde Andererseits der Situation strömte durch die krankheitsgesättigten Luftschichten meiner Wohnung zu mir ins Bett und hoch in meine Nase, die sofort eindeutig monoästhetisch analysierte: ENTE KROSS. Mir standen Tränen in den Augen, vor Glück und vor Rührung.

»Und, kranker Mann?«, fragte Ingo in der Tür stehend, die weiße Plastiktüte am ausgestreckten Finger baumelnd. »Wirken die Pillen?«

Ich konnte nur nicken, die Augen fest auf die Tüte gerichtet.

»Ich weiß ja nicht, ob so etwas noch in dein neues Fitness-Leben passt …«

»Ja«, hauchte ich. »Ja, bitte!«

»Aber nur, wenn ich erfahre, was passiert ist.«

Ich hätte allem zugestimmt, die Masturbationsprotokolle meiner letzten zwanzig Jahre zur Veröffentlichung freigegeben, wenn es sie denn gegeben hätte. Ich nickte und nickte, woraufhin er ans Bett trat und die Hand mit dem Finger, an dem die Tüte hing, langsam senkte. Zart setzte die kostbare Fracht auf der Bettdecke auf. Ich zerriss den in meinem Zustand unlösbaren Knoten und hob die mit einer Pappe verschlossene Aluminiumschale aus ihrem knisternden Nest. Die mit schwarzem Stift gemalten Zeichen bestätigten meine Nase: – **23** – stand da eindeutig wie in Stein gemeißelt. Ein Plastiktöpfchen Samba Oleg (so buchstabierte ich im Stillen ganz irre vor Glück) und zwei Stäbchen bildeten die Nachhut der rettenden Truppen.

»Danke«, flüsterte ich durch viele Liter Speichel hindurch.

»Hau rein«, sagte er. »Ich hol uns Bier.«

Noch ehe er das Zimmer verlassen hatte, flog der Pappdeckel zurück in die Plastiktüte. Wie die Stacheln zweier verdurstender Moskitos bohrten sich die weißhölzernen Stäbchen ins goldglänzend panierte Fleisch der Ente, die mich auf ihrem Bett aus vielerlei gedünstetem Gemüse freudig erwartete wie eine sündige Kurtisane aus dem freien Schanghai der dreißiger Jahre. Eine Scheibe nach der anderen spießte ich auf, um sie hastig in mich hineinzubringen. Nachdem ich mir das Tier so einverleibt hatte, vereinte ich die Stäbchen zu einem steinzeitlichen Löffel und schaufelte Gemüse und Reis in meinen Mund, bis ich mein Spiegelbild im Boden der Schale erkennen konnte. Die Reflexion war nicht so klar, dass ich genau hätte sehen können, wie es um mich stand, zweifellos war ich aber da. Angesichts der letzten Tage, von denen ich dann Ingo wie verabredet berichtete, als er mit zwei Flaschen Bier zurück an mein Krankenlager kam, schien mir das gar nicht so selbstverständlich.

Er glaubte mir kein Wort, wobei ich Fritzi noch nicht einmal erwähnt hatte, von der ich ihm auch nichts erzählen würde. Die Schlacht von Schaulen schien mir abwegig genug und dennoch leichter zu vermitteln als meine Begegnung mit einer brandenburgischen Edelprostituierten oder auch meinem Traum von einer solchen.

»Kann es sein, dass du ein bisschen zu viel Zeit allein am Computer verbringst?«, fragte er.

»Ob du's glaubst oder nicht«, grinste ich. »Die Samaiter werden mir ewig dankbar sein.«

»Du brauchst wirklich eine Frau.«

»Die nächste kommt morgen.«

»Die nächste Ritterin?«

Ich schluckte. Schluckte. Ich.

»Nein, die Mutter meines Sohnes in Begleitung desselbigen.«

Er schaute ernsthaft besorgt.

»Soll ich nicht doch Acki fragen, ob er später noch mal nach dir sieht?«

»Ingo, bitte, alles ist gut, im Rahmen des Möglichen zumindest. Ich habe wirklich einen Sohn, und der hat eine Mutter.«

»Das glaub ich nicht«, sagte er, und natürlich wusste ich, dass ich das irgendwann einmal hätte erwähnen können, um meine präventiv zurückhaltende Kriegsführung bei der Eroberung des anderen Geschlechts zu erklären. »Du machst einen auf Mauerblümchen und bist zu Hause Kopf einer Großfamilie?!«

»Ich habe einen einzigen Sohn.«

»Das wären umgerechnet früher fünf gewesen.«

»Es war ein Unfall. Vor achtzehn Jahren. Ohne Gurt, mit Alkohol, auf der Landstraße.«

»Oh, Mann«, seufzte er wie aus dem Nichts plötzlich völlig mitgenommen und ließ sich in den Stapel dreckiger Wäsche auf meinem Kleidersessel fallen. »Einen echten Sohn, und das erzählst du nicht. Ich meine, andere zeigen da Bilder rum, hängen Plakate auf, lassen Trompeten blasen. Du hast einen Stammhalter!«

Kurz überlegte ich, zu welchem Wortspiel Fissel diese Flanke nutzen würde, und war ganz froh, dass da nur Ingo saß. Womöglich hatte er es mit seiner Fürsorglichkeit und an allererster Stelle mit dieser Ente kross geschafft, die letzten Mauern zwischen uns einzureißen, die bei aller Kegelfreundschaft so sicher standen wie die Wände zwischen unseren Wohnungen. Jedenfalls erzählte ich ihm als allererstem Menschen überhaupt die ganze Geschichte, von der erschlichenen Einladung zur Scheunenparty bis hin zu Gesas doppeltem Irrtum hinsichtlich meiner Attraktivität und hinsichtlich meines ejakulatorischen Prokrastinationspotentials. Ich berichtete von der folgenden Schwangerschaft sowie von Joschis Geburt und Kindheit, die unter Ausschluss meiner Person vonstattengingen.

»Und das hast du mit dir machen lassen?«, fragte er.

»Passte doch bestens«, meinte ich. »Ich wollte keinen Sohn, egal von wem. Nur als es dann ums Geld ging, wurde es ärgerlich, und als sie plötzlich anfing von wegen, dass er seinen Papa braucht und anrufen und dann Geschenke und jetzt auch noch Besuch!«

»Ach komm, Dickie«, sagte er und holte aus, um mit mir anzustoßen. »Wer bitte will denn keinen Sohn, dem man noch nicht mal mehr die Windeln wechseln muss?«

Vorsichtig schlug ich meine Flasche gegen seine, auch

wenn ich deutlich spürte, dass ich in diese Vaterrolle noch hineinwachsen musste wie eine Landmaus in das Kostüm einer Seekuh. Da mir bis morgen aber ohnehin Zwangsruhe verordnet worden war, konnte ich die Dinge jetzt auch erst mal lassen, wie sie schon so lange waren.

Rührung und Panik kämpften um die Vorherrschaft auf den gerade erst befriedeten Feldern meines Selbst, als Ingo am nächsten Morgen in Begleitung des kompletten Kegelclubs in meine Wohnung einfiel wie eine städtische Hygienebrigade ins Reich eines verstorbenen Messis.

»Du bleibst liegen. Befehl vom Arzt«, sagte Ingo. »Wir räumen nur ein bisschen auf.«

Erst einmal kamen sie aber alle an mein Krankenlager, um jeder auf seine Art meine mittelalterlichen Verstrickungen und meine Vaterschaft zu kommentieren. Meinen brandenburgischen Besuch betreffend schienen sie alle völlig unwissend und dementsprechend unschuldig. Zumindest Fissel hätte sich keinen Kommentar verkneifen können, wenn er von Fritzi gewusst hätte, da war ich sicher, wobei das mittlerweile auch egal war. Waren nach einer Woche überhaupt noch Traum und Wirklichkeit ganz klar voneinander zu trennen?

Die Gegenwart hingegen war eindeutig wirklich und dabei sehr geschäftig. Nachdem Ingo mich den Vormittag über immer wieder mit heißem Zuckerwasser versorgt hatte, trat er gegen Mittag in Begleitung einer mir völlig unbekannten Frau in mein Schlafzimmer. Sie hieß Nelli und wollte sich im Badezimmer um mein Aussehen kümmern, während er das Schlafzimmer auf Vordermann brachte.

Ich folgte gehorsam und erhaschte so immerhin einen ersten Blick auf meine verwirrend glänzende Restwohnung, ehe sich die Badezimmertür hinter mir schloss. Nelli bat mich, auf dem bereitstehenden Stuhl Platz zu nehmen, mit dem Rücken zum Waschbecken. Erst jetzt entdeckte ich den Funktionsgürtel um ihre Hüften, daran das Friseurbesteck.

»Das muss jetzt aber wirklich …«, setzte ich zumindest an.

»Gar kein Problem«, lächelte sie. »Ich mache das gerne. Dann wollen wir mal waschen, ja?«

Wie konditioniert auf einen längst vergessenen Zauberspruch, knickte ich den Kopf nach hinten über das kalte Porzellan des Waschbeckenrands und vergaß meine überwiegend ökonomisch motivierte prinzipielle Abneigung gegenüber nicht selbst getrimmten Frisuren mit dem ersten herrlich temperierten Wassertropfen, der auf meine Kopfhaut traf und ein Kribbeln bis in die Fußspitzen schickte. Das Schmatzen des aus der Flasche schießenden Shampoos, das Knistern des Schaums, der kundige Griff ihrer Finger in die Tiefen meines Haares hinein, all das bereitete mir derart sinnliche Freuden, dass ich mich fast schämte. Als sie mir ein Handtuch um den Kopf legte, seufzte ich glücklich und setzte mich gerade auf. Vom dann folgenden Schnitt bekam ich kaum etwas mit. Ich war zufrieden mit allem, was sie mir im Spiegel vorführte, selbst als sie mir die Augenbrauen stutzte.

Zurück in meinem Schlafzimmer, entdeckte ich auf dem von aller Schmutzwäsche befreiten Sessel eine Hose, ein Hemd und einen Pullover sowie ganz strahlend weiße Unterwäsche. Anziehsachen, die ganz bestimmt nicht mir gehörten. Sie passten aber so gut zum sauber glänzenden Boden und zum frisch gemachten Bett, dass ich nun auch nicht aus dem Rahmen fallen wollte und mich anzog.

Wenn ich mich schon nach meinem Friseurbesuch wieder vollkommen ganz gefühlt hatte, erschien mir mein Zustand in diesen Kleidern etwas unwirklich hervorragend. Meinen Freunden erging es nicht anders, als sie mich kurz darauf im Flur inspizierten. Fast schon etwas beleidigend waren ihr ungläubiges Staunen und Loben. Wer bitte war ich denn gewesen, ehe sie sich meiner angenommen hatten?

Für derart kritisches Hinterfragen war allerdings nicht der passende Moment, da sie meine Wohnung in einen Palast verwandelt hatten. Die Oberflächen glänzten gegeneinander an, das Sofa hatte seine ideale Position auf dem Goldenen Schnitt gefunden, durch die Fenster fiel trotz des ewig grauen Himmels ein Licht, das jeden Autorenfilmer zum sofortigen Drehbeginn gezwungen hätte. Der Duft, der dieses Zauberreich erfüllte, in dem gerade noch vier Männer wild geschwitzt hatten, war betörend und beruhigend zugleich und entströmte den in allen Zimmern platzierten exotischen Blumen. Deren Namen hatten sie mir auf einem Zettel notiert, damit ich sie bis zum Abend noch würde auswendig lernen können. Das alles war so wunderbar, nur begriff ich nicht ganz, was es sollte. Nicht die letzte Nachfahrin des Zaren hatte sich angekündigt, sondern Gesa mit ihrem Sohn, der jetzt auch meiner werden sollte. Genau um diesen ging es ihnen, wie sie mir schließlich geduldig erklärten.

»Die Jungs von heute sind da anders«, meinte Klaus.

»Ästhetischer.«

»Weiblicher.«

»Und trotzdem männlich.«

»Mit viel Parfüm …«

»… aber bloß nicht zu süß.«

»Keine Haare am Sack, aber Muckis ohne Ende.«

»Ooo-kay?!«, versuchte ich nach langer Zeit mal wieder mein Zauberwort, das natürlich nichts brachte. »Meint ihr nicht, dass ihr da ein bisschen viel reininterpretiert?«

»In dein Kind?«

»Deinen Sohn??«

»Deinen Erstgeborenen???«

Noch einmal fuhr ich alle mir zur Verfügung stehenden Sensoren aus, um ganz sicher jede Vibration zu ertasten, die nur entfernt Grund zur Vermutung hätte geben können, dass sie hier wieder ein Spiel mit mir trieben. Sie aber schauten mich derart offen und ehrlich an, dass ich mich in mein Schicksal fügte, der Erste unseres Clubs zu sein, der einen Sohn gezeugt hatte, und das vor über achtzehn Jahren.

Auch nachdem wir uns in der Küche einer großen Pizza gewidmet und sie sämtliche benutzten Gabeln, Messer und Teller, die ich allesamt noch nie zuvor in meinen Schränken gesehen hatte, abgewaschen hatten, himmelten sie mich weiter regelrecht an. Ich fühlte mich geschmeichelt, obwohl ich ihre Gefühle nicht teilte. Feste drückten sie mich zum Abschied, um mir alles Gute zu wünschen mit meinem ganz eigenen Sohn. Nur Klaus, der mir sein Auto für das Wochenende leihen wollte, blieb bei mir.

»Die Versicherung läuft auch auf Fremdfahrer«, sagte er. »Vollkasko und ohne Selbstbeteiligung.«

»Ich bin aber seit achtzehn Jahren nicht gefahren!«

»Das ist wie Sex. So was verlernt man nicht.«

»Und wenn man's nie gelernt hat?«

»Du hast doch immerhin schon einen Sohn gemacht.«

»Was ja nicht unbedingt für meine Fähigkeiten spricht.«

»Wieso? Ich hätte auch gerne ein Kind, auch wenn's 'ne Tochter wär.«

»Ja, jetzt! Aber nicht damals!«

Ich hätte noch Stunden anreden können gegen diesen Fertilitätskult, ohne in Klaus auch nur den Hauch eines Zweifels an meinem Glück zu säen. Deshalb ließ ich es einfach und bat ihn, noch ein paar Stunden mit mir fahren zu üben. Beim Wiedereinstieg in den Geschlechtsverkehr war es jedenfalls weniger leicht, kompetente Hilfe bei seinen Freunden zu finden.

Etwa eine Stunde vor Ankunft des Zuges fand ich mit Hilfe des Navigators ohne größere Probleme den Weg zum Hauptbahnhof. Trotz meiner umfassenden Kompetenz im Umgang mit elektronischem Gerät konnte es aber nicht dazu bringen, mir auch einen Parkplatz zuzuweisen. So durchpflügte diese vollkommen überdimensionierte Limousine russischer Bauart immer wieder sämtliche sozialen Schichten des Landes vom Moabiter Strafvollzug bis hin zum Bundeskanzleramt und zurück, ohne für sich selbst einen passenden Platz zu finden.

Unterdessen hatte ein kräftiger Schneeregen eingesetzt. Es erschien mir abwegig, von einem Parkplatz aus ein Taxi zum Bahnhof zu nehmen, weshalb ich die Option ausschloss, weiter im nördlichen Moabit oder im Tiergarten zu suchen. Ich hätte einfach wie geplant die Bahn oder ein Taxi von zu Hause aus nehmen sollen! Aber was sei das denn für ein Vater, der keinen Wagen habe, hatten sie argumentiert und gar nicht daran gedacht, welch lächerlichen Eindruck ich in diesem Dinosaurier machen würde. Was, wenn er mich gleich fragte, was der denn so verbrauche? Wenn er gar nicht der Schnösel war, den sie erwarteten, sondern ein Öko in Funktionsjacke? Jedenfalls blieb mir nicht mehr viel Zeit, weshalb ich es noch einmal direkt am Bahnhof versuchte, wo aber natürlich nur das Cremeweiß der Taxis geduldet wurde. WO BLIEB DENN DA DIE GLEICHBERECHTIGUNG?

Immer aufgeregter drehte ich Runde um Runde um die schiefe Ebene des Washington-Platzes in der irren Hoffnung, dass irgendein Bus oder zwei hintereinander parkende Kombis wegfahren könnten, da ich in eine kleinere Parklücke ohnehin niemals hineingefunden hätte. Bald hatte ich die Hoffnung aufgegeben und sah Gesa und Josch vor meinem inneren Auge schon frierend auf dem zugigen Bahnsteig warten, verloren in der fremden Stadt, belästigt von halbkriminellen Touristenneppern, als einer der Taxifahrer mir im Licht meiner Scheinwerfer winkte.

Ich hielt sofort und kurbelte die Scheibe runter. Freundlich und amüsiert lächelte er unter seinem breiten Schnurrbart hindurch und fragte, ob das ein original sowjetischer Sowieso von Dann-und-wann sei und ob er mir helfen könne. Ich gestand ihm mein Unwissen bezüglich des Stammbaums meines Gefährts und meine Hilflosigkeit angesichts der Parkplatzsituation.

»Und auf dem Bahnsteig wartet mein Sohn!«, sagte ich ehrlich verzweifelt.

»Ihr Sohn?«, fragte er. »Du hast einen Sohn? Ich habe auch einen.«

Ansatzlos griff er in sein Taxi und streckte mir ein Foto entgegen, das einen Säugling vor strahlend blauem Studiohintergrund zeigte. Ich nickte zustimmend, murmelte irgendetwas Begeistertes, was offenbar genau das Richtige war, da er meinte, ich solle den Wagen einfach hier stehen lassen. Er kümmere sich darum. Väter hielten schließlich zusammen.

Ich zögerte nur so lange, wie man es sich angesichts einer

Wahl erlauben kann, bei der man keine Alternative hat. Dann sprang ich aus dem Wagen und stürmte los und hoch zu den Gleisen. Noch von der Rolltreppe aus sondierte ich die Lage auf dem Bahnsteig und erblickte nach Sekundenbruchteilen ein strahlend weißes Schild, auf dem in Handschrift dick mein Name geschrieben stand: NORBERT DECKER. Das Schild hielt eine gute anderthalb Meter große Frau in roter Jacke, neben ihr ein dürrer Junge von fast zwei Metern, wobei die letzten zwanzig Zentimeter aus steil aufgerichtetem, blondiertem Haar bestanden. Wie sollte ich das dem Taxifahrer erklären?

»Hallo!«, rief ich vorbei am Kloß in meinem Hals.

»Norbert?«, fragte Gesa, als wäre ich der Soundsovielte, der sie hier freundlich ansprach auf dem Bahnsteig.

»Hallo«, sagte ich, schon etwas souveräner. »Und bitte sag doch einfach Dickie, ja?«

»Wir stehen hier seit einer Viertelstunde.«

»Tut mir leid, ist viel Verkehr«, entschuldigte ich mich und nahm ihre Tasche, während der Junge keine Anstalten machte, mich auch nur zu begrüßen. Er hörte so laut Musik, dass er beruflich zumindest sicher nicht in meine Fußstapfen treten würde, wenn es denn Joschi war.

»Und das da ist Josch?«, fragte ich Gesa, während wir schon auf der Rolltreppe standen.

Sie nickte kaum merklich.

»Und der wollte unbedingt zu seinem Papa nach Berlin?«

Sie starrte geradeaus.

Schweigend.

Ich konnte es nicht fassen, dass ich seit so vielen Jahren so viel Misstrauen ihr gegenüber pflegte und darauf nicht gekommen war: SIE ZWANG DEN ARMEN JUNGEN NACH

BERLIN! ER WOLLTE GAR NICHTS VON MIR!! WAR DER DENN ÜBERHAUPT VON MIR???

Unsinnige Gedanken waren das. Die letzte Frage hatte eine entsprechende Untersuchung schon vor Jahren beantwortet, alles andere würde sich in den folgenden Tagen klären. Erst einmal musste ich die beiden in diesen Wagen verfrachten, ohne komplett mein Gesicht zu verlieren.

»Superding!«, sagte der Taxifahrer, und ich wollte lieber nicht wissen, wen genau er damit meinte.

»Danke«, sagte ich und stieg ein, um die beiden in meine Wohnung zu bringen.

Im Laufe des Abends variierte das Verhalten meines Sohnes nur insofern, als er gelegentlich den Raum verließ, um zu telefonieren. Mit seiner Freundin, wie mir Gesa erklärte. Mit der wolle er jetzt zusammenziehen, wozu ich mich doch bitte äußern solle. ICH! Kein Wort zu meiner Wohnung, den Blumen, deren Namen ich kannte, zur Lasagne, die Ingo noch vor dem Kegeln vom Italiener geholt hatte, was sie aber nicht wissen konnte. Stattdessen Erziehungsgespräche.

»Er will da etwas aufbauen, was wir nicht hinbekommen haben«, sagte sie.

»Das ist doch toll!«, meinte ich und schenkte mein Glas randvoll mit Rotwein, während sie beim Wasser blieb. »Er soll es einmal besser haben als wir. Das sagt man doch so, oder nicht?«

»Aber das ist gar nichts Ernstes. Sie ist aus wirklich einfachen Verhältnissen.«

»Müssen die denn immer kompliziert sein, die Verhältnisse?«

»Das ist nicht witzig.«

»Nein, das ist ernst!«

Da saßen wir wie zwei geschiedene Eheleute und diskutierten über unseren Sohn, der das einzig und absolut alleinige Ding war, das mich mit dieser Frau verband. Unter ihrer Jacke trug sie ein JEANSHEMD! Um den Hals ein LEDERBAND, das vorn von einer SILBERSCHNALLE zusammengehalten wurde. Und das war noch gar nichts, verglichen mit ihrer Art zu reden. Diese Selbstverständlichkeit, mit der sie mich einbezog in ihre Probleme. Was nur hatte mein Hirn derart erweichen können, dass ich sie nicht einfach ausgeladen hatte?

Sosehr ich innerlich aber auch kochte, ich blieb sitzen und diskutierte mit ihr. Auch dann noch, als Josch längst im Bett lag, um weiterzutelefonieren. NICHT EIN WORT HATTE ER MIT MIR GEWECHSELT! Und das war sein gutes Recht. Wer war ich denn? Warum sollte ihn interessieren, aus welchem Hoden der Samen damals geflossen war? Er war im Hier und Jetzt verliebt und hatte sein Mädchen allein zu Hause lassen müssen, weil seine Mutter sentimental geworden war oder was sonst auch immer.

Ich riss mich zusammen und schlug mich weiter voll auf seine Seite, ohne sie dabei allzu hart anzugehen.

»Er ist doch noch ein Kind!«, rief sie.

»Er ist achtzehn.«

»Das sind nur Zahlen.«

»Nur eine sogar.«

»Das ist nicht witzig.«

»Es ist die Wahrheit!«

Immerhin verzweifelte sie an mir nicht weniger als ich an ihr. Sie litt so sehr, dass sie schließlich ein Gläschen akzeptierte, das ich ihr randvoll schenkte.

»Willst du nicht trotzdem mit ihm reden?«, fragte sie versöhnlich.

»Ich glaube nicht, dass das meine Entscheidung ist«, gab ich schließlich indirekt nach, weil es Zeit war, schlafen zu gehen.

Gegen Mitternacht klopfte es. Leise schlich ich durch den Flur. Kein Geräusch aus dem Schlafzimmer. Ich öffnete. Auf dem Treppenabsatz stand der Club. Sie wollten den Sohn begrüßen und ehren, auf dessen Wohl sie schon die letzten Stunden ausgiebig getrunken hatten. Flüsternd erklärte ich ihnen die Lage der Dinge in meiner Kleinfamilie. Die freudige Erwartung in ihren Gesichtern wich einer traurigen Enttäuschung, die sie mit hängenden Schultern zurück in Ingos Wohnung trugen.

Wie wenig touristisches Programm ich meinen bisherigen Besucherinnen geboten hatte, wurde mir bewusst, als Gesa mich am folgenden Morgen dazu aufforderte, ihnen jetzt mal die Stadt zu zeigen, sozusagen als weitere vertrauensbildende Maßnahme meinem weiterhin schweigenden Sohn gegenüber. Da ich selbst keine bessere Idee hatte, erklärte ich mich dazu bereit, die erste Stadtrundfahrt meines Lebens anzubieten. Schließlich stand da unten auf dem Parkplatz des Supermarkts diese Limousine, deren Schlüssel wiederum in meiner Hosentasche steckte.

In weiser Voraussicht hatte ich so geparkt, dass wir einfach nur geradeaus losfahren mussten. Schnell glitten wir runter vom Parkplatz und rein in den spätadventlichen Berufsverkehr. Ohne große Komplikationen gelangten wir auf die nächstgelegene vierspurige Straße, deren Daseinsberechtigung ich zum allerersten Mal erfasste. Nicht auszudenken, was eine kleinteiligere Stadtanlage für unsere Familienleben bedeutet hätte. Paris, Neapel, Marrakesch, wie ich sie aus dem Reise-Fernsehen kannte. Enge Gassen voller Händler und Bettler. Wildes Hupen. Einbahnstraßen. Korrupte Polizisten. Streit und Verzweiflung. In Berlin rollten wir ruhig vor uns hin, ohne dass Josch bei der Kommunikation mit seinem Smartphone weiter gestört worden wäre.

Um ihnen kein allzu gewöhnliches Programm zu bieten, fuhr ich südwärts, weg vom Zentrum und seinen Sehenswürdigkeiten. Leicht zähflüssiger Verkehr ließ den Flughafen Tempelhof noch größer erscheinen, als er ohnehin schon war.

»Als hätte man einen Wolkenkratzer auf die Seite gelegt«, zeigte Gesa sich überraschend poetisch.

»Anders wär ja auch schwierig«, hörte ich die Stimme meines Sohnes und wäre fast auf den Kleintransporter eines Fettentsorgers aufgefahren.

»Warum wär das denn schwierig?«, fragte sie.

»Mama, wer würde denn bitte einen Wolkenkratzer direkt neben einen Flughafen bauen?«

Ich verkniff mir ein väterlich stolzes Grinsen in Richtung meines Beifahrers, der schon wieder das Geschehen auf seinem Display verfolgte. Beachtlich, dass er gleichzeitig aus dem Fenster schauen konnte. Als habe er schon zusätzliche Sinne entwickelt, um virtuell und wirklich zugleich leben zu können. Ich fühlte mich alt wie das Auto. Ich fuhr rechts hoch auf die Stadtautobahn, welcher Teufel auch immer mich ritt. Zumindest musste ich hier nicht mehr abbiegen, und wir sahen eine Menge von der Stadt, die ich noch nie aus dieser Perspektive betrachtet hatte. Es war ein amerikanischer Film.

Leichter Nieselregen fällt auf Los Angeles. Die Kleinfamilie kehrt zurück von einem Wochenende in Las Vegas, wo der Vater das gesamte Familienvermögen verspielt hat. Es gibt kein zurück. NO U-TURN!!! Und doch sitzen sie alle im gleichen Wagen. Der Sohn schlägt vor, eine Bank auszurauben.

VATER

Das ist wirklich die verdammt beschissenste Idee, die ich je aus deinem Mund gehört habe.

MUTTER

Darauf, das ganze Geld zu verspielen, bist du ja von allein gekommen.

VATER

Du hältst das Maul!

SOHN

So redest du nicht mit meiner Mutter! Die Zeiten sind vorbei!

VATER

Und wer, verdammt, sagt das? Dass die Zeiten vorbei sind?

SOHN

(holt einen Revolver aus seiner Collegejacke)

Ich, alter Mann. Ich sage das.

Verglichen damit war die Situation bei uns ziemlich entspannt. Sorgen bereitete mir nur die Frage, wo ich wieder abfahren sollte von der Autobahn. Natürlich wäre es nur passend, mit dem Wagen auf dem Ku'damm zu fahrnieren, aber auch die Ausfahrt ließ ich gerne aus. Es war einfach nicht abzuschätzen, inwiefern die Wirklichkeit da draußen auch nur annähernd meiner Vorstellung von ihr entsprechen würde.

Immer weiter fuhren wir um die Stadt herum. Letztlich würden wir also zurück nach Hause kommen, dachte ich, als sich die Autobahn plötzlich in eine Hauptstraße verwandelte. Kurz darauf ein Schild, das auf eine Gedenkstätte hinwies. Spontan bog ich ab und hielt auf dem nächsten sich bietenden Bürgersteig. Ein bisschen Kultur und Geschichte würde nicht schaden.

»Was denn für eine Gedenkstätte?«, fragte Gesa skeptisch, womit sie mich allen guten Absichten zum Trotz sofort wie einen Volltrottel erscheinen ließ, da ich auch davon keine Ahnung hatte.

»Gedenkstätte Plötzensee«, meldete sich die Stimme des Sohns und erklärte in Stichworten, was es zu sehen gab. »Allerdings müssen wir dann noch weiterfahren, gleich links über die Brücke.«

»Ich würd ja lieber erst mal frühstücken«, sagte Gesa.

»Das Freibad ist zu, aber am See gibt's einen Bootsverleih mit kleiner Gastronomie. Klingt scheiße.«

»Na komm«, sagte sie. »Zumindest ansehen können wir es uns.«

Wir waren so engagiert aufgebrochen, dass wir bis auf einen Kaffee nichts gefrühstückt hatten.

Vermutlich verhinderte unser Hunger weitere Diskussionen.

Auf dem Steg des Bootsverleihs schliff ein sehr runder Mann lautstark den Rumpf eines Ruderboots. Grüne Plastikplanen verbargen vermutlich die Stühle und Tische des Imbisses, der natürlich geschlossen hatte zu dieser Uhr- und Jahreszeit. Das wollte ich nicht akzeptieren. Es konnte ja nicht sein, dass die erste und einzige Attraktion, die wir ansteuerten, gleich so ein Misserfolg war. Auf keinen Fall würden wir jetzt zurück in den Wagen und herausfinden, warum diese Stadtautobahn einfach so geendet hatte, ohne uns zurück bis nach Hause zu bringen.

Ich eilte die Stufen hinunter und machte lautstark auf mich aufmerksam.

»Was hat er denn?«, fragte der Schleifer, nachdem er seine Maschine endlich abgestellt hatte.

»Können wir hier vielleicht Frühstück bekommen?«

»Sieht das hier denn nach Frühstück aus?«

»Das ist mein Sohn«, versuchte ich es noch einmal auf die Tour und wies auf Josch, der oben auf der Treppe wartete.

»Mein Beileid«, sagte der Mann.

»Er ist zum ersten Mal hier mit seiner Mutter«, flehte ich ihn an. »Gerade Sie müssen doch wissen, wie wichtig der Tourismus mittlerweile ist. Ganz ohne Industrie brauchen wir jeden Gast! Wir sind doch eine Weltstadt!«

Er sah mich an, als wolle er mich gleich im kalten Wasser des Sees ertränken. Aus Mitleid.

»Stresst die Alte?«, fragte er leise.

Ich nickte.

»Kenn ich, du zahlst und sie macht Stunk.«

Ich nickte noch einmal.

Er legte die Maschine auf die feuchten Planken des Steges.

»*Nescafé* hätt ich da und Schokoriegel.«

»Heldenfrühstück«, lächelte ich und fühlte mich regelrecht geborgen in so viel männlicher Solidarität.

»So ungefähr, aber nicht ganz«, sagte er und ging mir voraus zur Imbisshütte.

Ich winkte Gesa und Josch, die zögerlich die Treppen hinabstiegen, als befürchteten sie, dass dieser Schleifer sie in einem seiner Boote ins Freibad gegenüber fahren und zum Baden zwingen werde. Er machte Licht in der Hütte, stellte einen Heizlüfter an und strich die rot-weiß-karierte Decke auf einem der Tische glatt.

Wir hatten kaum Platz genommen, als er schon drei Tassen Kaffee und eine Dose Milch servierte.

»Ich hätte auch noch herzhaft«, sagte er und zeigte uns neben dreierlei Schokoriegeln auch eine Snacksalami. »Und wenn ihr wollt, auch gern mit Musik.«

Gesa und ich nahmen süß, Josch wollte herzhaft. Musik könne sicherlich nicht schaden.

Zu den Tönen weihnachtlicher Radioschnulzen ließen wir es uns schmecken, während der Wirt sich wieder seinen Booten widmete. Josch tippte wie wild auf sein Gerät ein.

»Müsst ihr denn wirklich alles gleich bewerten?«, fragte Gesa leicht genervt, ohne von ihrem Sohn auch nur ansatzweise beachtet zu werden.

Ich versuchte genau hinzusehen, konnte aber nicht erkennen, wie viele Sterne ihm diese Wurst wert war, die ich für ihn erkämpft hatte. Um mir die Niederlage einer Nichtantwort zu ersparen, verzichtete ich darauf, nachzufragen, und biss in meinen Schokoriegel. Josch kaute auf seiner Wurst herum. Ich warf in den Raum, dass ich mich damit sozusagen beruflich beschäftigte, wenn auch mit der bockwurstigen Variante, woraufhin er ein Paar Kopfhörer aus der Jackentasche heraus und auf seine Ohren drauf beförderte. Dann hörte er sicher nichts mehr von der Weihnachtsmusik.

»Was machst du?«, fragte Gesa.

»Ach nichts«, sagte ich.

»Du darfst das nicht persönlich nehmen«, sagte sie.

Ich stand schnell auf und ging bezahlen, mindestens genauso wütend wie traurig darüber, diese Schäbigkeit des Lebens miterleben zu müssen. Ich würde sie auf schnellstem

Weg zurück nach Hause fahren. Den Rest des Tages würden sie sich um sich selber kümmern müssen, wobei ich nicht sicher war, ob ich Josch damit allzu schwer bestrafte.

Dank eines ausgedehnten Abendtrainings im Studio wachte ich Samstagmorgen mit dem Wohlgefühl eines körperlich tätigen Menschen auf. Und dank meiner Freunde würde die gute Laune vielleicht sogar halten. Denn sie gaben nicht auf, wie ich von Ingo erfuhr, dessen Klopfen an der Wohnungstür mich geweckt hatte.

Die ganze Nacht über hatten sie Rat gehalten darüber, wie ich meinen Sohn von mir als Vater überzeugen könnte. Ich dürfe nicht aufgeben, riet Ingo mir flüsternd. Vermutlich sei der Junge unter Frauen aufgewachsen. Da müsse ich ihm helfen. Ich sei schließlich der Vater.

»DER VATER!!!«, zischte er beschwörend und sah mich dabei an, als schwebe zwischen uns im Treppenhaus eine Marienerscheinung. Zwar verstand ich ihren Standpunkt immer noch nicht ganz, nur hatte ich auch nichts mehr zu verlieren.

Beim Frühstück teilte Gesa uns mit, dass sie auf jeden Fall alleine in die Stadt gehen werde, um Einkäufe zu erledigen. Kurz fragte ich mich, ob sie sich mit Ingo abgesprochen hatte, was letztlich aber ganz egal war. So nämlich würde ich Josch ein Vater-Sohn-Erlebnis wie aus einem amerikanischen Film bieten können. Ein Abenteuer, wie er es sich besser niemals hätte erträumen können. Und immerhin, er lehnte nicht ab, als ich ihm vorschlug, raus aus der Stadt und rein in die Natur zu fahren.

Ich hatte weder Angeln noch sonstige Überlebensausrüstung, aber das waren Nebensächlichkeiten, zumal es bei fast schon frühlingshaften Temperaturen knapp über dem Gefrierpunkt so gut wie gar nicht regnete. Was zählte, war die Tat, zu der wir uns aufmachten in unserem Riesenwagen, diesmal in die andere Richtung, nach Osten.

Josch hörte so laut Musik, dass ich dem Autoradio seine Ruhe ließ und versuchte, die Landschaft zu genießen, was auch im südöstlichen Stadtrandgebiet keine leichte Aufgabe war. Bald schon kamen mir ernsthafte Zweifel. Ich fragte mich, ob Ingos Tipp nicht auch noch das dünne genetische Band zwischen mir und diesem Jungen durchtrennen würde? Wieso sollte man eine derart verfahrene Situation in eine völlig unwirtliche Gegend versetzen? In einen Wald voller Kanäle?

Ich versuchte, meine Ängste zu verdrängen und die Strecke so schnell wie möglich zurückzulegen, wogegen zumindest der Wagen nichts einzuwenden hatte. Nach nicht einmal einer Stunde erreichten wir die Ortseinfahrt von Lübbenau, bei dessen Anlage man leider nicht an Autos wie unseres gedacht hatte. Mit zitternder Hand versuchte ich mich zu konzentrieren und lenkte uns durch die verlassenen Sträßchen zwischen feinrenovierten Häusern hindurch, für deren Beschädigung die Kfz-Haftpflicht sicher nicht aufkommen würde. In jeder Kurve spürte ich eine weitere Strähne meines frisch geschnittenen Haares ergrauen und hielt doch durch und wurde belohnt, als ich am Ende einer langen Straße einen Parkplatz entdeckte.

Wir waren die einzigen Gäste, was immerhin das Einparken erheblich erleichterte. Fraglich war allerdings, ob wir ein Boot finden würden, was Ingo zufolge überhaupt kein Problem hätte sein dürfen. Er war allerdings im Sommer hier gewesen, von Mücken geplagt, vor denen wir uns wiederum kaum würden fürchten müssen. Nur schienen die

Menschen gleich mit verschwunden zu sein, so aufmerksam ich auch durch den stärker werdenden Regen spähte.

Ich bat Joschi, im Wagen zu warten, und machte mich auf die Suche nach dem letzten Spreewäldler, der sich dann weder im ersten noch in einem der drei folgenden Holzschuppen versteckte, an deren feuchte Wände ich klopfte. Nichts. Kein Lebewesen. Nicht einmal ein Fisch sprang aus dem trüben Wasser des Hafenbeckens.

Joschi saß noch im Trockenen, die Kopfhörer fest auf den Ohren, soweit ich das aus der Entfernung beurteilen konnte, nicht übermäßig unzufrieden. Und wenn ich mich einfach zu ihm in den Wagen setzte und wir so taten, als seien wir irgendwo im Dschungel verloren? Mussten wir wirklich mit einem Boot durch den Regen paddeln, um uns besser kennenzulernen? Mit einem Boot, das es womöglich gar nicht gab? Wie groß war die Verlockung, den Motor anzulassen und im sanften Wind des für sibirische Winter konzipierten Heizgebläses unverfänglich loszuplaudern! Wie reizlos dieser farblos feuchte Wald, aus dem gerade jetzt allerdings ein Platschen zu vernehmen war.

Kurz darauf entglitt dem Halbdunkel eine riesige venezianische Gondel, gesteuert von einem in tarnfarbener Regenkleidung verpackten Hünen. Vor dem saßen ein sehr schlapphütiger Zwerg mit Hornbrille und eine selbst in dieser Schummrigkeit strahlend blonde Frau, geschützt von zwei Regenschirmen. So unsinnig das auch war, mir kamen die beiden bekannt vor, die da langsam an mir vorbeiglitten, ohne mich überhaupt zu bemerken. Ich war mir sogar sicher, sie schon mehrmals gesehen zu haben, vor allem ihn, der sich wild gestikulierend über irgendetwas ereiferte.

»*It is fantastic, Scarlet! The whole thing of mythtical ambi-*

guity we need! This is the Bergman setting, I need for my German one!«

Er kriegte sich gar nicht ein, so begeistert war er. Sie antwortete so leise, dass ich kein Wort verstand. Das war jetzt aber auch nicht mehr nötig, weil ich plötzlich begriff, wer da nur wenige Meter von mir entfernt über das Wasser glitt. Ich riss mich los und rannte zum Wagen.

»Schnell, Joschi! Schnell!«, rief ich und packte ihn am Oberarm.

Er schaute immerhin auf und legte sein linkes Ohr frei, um mir zuzuhören.

»Da, auf dem Wasser! In der Gondel!«

Er blinzelte durch die Windschutzscheibe.

»Ja?«

»Woody Allen! Und diese blonde Schauspielerin! Diese Scarlett! Er dreht hier seinen deutschen Film!«

Josch zuckte mit den Schultern und ließ sich zurück in den Sitz fallen, während die Gondel schon wieder zwischen den Bäumen verschwand, Scarlets Haare immer noch leuchtend, unwirklich wie eine Erscheinung.

Ich knallte die Autotür zu und starrte ihnen hinterher. Seit Jahren lud Attila mich immer wieder zu sich ein, um mir die Filme dieses Mannes zu zeigen, damit ich begriff, dass man Frauen auf den seltsamsten Wegen erobern konnte. Ich erinnerte mich an all die eher ungeschickten Annäherungen, die überraschend oft auf Sofas ihren Anfang nahmen, um schnell in unvermeidbare Katastrophen zu führen. Beziehungen, die alle Beteiligten mit schweren Schäden zurückließen. Endlose Gespräche, die nichts retten konnten. Ich begriff, wie groß mein Glück war, dass ich mit meinem Sohn hier sein durfte, den ich schon hatte und den mir keiner nehmen konnte, wenn ich nur endlich ein Boot auftreiben würde.

Mit dem Mut der Verzweiflung suchte ich weiter und lief sogar zurück in die menschenleeren Straßen des Städtchens. In einer Fleischerei fand ich dann endlich einen Menschen, der mir sogar weiterhelfen konnte. Allerdings musste ich der fast greisen Frau erst einmal versichern, dass ich völlig privat unterwegs sei.

Von diesen Filmfuzzis hielt sie zumindest nämlich gar nichts, erklärte sie mir, auch wenn die noch so aus Amerika hierherkämen. Nichts als Gemecker gab das, obwohl die Schnittchen fünfzig Jahre lang noch immer gut genug gewesen waren. Auf ihre Hilfe hoffend, ließ ich sie reden und erfuhr, dass sie über Jahre die unterschiedlichsten Filmteams mit kalten Platten versorgt hatte, bis die plötzlich kein Fleisch mehr wollten und ihr Gemüse aus der Stadt mitbrachten. So neugierig ich war, hielt ich mich damit Nachfragen bezüglich meiner prominenten Begegnung am Kanal besser zurück. Stattdessen aß ich im Stehen eine heiße Bockwurst, deren Geschmack und Konsistenz ich aufrichtig lobte, woraufhin sie endlich bereit war, mir zu sagen, wo ich den einzigen zu dieser Jahreszeit geöffneten Bootsverleih finden könne. Ihren Angaben zufolge lag der direkt am Parkplatz, öffnete allerdings erst gegen Mittag.

Josch erwartete mich schon in einem Boot sitzend. Regenumhang und Paddel für mich lagen hinten bereit. So war das also, wenn Kinder sich um ihre Eltern kümmerten. Schnell zog ich das durchsichtige Plastikding über, kletterte vorsichtig in das stark schwankende Gefährt und machte mich schließlich auf mit meinem Sohn in die verwunschenen Fließe des Spreewalds.

Seine Musik störte die Atmosphäre ein wenig. Immerhin ließ ihn der Rhythmus aber gleichmäßig paddeln. Rasch ließen wir die dichtbebauten Kanäle des Ortes hinter uns und glitten durch einsame Wälder und Felder, wobei ich darauf achtete, nicht ganz die Orientierung zu verlieren. So nah waren wir uns nicht, dass wir uns hier auch noch verfahren mussten, wobei es der Druck eines solchen Extremerlebnisses vielleicht schaffen würde, uns zwei frei schwebenden Radikale zusammenzuzwingen. Ein solches Experiment erschien mir allerdings etwas gewagt.

Nach einer Weile hörte ich die Musik kaum noch und ich genoss das Plätschern des Wassers, das Rauschen des Windes in den fast laublosen Bäumen und das Gefühl, mit sicherer Hand das Boot zu lenken. Josch starrte geradeaus und beschwerte sich nicht. Nach über einer Stunde hatte er noch immer nicht mit seiner Freundin telefoniert, auch wenn er hin und wieder auf sein Display schaute und darauf herumtippte.

»Vorne rechts nach hundert Metern soll's die besten Gurken geben«, riss er mich plötzlich aus meinen Gedanken.

»Was bitte?«

»Gurken«, sagte er. »Das ist hier die Spezialität. Die gibt's sogar bei uns im Supermarkt im Glas. Da gleich, rechts rein!«

Ich folgte seinen Anweisungen, zu beschäftigt mit dem Steuern unseres Bootes, um den Sinn hinter alldem zu erkunden.

Kurz darauf sah ich einen dunklen Holzsteg am Wasser entlangführen, an den ich uns mit einiger Mühe heranmanövrierte. Josch sprang von Bord und vertäute das Boot, als sei er die längste Zeit seiner Jugend zur See gefahren. Vom Steg aus reichte er mir die Hand, was ich erst richtig begriff, als ich auf festem Boden stand.

»Du kannst wieder loslassen«, sagte er und steckte die Kopfhörer in seine Jackentasche.

Er wirkte wie ausgetauscht, als hätte ihn allein der Gedanke an die Gurken verzaubert, und führte mich einen mit Rindsmulch gepflasterten Weg entlang zu einer Holzhütte mit rot gestrichenen Fensterrahmen. Ich folgte mit gesenktem Haupt, verwirrt, ungläubig, glücklich, als lebte ich ein Märchen, nur dass das Restaurant geschlossen war. Unmissverständlich verwehrte uns eine Tür aus dunklen Balken den Zutritt, darauf ein kunstvoll geschnitztes Schild:

ZAWRJENY

Hektisch tippte Joschi auf seinem Gerät herum.

»Das heißt geschlossen«, sagte er schließlich. »Auf Sorbisch.«

Ich suchte nach den passenden Worten, um ihm zu verstehen zu geben, dass so etwas vorkomme, man im Leben nicht immer alles planen könne, die überraschenden Abzweigungen meist zu den spannendsten Zielen führten, so unvorhersehbar das Glück. Am Ende sagte ich aber nichts.

Mit deutlichen Anzeichen von Unzufriedenheit stapfte er zurück zum Boot. Wieder folgte ich ihm, und ich begriff, dass er Hunger haben musste. Ich schämte mich, dass ich ihm nichts vom Metzger mitgebracht hatte. Ich musste mich wirklich besser um ihn kümmern.

Immerhin regnete es nicht mehr. Auch der Wind war eingeschlafen. Ein einzelnes Blatt segelte durch die Luft und landete sanft auf spiegelglattem Wasser. Hier und da löste sich ein Tropfen von seinem Ast und zog seine zitternden Kreise. Kein Woody Allen. Kein Restaurant. Kein Empfang, wie ich mit Blick auf mein Telefon feststellte. Nur Josch und ich, die wir uns endlich aus der schützenden Umklammerung der Regenumhänge befreiten und auf unsere Bänke kletterten.

»Zur Not fahren wir zurück«, versuchte ich ihm Hoffnung zu machen und stieß uns kräftig ab vom Ufer.

»Nein«, sagte er und wies rechts in einen noch kleineren Kanal, den ich auf unserer Karte nicht finden konnte.

Die Bäume wuchsen so tief, dass wir uns würden bücken müssen, um nicht gegen die Äste zu stoßen. Es gab überhaupt keinen Grund, in diesen womöglich toten Arm des Kanals zu fahren, zumal es wirklich viel zu kalt war, um sich freiwillig zu verirren. Wollte er mich bestrafen? Trieb der Hunger ihn zu solch jugendlichem Leichtsinn? Durfte ich Faulheit und Feigheit als väterliches Verantwortungsgefühl tarnen und ihm das Abenteuer verwehren?

»Pass auf die Äste auf«, sagte ich und lenkte uns mit festem Zug hinein ins Unterholz.

Nach wenigen Stößen hatte sich das Dickicht hinter uns wieder verschlossen. Gefangen in den fein verzweigten Netzen des feuchten Astwerks, konnten wir schon bald nicht mehr paddeln und stießen uns nur noch von den immer näher rückenden Ufern ab. Bald würde er einsehen, dass er sich geirrt hatte, und von selbst darauf kommen, dass wir umzukehren mussten. Noch ließ sich die Erkenntnis aber Zeit, und er ging dazu über, wie irre mit seinem Paddel auszuschlagen und uns so einen Weg zu bahnen. Nach hinten auf den Grund stoßend, sorgte ich dafür, dass wir vorankamen.

Längst waren unsere Haare nass von Schweiß und Regenwasser, ging unser Atem hektisch dampfend in die immer kältere Luft. Wie ein einziges Wesen krochen wir allen Widerständen trotzend voran. Es gab weder Hunger noch Zweifel, und ich fühlte mich seltsam geborgen, da ich nicht alleine war. Weil vor mir, in Reichweite meiner Arme, ein Teil von mir darum kämpfte, dass es weiterging. In mir war ein unsinniger Drang, diesen Fremden in den Arm zu nehmen, all das ungeschehen zu machen, was das Leben uns angetan hatte. Plötzlich war in mir eine irrsinnige Sorge um ihn, als warte ein böser Geist nur darauf, ihn mir wieder wegzunehmen, wenn ich nicht achtsam genug über ihn wachte.

»Hörst du das, Vater?«, fragte er mich.

»Das ist nur der Wind«, beruhigte ich ihn und war dennoch erleichtert, als sich das Dickicht plötzlich, wie von wunderbarer Hand geführt, immer weiter zurückzog.

Der Kanal wurde breiter und mündete schließlich in einen kreisrunden See, an dessen hinterem Ufer ein kleiner Steg an Land führte. Wenige Meter vom Ufer entfernt stand ein altes Bauernhaus, aus dessen Schornstein Rauch in den blassgrauen Himmel stieg.

»Wolltest du hierhin?«, fragte ich Josch leise. »Weißt du, wo wir sind?«

»Keine Ahnung«, flüsterte er.

Ich lenkte uns an den Steg, da mich erst einmal nichts zurück in das Unterholz zog. Ohne weitere Worte zu verlieren, gingen wir an Land.

Der eiserne Klopfer an der blauen Haustür hatte die Form eines grinsenden Frosches. Niemand öffnete uns. Wir liefen ums Haus, hinter dem sich der Wald auf weite Felder öffnete. Ein frisch asphaltierter Weg führte wohin auch immer. Am Wegesrand hatte jemand einen Tisch aufgestellt, darauf große Gläser voller Gurken und eine Sparbüchse. Menschen zeigten sich keine.

»Hunger?«, fragte ich Josch, und er nickte.

Also zahlte ich, und wir griffen zu, was fast zwangsläufig zur Folge hatte, dass ich ihm von meinen Gurken erzählte, und dann auch von den Frauen und dem Sofa und von der Scheunenparty damals. Ich sagte ihm, wie stolz ich sei, dass er schon eine Freundin habe und dass er unbedingt mit ihr zusammenziehen solle, ganz egal, was seine Mutter sage. Ja, vielleicht war das peinlich, vor diesem wildfremden Jungen mein ganzes Liebesleben auszubreiten und den verständnisvollen Vater zu spielen, aber er war doch immerhin mein Sohn.

»Warum wolltest du vorhin eigentlich ins Unterholz?«, fragte ich ihn, als wir nach einigen Gurken zurück zum Boot gingen.

»Wollte gucken, ob du mitmachst«, sagte er.

»Hast du mich wirklich Vater genannt?«

»Ja.«

»Und was hast du gehört?«

»Nichts«, sagte er.

Ich musste grinsen. Zugleich lief es mir kalt den Rücken runter. Er zuckte mit den Schultern. Ich spürte viel zu viel Feuchtigkeit in meinen Augen und wandte mich ab, um runter ins Boot zu klettern.

Wieder auf dem Wasser, kämpften wir uns noch einmal durch den zugewachsenen Kanal und erreichten diesmal nach nur wenigen Schlägen die freien Gewässer. Wie ein Mann stießen wir unsere Paddel in die Tiefe und glitten getrieben von mächtigen Stößen dahin durch einen Traum, der niemals enden sollte.

Drei glücklichen Stunden lang paddelten wir schweigend durch den menschenleeren Wald. Ich begriff, was es bedeutete, nicht allein zu sein und Verantwortung zu tragen. Ich überlegte, ob Gesa nicht die Frau war, die ich suchte. Mit wem verband mich mehr als mit ihr? Wir hatten einen Sohn, ein Prachtexemplar von einem jungen Mann. Mehr konnte man doch kaum erwarten.

Noch immer ganz in beschwingten Gedanken parkte ich

wenig später die Limousine aus und bugsierte uns zielstrebig zurück auf die Autobahn. Kurz nach Königs Wusterhausen räusperte sich Josch und warf zum ersten Mal seit Stunden wieder einen Blick auf sein Telefon.

»Sag mal, Dad, würdest du später mit mir in so ’nen Club?«, fragte er.

»Was denn für’n Club?«

»Na, so’n Club halt.«

»Mhm«, machte ich, bei aller frisch entfachten Vaterliebe etwas überrascht von diesem neuen Ton. »Wann geht’s denn los?«

»So um elf, aber so richtig erst ab eins oder zwei.«

»Ist das für deine Mutter denn okay? Ich meine, du bist natürlich alt genug, aber sie ist da doch ein bisschen ängstlich, oder?«

»Wenn du dabei bist, sicher.«

»Na dann«, sagte ich und vergaß kurz, auf den Verkehr zu achten, so stolz war ich auf diesen blondierten Schlacks auf dem Beifahrersitz. »Dann schaun wir uns den doch mal an, den Club.«

Dann sah ich wieder nach vorn, blinkte links und setzte an, einen Schweinetransporter aus Rumänien zu überholen. Ich hoffte, dass ich die gleichmäßig frequenzsenkenden Ohrstöpsel später finden würde.

Gesa war hin und weg vor Glück und Begeisterung über den unverhofften Sinneswandel ihres Sohnes. UNSERES SOHNES! Etwas befremdlich. Mir schienen meine spreewäldischen Gedanken zwar nicht mehr ganz so überzeugend, als sie wieder leibhaftig vor mir stand, aber das musste ja nicht alles jetzt geklärt werden.

Ich rief einen der Freunde nach dem anderen an, um

herauszufinden, ob und wie wir garantiert in diesen Club hereinkämen. Sie waren erleichtert und begeistert über diese Entwicklung der Familiensituation, auch wenn sie alle fragten, ob ich ganz sicher sei, mit Josch in ausgerechnet diesen Club gehen zu wollen, zumal der doch dauernd mit seiner Freundin telefoniere. Ich sagte ihnen, dass er heute noch gar nicht mit ihr gesprochen habe und ganz genau wisse, was er wolle, und wozu habe man denn einen jungen Vater?

Die Schlange vor dem Club zog sich bis zur Straße. Ich legte Josch den Arm um die Schulter, wie Fissel mir geraten hatte. Als Paar hatte man sehr viel bessere Chancen reinzukommen, zumindest wenn einer von beiden unter zwanzig war. Josch spielte mit, ohne zu murren. Er hätte sich vermutlich sogar nackt ausgezogen, um in den Laden reinzukommen.

Nach einer halben Stunde waren wir jedenfalls drin, in der Hölle.

Verglichen mit dem, was ich auf den allerersten Blick auch nur überflog, wirkte Rasputins Keller wie ein gut bürgerliches Tanzcafé. Trotz meiner Lärmschutzstöpsel war ich nach wenigen Minuten taub auf beiden Ohren, bekam ich in all dem Rauch so wenig Luft, dass meine Zehen und Finger gleich zu kribbeln anfingen, verklebten all die ausgedünsteten Körpersäfte sämtliche Geschmacks- und Geruchsnerven, spürte ich im nimmermüden Flackern des Stroboskops einen epileptischen Anfall nahen. Der Stolz auf meinen Sohn wich der Enttäuschung angesichts der Erkenntnis, so schamlos ausgenutzt worden zu sein. FÜR SO ETWAS!

In jeder Nische wrangen halbnackte Gestalten miteinander. Was in den komplett dunklen Räumen vor sich ging, wollte ich gar nicht wissen, so schrecklich war das alles, nur dass ich mir nichts anmerken lassen durfte. Man musste Kinder nehmen, wie sie waren, wobei ich jetzt mit jedem Augenblick unsicherer wurde, ob mein Sohn hier nicht eine perfide Form des Vatermordes plante. Er hatte ganz genau gewusst, wohin er wollte, weil ich Strafe verdiente. Er war gekommen, um sich zu rächen für all die Stunden, die ich nicht da gewesen war, und um mich nun endgültig aus dem Weg zu schaffen. Und er blieb doch mein Sohn.

»BIER???«, brüllte ich deshalb in seine Richtung.

Ich verstand seine Antwort nicht, drehte mich zu ihm um und sah an seiner Stelle einen vollbärtigen Riesen in weißem Leder. Panisch versuchte ich, Joschi im Gedränge zu finden, meinte in jedem der wild stöhnenden Jungen ihn zu erkennen, während Männer und Frauen kaum unterscheidbar an mich heran drängten. Was wollten Sie? Ich wäre gerne geflohen, zwang mich aber, ihn zu suchen.

»Was hast du?«, kreischte Gesa. Sie saß im Mickey-Mouse-Schlafanzug an meinem Küchentisch.

»Verdammt, Gesa! Er ist volljährig und wollte den Abend offensichtlich nicht mit mir verbringen.«

»Den Abend? Dickie, es ist acht Uhr morgens!«

»Ich sage ja, ich habe ihn sechs Stunden lang gesucht, im Dunkeln!«

»Und jetzt ist er allein in dieser Drogenhölle!«

Damit traf sie die Sache höchstens zur Hälfte, aber ich würde ihr keine näheren Details zumuten über diesen für alle Sinne alptraumhaften Ort.

»Du kannst ihn doch nicht noch einmal verlassen!«

»Gesa, ER hat MICH verlassen, verdammt! Und ICH habe IHN auch noch NIE verlassen, weil DU damals nichts von MIR wolltest, nachdem du meinen SAMEN hattest!«

»Das war nur ein Versehen! Weil ich dich mit dem Piet verwechselt habe!«

»WEIL WAS???«

»Ja«, sagte sie etwa ruhiger. »Ich war einfach betrunken und habe euch verwechselt.«

»Du meinst den fetten Piet von diesem Apotheker?«

»Der hat jetzt immerhin die Apotheke.«

Das musste die Angst um den Sohn sein, die sie derart bösartige Geschichten erfinden ließ. Der einzige Beischlaf meines Lebens sollte auch noch ein Versehen gewesen sein, weil sie mich mit Piet verwechselt hatte? MICH mit PIET?

»Und warum kann der sich nicht um deinen missratenen Sohn kümmern? Der tolle Piet? Wollte er dich denn gar nicht?«

»Josch ist unser Sohn, was soll man da denn machen? Du kannst doch nicht ewig wegrennen vor der Verantwortung! Du musst doch mal erwachsen werden!«

»Und mit ihm auf Sexpartys abhängen?«

»AUF WAS???«

Und wieder gab es keinen Weg zurück, was unweigerlich dazu führte, dass sie mich aus der Wohnung in ein Taxi riss, damit ich ihr den Weg zum Club zeigte, in den ich immerhin nicht noch einmal hineinmusste.

Joschi lag auf einer Motorhaube, das Hemd vollgekotzt, die Hose offen. Er lebte.

»Mein Kleiner!«, hechelte Gesa hysterisch.

»Geil«, säuselte er mit Engelsgrinsen. »Mann, Dad, das werde ich dir nie vergessen.«

Das brachte Gesa wiederum derart durcheinander mit ihren Muttergefühlen, dass sie anfing, wie irre zu kichern. Bald folgten Tränen, die dann auch mich so arg verwirrten, dass ich sie in den Arm nahm, an meine Brust drückte und ihr die Haare streichelte. Im Licht der Straßenlaterne sah ich, dass auch bei ihr erste Strähnen das Farbliche segneten.

So standen und lagen wir da wie die Helden im Schlussbild eines Kultfilms. Langsam färbte der wolkenlose Himmel sich blau. Auf der Spree fuhr in Festbeleuchtung ein Partyschiff zu den Klängen eines Akkordeons. Unterweltliche Gestalten torkelten, aus dem Club kommend, an uns vorbei. In weiter Ferne hämmerten die Bässe. So traurig und schön war das Ganze, dass auch ich weinen wollte.

»Mann, Dad, ist das 'ne geile Stadt. Ich glaub, ich bleib bei dir«, grinste Josch gut zwölf Stunden Schlaf später, an meinem Küchentisch sitzend. »Und Mum scheint's ja auch zu gefallen.«

Gesa stand unter der Dusche. Ich war mir nicht sicher, ob das, was diesen beiden hier gefiel, wirklich auch mir gefallen würde. Ja, ich erinnerte mich an all diese Gefühle, die Erleichterung, da wir Josch gefunden hatten und er mir dankbar war, die Zuneigung zu Gesa und schließlich die Entscheidung, den Jungen aufs Sofa zu legen und seine versehentliche Zeugung mit gut achtzehnjähriger Verspätung als bewussten Akt zu legitimieren. Er sollte niemals erfahren, dass er nicht etwa die spontane Folge einer ausschweifenden Party, sondern die Folge einer vollkommen absurden und in keiner Weise nachvollziehbaren Verwechslung war. Und so schön all das war, so begeistert Gesa sich von mir als Liebhaber gezeigt hatte, nachdem ich vorsichtig nachgefragt hatte, war ich vorhin doch neben einer mir vollkommen fremden Frau aufgewacht.

Sehr väterlich und vernünftig erwähnte ich die Schule, die er zu Ende bringen müsse, den Job, den Gesa habe, und nicht zuletzt die Freundin, mit der er zusammenziehen wolle.

»Ach die, ich glaub, das lasse ich mal lieber«, sagte er.

»Ist das dein Ernst?«, fragte Gesa. Sie stand in meinem Bademantel in der Küchentür.

»Dad lebt doch auch alleine«, antwortete er. »Ist ja zum Partymachen auch viel besser.«

Ich war mir nicht sicher, ob Gesa eingewilligt hätte, ihm den Teufel mit einer derart verschärften Version des Beelzebub auszutreiben, aber sie schien sich schnell zu arrangieren. Sie wusste, dass die Bahn in wenigen Stunden eine Menge an Kilometern zwischen Joschi und seinen neu entdeckten Vergnügungspark legen würde. Sie fuhr ihm durchs Haar, und ich begriff, dass ich schon immer gefühlt hatte, dass etwas falsch gewesen war in meinem bisherigen Leben. Einen Sohn aber hatte ich trotzdem.

Christa Wurster hatte mich in ihren Weihnachtsverteiler aufgenommen. Ich brauchte einen Moment, um den roten Briefumschlag ihr zuzuordnen, den ich in der notorischen Leere meines Briefkastens gefunden hatte, da als Absender eine Familie Professor Klaus Wurster aufgedruckt war. Erst nachdem ich das Schreiben aufgerissen und einen Blick auf die Rückseite des von einem Holzdruck geschmückten Büttenpapiers geworfen hatte, bestand kein Zweifel mehr daran, dass zumindest eine meiner Besucherinnen zum Jahresende an mich dachte. Eine gesegnete Weihnacht wünschte sie mir und bedankte sich für meine christliche Hilfe in der Not, und immerhin hatte sie weder ihren Gatten noch ein anderes Familienmitglied mitunterschreiben lassen. Nach den Ereignissen des vergangenen Wochenendes fühlte ich mich zu größeren emotionalen Äußerungen als einem Schulterzucken nicht in der Lage. Jeder trug schließlich sein eigenes Familienpäckchen.

Ich hatte Joschi und Gesa in weihnachtsbesinnlichem Frieden verabschiedet, soweit das auf dem völlig überfüllten Bahnsteig möglich gewesen war. Die Menschen riskierten ihr Leben, um wen auch immer zu besuchen, quetschten, stießen und schlugen sich, um rechtzeitig ihr persönliches Fest zu erreichen. Aber das waren Ansichten der Vergangenheit. Ich hatte gelernt, dass es die Mühe wert sein konnte. Vollkommen aufrichtig hatte ich ihnen versprochen, dass wir von nun an in Kontakt bleiben würden. Den Abend dieses vierten Advents hatte ich vor dem sehr laut gestellten Fernseher verbracht, um bloß das Nachrauschen des Clubs nicht zu hören.

Jetzt lag ich wieder auf dem Sofa und ließ Christa Wursters Karte zu Boden segeln. Sollte man es sich auf so einem Ding nicht sowieso in erster Linie selbst bequem machen, und zwar nicht nachts zum Schlafen, sondern tagsüber, um seinen Träumen in entspannter Lage nachzuhängen? Stundenlang blieb ich liegen und ließ meine Gedanken schweigen. Einmal öffnete ich meine Augen und der Anblick von Box und Computer erinnerte mich an *Bocki*™. Wenn mich nicht alles täuschte, war dieser Montag vor Heiligabend in der Welt des gemeinen Angestellten das Paradebeispiel eines Brückentages, weshalb ich kaum noch von meinem Auftraggeber hören würde. Dann konnte ich genauso gut liegen bleiben und weiter über die Bedeutung meines nachgeholten Ersten Mals nachdenken, die mir allerdings auch nach einer weiteren Stunde verborgen blieb. Gegen Abend stand ich auf und fuhr den Rechner hoch.

Keine Nachricht im Posteingang, abgesehen von einer Anfrage von zwölf Spaniern, die über Silvester gerne auf meinem Sofa übernachten wollten. Außerdem hatte sich der Weihnachtsmann in meine Bank verlaufen, da mein Konto eine Summe im Plus auswies, die auf andere Weise nicht zu erklären war. AUSFALLSHONORAR BOCKI™ BOCKWURST stand da mit dem Absender des Unternehmens meines Auftraggebers. Der Krämer in meiner Seele frohlockte, während der Künstler fassungslos nach einer Antwort suchte, die ich schließlich im Spamordner entdeckte. Man bedauerte, mir mitteilen zu müssen, dass mein Ansprechpartner das Unternehmen verlassen habe, woraufhin nun eine komplette Neuausrichtung der Werbestrategie für alle wursthaltigen Produkte anstehe. Man bedankte sich für die gute Zusammenarbeit und wünschte ein gesegnetes Fest, ohne den Geldsegen weiter zu thematisieren. Unglaublich. Keine Spur von Fissel oder einem anderen Scherze-Treiber.

Mein Knackschmatz würde also unveröffentlicht bleiben, reine Kunst, die ich vielleicht einmal in einem leeren Wasserspeicher in Lichtenberg würde vorführen dürfen, wenn überhaupt. Und doch verschaffte es mir einen finanziellen Spielraum, wie ich ihn lange nicht gehabt hatte. Ich war frei, zu tun, was ich wollte, ohne auch nur ansatzweise zu wissen, was das war, weshalb ich mich wieder aufs Sofa legte und stundenlang tatenlos schwieg, abgesehen von einem Kurztelefonat mit Ingo. Er erinnerte mich daran, dass wir auch dieses Jahr zum Heiligabendkegeln verabredet waren.

Bis dahin blieben mir noch gut vierundzwanzig Stunden.

Ich ließ die Besucherinnen der vergangenen Wochen ein ums andere Mal Revue passieren. Ich war mir sicher, dass sie mir irgendwas sagen wollten. Ich musste nur geduldig sein und die Gedanken ganz frei laufen lassen.

Von wenigen Gängen in die Küche und ins Bad abgesehen, blieb ich ununterbrochen auf dem Sofa liegen, bis es am Heilignachmittag vollkommen unerwartet an der Tür klingelte.

Ein letztes Mal hörte ich die Worte Lauras vor meinem inneren Ohr, dieses *You don't understand, Dickie!* aus ihrem Fernsehquiz, während ich zur Tür ging, um zu öffnen.

Ich drückte die Klinke, spähte ins Treppenhaus und begriff, dass man eine Karriere als Gastgeber in der Weltgemeinschaft der Couchsurfer nicht so einfach an den Nagel hängte und verdrängte. Nichts war vorbei. Die Vergangenheit lebte, und zwar in Person eines Wiedergängers von Oleg, der etwas mitgenommen auf dem Treppenabsatz stand und ein ängstliches Lächeln versuchte. In einer Hand hielt er einen Zweig Nordmanntanne, in der anderen eine Flasche sehr glasklaren Inhalts.

»Frohe Weihnachten«, sagte er.

»Oleg«, sagte ich, weil das natürlich kein Geist sondern Oleg selbst war. »Komm … komm doch erstmal rein.«

»Störe ich dich?«

»Nein … nein. Ich hab nur nachgedacht.«

»Das kann nicht schaden«, sagte er und folgte mir in die Küche.

Es schien Ewigkeiten her, dass Gwendolin hier gesessen hatte, und seiner mit jedem Gläschen flüssigeren Rede entnahm ich, dass all das am besten gar nicht hätte geschehen sollen. Er habe die Situation vollkommen falsch eingeschätzt. Kein normaler Mensch könne sein Leben mit einem oder einer Wildfremden verbringen, nur um als Gegenleistung in Deutschland zu leben, womit er gar nichts gegen das Land oder die Leute an sich sagen wolle. Der Handel sei nicht etwa ungerecht, sondern unmöglich. Man könne das eine nicht mit dem anderen aufwiegen. Das waren andere Skalen, Welten, Dinge. Jedenfalls war er geflohen, weil sie einfach zu viel gewesen sei.

»Und bitte frag nicht nach!«, seufzte er. »Man muss nach vorne blicken.«

»Ja«, sagte ich, obwohl ich gerade in die komplette Gegenrichtung unterwegs war.

»Ist denn das Sofa gerade frei?«

»Nein«, sagte ich und bedauerte sofort meine Unsensibilität, so schockiert sah er mich an. »Aber das Bett.«

Nachdem ich mich zu einem weiteren Gläschen zur Feier unseres Wiedersehens hatte breitschlagen lassen, schaffte ich es endlich noch einmal, mich aufs Sofa zurückzuziehen.

Gegen acht würden wir zum Kegeln gehen, gemeinsam, auch wenn Gäste prinzipiell nicht erwünscht waren. Schließlich war heute Weihnachten.

Wieder lag ich einfach so da und dachte an all die Frauen auf meinem Sofa, an Laura, Emogène, ja auch an Nora und Hedda, die mich auf ihre Art besucht hatten, an Christa Wurster, Olga-Oleg, Fritzi, Anu und natürlich Gesa. So viele Frauen in so kurzer Zeit, jede mit dem ihr ganz eigenen Klang, wie jede Wurst und jede Gurke einzigartig und abhängig davon, wer wie in sie hineinbiss. Und was, dachte plötzlich etwas in mir, was, wenn die erste doch schon die richtige war?

Äußerlich wie gelähmt, geriet ich innerlich in immer größere Aufregung. Ich wollte aufbrechen, auf meinem Sofa den Fluss hinunter treiben hin zu ihr, weil meine Zeit in dieser Stadt vorbei war. Andere kamen. Jüngere. Verrückte wie Josch, auf der Suche nach oder der Flucht vor dem besseren Leben. Wer war ich denn, dass ich erwartete, sie werde einfach so zu mir kommen? Ich versuchte, mich aufzurichten, und spürte, wie der Vodka den Raum schwanken ließ. Im Seemannsgang erreichte ich den Schreibtisch und schrieb, was ich erst durch den Sohn so klar empfand. Dass ich noch Lust hatte auf dieses Leben.

Dann kippte ich meine Sporttasche aus und warf zwei T-Shirts, Unterwäsche und meine Zahnbürste hinein, ehe ich für den Abend mein Karohemd anzog. Zuletzt fand ich auch noch altes Geschenkband im Schreibtisch und verzierte jedem der Freunde eine *Bocki*™ und ein Gurkenglas mit Schleife. Kühlschrank und Karton gähnten leer, ohne Erinnerung an die vergangenen Wochen. Die Vorräte waren aufgebraucht.

Mit Oleg an meiner Seite passierte ich das Aquarium und führte ihn die Treppe runter zu den Kegelbahnen. Großmütig wurde er willkommen geheißen, ja, man trug ihm für die Dauer seines Aufenthalts sogar die Vollmitgliedschaft an. Meine Geschenke legte ich zu den anderen auf die Tafel, um die sich ein *Büffet der Großen Mauer* zog.

Vor dem Essen wurde gekegelt. Taumelnd in einer Sturmbö an Nostalgie, entschied ich mich für eine bordeauxrote kleine und traf souverän den Einzelkegel links. EINER: BESSER ALS KEINER. Dann warfen die anderen und schließlich servierte die Tochter des Wirts auch schon den ersten Schlangenschnaps.

Gierig machten wir uns daran, die Große Mauer einzureißen, die besser schmeckte als alles, was ich je zuvor gegessen hatte. Von meiner ENTE KROSS hatten sie gut vier Stück aufgetischt. Durfte man mehr erwarten? Brauchte man Frauen, wenn man solche Freunde hatte? War das hier nicht die Heilige Familie? WAR SIE DAS WIRKLICH?

Bald schon hatten wir die Mauer so weit demoliert, dass wir bescheren konnten. Unsere weihnachtlichen Gefühle so gut wie möglich versteckend, klopften wir uns feste auf die Schultern. Attila schenkte jedem ein Werk der Weltliteratur auf Dünndruckpapier, Klaus hatte Karten fürs Pokalfinale, Ingo verschenkte Anti-Aging-Cremes verschiedener Hersteller, und Fissel überreichte jedem von uns eines seiner ausrangierten Smartphones. Etwas verwirrt waren wir schon, dass es ihm gelungen war, alle Geräte schon vorab mit unseren Daten zu bespielen, so dass sie gleich betriebsbereit waren.

»Für eure Zwecke reicht das«, grinste er. »Und außerdem weiß ich so immer, wo ihr seid.«

Ich war gerührt und konzentrierte mich ganz auf das Gerät. Um mich abzulenken, lud ich die Knackschmatz-Datei von meinem Server herunter und installierte sie als Klingelton, während Oleg jedem von uns einen rosinengroßen Zirbelkiefersamen überreichte, für den Fall, dass wir eines Tages nicht nur eine Frau, sondern auch ein Haus mit Garten finden sollten, so unwahrscheinlich das auch war.

Möglichst unauffällig betrachtete ich sie einen nach dem anderen: Attila, der jetzt mit jedem von uns schon über das geschenkte Buch reden wollte und mir erklärte, was genau ich von dem Oblomov genannten Helden meiner Geschichte lernen konnte; Klaus, von dem man nie so richtig wusste, wer er war und was er wollte; Ingo, der große Kämpfer für die Leichtigkeit des Seins; Fissel, die Urgewalt, die uns im Guten wie im Bösen heimsuchte; und Oleg, der neue Bruder, der längst einer von uns geworden war und meinen Platz einnehmen würde. Denn bei aller Geborgenheit wusste ich doch, dass ich aufbrechen musste.

Dann kegelten und tranken wir zu den beruhigenden Klängen chinesischer Weihnachtsmusik, bis ich nach meiner Tasche griff, Oleg den Schlüssel zu meiner Wohnung in die Hand drückte und mich verabschiedete. Ihre Empörung war mindestens genauso groß wie meine Entschlossenheit. Als sie dann aber erfuhren, wohin ich fahren wollte, kannte ihre Begeisterung bei aller Fassungslosigkeit keine Grenzen. Einen nach dem anderen nahm ich in den Arm, streichelte die mehr oder weniger breiten Schultern und bedankte mich dafür, dass ich ihr Freund sein durfte. Nachdem ich mich zuallerletzt auch von den Fischen und der Kellnerin verbschiedet hatte, trat ich hinaus in die laue Weihnachtsnacht und nahm ein Taxi zum Bahnhof.

Die über die Gleisschwellen tackernden Räder sangen ihr ganz eigenes Weihnachtslied, das mich schon kurz nach Verlassen der Stadt in einen traumlosen Schlaf fallen ließ. Erst am Münchner Hauptbahnhof angekommen, erwachte ich wieder, der Geist schlangenschnapsig verworren. Wie bei Kopfbahnhöfen üblich, musste man die Richtung wechseln, um voranzukommen, in meinem Fall auch noch in einen anderen Zug, den ich zum Glück nur wenige Gleise weiter entdeckte. Mit einem Bier aus dem Bistro setzte ich mich in ein leeres Abteil, in dem ich wenig später schon wieder einschlief.

Das nächste Mal geweckt wurde ich von einem seltsam bekannten Geräusch. Ich brauchte einen Moment, um aus dem Nichts meines Traums zurück in das Abteil zu finden. Blinkend verkündete Fissels Geschenk den Eingang einer neuen Nachricht. Klopfenden Herzens griff ich nach dem Gerät und erfuhr, wie viel mich eine Gesprächsminute in Österreich kosten würde. Es knackschmatzte noch einmal, und ich war kaum noch enttäuscht, als ich las, wie viel sie für eine Kurznachricht berechneten.

Ich trank den Rest meines Bieres und starrte hinaus in die stockfinstre Nacht. Ich dachte an nichts, bis der Zug, nach einer zeitlosen Weile, langsamer wurde, sich hoch in die Berge kämpfte, wo wir schließlich den Brenner erreichten.

Wieder knackschmatzte es.

War das schon Italien?

Ich sah nach, und es war eine Nachricht von Laura.

Ungläubig lachschluchzte ich und las wieder und wieder ihre wenigen Worte:

So what about you on a sofa in Roma???

Also wartete auf mich ein Sofa in der angeblich ewigen Stadt.

NOCH WAS

Dieses Buch ist kein Ratgeber! Sämtliche Bezüge auf Phänomene im Zusammenhang mit Praktiken des »Couchsurfens«, »Couchsurfings« oder auch »Sofasegelns« beziehen sich ausdrücklich nicht auf real existierende Angebote und sind genauso fiktiv wie die Marke *Bocki*™ und wie alle auftretenden Figuren, deren Ähnlichkeiten zu real existierenden Personen unvermeidbar sind aufgrund unbewusst geführter Recherchen an Harry's legendärer Chamisso-Bar, die mittlerweile einem Fahrradständer weichen musste.

Mein ganz großer Dank gilt meinen Freunden und allen, die sich auf Anhieb für Dickies Schicksal begeistern konnten, insbesondere Bettina und Wolfgang, sowie den vorweihnachtlichen Mittwochsrunden am Tresen der Alimentari in der Marheineke-Markthalle. Es war mir eine Ehre.